하나님의 나라

20세기의 주요 해석

차례

하나님의 나라
20세기의 주요 해석

머리말 / 9
감사의 글 / 16

1장 종말론적인 하나님의 나라 발견: 19
요하네스 바이스(Johannes Weiss)와 알버트 슈바이처(Albert Schweitzer)

1. 서론 / 19
2. 복음서 해석 비교 / 24
3. 평가 / 35

2장 종말론적 해석에 대한 주요 반응: 43
루돌프 불트만(Rudolf Bultmann)과 도드(C. H. Dodd)

1. 바이스와 슈바이처가 남긴 해결되지 않은 유산:
   역사적, 종말론적 예수 / 44
2. 도드(C. H. Dodd)와 실현된 종말론 / 47
3. 루돌프 불트만: 비신화화, 케뤼그마, 철저한 순종 / 59
4. 도드와 불트만의 비교 및 결론 / 70

3장 하나님의 나라 해석의 중재안: 75
베르너 큄멜(Werner Georg Kümmel)과 조지 래드(George Eldon Ladd)

1. 서론 / 75
2. 베르너 게오르그 큄멜 / 82
3. 조지 엘던 래드 / 93
4. 결론 / 103

4장 하나님의 나라에 대한 언어학적 접근: 105
아모스 윌더(Amos Wilder)와 노먼 페린(Norman Perrin)

1. 아모스 윌더(Amos N. Wilder) / 108
2. 노먼 페린(Norman R. Perrin) / 115
3. 결론 / 125

5장 구약에 나타난 하나님의 나라 127

1. 공관복음에 있는 예수의 메시지에 나타난 하나님의 나라 / 132
2. 관례와 전례 / 135
3. 구약에 나타난 신적 왕권 / 139
4. 역사와 종말론 / 143
5. 요약 / 147

6장 외경과 위경에 나타난 하나님의 나라 149

1. 다니엘 / 149
2. 시빌라 전승 / 155
3. 다른 디아스포라 용례 / 158
4. 묵시적 나라 / 161
5. 모세 언약 / 163

6. 솔로몬의 시편 / 165
7. 열두 족장의 언약 / 166
8. 1세기의 메시아 운동 / 167
9. 묵시록 속의 메시아 사상 / 169
10. 탈굼 선지서 / 170
11. 결론 / 172

7장 쿰란 문헌에 나타난 하나님의 나라 175

1. 용어 정의 / 176
2. 최근의 학문 동향 / 178
3. 용어 목록 / 181
4. 하나님의 나라와 '전쟁 두루마리' / 188
5. 결론 / 192

8장 하나님의 나라와 역사적 예수 195

1. 용어 / 198
2. 종족성 / 203
3. 비유 / 206
4. 결론 / 208

9장 마태복음에 나타난 하나님의 나라 211

1. 서론 / 211
2. 상징으로서의 하나님의 나라 / 213
3. 하나님의 나라와 종말론 / 215
4. 하나님의 나라와 윤리 / 218
5. 하나님의 나라: 종말론과 윤리의 공통 용어 / 223
6. 결론 / 229

10장 마가복음에 나타난 하나님의 나라 231

11장 누가복음-사도행전에 나타난 하나님의 나라 257
1. 아버지 하나님이 그 나라를 일어나게 하신다 / 259
2. 성령과 하나님의 나라 / 260
3. 하나님의 나라는 역시 예수의 나라이기도 하다 / 261
4. 하나님 나라의 특징들 / 265
5. 하나님의 나라는 예수와 그리스도인들 사이의 연합을 지시한다 / 267
6. '하나님의 나라'를 설교하는 것이
   예수의 사역과 예수를 따른 사람들의 사역을 집약해 준다 / 268
7. 그리스도의 메시지는
   '하나님의 나라'라는 문구로 요약될 수 있다 / 269
8. 하나님의 나라는 현존하는 실재(實在)다 / 270
9. 하나님의 나라는 사탄의 통치의 파멸과
   그리스도인들을 위한 구원을 의미한다 / 272
10. 하나님의 나라는 하나의 종말론적 나라다 / 275
11. 하나님의 나라에 들어가려면 올바른 삶의 자세를 가져야 한다 / 280
12. 결론 / 283

12장 요한 학파에 나타난 하나님의 나라 285
1. 들어가는 말 / 285
2. 네 번째 복음서에 나타난 하나님의 나라 / 286
3. 요한행전에 나타난 하나님의 나라 / 290
4. 요한 학파 안의 셋(Seth) 영지주의 / 296
5. 셋 영지주의 안에 나타난 하나님의 나라 / 301
6. 결론 / 305

13장 바울 서신에 나타난 하나님의 나라 307
  1. 고린도전서 15:24 / 308
  2. 로마서 14:17 / 313
  3. 고린도전서 4:20 / 315
  4. 데살로니가전서 2:11-12 / 318
  5. 고린도전서 15:50 / 322
  6. 고린도전서 6:9-10 / 324
  7. 갈라디아서 5:21 / 326
  8. 결론 / 329

14장 초기 교부 문헌에 나타난 하나님의 나라 337
  1. 성경을 인용하는 것들과 간접적으로 언급하고 있는 것들 / 339
  2. 그리스도인들의 용어 사용에 영향을 주는 요인들 / 341
  3. 하나님의 나라에 관한 해석들 / 344
  4. 요약과 평가 / 352

부록 2세기에 나타난 나라에 관한 말들 357

머리말

　이번 작업에 대해 짧게나마 평을 적을 수 있는 기회를 갖게 된 것을 기쁘게 생각한다. 개인적으로 이 주제에 오랜 기간 관심을 갖고 있었으며 이번 작업은 시의 적절하고 가치 있는 작업이라고 생각한다. 내 초기 저작도 언급되고 있기는 하지만, 지금 와서 돌아보니 이 책에서 다루는 주제가 많은 변화를 겪어 왔음을 느끼게 된다.

　나는 도드(C. H. Dodd), 스트리터(Streeter), 라이트푸트(R. H. Lightfoot) 등과 함께 1922년부터 1923년까지 옥스포드에서 예수의 가르침에 대한 강의를 들었고, 알버트 슈바이쳐(Albert Schweitzer)가 맨스필드 대학에서 강의하던 1922년에 그의 조교로 잠시 봉사했던 일도 있었다. 이렇게 하나님 나라에 대한 초기 논쟁을 접했던 것과 이후 말부르크(Marburg)에서 불트만(Bultmann), 큄멜(Kümmel) 등과 만났던 것을 생각하면 이 책에서 논의하는 여러 논점에 대해 이야기했던 것이 떠오른다.

　또한 이 책에서 엘던 엡(Eldon Epp), 램지 마이클(Ramsey Michaels), 칼 돈프리드(Karl Donfried), 에버렛 퍼거슨(Everett Ferguson) 등 하버드 대학교 시절부터 알았던 친구들과 전부터 이 방면의 글을 통해 알고 있었던 여러 사람들의 이름을 발견하게 되니 반갑기 그지없다.

오늘날 연구를 수행하면서 아주 인상적인 것은 주요 주제인 '왕이신 하나님' 그리고 '하나님의 나라'와 같은 여러 비슷한 주제에 대한 연구가 예로부터 지금까지 매우 다양한 상황 아래에서 수행되었다는 점이다. 그리고 이러한 주제와 용어는 오늘날에도 중대한 영향을 끼치고 있다. 문화나 신화에 대한 연구는 연속성을 가지고 오래 지속되기가 힘든 것이 사실이다. 인간 사회의 이러한 많은 변화에도 불구하고 전반적인 문화와 전통의 큰 흐름이 하나님으로부터 시작된다는 생각은 그 뿌리가 워낙 깊기 때문에 급변하는 환경 속에서도 여전히 위세를 떨치고 있다.

사실 이러한 역사적인 특정 주제에 대해 관심이 많은 이유는 구약 시대의 이스라엘과 신약 시대의 교회의 삶의 방식이나 의미가 완전히 단절된 것이 아니라 일정 부분 공통 분모를 가지고 있기 때문이다.

이렇게 긴 역사에서 우리는 이스라엘 백성이 삶 속에서 겪게 되는 위기 및 외부의 영향과 관련된 체험에 있어서 변화하는 요소를 다루어야 한다. 여기서 하나님의 통치 범위, 하나님의 통치에 대한 대적과 통치 구역, 특정 국가 설립을 통한 통치권 확인 등의 문제가 모두 각각의 변수를 가지고 있다.

신정성(神政性)과 보편성(theocratic/universal), 현재성과 미래성(present/future) 사이의 긴장 관계가 이러한 차이를 나타내 준다. 그중에서도 특히 중요한 것으로 하스모네 가의 통치와 관련하여 우리가 묵시적인 것으로 간주하는 관념적인 왕국관이 나타났다는 점을 꼽을 수 있다.

기독교 문학에서와 마찬가지로 '하나님의 나라'라는 용어는 때때로 그 영향력이 움츠러들기도 했다. 하지만 그리스도 당시의 유대교를 묘사하는 데 기여한 사람들은 예수가 '하나님의 나라'를 선언할 때 사람들이 그 의미를 쉽게 이해했다고 주장한다. 구약과 신약은 하나님 나라와 관련된 언어에서 그 형태와 빈도뿐 아니라 가리키는 대상도 다르다. 램지 마이클도 내가 위에서 언급한 긴장 관계를 지적하고 있다. 하나님 나라는 강조의 비중이 다르긴 하지만 현재이자 미래다. 이와 비슷하게 하나님 나라의 기본인 하나님 중심성이 일부 글에서는 그리스도 중심성으로 이동하기도 한다. 또한 하나님 나라는 그 아들의 나라로 뿐만 아니라 그리스도인의 교제 가운데 거하시는 성령의 삶으로도 인식할 수 있다. 그러나 이러한 요소들은 결국 동일한 것이다. 하나님은 왕이시고 궁극적으로 그의 나라가 임하게 된다. 따라서 성경의 마지막 책인 요한계시록에 흰 보좌와 같은 중대한 이미지가 나타나는 것은 당연한 것이다.

신약 시대에 하나님 나라와 관련된 용어가 다양하게 사용되고 있는 것에 대해 몇 가지를 주목할 필요가 있다.

예수 사역의 시작을 알리는 마가의 서술에 대해 성경 기자 중 어느 누구도 그 진정성을 의심하지 않았던 것 같다. 마가복음 1장 15절의 문구는 분명 마가의 표현이지만, 복음 선포의 핵심인 하나님 나라가 가까이 왔다는 선언은 역사적인 것으로 볼 수 있다. 기존의 이러한 일치된 생각에 대해 오늘날 부분적으로 이견을 가지는 이유는 예수에 대한 오해에서 비롯된 잘못된 '묵시적' 관점 때문인 것으로 보이며, 이제는 그러한 관점으로 예수를 바라보지 않고 있다.

도마복음(the Gospel of Thomas)에 나타난 '실현된 종말론'과 이 복음서에서 사용된 하나님의 나라 용어 중 특히 예수의 비유와 관련된 용어에 최근 많은 관심이 집중되어 왔다. 이 책에 수록된 예수의 말은 공관복음과는 다른 특징을 보이며, 하나님의 나라에 대해 기존과는 다른 지혜적, 원시 영지주의적 관점이 매우 일찍 발생했음을 나타내기 때문에 흥미로운 것이다. 도마복음에서 지혜와 하나님 나라가 공동체 지향적이긴 하지만, 필로의 글에 나타나는 왕의(basilikos) 태도 및 '왕의 기품' 그리고 여러 그리스 작품에 나타나는 훈련(paideia)이 그렇듯이, 공관복음 전승과 같이 갈릴리와 예루살렘, 그 외 여러 지방에서 당대의 대중적, 문화적 실제와 치열하게 씨름하던 종파나 학파와 관련된 것은 아니다.

로버트 핫쥐슨(Robert Hodgson)은 자신이 맡은 장인 '요한 학파에 나타난 하나님의 나라'에서 이 학파의 주요 분파 중 하나에서 하나님의 나라라는 용어가 거의 사라진 사례를 제시하고 있다. 그는 이 용어의 의미가 달라진 것과 셋 파(Sethian wing)의 사상 때문에 당시 상황에서 이 용어를 사용하는 것이 금기시되었음을 설득력 있게 보여주었다. 물론 이 용어는 요한복음 내에서도 거의 사용되지 않고 있으며, 요한복음의 경우 종말론도 다르게 나타나고 있다. 하지만 영생, 빛, 진리 등의 용어를 사용하면서 사도 요한은 새로운 시대에 대한 찬양과 새로운 시대의 도래를 위한 산고(產苦) 모두를 전혀 놓치지 않고 있다.

이 책의 주제와 관련하여 나는 다시 한 번 신약의 종말론에 관한 나의 생각을 강조하고 싶다. 하나님 나라의 의미가 통치와 영역, 미래와 현재, 초월과 현실 사이에서 갈등하고 있기는 하지만, 이스라엘 역사에서 사용된 선례를 보면 그것은 분명 우리가 복음서에서 정치적인 구조라고 부르는 것을 의미하였다. 이는 하나님의 주권과만 관련된 것이 아니라 당시 팔레스타인이나 인근 지역의 드러나지 않은 권력 구조와 비슷한 지위, 사회적 역할, 해방 등과 관련된 것이다.

이 부분과 관련하여 이 책의 접근 방식이 주로 주해적이고 성경 신학적이며 범위를 대개 정경에 한정하기는 하지만 초기 기독교를 연구하는 현대의 두 가지 초점과 어느 정도 조화를 이루고 있다는 점을 확인할 수 있다. 말씀의 양식에 대한 궤적을 사회학적으로 접근하여 추적하는 것은 현재 시도되고 있는 접근 방식을 더욱 풍성하게 해줄 것이다. 하지만 아마도 현재의 방식이 다른 방식들에 기준을 제공하게 될 것이다. 하나님 나라와 당시 전제 정치의 완강한 체제의 쉽지 않은 만남에 대해 나는 이미 한 가지 사례를 제시한 바 있다.

예수의 임박한 종말론적 선포를 해석하는 데 있어 그 안에 담긴 열정과 취지를 일종의 묵시적 광신으로 여기거나 글자 그대로 잘못 이해해서는 안 된다는 점을 말하고 싶다. 세례 요한의 메시지에 이어 나온 예수의 메시지는 새로운 시대가 역동적이고 초월적으로 침투해 들어오고 있음을 나타냈다. 예수가 사용한 하나님의 나라라는 용어는 여호와께서 사탄 및 귀신들과 전쟁을 벌이신다는 오래된 주제(motif)를 불러일으키며 위기의 시대에 이스라엘을 부르는 것과 관련이 있다. 하나님 나라의 필연적인 임박성은 종교 사회학자들에게서 흔히 볼 수 있는, 즉 영국 청교도들의 경우에서처럼 천년왕국이나 이상향에 대한 열정에서 빚어지는 모든 비슷한 운동들과 맥락을 같이 하는 것으로 이해해야 한다고 나는 항상 주장해 왔다.

첫째 단계, 특히 예수 자신의 사역은 첫째 단계가 모두 그렇듯이 환상적이고 강력하였다. 복음서 저자들은 시험 기사, 변화산 기사 그리고 사탄, 모세, 엘리야, 인자 등의 등장 인물들을 통해 이 강력함을 드러냈다. 각각의 시대마다 각각의 메신저는 논란을 일으키고 구체화시켰으며, 이와 마찬가지로 후대의 추종자들은 세상의 질서를 어지럽혔다.

물론 복음서의 이렇게 화려한 단계는 후에 좀더 실용적인 단계에 그 자리를 내주게 되었다. 환상적이고, 심지어 황홀하기까지 한 현상은 계속되었다. 하지만 처음부터 강렬한 환상은 같은 류의 세상적 현실성과 연결되어 있었다. 잔다르크가 자신의 천사들을 금방 인식하지 못했던 것처럼, 예수의 비유 또한 자신의 묵시적 지평을 제대로 인식하지 못했던 것이다.

시간이 흐르면서 교회는 처음 단계와의 거리에 스스로 적응해 나갔다. 우리는 '재림의 지연'에 대해 말한다. 하지만 이는 변화를 이해하기 어렵게 만드는 것이다. 정말 흥미로운 것은 다양한 초대 기독교 공동체들이 다양한 상황에서의 처음의 능력과 충격을 영원한 것으로 만들려고 했던 방식이다.

나는 요한복음의 경우를 언급한 바 있다. 누가복음-사도행전의 하나님 나라 용어는 그 긴장 관계를 대부분 잃어버렸다고 말할 수 있다. 종말론적 지평이 사라졌고, 성령의 시대가 더 비슷한 개념 역할을 하고 있다. 하지만 누가복음-사도행전은 나름대로 시대의 경향을 그리스도인의 용어로 표현한 것이며, 이는 디터 지오르기(Dieter Georgi)가 최근에 주장한 것처럼 버질(Vergil)과 호러스(Horace)의 문화적 굶주림을 해결하는 데 기여하였다.

이 책의 여러 필자가 언급한 것처럼 노먼 페린은 예수의 하나님 나라 용어에 대한 나의 견해에 동의하였다. 페린에게 하나님의 나라는 '좁은' 상징이 아니라 '넓은' 상징이었다. 하지만 페린이 당시에 하나님 나라의 상징을 비시간적이라고 본 것은 실수였다고 말한 두 필자의 견해에 나는 동의한다. 이러한 오해 때문에 페린은 큄멜이 인식했던 '실현된 종말론'을 주장하는 사람들과 같은 부류로 취급되고 있다. 하지만 예수의 상징의 미래적인 측면은 그렇게 이해해서는 안 된다. 예수의 상징은 복음이 역사 속에서 사탄 및 사탄의 권세와 맞닥뜨리는 사건과 밀접하게 관련되어 있는 것이다. 바울은 종말론적 하나님의 나라가 이 세상에 강력하게 침투하는 모습을 발견하고는 자신의 역할을 그리스도에 의해 인도되어 승전고를 울리며 세상 속에 침투하는 것으로 비유하였다.

아모스 윌더
하버드 대학교 신학대학원
신학과 홀리스 좌(座) 교수, 명예 교수

감사의 글

　2년 이상 이 작업을 완수하는 데 동참한 모든 분들에게 **감사의 마음을** 표현할 기회를 갖고 싶었습니다. 참여를 요청했던 필자들 중 단 두 명만 피치 못할 사정으로 중간에 그만두었을 뿐 모두 끝까지 동참해 준 것을 감사하게 생각합니다. 편집장의 입장에서 이 책에 글을 싣게 된 분들이 대단히 협조적이었다는 점을 밝히고 싶습니다. 대부분 마감 시간을 지켜 주었고 간혹 늦는 경우에도 약간만 늦었을 뿐입니다. 덕분에 편집의 부담이 크게 줄었고 저보다 훨씬 경험 많고 학식 많은 분들을 괴롭히지 않아도 되어 좋았습니다. 시간과 노력을 아끼지 않고 머리말에 소견을 밝혀 주신 아모스 월더 씨에게도 특별한 감사를 드립니다. 하나님 나라에 대한 오늘날의 이해 형성에 크게 기여하신 분께서 이 책에 동참하게 되었다는 사실은 진정 영광이 아닐 수 없습니다.
　헨드릭슨 출판사 직원들에게도 감사를 드립니다. 특히 이 책의 매력을 더해 준 패트릭 알렉산더의 세심한 스타일 편집에 감사를 드립니다. 패트릭은 그 외에도 우리의 글이 처음 제출되었을 때보다 훨씬 나아 보이도록 여러 방면에서 도움을 주었습니다.
　이렇게 여러 글들을 수집하게 된 배경은 그 자체로 흥미로운 이야기입니다. 따라서 그 과정을 자세히 이야기하면서 감사의 마음을 전하고자 합니다. 1985년 봄 미국 중부 성경 문헌 학회 신약 분과의 좌장(座長)은 찰스 헤드릭 박사였습니다. 헤드릭은 '하나님의 나라'를 주제로 한 발표회를 기획하고 추진했습니다. 이 책에 포함된 논문 중 7편이 그때 발표되었던 것입니다. 이들 논문을 출판하도록 맨 처음 격려한 사람도 찰스였으므로 그의 이름이 저자에 포함되지는 않았지만 그는 이 책이 출판되는 데 핵심 역할을 한 것입니다. 제 생각에 이런 식으로 한 주제, 특히 현재 논의가 진행되고 있는 주제를 놓고 모임을 가지는 것은 중요한 주제에 학계의 관심을 집중시켜 일차적으로 직접 대면하고 나중에 책을 통해 만나도록 하는 데 유용한 것 같습니다.

책이 이런 식으로 시작되었기 때문에, 필자마다 다른 필자와는 상관 없이 독립적으로 글을 써서 글 내용의 일부가 중복되기도 하고 잘 연결되지 않을 수도 있습니다. 하나님의 나라라는 주제가 한 세기가 넘도록 학자들 사이에 일치점을 찾지 못하는 주제이기 때문에 스타일에 있어서나 입장에 있어서나 필자들 사이에 통일성을 기하려고 하지 않았습니다. 이 책은 검증을 거친 보고서가 아니라 다양한 글을 담고 있을 뿐입니다.

마지막으로, 책을 출판하는 과정에서 일관성 검사, 교정, 타이핑 등으로 커다란 도움을 준 제 비서 알린 블래클리 부인에게도 감사를 드립니다. 또한 출판의 힘든 과정을 잘 견디도록 늘 위안이 되어 준 아내와 가족에게도 고마움을 표하고 싶습니다.

1장 종말론적인 하나님의 나라 발견:
요하네스 바이스(Johannes Weiss)와 알버트 슈바이처(Albert Schweitzer)

웬델 윌리스(Wendell Willis)[1]

1. 서론

고(故) 노먼 페린(Norman Perrin)의 마지막 작품인 『예수와 하나님 나라의 언어』는 20세기에 하나님의 나라에 대한 예수의 가르침을 해석하는 데 중대한 전환을 가져왔다.[2] 이를 통해 하나님 나라의 해석에 대한 새로운 조류가 형성될 경우, 묵시적 해석으로 전환했던 때로부터 1세기도 되기 전에 한 바퀴를 돌아 제자리로 돌아온 셈이 된다. 이런 상황에서, 묵시적 하나님의 나라를 선포하는 종말론적 예수를 발견함으로써 이전의 전환을 주도했던 책 두 권을 살펴보는 것이 적절하다고 여겨진다.

---

1) 사우스웨스트 미주리 주립대학교 종교학부 협력 교수.
2) Norman Perrin, *Jesus and the Language of the Kingdom* [Philadelphia: Fortress, 1976].

살펴볼 책은 1892년에 출판된 요하네스 바이스의 「하나님의 나라에 대한 예수의 선포」3)와 1901년에 출판된 알버트 슈바이처의 「하나님 나라의 비밀」4)이다. 슈바이처의 유명한 작품 「역사적 예수에 대한 질문」5)을 선택하지 않은 이유는 슈바이처가 나중에 「역사적 예수에 대한 질문」에서 옹호하는 이론을 처음 제시한 책이 바로 「하나님 나라의 비밀」이기 때문이다.

이들 책에서 한 가지 눈길을 끄는 것은 – 그리고 솔직히 허탈하게 하는 것은 – 두 책 모두 저자들이 젊었을 때 쓴 작품이라는 점이다. 유명한 신약 신학자인 버나드(Bernard) 바이스의 아들인 요하네스 바이스는 29세 때 「하나님 나라에 대한 예수의 선포」를 출판하였다. 슈바이처의 「하나님 나라의 비밀」은 최후의 만찬에 관한 그의 박사 학위 논문인 「성만찬: 메시아직과 수난 비밀」의 일부로서 그가 26

---

3) Jonannes Weiss, *Jesus' Proclamation of the Kingdom of God* [Philadelphia: Fortress, 1971, 1892년 처음 출판]. 다른 언급이 없을 경우 바이스에 대한 참고 내용은 모두 이 책의 내용이다. 이 책을 더욱 확장하여 1900년에 출판한 2판에서 바이스는 자신의 종말론적 이론에 대해 신중한 태도를 보이고 있으며, 리츨의 신학을 좀더 개방적으로 인정하고 있다. 페린은 *Jesus and the Language of the Kingdom*, 66쪽에서 "예수와 그의 가르침에 대한 현대적 해석은 모두 지금까지 살펴본 내용에 그 뿌리를 두고 있다"고 적고 있다.

4) Albert Schweitzer, *The Mystery of the Kingdom of God* [New York: Schocken, 1914, 1901년 처음 출판] 다른 언급이 없을 경우 슈바이처에 대한 참고 내용은 모두 이 책의 내용이다.

5) Albert Schweitzer, *The Quest for the Historical Jesus* [New York: MacMillian, 1968, 1910년 처음 출판]. 마르틴 베르너(Martin Werner)는 *Eherfurcht vor dem Leben: Albert Schweitzer* [Bern: P. Haupt, 1954], 13쪽에서 "역사적 예수라는 질문에 대한 알버트 슈바이처의 답변"이라고 말하고 있으며, 이 책은 1차대전 이전에 출판되었다가 1차대전 이후 새 판으로 다시 출판된 몇 안 되는 책 중에 하나다. 이 책은 슈바이처의 첫 번째 작품인 *The Mystery of the Kingdom of God*보다 4년 먼저인 1910년에 영역되었기 때문에 미국에서는 이 책의 영향이 더 컸다.

세 때 자신의 첫 번째 신학적 연구 결과로 출판한 것이다.[6] 더 유명한 그의 작품인 「역사적 예수에 대한 질문」은 그의 첫 작품이 별 호응을 얻지 못하자 이에 대한 반응으로 5년 뒤에 출판되었다.[7]

바이스와 슈바이처의 작품이 지닌 의미를 제대로 평가하려면 신학이 성경 연구를 지배하고 있었던 19세기 말의 상황을 알아야 한다. 당시에는 신학을 전공한 학자들이 '예수의 생애'에 대한 유명한 글들을 많이 남겼다. 당시의 신학적 흐름은 알버트 리츨(Albert Ritschl, 1822-1889) 등이 주장한 사회적 자유주의였다. 리츨은 하나님 나라의 특징이 "현세적이고 일원론적이며 윤리적"이라고 주장했는데[8] 이러한 견해는 칸트의 도덕적 이상주의에 그 뿌리를 둔 것이다. 바이스와 슈바이처 모두 이러한 견해를 비판했는데, 바이스의 경우 알버트 리츨이 자신의 스승이자 장인이었기 때문에 리츨과는 다른 결론을 내리는 데 있어 신중함을 보인다.[9] 반면, 슈바이처는 당대 주류들의 결과

---

6) John Reumann, "The Problem of the Lord's Supper as Matrix for Albert Schweitzer's 'Quest for the Historical Jesus,'" *NTS* 27 [1981], 476쪽. 로이만은 479쪽에서 예수의 생애에 대해 연구하기 전인 1897년에 슈바이처가 이미 자신의 결론에 도달했다고 언급하고 있다. 따라서 슈바이처는 현대의 연구물들을 살펴보았기 때문에 그 재해석에 의구심을 품게 된 것이 아니고, 오히려 자신이 「하나님 나라의 비밀」에서 해석한 내용이 그가 비평하는 '예수의 생애'에 대한 글들보다 뛰어나다는 점을 보이기 위해 현대의 해석들을 검토하였다.

7) W. G. Kümmel, "Die 'konsequente Eschatologie' Albert Schweitzers im Urteil der Zeitgenossen," in *Heilsgeschen und Geschichte: Gesammelte Aufsatze* [Marburg: N. G. Elwert, 1965], 331쪽 이하.

8) 괴스타 룬트스트룀(Gösta Lundström)은 *The Kingdom of God in the Teaching of Jesus* [Richmond: John Knox, 1963], 6쪽 이하에서 19세기 신학의 초점을 '하나님의 나라'에 맞춘 사람들이 바로 리츨과 그 제자들이었다고 말하고 있다.

9) 바이스는 리츨 사망 후 3년이 지난 1892년이 되어서야 자신의 연구 결과를 출판하였다. 그는 1891년에 오토 쉬몰러(Otto Schmoller)와 에른스트 이셀(Ernst

물뿐만 아니라 그들이 자부하는 '객관성'에 대해서도 의구심을 내비치며 이들을 적극적으로 공격하였다.

리츨의 신학적 기초는 바이스의 글이 나오기 이전부터 결함을 보이기 시작했다. 리츨의 걸출한 제자였던 빌헬름 헤르만(Wilhelm Hermann)은 하나님의 나라를 하나님이 개인의 마음을 다스리는 것이라고 지극히 개인적이면서도 경험적으로 해석함으로써 사회적 자유주의를 공격하였다.10) 복음의 신화적 성격을 드러내려고 시도한 라이마루스(H. S. Reimarus)와 데이빗 스트라우스(David F. Strauss)에게서 기대되었던 종말론적 요소는 빌헬름 발덴스퍼거(Wilhelm Baldensperger, 1895), 오토 쉬몰러(Otto Schmoller, 1893), 에른스트 이셀(Ernst Issel, 1891) 등의 작품에서 나타나기 시작했다.11) 리처드 카비쉬(Richard Kabish)는 1893년에 예수와 바울에게 나타난 묵시적 영향에 대한 글을 썼다.12) 하지만 이러한 여러 반대 의견에도 불구하고 리츨의 자유주의는 세기를 넘어서까지 그 기반을 견고하게 유지할 수 있었는데, 바로 그 점 때문에 바이스와 슈바이처의 반응이 나타나게 되었다.

슈바이처는 쉬트라우스베르크에서 무명의 강사로 생활하고 있었으며, 그의 교수 자격 취득 논문(habilitationsschrift)은 전혀 주목을

Issel)이 독립적으로 수행한 비슷한 연구물이 출판되는 것을 보면서 자신도 출판할 마음을 먹게 되었다고 말한다. D. L. Holland, "History, Theology and the Kingdom of God: A Contribution of Johannes Weiss to Twentieth-century Theology," *Biblical Research* 13 [1968], 56쪽 참고.

10) Lundström, 10, 35쪽.
11) 위의 책, 27-37쪽. W. G. Kümmel, "Ein Jahrhundert Erforschung der Eschatologie des Neuen Testaments," *TLZ* 107 [1982], 83쪽 이하. 종말론적 해석의 시작에 대한 개관을 보려면 Kümmel, "Konsequente Eschatologie," 328쪽 이하 참고.
12) W. G. Kümmel, "Futuristic and Realized Eschatology in the Earliest Stages of Christianity," *JR* 43 [1963], 304쪽.

받지 못하고 있었다.13) 월터 로우리(Walter Lowrie)가 영어로 번역한 1914년만 해도 이 논문은 독일에서 전혀 관심을 끌지 못했으며 영어권 저널에도 공개되지 않았다.14) 영향력 있는 잡지인 「기독교 세계」(Die christliche Welt)의 편집자인 라데(M. Rade)는 「하나님 나라의 비밀」을 읽어 보았지만 혼란을 우려하여 독자들에게 소개하지 않았다고 1907년에 적고 있다.15)

반면, 바이스의 「하나님 나라에 대한 예수의 선포」가 출판되자 자유주의 기독교는 중대한 전기를 맞게 되었다. 헤르만 궁켈(Hermann Gunkel)이 이 책을 비판적으로 검토했으며(1892), 빌헬름 부제트(Wilhelm Bousett)는 1893년의 학술 논문에서 "예수는 유대주의에 반하여 설교했다"라는 자극적인 제목의 글을 통해 이 책을 공격하였다.16) 바이스의 책이 영미 학자들에게 전혀 영향을 끼치지 못했다는 점을 볼 때 독일에서의 관심은 그의 아버지와 장인의 명성 때문인 것으로 보인다.17) 실제로 바이스와 슈바이처의 종말론적 해석은 '세계 대전'을 치르며 자유주의의 낙관론이 붕괴되고 '다른 세계'의 복음을 잘 이해하게 된 후에야 신약학계에서 인정을 받게 되었다.18)

---

13) Kümmel, "Ein Jahrhundert Erforschung der Eschatologie des Neuen Testaments," 85쪽.
14) Schweitzer, *Mystery*, 18쪽. Lundström은 위의 책 78-80쪽에서 샌디(Sanday)와 벌킷(F. C. Burkitt) 등 처음에 슈바이처의 입장을 지지했던 사람들을 포함하여 영국에서의 반응을 소개하고 있다. 하지만 샌디는 나중에 자신의 열렬했던 지지를 철회한다. Kümmel의 "Konsequente Eschatologie," 335쪽도 참고.
15) Kümmel의 "Konsequente Eschatologie", 333쪽 이하에서 인용. 또한 "Sie ist dogmatische, nicht historische Kritik"(그것은 역사 비평이 아니고 교리 비평이다)라는 율리허(Jülicher)의 말도 인용하고 있다.
16) 위의 책, 329쪽 이하. Weiss의 *Proclamation*, 4쪽에도 있음.
17) Weiss, *Proclamation*, 34쪽 이하.
18) Kümmel, "Konsequente Eschatologie," 338쪽. 신학의 영역에서 칼 바르트(Karl

슈바이처와 바이스 모두 대다수 자유주의자들의 견해와는 달리 예수와 하나님 나라의 종말론적 관점을 강조했기 때문에 이들의 견해와 업적을 동일시하려는 움직임도 있었으며, 심지어 둘 사이에 밀접한 관련이 있다고 주장하기도 했다.[19] 하지만 슈바이처는 바이스의 책을 알지도 못했던 것 같다.[20]

2. 복음서 해석 비교

1) 하나님의 나라에 대한 예수의 가르침

바이스의 책은 하나님의 나라에 대한 예수의 생각에 초점을 두고 있으며, 예수의 가르침에 대한 리츨, 카프탄(Kaftan) 등 자유주의 학자들의 견해에는 반대한다.[21] 예수가 하나님 나라의 의미를 자세히

Barth) 역시 다가오는 하나님의 나라가 인간에 의해 세워진다는 자유주의의 낙관론에 반대하였다.

[19] 예를 들어 Floyd Filson, *Jesus Christ, the Risen Lord* [Nashville: Abingdon, 1941], 103쪽 각주 12에는 "슈바이처의 주장은 대부분 다른 사람에게서 빌어 온 것이다. 바이스도 여기에 크게 기여하고 있다"라고 적혀 있다. 페린은 *The Kingdom of God in the Teaching of Jesus* [Philadelphia: Westminster, 1963], 29 쪽 이하에서 슈바이처의 책을 "하나님의 나라에 대한 요하네스 바이스의 해석의 확장"이라고 말하고 있다. Stephen Neill, *The Interpretation of the New Testament 1861-1961* [London: Oxford, 1964], 198쪽에도 비슷한 내용이 나온다.

[20] Richard Hiers, "Eschatology and Methodology", *JBL* 85 [1966], 174쪽.

[21] 리츨의 하나님 나라 정의에 대한 룬트스트룀(Lundström)의 평을 보려면 룬트스트룀의 책 5쪽 이하 참고. 카프탄에 대한 바이스의 평을 편집자가 요약한 것을 보려면 바이스의 *Proclamation*, 32쪽 참고.

정의하지 않은 것으로 볼 때 예수는 청중들이 별도의 설명 없이도 자신의 의도를 제대로 이해할 것으로 기대한 것이라고 바이스는 주장한다. 즉 실제로 예수는 당시 사람들이 이해한 하나님의 나라에 대한 생각을 수정하지 않은 채 그 개념을 수용했다는 것이다.[22] 그리고 하나님의 나라에 대한 예수의 가르침은 다른 묵시록(apocalyptics)과 비교해 볼 때 전통적인 해석을 따르기는 하지만 차분함, 절제, 진지함 등이 엿보인다는 점에서 차이가 있다는 것이다.[23] 바이스는 하나님의 나라에 대한 예수의 가르침의 특징을 여섯 가지로 들었다.[24] (1) 철저하게 초월적이다.[25] (2) 결코 현재가 아니고 철저하게 미래다. (3) 예수는 하나님 나라의 설립자 또는 창시자가 아니고 하나님이 그 나라가 임하도록 하시기만을 기다리는 사람이다.[26] (4) 하나님의 나라는 예수의 제자들과 동일시할 수 없다. (5) 하나님의 나라는 점점 자라나거나 발전함으로써 임하는 것이 아니다.[27] (6) 하나님의 나라가 요구하는 윤리는 부정적이고 현세를 부인하는 것이다.[28]

슈바이처의 글에도 하나님의 나라에 대한 예수의 가르침과 관련된 이 여섯 가지 내용이 대부분 나타나는데, 그 이유는 슈바이처도 예

---

22) Weiss, 102쪽.
23) 위의 책, 104쪽.
24) Holland, 57쪽 이하.
25) Weiss, 133쪽. "예수가 생각한 하나님의 나라는 주관적이거나 내재적이거나 영적이지 않으며 언제나 객관적인 메시아의 나라다."
26) Weiss, 78쪽.
27) 바이스는 자신의 책 73쪽 이하에서 주기도문의 ἐλθέτω ἡ βασιλεία σου를 설명하면서 제자들에게 그 나라는 아직 임하지 않았기 때문에 이 구절은 "나라가 자라나옵시고" 또는 "나라가 온전해지옵시고"라는 의미가 아니며 "나라가 임하옵시고"라는 의미라고 말한다.
28) Weiss, 134쪽.

수가 유대교 묵시록에서 그 개념을 끌어왔다는 데 동의하기 때문이다. 슈바이처 역시 하나님의 나라가 '자란다'는 개념에 대해29) '도덕적인 태도'라는 표현으로 분명하게 반대하며30) 이 점이 현대와의 큰 차이점이라고 주장한다.31)

두 학자 모두 자유주의 신학에 반발하여 하나님의 나라를 윤리적 행동과 동일시할 수 없다고 강조한다. 슈바이처는 예수의 가르침을 그 유명한 '임시 윤리'로 정의했는데, 이는 예수가 하나님 나라의 도덕을 말하는 것이 아니라 하나님의 나라에 들어가기 위한 조건을 말하는 것임을 확실히 하기 위한 것이다.32) 따라서 팔복은 "하나님의 나라에 들어가기 위한 도덕적 기준을 정의하는 것이다."33) 바이스의 경우 슈바이처의 '임시 윤리'라는 말을 사용하지는 않았지만 그의 팔복 해석 역시 하나님 나라'의' 의인이 아닌 하나님 나라'를 위한' 의인의

---

29) Schweitzer, 101쪽. 슈바이처와 바이스 모두 하나님 나라의 성장을 기술하는 것으로 비유를 해석하는 것을 거부한다. 이들 비유는 총체적인 관점에서 해석해야 한다는 것이다(Weiss, 63쪽, Schweitzer, 109쪽 이하). 두 사람 모두 막 4장의 씨 뿌리는 자의 비유 해석은 부차적인 것이며 초대 교회가 예수의 비유에 추가한 것이라고 주장한다. 슈바이처의 생각은 예수가 하나님의 나라를 당대 유대인들처럼 (즉 묵시적 용어로) 말했다는 것이다. 슈바이처는 *The Kingdom of God and Primitive Christianity*, 90쪽 이하에서, 예수가 하나님의 나라를 어떻게 이해하고 있었는지 설명하지 않았으므로 청중들의 공통된 견해가 옳다고 가정하고 있었던 것이 분명하다고 말함으로써 이러한 견해를 다시 한 번 확인시켜 주고 있다.
30) Schweitzer, 102쪽. "하나님의 나라는 도덕을 능가한다."
31) 위의 책, 74쪽 이하. 슈바이처는 *The Kingdom of God and Primitive Christianity*, 개정판, 98-101쪽에서 '자기 성찰'을 강조하며 예수의 윤리를 좀더 전통적인 언어로 표현하고 있다. 하지만 그가 예수의 윤리가 종말론에 기초하고 있다는 이전의 견해를 포기한 것은 아니다(93쪽 이하).
32) 위의 책, 76쪽.
33) 위의 책, 96쪽. '임시 윤리'에 대한 설명은 Richard Hiers, "Interim Ethics," *Theology and Life* 9 [1966], 220-233쪽 참고.

모습을 그리는 것으로 설명한다는 점에서 슈바이처의 해석과 거의 같다.34)

이와 비슷하게 두 사람 모두 '회개'를 촉구하는 것이 하나님의 나라에 들어가기 위한 예수 윤리의 초점임을 강조하고 있다.35) 하나님 나라의 새로움이 회개의 목적이다. 바이스의 경우 인간 쪽에서 회개가 부족하기 때문에 하나님의 나라가 임하는 것에 주된 장애가 된다.36) 슈바이처의 경우 하나님의 나라가 요구하는 도덕(그 역시 '회개'라고 했음)이 하나님의 나라보다 앞에 있다는 데 동의하면서도 회개가 부족하다는 것이 하나님의 나라가 임하는 것에 장애가 된다고는 생각하지 않는다. 슈바이처에 따르면 부족한 것은 고난이다.37)

마지막으로 하나님의 나라에 대한 예수의 가르침과 관련하여 하나님 나라의 현재성에 대해 말하는 것으로 보이는 복음서의 구절들을 바이스와 슈바이처가 어떻게 다루는지 살펴보자. 슈바이처는 이 난제에 대해 신경쓰지 않은 것으로 보인다.38) 바이스는 이 점을 좀더 철저

---

34) Weiss, 71쪽, 132쪽. *Proclamation*, 113쪽 각주 79번에서 히어스와 홀랜드는 바이스가 *Proclamation*, 2판에서 예수의 가르침에 있어 현세 부정적인 측면을 지나치게 강조했음을 시인하면서도 여전히 예수에게 있어 윤리가 하나님의 나라에 들어가기 위한 전제 조건이었음을 주장했다고 적고 있다. Hiers, "Eschatology and Methodology," 173쪽, Lundström, 40쪽 이하 참고.
35) Weiss, 105쪽 이하. "회개하라. 왜냐하면 하나님의 나라가 가까이 왔기 때문이다." 슈바이처는 자신의 책 94쪽에서 이러한 가르침이 회개의 예언적 의미에서 비롯된 것이라고 말한다. "미래에 우주적인 완성을 성취할 것을 고대하는 도덕적 갱신이다."
36) Weiss, 86쪽. *Kingdom of God*, 22쪽에서 페린은 예수가 하나님 나라에 들어가기 위한 조건을 수행하려는 사람들에게 초인적 노력을 요구한다고 말한다.
37) Schweitzer, 125쪽 이하, 233-236쪽. Richard H. Hiers, *Jesus and Ethics* [Philadelphia: Westminster, 1968], 43쪽에서 하나님의 나라에 대한 전주곡으로 예수가 기대하는 '시험'을 설명하고 있음.
38) Schweitzer, 246-248쪽. 슈바이처는 하나님 나라의 현재성을 이야기하는 구절

하게 다루었는데, 현재성에 대해 예수가 귀신 축출에 성공하면서 김 칫국부터 마시는 열광 상태가 되었기 때문이거나,[39] 천국 사건이 지상의 사건과 완벽한 병행을 이루며 따라서 천국에서 일어난 사건이 아직 지상에서 일어나지 않았을 뿐이라고 생각하는 예수의 세계관에서 비롯된 것으로 설명한다.[40]

2) '인자'와 하나님의 나라

바이스와 슈바이처는 예수가 '인자'라는 표현을 선택한 것이 메시아를 나타내는 여러 칭호 중에서 자신을 나타내는 칭호로 선택한 것이라는 데 의견을 같이한다.[41] 슈바이처는 유대교에서의 이 칭호의 기원과 의미에 대해 논의하지 않으면서 예수가 의미하는 바에 대한 유일한 배경으로 다니엘서를 꼽는다.[42] 바이스 역시 다니엘서의 중요성에 주목하지만 그 외에도 에녹서와 제4에스라서의 구절도 고려한다.[43] 두 학자 모두 묵시적인, 곧 임할 심판자의 이미지를 기준으로

들을 기본적으로 무시하고 있다. 마 10장과 11장이 슈바이처의 재해석에 있어 매우 중요한 요소인 상황에서 슈바이처가 마 10:7을 처리한 방식을 볼 때 이 점이 분명하게 드러난다.
39) Weiss, 78쪽. "승리에 대한 깨달음이 그에게 떠올랐을 때." 룬트스트룀은 자신의 책 37쪽에서 "순전히 예수의 주관적 체험이었다"고 말한다. Hiers, "Eschatology and Methodology," 172쪽 참고.
40) Weiss, 74쪽.
41) 위의 책, 115쪽 이하. Schweitzer, 190쪽.
42) Schweitzer, 195, 199쪽. "다니엘서의 인자에 대한 묵시적 참고의 영향을 보여주는 모든 구절들은 역사적 사실이며, 그 외의 경우는 모두 역사적 사실이 아니다."
43) Weiss, 116쪽 이하. 바이스와 슈바이처 모두 종교사 연구가 한창이던 때에 작업을 했지만 두 사람 모두 놀라울 정도로 유대교 종말론에 관심을 보이지 않

복음서에서 '인자'라는 용어가 예수에게 사용된 것인지의 여부를 구분하였다. 따라서 '인자'라는 용어가 예수의 수난이나 재림과 관련하여 사용된 말들은 믿을 만한 것이다.44) 두 학자 모두 '인자'라는 용어가 '나'와 동일한 구절들은 믿을 만하지 않으며, 복음서 기자가 나중에 예수가 '인자'라는 사실을 알게 된 이후에 예수의 입에서 나온 말인 것처럼 기록한 것이라는 데 의견을 같이한다.45) 바이스는 이 칭호를 현재적 의미로 사용한 일부 구절(예를 들어 막 2:10, 28)에 대해, 히브리 어법상 예수는 단지 '사람'을 의미했는데 마가가 이를 메시아적 칭호로 이해한 것이라고 설명하고 있다.46)

인자를 미래적 의미로 사용한 구절에 대해서는 바이스와 슈바이처 모두 예수가 자신의 미래 역할에 대해 주장한 것이라고 설명한다. "예수가 현재 선생이자 선지자이므로 예수는 인자와 아무 관련이 없고 다만 앞으로 인자가 될 것이라고 주장할 뿐이다"라고 바이스는 말한다.47) 이 칭호는 이생에서건 자신의 죽음 이후에건 미래에 대한 주장인 것이다.48) 슈바이처 역시 예수는 직무상 아직 인자가 아니지만

았다. 슈바이처의 경우 다니엘서만 사용했으며, 바이스의 경우도 거의 비슷했다. 슈바이처는 *Quest*에서 솔로몬의 시편, 에녹서, 제2바룩서, 제4에스라서 등을 사용하였다. 바이스는 *Proclamation*, 2판, 1-35쪽에서 많은 분량을 유대교 묵시록에 할애하고 있다. 글래슨(T. F. Glasson)은 'Schweitzer's Influence - Blessing or Bane?' *JTS* 28 [1977], 300쪽 이하에서 유대교에는 하늘로부터 오는 '인자'와 같은 개념이 없다고 주장하고 있다.

44) Weiss, 126쪽. Schweitzer, 193, 236쪽 이하.
45) Weiss, 122쪽, Schweitzer, 195쪽 이하.
46) 바이스는 123쪽 이하에서, 슈바이처는 198쪽에서 이 구절이 역사적 사실이 아닌 추가된 것으로 보고 있다.
47) Weiss, 82쪽. 118쪽 참고.
48) 위의 책, 119쪽 이하.

나중에 인자가 될 것을 인식하고 있었다고 생각한다.49) 슈바이처는 이를 공개적인 주장이 아닌 감추어진 비밀로 보고 있다. 세례 요한을 포함하여 모든 외부인들에게 예수는 자신과 인자 사이의 확고한 결속만을 주장한다.50) 제자들조차 예수가 변화산에서 알려 준 후에야 예수가 인자라는 사실을 깨닫게 된다.51)

'인자'라는 칭호는 구름을 타고 심판자로 오는 메시아에게만 적당한 말이며, 이런 생각은 예수의 추종자와 대적들 모두가 공유한 생각이었다. 슈바이처에 의하면 예수가 자신을 인자로 여기고 있다고는 아무도 생각하지 못했다.52) 예수의 이러한 자기 평가는 베드로, 야고보, 요한 등 세 제자에게만 드러낸 메시아적 비밀이었다. 나중에 베드로가 열두 사도에게 비밀을 털어 놓자 가룟 유다가 이 '비밀'을 대제사장에게 말하고, 대제사장은 이 사실을 근거로 예수의 처형을 요구하게 된다.53)

따라서 예수를 지명된 인자로 보는 바이스와 슈바이처의 견해에는 약간의 차이가 있다. 바이스에게 이 칭호는 예수가 자신의 미래라고 주장하는 것이다. 슈바이처에게 이 칭호는 예수가 알려 주는 사람

---

49) Schweitzer, 192쪽 이하.
50) 위의 책, 136쪽 이하. *The Kingdom of God and Primitive Christianity*, 109쪽 이하에서 슈바이처는 예수가 자신을 인자로 보고 있다는 것을 제자들이 처음 깨닫게 된 것이 변화산에서였다는 견해를 한 번 더 제시한다.
51) 위의 책, 138쪽. 이 고백을 설명하기 위해 슈바이처는 가이사랴 빌립보에서의 고백과 변화산에서의 고백의 순서를 바꾼다. 그 이유는 예수가 '인자'라는 사실을 제자들이 깨달았을 리가 없기 때문이다. 180쪽 이하 참고.
52) 위의 책, 190쪽 이하. 바이스 역시 다니엘서와 같은 재림의 모습을 상상한다 (Weiss, 118쪽).
53) Schweitzer, 217쪽. *The Kingdom of God and Primitive Christianity*, 109쪽에도 있음.

들만 알 수 있는 비밀이다. 바이스가 예수의 가르침에 관심을 가지고 인자라는 표현이 확실히 미래를 지향하는 것이라고 본 반면, 슈바이처는 예수가 자신이 인자라는 사실을 분명히 알았지만 이를 비밀로 했다고 보았다. 그러므로 슈바이처는 마가가 메시아 비밀을 생각하고 있었음을 확고하게 주장한다고 볼 수 있다.

3) 예수의 사역과 하나님의 나라

「질문」 2판에서 슈바이처는 바이스가 예수의 가르침만 다루었을 뿐 종말론적 입장에서 예수의 사역을 고려하지 않았다며 예수와 하나님의 나라에 대한 자신의 해석을 바이스의 해석과 구별하였다.[54] 이러한 평가가 아주 정확한 것은 아니지만 바이스가 예수의 가르침에 비해 예수의 생애에 관심을 덜 보였다는 것은 분명하다.

하지만 바이스와 슈바이처 모두 예수가 자신의 하나님 나라 사역을 세례 요한의 가르침과 관련지었다고 말한다.[55] 두 사람 모두 예수가 세례 요한을 통해 자신의 사명을 깨닫고 메시아 직분을 이해하게 되었다는 데 의견을 같이한다.[56] 하지만 예수와 세례 요한의 관계에 대한 이해에서는 서로 의견이 다르다. 바이스는 예수의 행위가 세례

---

[54] Schweitzer, *Quest*, 359-360쪽 참고. Lundström, 69쪽 이하에도 "스스로 '일관된 종말론'이라고 부르는 교리적 종말론적 시각에서 본 예수의 행동 설명"이라고 적혀 있다. 히어스와 홀랜드도 많은 사람들이 슈바이처를 해석할 때 이 용어를 잘못 이해했음을 설명하면서 슈바이처 자신은 자신의 해석이 바이스의 해석보다 철저하다는 것을 알리고 싶어했다고 이야기한다.

[55] Schweitzer, 202쪽. Weiss, 85쪽 이하, 115쪽 이하.

[56] Schweitzer, 127쪽. Weiss, 115, 128쪽. 두 사람 모두 예수가 세례받을 때 어떤 방식으로 이런 이해가 생겼는지에 대해서는 설명하지 않는다.

요한의 행위와 다를 바가 없다고 말한다. "두 사람 모두 하나님의 통치가 시작될 것이라는 강한 확신에 사로잡혔다."57) "사실 예수 자신의 관점에서 볼 때 예수의 전체 사역은 메시아 사역이 아니라 준비적인 성격이었다고 말할 수 있다."58)

한편, 슈바이처는 예수와 세례 요한의 사역과 메시지 모두를 구분한다. 예수는 메시아가 올 것을 선언한 반면, 세례 요한은 선구자(ὁ ἐρχόμενος)가 올 것을 선언하면서 예수의 행동과 표적을 근거로 선구자가 예수일지도 모른다고 가르쳤다(마 11:2-6).59) 다만 예수는 자신이 메시아라는 것을 알았기 때문에, 선구자가 세례 요한이라는 것을 예수만이 알았다.60)

또한 마가복음을 근거로 한 슈바이처의 메시아적 비밀 이론에 있어서도 차이를 보인다. 세례 요한이 선구자를 전파하는 반면, 예수는 하나님의 나라가 임하는 것에 대해 전파한다는 점에서 둘의 가르침에 차이가 있다. 또 예수는 병자를 치료하고 마귀를 내쫓지만, 세례 요한은 이런 일이 없다는 점에서 둘의 사역에 차이가 있다. 따라서 슈바이처는 예수가 자신이 지명된 메시아라는 사실을 혼자만 알았고, 하나님이 알려 주시기 전까지는 사람들에게 밝히 드러나지 않았음에도 예

---

57) Weiss, 114쪽.
58) 위의 책, 82쪽. 115쪽 참고. 차이점은 세례 요한의 생각(눅 3:16)과 예수의 생각(눅 7:28)에 있다. 세례 요한은 다른 사람들처럼 하나님의 나라에 거할 것이라고 생각한 반면, 예수 자신은 메시아이자 왕이 될 것이라고 생각했다.
59) Schweitzer, 151쪽. 예수가 메시아임을 확실하게 보여주는 것은 귀신 축출 기적이다(322쪽). 바이스 역시 예수의 귀신 축출을 인식하긴 하지만 메시아의 사역이라고 여기지는 않는다(Weiss, 42쪽, 76쪽 이하). 슈바이처의 경우 예수는 말뿐 아니라 행동으로도 메시아다.
60) Schweitzer, 145-147쪽.

수가 공생애 기간 중에 메시아처럼 생각하고 행동했다고 주장한다.

예수의 사역에서 바이스와 슈바이처가 동시에 다룬 두 번째 사건은 열두 사도 파송이다(마 10). 바이스에게는 이 사건이 평범할 뿐이다. 열두 사도가 예수와 세례 요한처럼 하나님의 나라가 임하는 것을 전하러 간다. 이들의 역할은 선포의 속도를 빠르게 하고 폭을 넓히는 것뿐이다.[61] 하지만 슈바이처에게는 열두 사도 파송 사건이 예수의 사역과 가르침에서 결정적인 사건이다. 슈바이처의 경우 열두 사도는 '침노하는 자'(마 11:12)이며, 이들의 전도 사역은 침노하는 행위로서 돌아올 것을 기대하지 않았으며, 이 행위를 통해 메시아적 고난을 불러일으키게 되고, 이를 통해 하나님의 나라가 임했음을 알리게 될 것으로 예수는 기대했다.[62] "그들은 강력하게 하나님의 나라를 땅으로 끌어내렸다."[63] 이들의 사역이 '메시아적 고난'을 일으키는 데 실패하자 예수는 처음으로 남은 고난을 완수하기 위해 자신이 죽어야 한다는 것을 깨달았다.[64]

반면에 바이스의 경우 제자들은 침노하는 자가 아니며, 이들의 사역 또한 메시아 시대의 고난과는 상관이 없다. 오히려 바이스는 '침노하는 자'가 하나님의 나라를 침노하려는 시도 때문에 예수께 꾸중을 들었다고 주장한다. "이들은 매우 큰 죄를 범한 것이다. 이들은 신앙이 없는 사람들이다."[65] 이 한 가지 사건을 통해 하나님의 나라를 위한 예수의 사역을 이해하는 데 있어 바이스와 슈바이처가 얼마나

---

61) Weiss, 85쪽.
62) Schweitzer, 88-89, 261쪽.
63) 위의 책, 112쪽. 116, 221쪽 참고.
64) 위의 책, 234쪽.
65) Weiss, 83쪽. 70쪽 참고.

달랐는지를 알 수 있다. 바이스의 경우 사람은 하나님이 그 나라를 허락하기만을 수동적으로 기다려야 한다. 사람이 할 수 있는 유일한 행위는 회개이며, 열두 사도의 사역을 통해 이스라엘이 회개하도록 하는 데 실패했으므로 예수가 기대했던 것만큼 하나님의 나라가 가까이 오지 않았다는 것을 알 수 있었던 것이다.[66] 반면, 슈바이처의 경우 이들의 사역이 실패했기 때문에 기대하던 박해와 고난이 일어나지 않게 된 것이다.[67]

열두 사도의 사명에 대한 해석의 차이는 예수의 사명, 즉 예수의 죽음과 관련하여 바이스와 슈바이처 사이의 차이를 더 크게 드러내게 된다. 바이스는 예수가 자신이 죽음으로써 이스라엘이 회개하지 않은 것을 만회할 길을 발견했으며, 이는 하나님의 나라가 임하는 데 필수적인 것이었다고 주장한다. 예수는 멸망할 수밖에 없는 사람들을 위해 자신이 죽음으로써 대속물이 되어야 한다는 대담하고도 역설적인 생각에 사로잡혔다(막 10:45).[68] 하지만 바이스는 대속물($\lambda\acute{\upsilon}\tau\rho o\nu$)로서의 예수의 죽음이 하나님의 나라가 임하기 전에 발생하는 일련의 사건의 일부라는 점 외에 어떤 효과가 있는지에 대해서는 설명하지 않는다.

반면, 슈바이처의 경우 예수가 죽음으로 극복한 하나님의 나라가 임하는 것을 막는 가장 큰 장애물은 메시아 시대의 마지막 고난이다.[69] "다른 사람들은 고통의 시험에서 해방되고 예수만 고통을 당하

---

66) 위의 책, 83쪽. 사람은 하나님의 나라가 오도록 기도할 뿐이다.
67) Schweitzer, 65, 261쪽.
68) Weiss, 87쪽 이하. Schweitzer, 71쪽. 두 사람 모두 $\grave{\alpha}\nu\tau\grave{\iota}\ \pi o\lambda\lambda\hat{\omega}\nu$(많은 사람을 위한)이 부정형이므로 교회를 지시하지 않는다는 점을 들어 막 10:45의 진정성을 인정한다.
69) Schweitzer, 229쪽. 이 내용은 예수가 읽은 사 40:66을 근거로 한다. 235, 265쪽

는 것이다…예수가 그들 대신 고통을 당하는 것인데, 이는 그가 많은 사람들을 위한 대속물로 자신의 목숨을 주기 때문이다." 따라서 슈바이처에게 예수의 죽음은 수동적인 행위가 아니고 하나님의 나라를 위한 능동적 행위다. 그는 자신의 목숨을 '침노하는 자들'을 위해 주는 것이다.70)

그러므로 예수와 하나님의 나라에 관한 바이스와 슈바이처의 입장은 비슷해 보이면서도 실제로는 그렇지 않다. 이를 간단히 요약하면 다음과 같다. 슈바이처의 경우, 예수는 자신의 죽음과 함께 사망, 종말, 모든 사람의 부활, 심판, 인자의 통치를 받는 하나님의 나라 수립 등의 사건이 일어날 것으로 기대했다. 바이스는 사망, 예수의 부활71), 짧은 기간 예수가 하나님 우편에 앉아 있는 동안 제자들이 회개를 전파함72), 종말, 모든 사람의 부활과 심판, 하나님의 나라 수립 등을 제시한다.

3. 평가

큄멜(W. G. Kümmel)은 바이스와 슈바이처의 책 덕에 1900년경

참고. *The Kingdom of God and Primitive Christianity*, 121-123쪽에서 슈바이처는 하나님의 나라가 임하도록 하기 위해 예수가 죽을 것을 결정하는 데 사 53장이 준 영향을 강조하고 있다.
70) 위의 책, 232쪽.
71) Weiss, 89쪽 각주 50번.
72) 위의 책, 89, 91쪽 이하. 슈바이처는 자신의 책, 245쪽에서 예수가 죽었을 때 하나님의 나라가 임하지 않은 것은 예수의 종말론이 잘못된 것임을 의미한다고 말한다.

에 신약학에 실제적인 전환점이 있었음을 보여주었다.[73] 바이스의 「선포」 영문판 번역가와 편집자들은 이 책이 신약 연구에서 19세기와 20세기를 구분하는 전환점이라고 말한다.[74] 바이스가 슈바이처보다 먼저 책을 쓰고 처음엔 더 많은 반응을 불러일으켰지만, 슈바이처의 책이 바이스의 책보다 유명해진 것은 근거만을 추적하는 객관적인 태도와 평이한 문체 때문일 것이다.[75] 물론 아프리카에서 의료 사역을 하며 보낸 슈바이처의 희생적인 삶도 그의 신학적 글의 영향력을 키우는 데 일조했을 것이다.[76]

지금까지 본 것처럼 두 저자는 '말기 유대교'의 묵시적 기대와 생각이라는 배경 아래서 예수를 해석해야 한다는 주된 생각과 아울러 여러 사소한 관점에서도 공통점을 가지고 있다. 두 사람 모두 역사적 예수가 자유주의 기독교의 신학과 그 신학에서 제공하는 예수의 상과 얼마나 차이가 있는지를 명확하게 보여주었다. 이 과정에서 객관성과 '자료의 권위'(majestas materiae)를 기꺼이 수용하려는 두 사람의 태도는 사람들의 칭송을 받게 되었다.[77]

하지만 이러한 평가는 재고의 여지가 있다. 두 책 사이에는 한 가지 주된 차이점이 있으며, 이 차이점 때문에 다른 여러 차이점이 생겨난다. 슈바이처는 주로 '예수의 생애'를 쓰고 싶어했는데, 사실 그는 그러한 작업을 무자비하게 비판했으며 그의 신학의 전형이라고 할 수

---

73) Kümmel, "Jahrhundert," 81쪽.
74) Weiss, 2쪽. 히어스는 "Eschatology and Methodology," 171쪽에서 1900년 이후의 신약학계를 '종말론과의 전쟁'으로 특징지을 수 있다고 말한다.
75) Werner, 13쪽.
76) Glasson, 266쪽.
77) Lundström, 41쪽. Hiers, "Eschatology and Methodology", 174쪽 이하.

있는 「질문」은 그러한 작업에 치명타를 가한 것으로 널리 알려져 있다.78)

종종 급진 신학의 아버지로 알려진 슈바이처가 복음서를 평가할 때 놀라울 정도로 보수적인 이유가 여기에 있다. 슈바이처는 산상설교, 열두 사도 임명, 오병이어(실제 성찬식 정도의 양이었는데도 배부르게 먹은 것으로 과장되긴 했지만), 수난과 부활과 재림에 대한 예수의 예고 등을 사실로 인정한다.79) 마르틴 베르너의 말처럼 "슈바이처는 복음서의 역사적 신뢰성을 특이할 정도로 높게 보고 있다."80) 슈바이처가 예수의 사역을 재해석하는 데 있어 결정적인 역할을 하는 유명한 '메시아적 비밀' 역시 실제로 마가복음에서 나온 것이다. (이런 이유로 슈바이처의 재해석은 마가복음에 의존하고 마 10장과 11장으로 보완한다.) 한편, 바이스는 복음서 내용의 신빙성에 많은 의문을 제기했다. 바이스는 마가의 서술을 분명하게 거부하면서 예수의 사역이 아닌 예수의 가르침만 기술하고자 했다.

바이스와 슈바이처는 관심을 가졌던 문제가 서로 달랐기 때문에 예수의 생애를 기술하는 방식에 있어서도 차이가 생겼다. 리츨에게 동의할 수 없었던 바이스의 경우, 관심사는 하나님의 나라에 대한 예수의 이해였다. 한편, 슈바이처가 관심을 가졌던 문제는 예수를 역사적으로 알 수 없도록 만든 빌헬름 브레데(Wilhelm Wrede)와 브루노

---

78) Hiers, "Eschatology and Methodology," 174쪽, 각주 19. "우리는 모두 슈바이처의 결론이 예수의 생애를 쓸 수 없다는 것이었다고 (「역사적 예수 탐구」를) 잘못 이해하였다." Lundström, 76쪽 이하 참고.
79) Schweitzer, 7쪽 이하.
80) Werner, 14쪽. "Schweitzer schätzt die geschichtliche Glaubwürdigkeit der ältern Evangelienberichte ungewöhnlich hoch ein."

바우어(Bruno Bauer)의 극단적인 회의론이었다. 이 회의론에 슈바이처가 학생 때부터 관심을 가졌다는 것을 「질문」을 통해 알 수 있는데, 오랜 연구의 결과물인 이 책에서 슈바이처는 예수의 생애 중 의심스런 부분들을 다루고 있다. 하지만 슈바이처 당시 이 회의론이 얼마나 강했는지 현재로선 이해하기가 힘들다. 베르너에 의하면 20세기의 처음 10년 간 격렬하게 논의된 주제는 '예수가 실제로 살았었는가' 하는 것이었다.[81]

예수에 대해 정확한 사실을 알 수 없다고 회의하는 분위기 속에서 슈바이처는 예수의 종말론적 진술을 변호함으로써 마가의 생각이 올바로 이해되고 재구성되도록 하였다. 그리하여 슈바이처는 "마가 문서를 역사적 사실로 인정하고 보존하든지, 역사적 사실이 아니므로 버리든지 해야 한다"고 주장한다.[82]

이들 책 두 권이 신약학계에 남긴 유산은 두 가지로 정리할 수 있다. 첫째는 복음서가 제시하는 하나님의 나라와 예수의 생애를 이해하는 데 있어 종말론의 중요성을 회복시킨 것이다. 바이스와 슈바이처가 선구적인 연구 결과를 내놓은 이후 학자들은 신구약 중간기와 1세기의 유대 종말론에 대해 훨씬 잘 이해하게 되었다. 한편, 고(故) 페린과 크로산(Crossan)에 의해 시작된 최근의 관심사, 즉 하나님의

---

81) 위의 책, 15쪽 이하. 룬트스트룀은 자신의 책, 88쪽에서 예수의 역사적 실재성을 변호하기 위해서는 슈바이처를 따를 필요가 있었다는 Loisy의 말을 인용하고 있다.
82) Schweitzer, *Quest*, 336쪽. 이러한 도전은 이 책에 자주 등장한다. 선택의 여지가 없도록 한 슈바이처의 제안의 오류에 대해서는 Werner, 16쪽과 Reumann, 479쪽 참고.

나라를 상징적, 문학적으로 해석하려는 움직임은 역사적, 묵시적 연구에서 사고의 틀을 전환하는 것이다.83)

두 번째 유산은 좀더 멀리까지 영향을 끼친 것으로 예수에 대한 역사적 재해석과 현대 신학적 해석 사이에 선을 긋는 역할을 한 것이다.84) 슈바이처가 말했듯이 이러한 구분이 없었기 때문에 예수의 생애에 관한 글을 쓴 많은 사람들이 자신의 이상과 관심을 1세기에 투영했던 것이다. 역사적 예수와 현대 신학 사이의 이러한 구분은 하나님의 나라에 대한 예수의 종말론적 견해를 현대 신학이 수용할 수 없다는 것을 인정한 바이스에게서 가장 명확하게 나타난다. 홀랜드는 바이스의 가장 큰 공헌이 '자신의 입장이 예수와 동일하게 보일 필요가 없었다는 점'이라고 말한다.85)

그렇지만 두 저자가 이 '역사적 골'을 수용한 이유는 두 사람 모두 이것이 신학적으로 사용하기에 유익하다는 점을 발견했기 때문이라고 할 수도 있다. 초기 제자들이 예수의 가르침을 수정했다는 것을 보임으로써 바이스는 이와 비슷하게 (리츨의 신학을 살리기 위해) 하나님의 나라를 현대 기독교에 맞게 고치는 시도를 정당화할 수 있는 것이다.86)

---

83) 묵시적 연구에서 전환하려는 움직임을 추적한 내용을 보려면 페린의 *Jesus and the Language of the Kingdom*, 209-215쪽에 있는 참고문헌 목록 참고. 이 책에 있는 에모리 엘모어(E. Elmore), "하나님의 나라에 대한 언어학적 접근: 아모스 윌더와 노먼 페린" 참고.
84) 이 '해석적 차이'는 레싱(Lessing)이 말한 'ugly ditch(거친 골)'을 긍정적으로 표현한 것이다.
85) Holland, 63쪽. 홀랜드는 바이스의 본질적인 식견이 아닌 형식적인 식견이 불을 붙인 것이라고 결론지었다(65쪽). Perrin, *Jesus and the Language of the Kingdom*, 68쪽도 참고.
86) Weiss, 16-18쪽. 바이스는 높임을 받으신 주님과의 관계를 기반으로 예수와

예수를 종말론적으로 묘사하는 데 있어 슈바이처의 개인적 관심은 더욱 높았다. 예수가 종말론적 신학으로 예수 자신의 문화를 공격하는 모습 속에서 이질화된 자유주의 기독교를 거부하는 자신과 동류의식을 느끼게 된다. 슈바이처는 1차대전 이전의 독일 문화를 공허하고 파멸 직전에 몰린 모습으로 보았으며, 이 파멸에 대해 그는 단순히 예상만 한 것이 아니라 분명하게 단언하였다.87) 슈바이처 역시 종말론에 의지하여 브레데(Wrede)의 위협으로부터 역사적 예수를 보호할 수 있었고, 동시에 생기 없는 자유주의 기독교로부터 예수를 구할 수 있었다. 슈바이처는 예수를 당시 사회의 이해 부족(심지어 그의 제자들 중에도 있었음)과 맞서 용감히 싸운 영웅적 인물로 그렸으며, 예수의 싸움은 비록 성공하지는 못해서 허무하게 끝났어도 매우 고귀한 일이었다고 평가했다. 이 삶은 본받을 가치가 있는 삶이고 슈바이

현대 신학을 긍정적으로 연결한다. 231쪽 참고. 이러한 견해는 그의 제자인 루돌프 불트만(Rudolf Bultmann)의 교리적 신학(kerygmatic theology)으로 이어진다. 높임을 받으신 살아 계신 주님은 설교를 통해 우리와 만나신다. Holland, 58쪽 이하도 참고.

87) D. L. Dungan, "Albert Schweitzer's Disillusionment with Historical Reconstructions of the Life of Jesus," *Perkins Journal* 29 [2, 1976], 35-38쪽에 잘 논의되어 있음. 이 주제는 항상 슈바이처를 떠나지 않았으며 그의 마지막 작품인 *The Decline and Restoration of Civilization*에 명확하게 제시되어 있다. 슈바이처는 251쪽에서 "이 (종말론적) 예수는 현대 용어로는 도무지 표현할 수 없을 정도로 위대하다. 그는 초인적 인격을 지녔다. (여기서 우리는 슈바이처가 철학적으로 니체를 존경하고 있었음을 기억할 필요가 있다.) 그는 죽으면서 자신의 세계관의 틀을 파기하였다…그리하여 그는 모든 시대의 모든 사람들에게 마음의 생각을 통해 자신에게 다가올 수 있는 권리를 부여하게 되었다"라고 말한다. 룬트스트룀의 책, 76쪽에도 비슷한 내용이 있다. 그랩스(Grabs)는 *RGG* 3, 1907에서 슈바이처가 쇼펜하우어와 니체에게 철학적으로 관심을 가졌다고 말한다.

처도 그렇게 살기로 한다.88) 예수를 묵시적 신학에 내주면서 슈바이처가 잃은 것은 아무 것도 없다. 그는 여전히 가장 중요한 방법인 의지를 통해 예수와 연결될 수 있기 때문이다. 베르너가 이 의미심장한 말을 인용하고 있다. "예수에 대한 진정한 이해는 의지 대 의지로 이해하는 것이다."89) 슈바이처의 「비밀」을 번역한 월터 로우리가 말하는 것처럼 "실제로 예수가 우리에게 권위자가 되는 것은 '지식의 영역에서가 아니라' 의지의 영역에서일 뿐이다."90) 슈바이처가 역사적 예수를 묵시론 설교자로 쉽게 단정한 이유가 여기에 있다. "진정한 역사적 지식에는 자유롭게 하고 도움을 주는 힘이 있다. 우리의 믿음은 예수의 '인격'에 기초를 두는 것이다."91)

결론적으로, 슈바이처가 예수와 하나님의 나라에 대해 바이스와 같은 입장에 있다거나 바이스로부터 출발했다고 말하는 것은 잘못이다. 이렇게 오해하는 데는 두 가지 원인이 있다. 첫째, 바이스와 슈바이처는 비슷한 시기에 예수의 종말론적 성격을 발견했고, 두 사람 모두 이러한 종말론적 이해를 사용하여 자유주의 신학을 비판하였다. 또한 두 사람 모두 하나님의 나라에 대한 예수의 가르침을 종말론에 기초하여 해석했는데 그 방식이 어느 정도 비슷했으며, 특히 예수의 수난과 재림 예고, 그리고 윤리에 대한 가르침 등을 해석하는 방식이

---

88) 던건(Dungan)은 자신의 책, 34쪽에서 슈바이처가 아프리카에서 의료 선교사로 살기로 결심한 것을 설명하기 위해 친구에게 보낸 편지를 인용하고 있다. 이 편지에서 슈바이처는 식민지 정책을 비판하고 있으며, 자신의 선교를 기독교의 죄악에 대한 속죄의 방편으로 보고 있다.
89) Werner 14, 15쪽. "Das wahre Verstehen Jesu ist das verstehen von Wille zu Wille." 베르너는 이 말이 *Quest*의 유명한 마지막 단락과 매우 잘 어울린다고 말한다.
90) Schweitzer, 50쪽.
91) Schweitzer, *Quest*, 250-251쪽.

비슷했다.

둘째, 슈바이처 자신도 사람들이 이렇게 오해하도록 하는 데 일조했는데, 그 이유는 그가 자신의 책 「질문」에서 자신은 예수의 가르침에 대한 바이스의 해석을 예수의 전체 사역으로 확장시킬 뿐이라고 말했기 때문이다.[92] 또한 슈바이처의 첫 번째 종말론적 해석을 영어로 번역한 책의 제목도 이러한 오해에 일조했다고 볼 수 있다. 이 책의 제목을 「하나님 나라의 비밀」로 하지 않고 부제였던 「예수의 생애 개요」(*Eine Skizze des Lebens Jesu*)로 번역하여 사용했더라면 훨씬 좋았을 것이다.

---

[92] Schweitzer, *Quest*, 350-351쪽.

2장

종말론적 해석에 대한 주요 반응:
루돌프 불트만(Rudolf Bultmann)과 도드(C. H. Dodd)

리처드 히어스 2세(Richard H. Hiers, Jr.)[1]

1884년 같은 해에 태어난 불트만과 도드가 8살이 되던 해에 요하네스 바이스가 「하나님 나라에 대한 예수의 선포」[2]를 출판했으며(불트만은 이 책이 자신에게는 획기적인 글이었다고 말한다[3]) 이들이 17살이 되던 해에 슈바이처의 「하나님 나라의 비밀」[4]이 출판되었다. 두 사람 모두 바이스와 슈바이처가 남긴 쉽지 않은 문제에 대해 1920년대부터 관심을 갖기 시작해서 오랜 기간, 즉 많은 저작을 남긴 그들의 생애 내내 이 문제와 씨름하였다.[5] 두 사람은 상당히 다른 방식으

---

1) 플로리다 대학교 종교학 교수.
2) *Jesus' Proclamation of the Kingdom of God* [1892]; Chico: Scholars' Press, 1985.
3) *Jesus Christ and Mythodology* [New York: Scribner's, 1958], 12쪽.
4) *The Mystery of the Kingdom of God* [1901]; Buffalo: Prometheus Books, 1985.
5) 이들의 저작에 대한 자세한 설명은 Norman Perrin, *The Kingdom of God in the Teaching of Jesus* [Philadelphia: Westminster, 1963] 4장과 7장; Charles W. Kegley, *The Theology of Rudolf Bultmann* [New York: Harper & Row 1966]; Walter Schmithals, *An Introduction to the Theology of Rudolf Bultmann* [Minneapolis: Augsburg, 1968]; R. H. Hiers, *Jesus and the Future* [Philadelphia: Westminster, 1968], 3장과 4장; F. W. Dillistone/C. H. Dodd, *Interpreter of the New Testament*

로 예수 당시 그의 행위와 메시지의 실체를 정확하게 설명하려고 시도했으며, 예수와 그의 메시지가 종말론에 기원하고 있음에도 불구하고 어떻게 우리 시대에 믿음과 윤리의 중심이자 권위로 확고히 설 수 있었는지를 보이려고 시도하였다. 도드는 1973년에 죽었으며, 불트만은 1976년에 죽었다.

1. 바이스와 슈바이처가 남긴 해결되지 않은 유산: 역사적, 종말론적 예수

바이스와 슈바이처는 독립적인 연구를 통해 역사적 예수는 하나님의 나라가 임하게 되면 땅에서의 인생의 상태가 완전히 바뀔 것이며, 어쩌면 이 일이 자신이 살아 있는 동안에 이루어질 것으로 믿고 선포했다는 결론을 주저하는 가운데 내리게 되었다. 하나님의 나라가 임하게 되면 인자(변화한 예수 자신)가 초자연적으로 나타나고, 죽었던 이전 세대 사람들이 부활하고, 모든 사람이 인자 또는 하나님의 심판대 앞을 통과하는 심판의 시간이 온다. 자격을 갖춘 사람들은 하나님의 나라에 들어가 거기서 먹고 마시며 영생의 축복을 누리게 되지만, 회개하지 않은 사악한 무리들은 멸망하거나 게헨나 즉 바깥 어두운 곳에서 영원한 고통을 당하게 된다. 예수의 가르침과 선포는 그 청중들과 중간의 여러 세대를 거쳐 우리에게 전달하려는 것이 아니라,

---

[London: Hodder & Stoughton, 1977]; Norman Perrin, *The Promise of Bultmann* [Philadelphia: Fortress, 1979]; E. C. Hobbs, ed., Bultmann, *Retrospect and Prospect* [Philadelphia: Fortress, 1985] 참고.

당시 사람들에게 아직 기회가 있을 동안 회개하고 회개에 합당한 이웃 사랑의 삶을 살도록 촉구하기 위한 것이었다. 예수는 시대를 초월한 진리를 선포한 것이 아니라 재림 사건이 일어나기 전 짧은 기간 동안 당시 사람들이 따라야 하는 '윤리'를 선포했던 것이다.6)

이러한 역사적, 종말론적 예수는 자유주의 기독교와 전통적 기독교 모두의 믿음과 주장에 이의를 제기하였다. 자유주의 기독교는 기본적으로 예수를 선생이자 시대를 초월한 사랑 윤리의 본보기라고 생각했으며, 하나님의 나라가 하나님과의 교감을 통해 개인의 마음속에 존재하는 것이라고 선포한 사람, 또는 도덕적 행위와 사회 개혁을 통해 하나님의 나라가 땅 위에 임하도록 하거나 그 영향을 확장하는 과업을 수행하도록 모든 시대의 사람들을 부른 사람이라고 생각했다.7) 만일 예수가 종말을 기대하는 짧은 기간 동안 당시 사람들에게만 메시지를 전한 것이라면, 그 메시지는 우리에게 말하는 것이 아니므로 그것이 현대에는 어떤 의의를 가지는지 의문이 들 수밖에 없다. 또한 '하나님의 나라'가 개인의 종교적 체험이나 사회 개혁이 아니고 하나님의 통치가 급격한 종말과 함께 수립되는 것이라면, 자유주의 기독교의 기본 주제는 그 기초가 사라지는 것이 되고 만다. 더 나아가 예수가 자신의 추종자들이 살아 있는 동안 하나님의 나라가 임할 것이라고 기대했다면 그 생각은 잘못된 것이다. 이 부분에 잘못이 있었다

---

6) 바이스와 슈바이처 모두 시간이 지나면서 자신들의 입장을 약간 수정하였다. 이 책의 1장 참고. 슈바이처의 마지막 연구 결과는 *The Kingdom of God and Primitive Christianity* [New York: Seabury, 1968]이다.

7) 빌헬름 헤르만(Wilhelm Herrmann)과 아돌프 폰 하르낙(Adolf von Harnack)은 하나님의 나라를 종교적 체험에 더 무게를 두어 해석했으며 율리우스 카프탄(Julius Kaftan)과 발터 라우셴부시(Rauschenbusch)는 하나님의 나라를 사회적, 도덕적 개혁에 더 비중이 있는 것으로 보았다.

면, 그의 도덕적 가르침에도 잘못이 있지 않았을까? 자유주의 기독교가 바이스와 슈바이처의 주장을 거부하게 된 것은 당연한 수순이었다.

전통적 기독교계에서는 일반적으로 역사적 비평 연구를 받아들이지 않았기 때문에 두 학자의 주장에 거의 귀를 기울이지 않았다. 전통적 기독교인들은 일반적으로 공관복음에 기록된 종말론적이고 윤리적인 가르침은 무시한 채 요한복음에 기록된 예수의 모습에 의존하였다. 전통적 기독교인들은 예수의 재림 기대가 잘못되었다는 생각과 예수의 신성 주장을 조화시키기가 힘들 것이다. 그들의 관점에서 구원이란 십자가에 달려 죽고 부활한 주를 믿는 믿음을 통해서 얻는 것이다. 하나님의 나라가 임하는 것에 대한 예수의 선포는 중요하지 않다. 다만 교회 설립을 정당화하거나 그리스도인들이 죽었을 때 천국에 간다는 생각을 나타내는 부분은 예외다. 가톨릭 학자인 알프레드 르와이지(Alfred Loisy)가 예수의 종말론적 믿음8)이라는 바이스와 슈바이처의 주장과 매우 비슷한 결론을 내놓자, 가톨릭 교회는 공적 제재와 사적 비방으로 응대했으며 수십 년 동안 가톨릭 성경 신학자들을 단속하기에 이르렀다. 전통적 기독교인들은 종말론적 예수가 지닌 또 다른 신학적 문제점을 제시한다. 이들에게 구원의 선물은 믿음으로 받는 것이다. 자신을 영접하거나 믿으라고 하지 않고 사람들에게 뭔가를 행하라고 요구하는 예수는 너무 가톨릭의 '공로주의'나 유대교의 '율법주의' 냄새가 나기 때문에 자신들이 가진 기독교의 창시자

---

8) Alfred Loisy, *The Gospel and the Church* [1903: Philadelphia: Fortress, 1976]. 아이러니하게도 르와이지는 아돌프 폰 하르낙이 *What is Christianity?* [1900: New York: Harper, 1957]에서 나타낸 입장을 반박하려는 것이었다.

로는 적합하지 않다는 것이다.

도드와 불트만은 모두 자유주의 기독교의 영향을 받았다. 불트만은 또한 루터파 목사로서 전통적 기독교와 밀접하게 관련되어 있다. 이들의 방법과 결론은 서로 달랐지만, 도드와 불트만은 모두 역사적 예수가 여전히 오늘날 그리스도인의 삶에서 권위를 가진 선생이자 인도자라는 것을 보이기 위해 노력하였다. 아울러 도드의 경우 예수를 자유주의 신학의 창시자로 보려고 한 반면, 불트만은 역사적 예수를 좀더 전통적인 믿음과 연관지으려 애썼다. 그렇다고 전통적인 믿음의 정당성을 증명하는 방식을 취한 것은 아니었다. 두 사람 모두에게는 하나님의 나라, 좀더 포괄적으로 '종말론'이 중심 주제였다.

2. 도드(C. H. Dodd)와 실현된 종말론

도드는 자신의 첫 번째 책에서 하나님의 나라가 가까이 왔다는 것을 예수가 기대하고 선포했다는 점을 인정하고 있다.[9] '하나님의 나라'는 '우리' 모두가 바라는 '다가올 좋은 시절'을 의미했다. 하지만 도드는 예수가 당시 묵시론자들의 '꿈'을 공유했다는 사실은 인정하지 않았다. 예수는 가까운 미래에 획기적인 사건이 일어날 것으로 기대했을 것이다. 하지만 예수는 시간이 얼마나 걸릴지는 말하지 않았고, '완전히 새롭고 초자연적인 하나님의 개입'과 같은 '다가올 좋은 시절'을 보지 못했다. 처음부터 도드의 생각은 하르낙의 영향을 강하

---

9) C. H. Dodd, *The Gospel in the New Testament* [London: National Sunday School Union, 1926], 17-19, 33-34, 38-39쪽.

게 받았다.10) 하르낙은 예수가 종종 하나님의 나라를 미래의 격동적 사건으로 언급했다는 것을 인정했지만 예수와 모든 시대의 그리스도인들에게 핵심적인 의미는 하나님의 나라가 사람들의 마음속에 존재하는 것 – '하나님과 영혼, 영혼과 그 영혼의 하나님' – 이라고 주장하였다.11) 도드 역시 "하나님의 나라는 사람들의 마음속에서 하나님이 다스리는 것이다…"라는 데 동의하였다. "하나님의 나라에 들어간다는 것은 자신의 마음속에 하나님을 왕으로 모시는 것이다"라고 도드는 적었다.12)

　도드는 처음에 예수가 하나님의 나라를 다가오는 미래의 구원 시대로, 그리고 이미 임한 것으로 여겼다고 생각하였다. 도드의 이러한 생각은 예수에게 있어 하나님의 나라가 이미 임한 것이며 동시에 사소한 일부 경우에는 미래적인 것이라고 주장한 대부분의 영미 계통 학자들의 생각보다 앞선 것이었다.13) 하지만 도드는 이러한 입장에 만족할 수 없었다. 묵시적으로 보이는 예수의 진술을 문자 그대로 받아들인다면 예수는 가까운 미래에 재림이 일어날 것으로 기대한 것이다. 이것이 '임시 윤리' 이론의 정당성을 입증한다 해도 예수의 가르침이 이후 세대에 대해 어떤 권위와 의의를 가지는가 하는 어려움이 생긴다.14) 이 문제에 대한 도드의 해결책은 예수가 '실현된 종말론'을

---

10) Dillistone/Dodd, *Interpreter of the New Testament*, 54-57쪽 참고. 도드가 *The Gospel in the New Testament*에 쓴 많은 부분이 하르낙의 *What is Christianity?* 를 인용한 것이다.
11) Harnack, *What is Christianity?*, 56쪽.
12) Dodd, *The Gospel in the New Testament*, 19, 23쪽. 32, 37-39쪽도 참고.
13) 히어스와 홀랜드가 바이스의 *Jesus' Proclamation of the Kingdom of God*에 쓴 'Introduction', 34-48쪽과 R. H. Hiers, *The Kingdom of God in the Synoptic Tradition* [Gainesville: Univ. of Florida, 1970], 10-21쪽 참고.
14) C. H. Dodd, *The Parables of the Kingdom*, 개정판 [New York: Scribner's,

선포했다고 주장하는 것이었다. 즉 하나님의 나라, 인자, 심판 그리고 하나님과 함께 사는 궁극적인 축복 등이 이미 예수 시대에 임했다는 것이다.15) 도드는 하나님의 나라가 예수 시대에 실제로 임했다고 믿었다. 따라서 하나님의 나라가 임하는 시기와 관련하여 예수는 틀리지 않은 것이다. 더 나아가 도드는 그 이후로 줄곧 하나님의 나라가 머물러 있다고 주장하였다. 예수의 윤리적 가르침은 하나님 나라의 임재를 경험한 모든 사람을 위한 것이었다. 그러므로 그 가르침은 모든 시대의 그리스도인들에게 유효한 것이다. 예수는 당시 사람들뿐만 아니라 '우리'를 위해서도 말씀하신 것이다.

도드는 바이스와 슈바이처를 반박하기 위해 직접적이고 체계적인 작업을 수행하지는 않았다. 그의 글에는 바이스의 글이 언급되어 있지 않으며 슈바이처의 글은 여기저기서 일부분만 포함되어 있다.16) 대신 도드가 선택한 방법은 자신이 볼 때 하나님의 나라를 현재 실재하는 것으로 설명하는 공관복음의 구절들을 열쇠로 사용하여, 명백하게 미래로 설명하는 구절들을 해석할 수 있는지의 여부를 보는 것이었다. 도드는 실현된 종말론이라는 자신의 입장을 1935년 자신의 쉐퍼 강의(Shaffer Lectures)에서 제시했으며 나중에「하나님 나라의 비유」(*The Parables of the Kingdom*)라는 제목으로 출판하였다.

도드에게 결정적인 구절은 마태복음 12:28과 누가복음 11:20(ἔφ

1961], 79쪽.
15) 위의 책, 82쪽 참고.
16) 이 사실이 도드가 슈바이처의 입장을 온전히 이해했다는 것을 의미하지는 않는다. 도드의 *The Parables of the Kingdom*, 34쪽에서「철저 종말론」에 대한 내용 참고. R. H. Hiers, *Jesus and the Future* [Atlanta: John Knox, 1981], 3-4쪽 참고.

θασεν ἐφ' ὑμᾶς ἡ βασιλεία τοῦ θεοῦ)이었다. 예수가 귀신을 내쫓았다는 것은 "하나님의 통치권이 효력을 발휘하기 시작했다는 것을 의미한다." 도드는 이어 위 구절을 근거로 마가복음 1:14-15과 누가복음 10:9-11(여기서는 ἔφθασεν 대신 ἤγγικεν이 나타남[17])을 해석하면서 이 구절들이 모두 예수가 하나님의 나라를 '가까운 미래에 올 것'이 아닌 '현재 경험하는 것'으로 선언했다는 것을 보여준다고 결론을 내렸다.[18] 이 구절들은 "논의의 여지가 없이 명백하다"고 도드는 주장한다. 이 구절들을 기초로 하여 도드는 '예수가 자신의 사역에서 하나님의 나라가 임하는 것을 보았다'는 근본적인 원리를 도출했으며[19], 이 원리를 사용하여 미래성을 나타내는 것으로 보이는 본문을 해석하였다. 도드는 복음서에 "하나님의 나라가 올 것이다"라는 절대적 의미를 가진 진술이 하나도 없으며, 따라서 이러한 진술은 "하나님의 나라가 이미 왔다"는, 논의의 여지가 없는 말과 잘 어울릴 수 있다고 말한다.[20] 도드는 마가복음 9:1의 의미가 "예수가 말하는 것을 들은 사

---

17) Dodd, *The Parables of the Kingdom*, 28-30쪽. 그러나 도드는 'ἐγγίζω'(가까이 오다) 동사가 나오는 마 10:7과 눅 10:9-11의 미래 상황을 나타내는 눅 10:12, 'ἐγγύς'(가까이) 부사를 사용하는 눅 21:31 등의 본문은 무시한다. 그 외에도 미래의 종말론적 사건을 말하는 다른 여러 구절들을 간과한다. 다음에 나오는 각주 29가 포함된 본문 참고. 마 12:28과 눅 11:20을 미래적으로 해석하는 경우를 보려면 히어스의 *The Kingdom of God in the Synoptic Tradition*, 30-35쪽 참고. 공관복음에 기록된 귀신 쫓는 사건을 종말론적으로 해석하는 경우를 보려면 히어스의 *Jesus and the Future*, 62-71쪽 참고.
18) Dodd, *The Parables of the Kingdom*, 29-31쪽.
19) 위의 책, 34, 87쪽. C. H. Dodd, *The Founder of Christianity* [New York: Macmillan, 1970], 115쪽도 참고. "예수의 가르침 중 하나님의 나라가 여기 임했다고 선언하는 것보다 독창적이고 독특한 것은 없다." 여기서 도드는 예수와 그의 메시지에 대한 정보의 출처로서 요한복음을 자유롭게 사용하고 있다.
20) Dodd, *The Parables of the Kingdom*, 37쪽. 다음에 나오는 각주 29가 포함된 본문 참고.

람들 중에 죽기 전에 하나님의 나라가 이미 임하였다는 것을 깨달을 사람이 있다"는 의미라는 주장을 제시한다.21) 도드는 하나님의 나라에서 먹고 마시는 것에 관한 말씀(마 8:11; 눅 13:28-29; 막 14:25)이 하나님의 나라가 미래에 온다는 것을 나타내는 것이 아니고, 아직 하나님의 나라에 참여하지 못한 사람들이 미래에 참여하게 될 것을 나타내는 것이거나 시간과 공간을 초월한 '질서'를 나타내는 것일 수 있다고 하였다.22)

　　미래의 종말론적 사건을 가리키는 공관복음의 다른 말씀들을 다루기 위해 도드는 서로 다른 여러 방식을 사용한다. 그 중 한 가지는 자기 생각에 하나님 나라의 현재성을 이야기하는 구절들을 당시 유대교의 가르침과 기도와는 다른 특징을 지닌 것으로 구분하는 것이다. "바로 이 부분에서 하나님의 나라에 대한 예수의 가르침의 차이점을 발견할 수 있다."23) 여기서 도드는 하나님 나라의 현재성을 이야기하는 예수의 독특한 가르침과 예수가 당시 사람들과 공유했던 전통적인 종말론적 믿음을 구분하려 했던 하르낙의 주장을 되풀이한다. 하르낙은 그리스도인들이 예수의 태도에 나타나는 독특한 면을 중요하게 여겨야 하며 전통적인 종말론적 생각은 단지 '껍데기'나 배경 정도로만 여겨야 한다고 주장하였다.24) 하르낙과는 달리 도드는 '차이점'이라는 기준을 사용하여 미래를 나타내는 말씀들이 나중에 그리스도인 공동

---

21) 위의 책, 37-38쪽. 이 해석은 심하게 비판받았다. R. H. Fuller, *The Mission and Achievement of Jesus* [SBT 1/12; London: SCM, 1954], 27-28쪽이 한 사례.
22) Dodd, *Parables*, 38-40쪽. 하나님의 나라에서 먹고 마시는 것에 관한 말씀에 대해서는 히어스의 *Jesus and Future*, 72-86쪽 참고.
23) Dodd, *Parables*, 34쪽.
24) Harnack, *What is Christianity?*, 53-56쪽.

체나 복음서 저자에 의해 추가된 것으로 구분했으며, 이 주장은 후에 노먼 페린을 비롯한 여러 학자들의 지지를 받았다. 한편, 하르낙과 마찬가지로 도드와 페린도 예수가 하나님의 나라를 기본적으로 현재의 종교적 체험으로 간주했다고 주장하였다.25) 세 사람 모두 하나님의 나라가 예수 당시의 사람들에게 현재였을 뿐 아니라 20세기를 사는 '우리'에게도 어떤 면에서는 현재라고 주장하거나 암시하였다.

1906년에 이미 슈바이처는 예수가 미래의 사건으로 기대했던 내용이 신학적으로 혼란을 일으킨다고 생각한 사람들이 예수의 말이라고 여겨지는 본문 중에서 미래를 언급하는 내용을 제거하는 방식으로 이 문제를 처리하고 있음을 깨달았다. 슈바이처는 이러한 과정을 종말론 문제에 대한 문학적 해결책이라고 표현하였다.26) 그렇다면 미래로 해석하는 전승을 후대 기독교 전승으로 몰아낸 사람은 도드가 처음이 아닌 것이다. 도드는 자신이 선정한 부분들, 특히 마태복음과 누가복음에서 선정한 부분들이 편집 과정에서 추가되었으며 마가복음 13장도 추가로 조합된 것으로 보았다.27) 도드의 근본 입장은 예수의 가르침에 대한 초기 전승의 특징이 '실현된 종말론'이라는 자신의 결론을 근거로 하여 미래 종말론이 나오는 복음서의 부분을 모두 교회의 산물이라고 하는 것이다.28)

도드는 이러한 결론을 확신했기에, 비록 드러나지는 않지만 간단

---

25) Norman Perrin, *Rediscovering the Teaching of Jesus* [New York: Harper & Row, 1967], 67, 74, 82, 89쪽.
26) *The Quest of the Historical Jesus* [New York: Macmillan, 1968] 19장.
27) Dodd, *Parables*, 36-37, 108, 110-111, 114-121, 138-139쪽.
28) C. H. Dodd, *The Apostolic Preaching and Its Developments* [London: Hodder and Stoughton, 1936], 58-59쪽.

히 말해 특정 본문을 무시하는 태도를 취하게 된다. 그 중 가장 눈에 띄는 것은 주기도문의 첫 번째 청원인 마태복음 6:10(=눅 11:2)인데, 이 구절은 예수가 미래에 오는 하나님의 나라를 당대 사람들이 겪게 될 결정적인 것으로 생각하고 있음을 분명하게 보여주는 구절이다. 도드는 자신의 책「하나님 나라의 비유」에서 하나님의 나라, 인자, 심판 등이 미래에 올 것으로 말하는 다른 여러 구절들, 특히 마태복음 10:7,23; 16:28; 24:29-35; 26:29, 64; 누가복음 10:12; 18:8; 19:11; 21:27-33; 22: 28 등에 대해 아무 언급도 하고 있지 않다. 마태복음 25:31-46에 나오는 최후의 심판에 대해 언급하기는 하지만 이 부분이 추가된 것임을 암시하고 있을 뿐이다.[29]

예수가 하나님의 나라를 현재로 선언했다는 자신의 결론을 확신했으므로 도드는 성경 본문이 그러한 의미를 더 명확히 드러내도록 수정하기도 하였다. 마가복음 9:1을 해석하면서 도드는 마음대로 부사 '이미'를 삽입하는가 하면, '보다'의 의미를 회고하면서 인식하는 것으로 해석하였다. "여기 서 있는 사람들은 자신들이 인식하기도 전에 하나님의 나라가 '이미 임하였다'는 것을 깨닫게 될 것이다."[30] New English Bible 역시 임의로 이 구절과 마태복음 12:28; 누가복음 11:20 등에 '이미'를 삽입했고 미래를 나타내는 다른 본문들을 실현된 종말론에 맞도록 고쳤다(예를 들어 막 1:15; 마 3:2; 4:17; 10:7; 21:31; 눅 10:9, 11; 17: 21; 19:11). NEB 번역 작업은 도드가 지휘하였다.

---

29) Dodd, *Parables*, 63-64쪽. 도드는 다른 책에서도 이들 본문에 대해 언급하고 있지 않다.
30) 위의 책, 37쪽 각주 1.

해결되지 않은 구절들을 처리한 도드의 방식은 두 가지가 더 있다. 그 한 가지는 미래를 나타내는 본문을 일종의 역사적 위기를 나타내는 것으로 해석하는 것이다. 다른 한 가지는 미래를 나타내는 본문을 좀더 초월적이며 영원한 의미를 상징하는 것으로 해석하는 것이다.

도드가 말한 '위기'가 무슨 의미인지 확실치 않은 경우가 종종 있다. '무화과나무의 비유'(막 13:28)를 주해하면서 도드는 "예수가 사람들에게 당시 그들이 처한 상황의 심각성을 인식하도록 요청하고 있다"고 하였다. 도드가 말하는 고소당한 사람의 비유(마 5:25-26; 눅 12:57-59)의 원래 의미는 '커다란 위기에 직면한' 예수 당시의 사람들이 '역사상 최고의 위기 상황에서' '지금 당장 행동에 옮기지 않으면 안 된다는' 것을 깨달아야 한다는 것이다.[31] 위기가 무엇인지, 왜 '당장 행동에 옮기지 않으면 안 되는지', 무엇을 행동에 옮겨야 하는지 등에 대해서 도드는 언급하지 않는다. 다른 곳에서 도드는 '위기'가 예수 자신의 출현이라고 말하고 있으며, 그는 종종 예수의 출현을 하나님 나라의 출현 즉 하나님 자신의 출현과 심판의 날과 동일하게 여기고 있다. 예수(즉 하나님)를 거부하는 자들은 자신에게 심판을 언도하는 것이다.[32] 한편, 위기를 예수가 미래의 역사적 사건에 대해 예언한 것으로 설명하는 경우도 있다. 도드는 예수가 일반 대중에게 "이

---

31) 위의 책, 107쪽 각주 1과 107-108쪽.
32) 위의 책, 56쪽. 요 3:18 참고. 도드는 명백한 요한복음의 영향하에 "예수를 거부함으로써 유대인들은 하나님의 나라를 거부했다"고 하였다. 위의 책, 요 18:35-36 참고. 도드가 그리스도인의 반유대교 성향을 부추기려 한 것은 아니지만 다른 많은 그리스도인들, 특히 요한복음에 의존하는 다른 많은 그리스도인들처럼 도드 역시 여기서 예수와 초기 그리스도인들이 모두 유대인이었다는 사실을 잊고 있다.

중대한 상황에서 깨어 준비하고 있어라"고 말했으며, 겟세마네에서는 자신과 제자들에게 곧 닥쳐올 공격에 대비하기 위해 깨어 기도하라고 제자들에게 촉구했다고 말한다.33) 도드에 의하면 위기를 말하는 일부 구절을 코 앞에 닥친 역사적 재앙 – 자신과 제자들에 대한 박해, 성전과 유대 나라의 멸망 – 에 대한 예언으로 보아야 한다.34) 따라서 이러한 구절을 재림을 준비하라는 호소의 의미로 변경한 것은 '재림이 다 가오고 있는 것으로 믿었던' 교회였다.35)

처음에 도드는 예수가 묵시적 언어를 사용했다는 사실을 인정했으나, 예수가 실제로 하나님의 나라를 묵시적 '꿈'으로 생각했다는 생각은 단호하게 거부하였다.36) 도드는 나중에 쓴 글에서 묵시적 이미지를 좀더 긍정적으로 묘사하면서 '시간과 공간을 초월한 질서'에 속하는 궁극적 실체를 상징적으로 나타내는 방식이라고 설명했다. 묵시적 이미지를 이런 식으로 이해함으로써 도드는 예수가 묵시적 이미지를 사용했다는 것을 좀더 편하게 인정하였다. 그렇지만 그는 여전히 예수가 그러한 언어를 사용한 것은 문자적으로가 아니라 상징적으로 이해하도록 하기 위한 것이었다고 주장하였다.37)

비평가들은 도드의 예수가 1세기 유대인보다는 케임브리지의 플라톤주의자에 더 가깝다고 비평하였다. 도드의 의도는 분명 예수가 하나님의 나라를 현재로 선포했다는 자신의 결론에 부합하도록 미래

---

33) 위의 책, 131-132쪽.
34) 위의 책, 135쪽. 40, 55쪽도 참고.
35) 위의 책, 139쪽.
36) Dodd, *The Gospel*, 19쪽.
37) 도드의 제안에 대한 초기 비평은 C. C. McCown, "Symbolic Interpretation," *JBL* 63 [1944], 335-338쪽 참고.

를 말하는 것처럼 보이는 부분을 해석하면서 이 구절의 핵심을 신뢰할 수 있도록 보존하는 것이었다.38) 도드의 기본적 입장은 인자의 강림, 심판, 세상의 변화 등과 하나님의 나라에서 사는 축복은 '영원한 질서'로만 체험할 수 있다는 것이다. 하지만 이 영원한 질서에서는 '먼저와 나중'이 없으며 이들 궁극적 실체들은 시간을 초월하여 존재한다.39) 따라서 이러한 정의에 의하면 하나님의 나라가 임하는 것, 인자의 강림, 심판, 기타 어떤 종말론적 사건도 미래에 일어나지 않는다. 하지만 이러한 문제를 정의를 통해 해결한다면 신약의 증거를 찾는 작업이 무슨 소용이 있느냐고 반문할 수 있을 것이다.

영원하신 하나님 자신의 통치가 현재 이 곳에 임했음을 드러내는 예수의 사역을 통해 이 영원한 질서가 시간과 공간 안에서 실현되었다고 도드는 주장한다. 이 하나님의 통치는 일시적인 현재와 이어지는 각각의 '현재'에 영원성을 부여한다.40) 따라서 예수 자신이 더 이상 존재하지 않지만 하나님의 통치는 어떻게든 계속 존재하며, 최소한 이어지는 모든 '현재'에 영원성을 부여한다.41) 이렇게 다양한 방법으로 도드는 예수가 실수로 하나님의 나라 또는 다른 종말론적 사건을 기대했거나 선포했다는 생각을 반박하겠다는 자신의 변증의 목표를 이루게 되었다. 도드의 예수는 현대의 종교적 감성으로 볼 때 낯선 인물이거나 수수께끼 같은 인물이어서는 안 된다.42) 예수의 메시지가

---

38) Dodd, *Parables*, 79-84쪽; Dodd, *Founder*, 113-118쪽.
39) Dodd, *Parables*, 83쪽. 다음에 나오는 각주 49 참고.
40) Dodd, *Founder*, 115쪽.
41) 도드의 *Parables*, 84쪽도 참고. "그 후속 시간이 길든 짧든 사람들은 이제 하나님의 나라와 하나님의 은혜, 심판 등이 그 모습을 드러낸 새로운 시대에서 살게 된다."
42) 이와 비슷하게 노먼 페린도 예수가 다양한 해석이 가능한('넓은') 상징을 사

기대하던 새 시대가 도착하기 전의 짧은 기간 동안 살았던 사람들에게만 해당되는 것이었다면, 예수와 우리의 관계 또는 예수가 우리에게 가지는 권위와 같은 어려운 문제는 해결할 필요도 없었을 것이다. 그리고 예수는 현대 그리스도인들의 도덕적 삶에 훌륭한 선생이자 인도자로 남아 있었을 것이다.

도드는 이후 자신의 작업의 많은 부분을 예수의 도덕적 가르침의 성격과 의의를 설명하는 데 투자하였다.43) 여기서 도드는 예수의 가르침이 하나님의 나라를 '영접하고' 예수가 가르친 신적 사랑이나 자비의 기준을 따라 살고자 하는 사람들에게 적합한 삶의 '질과 방향'을 나타내는 교훈, 원리 또는 격언이라고 반복하여 설명하였다.44) 예수는 이러한 가르침을 암시적으로 우리에게 제시하였다. "따라서 일부 교훈들은 우리의 삶 속에서 일어나는 다양한 관계와 상황에서 신적 자비가 효과를 발휘하는 방식의 예로 취급할 수 있다."45) 도드는 그리스도인의 삶이 예수의 가르침에 기반하고 있다는 것을 이해하였다. 때때로 도드는 예수의 도덕적 강연을 순종에 대한 요구로 설명하였다.46) 하지만 좀더 일반적으로 말하자면 도드는 이러한 강연을 행위

용하려는 의도를 가졌다고 주장함으로써 문자 그대로 '좁은' 상징을 사용했다는 오류에서 예수를 건지려고 하였다. "예수의 선포에서 하나님의 나라가 넓은 상징이라면 예수 신화를 후속 역사에 의해 믿을 수 없는 것으로 전락시킬 수 없는 것이다." Norman Perrin, *Jesus and the Language of the Kingdom* [Philadelphia: Fortress, 1976], 78쪽.

43) 특히 *The Gospel and the Law of Christ* [London: Longmans, Green & Co., 1947]; *Gospel and Law* [New York: Columbia Univ., 1951]; 루쓰 안셴(Ruth N. Anshen)이 편집한 *Moral Principles of Action* [New York: Harper, 1952], 543-558쪽의 "The Ethics of the New Testament" 참고.
44) Dodd, *Parables*, 84쪽도 참고.
45) Dodd, *Law of Christ*, 16쪽.
46) 위의 책, 17, 19쪽.

의 '질과 방향'을 나타내는 교훈, 원리, 지침 등으로 설명했으며, '이행의 수준이 상당히 낮은 경우에도' 이 필수적인 질과 방향이 존재한다는 말을 종종 추가하였다.47)

도드는 20세기에 가장 영향력 있는 영미 신약 신학자였다. 그의 저작은 많은 사람들, 특히 역사적 예수와 자신들이 가진 믿음과 가치의 설립자로 여겼던 인물의 차이를 메우지 못하던 자유주의 기독교인들에게 예수와 그 가르침에 대한 권위와 의의를 회복시켜 주었다.48) 그렇지만 예수가 하나님의 나라를 전적으로 현재로 여겼다는 도드의 주장은 아무도 지지하지 않았다.49) 대신 대부분의 학자들은 하나님의 나라가 이미 임했으며 동시에 하나님의 나라가 (또는 그 완성이) 가

---

47) 위의 책, 17쪽; Dodd, *Gospel and Law*, 73쪽.
48) 영미 계통의 모든 학자가 도드의 방식을 따른 것은 아니었다. 예로 A. W. Argyle, "Does 'Realized Eschatology' Make Sense?," *Hibbert Journal* 60 [1953], 385-387쪽 참고. 밀러 버로우(Millar Burrows), 몰튼 엔슬린(Morton S. Enslin), 로버트 그랜트(Robert M. Grant), 윌리엄 맨슨(William Manson) 등은 미래적 의미에 더 무게를 두었다. 데일 앨리슨 2세는 최근의 연구를 통해 전적으로 미래적이었던 예수의 기대를 통해 초기 기독교 공동체는 그의 수난과 부활 속에서 새 시대의 새벽을 볼 수 있게 되었다고 설득력 있게 주장하였다. Dale C. Allison, Jr., *The End of the Ages Has Come* [Philadelphia: Fortress, 1985].
49) 도드의 진술 중 일부 모호한 부분들은 예수가 미래적 기대를 가진 것으로 도드가 인정하는 쪽으로 해석할 수도 있다. 막 14:25을 설명하면서 도드는 다음과 같이 적고 있다. "우리는 여기서 하나님의 나라가 미래에 올 것으로 생각해야 하는가? 그렇다면 하나님의 나라는 이 세상에서는 오지 않는다. 왜냐하면 '새 포도주'는 묵시적 생각 즉 시간과 공간을 초월한 질서인 '새 하늘과 새 땅'에 속한 것이기 때문이다"(Dodd, *Parables*, 40쪽). 도드의 *Founder*, 115쪽도 참고: "하나님의 나라는 현재의 체험이지만 동시에 역사를 넘어선 완성을 바라는 희망으로 남는다." 또한 위의 책, 117쪽에 있는 예수가 대제사장에게 답변하는 부분도 참고. "예수는 또한 하나님의 목적이 최종적으로 승리하는 것, 다른 말로 역사를 넘어선 하나님 나라의 완성을 가리키고 있었다." 이 모든 경우에서 도드는 분명 시간, 공간, 역사를 넘어서 발생할 수 있는 것이 모두 정의상 미래에 일어날 수 있는 것은 아니라는 사실을 의미하고 있다.

까운 미래 또는 확실하지 않은 미래에 올 것으로 예수가 기대하고 선포했다고 주장하였다. 하나님의 나라가 어떻게 동시에 현재이자 미래일 수 있는지는 또 다른 문제다. 실제로 현재와 미래를 동시에 주장하는 이론을 지지하는 대부분의 학자들은 현재성을 강조하며 미래적 기대는 덜 강조하거나 언급하지 않는다.[50] 예수가 하나님 나라의 현존을 선포했다는 도드의 주장은 이들이 현재적 측면을 강조하는 것을 정당화해 주었으며, 한편 신학적, 윤리적 이유로 미래적 측면에 대한 이들의 관심은 줄어들게 되었다.[51]

3. 루돌프 불트만: 비신화화, 케뤼그마, 철저한 순종

도드가 하르낙의 영향을 받은 반면, 불트만은 그 스승인 요하네스 바이스의 영향을 받았다.

> 바이스는 하나님의 나라가 현세에 내재하지 않고, 따라서 현세 역사의 일부로서 성장하지도 않으며 다만 종말론적인 측면이 있다고 주장하였다. 즉 하나님의 나라는 역사적 질서를 초월한다는 것이다. 하나님의 나라는 인간의 도덕적 노력을 통해 이루어지는 것이 아니고 온전히 하나님의 초자연적 행위를 통해 이루어진다. 하나님은 갑자기 이 세상과 역사를 끝내시고 새로운 세상, 영원한 축복의 세상을 이루실 것이다.[52]

---

50) R. H. Hiers, "Eschatology and Methodology", *JBL* 85 [1966], 170-184쪽 참고.
51) Hiers, *Jesus and Future*의 전반적 내용 참고.
52) *Jesus Christ and Mythology* [New York: Scribner's, 1958], 12쪽.

불트만은 바이스가 전적으로 옳다고 결론을 내렸다. 또한 불트만은 현대 신학자들이 대체로 바이스의 입장을 받아들였다고 믿었다. "오늘날 예수가 가졌던 하나님의 나라 개념이 종말론적인 것이었다고 믿는 사람은 아무도 없다. 최소한 유럽 신학계에서는 그렇다."53) 불트만은 직접 복음서 자료를 연구하여 예수가 상당히 가까운 미래에 재림 사건이 일어날 것으로 기대했다는 바이스의 주장을 뒷받침하였다.54) 불트만은 도드의 실현된 종말론을 '도피 논리'라며 거부하였다. "오히려 예수는 하나님의 통치가 기적적이며 세계를 변화시키는 사건으로서 갑자기 시작될 것으로 기대한 것이 분명하다…."55)

신학적으로 좀더 편리한 이론인 실현된 종말론을 예수에게 적용함으로써 예수를 현대의 생각에 맞추려고 하는 대신, 불트만은 예수가 미래의 의미로 선포한 내용을 있는 그대로 받아들이되 그의 '신화적' (특히 종말론적) 개념에 내포된 기본적인 '실존에 대한 이해'를 해석한 다음 이 기본적 이해를 현대 세계에 제시해야 한다고 주장하였다. 예수의 믿음에서 종말론적인 '껍데기'나 배경 등을 불필요한 것으로 여겼던 하르낙과는 달리, 불트만은 종말론적인 요소를 중요한 것으로 여겼다. 따라서 불트만은 예수와 초대 교회의 종말론적 견해

---

53) 위의 책, 13쪽. 바이스의 *Predigt*는 1971년이 되어서야 영어로 번역되었다. 이 점도 영미 신학자들이 대체로 바이스를 거부했던 한 가지 원인이 될 수 있다. 대부분의 학자들이 슈바이처의 책을 읽었지만 슈바이처가 말하고자 한 바를 이해하고 논박하려 하기보다는 대강 읽고서 슈바이처의 일부 입장을 거부하려는 경향이 많았다. Hiers, *Jesus and Future*, 3-4, 50-61쪽 참고.
54) Rudolf Bultmann, *History of the Synoptic Tradition* [1921; New York: Harper & Row, 1963]
55) Rudolf Bultmann, *Theology of the New Testament* [2권; New York: Scribner's, 1954-1955] I, 22쪽. 불트만은 "실현된 종말론을 예수의 한마디 말로 입증할 수는 없다"고 하였다(위의 책).

모두에 포함된 실존에 대한 본질적 이해를 회복하기 위해 그 유명한 '비신화화' 작업에 착수하였다.56)

불트만은 예수가 종말론적으로 선포한 표현을 바탕으로 예수는 각각의 '현재' 또는 '결정의 위기'가 언제나 인류가 세상을 등지고 하나님을 향하기로 결단해야 하는 마지막 시간이라는 의미로 실존을 이해하고 있었다고 말하였다.

> 이 가르침의 한 가지 관심사는 사람은 자신이 직면한 현실의 상황을 결단해야 할 상황으로 보아야 한다는 것이며, 바로 그 순간에 자신의 자연적 의지를 포기하고 하나님을 향하기로 결단해야 한다는 것이다. 바로 이것이 우리가 발견한 종말론적 메시지의 궁극적 의미다. 사람은 '현재' 결단이 필요한 상황에 서 있으며, 그의 '현재'는 언제나 그에게 마지막 시간인데, 세상을 등지고 하나님을 향할 것이 요구된다. 그리고 자신의 모든 요구는 침묵해야 한다.57)

불트만이 하나님을 향한 결단의 필연적인 결과로 세상을 포기하는 것을 강조한 것은 예수의 메시지를 새로운 세상을 준비하기 위해 이전 세상에서 소극적이자 금욕적으로 돌이키는 것으로 해석한 바이스의 사상을 반영한 것으로 보인다.58) 어쩌면 키에르케고르와 같은

---

56) 불트만의 작업은 1941년에 "New Testament and Mythology"라는 제목의 논문으로 첫 선을 보였으며 한스 베르너 바르치(Hans Werner Bartsch)가 편집한 *Kerygma and Myth*의 재판 [New York: Harper, 1961]에 실려 있고 다른 관련 글들과 함께 Rudolf Bultmann의 *New Testament and Mythology* [Philadelphia: Fortress, 1984]에 실려 있다. Bultmann, *Christ and Mythology*도 참고.
57) *Jesus and the Word* [New York: Scribner's, 1958], 131쪽.
58) Weiss, *Jesus' Proclamation*, 105-114쪽 참고.

실존주의자의 영향일 수도 있다. 우리는 한편으로 불트만이 예수가 요구한 철저한 순종에서 철저한 이웃 사랑이라는 적극적인 윤리도 발견했다는 점도 살펴보게 될 것이다. 먼저, 불트만이 예수의 종말론적 메시지를 결단의 위기가 반복해서 일어난다는 것으로 해석한 것이 정당화될 수 있는지 의문을 가질 수 있다. 어떻게 예수의 종말론적 메시지의 의미가 모든 '현재'는 항상 '마지막 시간'을 가리킨다는 것일 수 있는가? 그리고 그것이 왜, 어떤 의미에서 '마지막'인가? 불트만은 예수가 처음에 인간 실존을 이해하기를 결단의 위기가 연속적으로 구성되어 있으며, 각각의 순간에 개인은 하나님과 '세상'(즉 자신의 세속적 관심을 추구하는 것) 사이에 선택해야 할 필요성에 직면하고 있는 것으로 생각했다고 설명한다. 예수가 인간 실존을 이렇게 이해했으므로 이러한 이해를 '일시적인 우주라는 형태로' 표현한 것은 당연한 것이다.59) 다른 말로 하자면, 불트만은 예수가 묵시적 유대교의 범주를 사용한 것은 우연일 뿐이라고 주장한다. 예수가 실제로 이해한 내용은 이러한 범주보다 앞서고 또 이와는 상관이 없으며, 쉽게 뽑아낼 수 있고 우리 이해의 중심을 차지하도록 할 수 있다. 그러한 예수는 현대, 적어도 20세기 초반의 실존주의자의 사고에는 더 이상 낯선 인물이거나 수수께끼 같은 인물이 아니다. 예수가 마르틴 하이데거(Mar-

---

59) Rudolf Bultmann, *Existence and Faith* [New York: Meridian, 1960], 186쪽 "Jesus and Paul". 불트만의 *Jesus*, 52, 55쪽도 참고. 이상하게도 불트만은 예수가 기존의 유대교 신앙에서 메시지를 빌려 왔다는 자신의 결론을 종종 잊고서 예수가 자신의 기본적 확신을 전달하는 수단으로 이러한 기대를 직접 고안했다고 말한다. 예로 Rudolf Bultmann, *Primitive Christianity* [New York: Meridian, 1957], 92쪽; *Christ and Mythology*, 26쪽; *Jesus*, 52쪽 참고. 그랜트(F. C. Grant)가 편집한 *Form Criticism* [New York: Harper & Row, 1962], 73쪽의 Rudolf Bultmann, "The Study of the Synoptic Gospels"도 참고.

tin Heidegger)와 나란히 연구실을 사용하더라도 하이데거는 아무 질문도 던지지 않았을 것이다. 아마도 불트만에게는 예수의 이러한 이해가 과학 이전의 신화적 견해를 가진 1세기에 영원히 묶여 있을 필요가 없다는 것을 보임으로써 예수와 기독교를 20세기 학문 세계에서 고상하게 보이도록 하고픈 욕구가 일었을 것이다.

불트만은 믿음이 하나님의 은혜가 아닌 역사적으로 입증 가능한 '사실'에 기초를 둠으로써 '증명'되거나 '합법화'될까 봐 염려한 루터파 신학자이기도 했다.[60] 그는 철저하게 그리스도인의 믿음은 예수의 자기 이해, 설교, 실존에 대한 이해 등이 아니라 예수에 대해 교회가 선포한 내용(즉 케뤼그마) – 특히 그의 죽음과 부활 – 에 기반을 두며, 이 케뤼그마는 '그리스도 사건'의 '존재성'에만 기반을 둔다고 주장하였다. 따라서 불트만은 예수가 자신을 강림할 인자로 여겼는지, 또는 그 역할을 수행할 다른 사람을 기다렸는지의 문제가 해결되지 않아도 상관이 없었다. (그는 후자가 그럴듯하다고 여겼다.) 아무튼 그는 초기 공관복음 전승이나 예수가 한 것으로 여겨지는 어떤 말이든 그것이 예수의 실제 설교에서 나온 것인지 아니면 후대 전승이나 편집에서 나온 것인지는 중요하지 않다고 주장하였다. 불트만의 신학적 입장에서는 자유주의 기독교와는 달리 예수의 선포에서 종말론적 성격을 인식하는 것이 신학적으로 어렵지 않았다. 예수가 가까운 미래에 종말론적인 하나님의 나라가 임할 것으로 기대한 것이 잘못이었다 해도 놀랄 필요가 없는 것이, 기독교는 역사적 예수의 설교나 견해

---

60) 칼 브라튼(Carl E. Braaten)과 로이 해리스빌(Roy A. Harrisville)이 쓴 *The Historical Jesus and the Kerygmatic Christ* [Nashville: Abingdon, 1964], 25쪽의 The Primitive Christian Kerygma and the Historical Jesus.

위에 설립된 것이 아니고 케뤼그마 위에 설립된 것이기 때문이다. 심지어 불트만은 케뤼그마가 역사적 예수를 대신하여 이후 세대에 권위 있는 메시지로 기능한다고 주장하였다. 하르낙과 도드로 대표되는 자유주의 기독교는 역사적 예수를 원했다. 현대 그리스도인의 믿음과 삶이 바로 이 역사적 예수가 하나님의 나라에 대해 가졌던 믿음과 이에 대한 설교에 기반을 둔 것이기를 바랐다. 반면, 불트만에게는 역사적 예수와 후대 교회의 설교 사이에 차이가 있다고 해서 해로울 것이 없었으며 오히려 더 좋은 것이었다. 그렇지만 불트만은 예수가 존재했다는 사실은 중요하다고 주장했으며, 심지어 "예수는 케뤼그마 내에 실제로 현존한다"고 주장하기까지 하였다.[61] 불트만이 사용한 '케뤼그마'는 초기 기독교 공동체의 설교, 바울(또는 사도 요한)이 가진 믿음에 대한 이해, 현대 교회의 설교 등 서로 다른 여러 가지 의미를 가진 것으로 보인다. 이 케뤼그마라는 말이 설교 행위를 가리키는지 아니면 그 내용을 가리키는지 명확하지 않을 때가 있다. 불트만이 예수가 케뤼그마 내에 현존한다고 말했을 때, 이 말은 설교의 내용이나 설교 행위 내에서 예수가 현대의 신자들에게 현존하게 된다는 의미였을 것이다. 하지만 이러한 예수가 역사적 예수와 동일한 것인가?[62]

불트만의 주장대로 예수가 설교한 내용이 신학적으로 중요한 문제가 아니라면 그가 왜 예수의 메시지를 '비신화화'하는 작업에 착수했는지 의문을 가질 수 있다. 이에 대해 불트만은 비신화화의 목적은 현대인들의 믿음에 걸림돌이 되는 오류 또는 불필요한 요소들, 예를

---

61) 위의 책, 40-42쪽.
62) 훅스(Hooks)가 편집한 *Bultmann Retrospect*, 37-58쪽에 있는 Shubert M. Ogden, "Rudolf Bultmann and the Future of Revisionary Christology" 참고.

들어 삼층천이나 귀신 등을 제거하는 것이라고 설명하였다.63) 불트만은 인간의 삶에 대한 예수의 이해가 세상의 갑작스런 종말에 대한 기대보다 앞서기 때문에 이러한 기대 때문에 예수의 이해가 좌지우지되지 않는다고 주장하였다.64) 분명 불트만은 실존의 의미에 대한 예수의 이해가 현대인의 믿음에도 '성립한다'고, 즉 유효하다고 말하려 했던 것이다. 하지만 그렇다면 그것이 왜 불트만이 말한 것처럼 중요하다는 말인가? 이 점에서 불트만의 입장은 명확하지 않다. 불트만이 예수의 메시지(즉 실존에 대한 이해)가 현대인의 믿음과 관련이 있다고 여겼는지의 여부는 불확실하지만, 그가 예수의 메시지 또는 '말씀'이 현대 그리스도인의 윤리 또는 도덕적 삶에 필수적인 것으로 이해했다는 것은 분명하다.

이상하게도 주석가들은 불트만이 윤리에 대해 가졌던 커다란 관심을 무시하였다. 특히 불트만이 역사적 예수가 요구한 철저한 순종을 그리스도인의 삶의 기초로 제시했다는 점을 무시하였다. 불트만은 예수의 요구가 '절대적인' 것이었다고 주장했는데, 이 말의 의미는 예수의 요구가 그 때나 지금이나 온전히 유효하고 의미가 있으며 세상의 종말이 가까이 왔다는 생각의 영향을 받아 생겨난 것이 아니라는 점이다.65) 불트만은 다른 이유로 예수의 윤리적 가르침을 임시 윤리

---

63) Bultmann, *Christ and Mythology*, 14-23쪽.
64) Bultmann, *Primitive Christianity*, 92쪽. *Jesus*, 55-56쪽과 *Christ and Mythology*, 25-26쪽도 참고.
65) Bultmann, "Study of the Synoptics," 73쪽. 불트만, *Jesus*, 127-128쪽도 참고. 도드 역시 예수의 윤리가 '절대적인' 것이라고 이해하였다. 즉 임시 윤리가 아니라 하나님의 나라가 임하는 것을 경험한 모든 사람들 - 20세기 그리스도인들도 포함하여 - 을 묶는 윤리라는 것이다. C. H. Dodd, *History and the Gospel* [London: Nisbet & Co., 1938], 125-128쪽.

로 분류하지 않았는데, 그렇게 하는 것은 예수가 '세밀하거나', '실용적인' 규칙 또는 '멋대로 설정한 과제'를 수행할 것을 요구한 것처럼 만드는 것이고 예수를 율법주의로 모는 것이었기 때문이다.66) 「예수와 말씀」이라는 책에서 불트만은 계속해서 예수가 1세기 청중에게 요구한 것뿐만 아니라 예수가 사람들 모두에게 요구한 것, 즉 철저한 순종을 기술하고 있다.67)

불트만이 말한 철저한 순종은 예수가 각 개인에게 하나님의 통치와 '세상' 사이에서, 또는 '하나님의 뜻'과 '자신의 뜻' 사이에서 '양자택일'할 것을 가르쳤다는 것과,68) 그 순종이 단순히 법이나 외적 권위에 대해 순종하는 것이 아닌 자발적이고 충분히 이해한 순종이어야 한다는 것을 동시에 의미하였다.69) 개인이 자발성을 가지고 충분히 이해해야 하는 철저한 순종의 내용은 이웃에 대한 사랑이다. "내 의지를 하나님께 온전히 드릴 때에만 내 이웃을 사랑할 수 있다. 그러므로 하나님의 뜻이 나의 뜻일 때, 내가 내 이웃을 진실로 사랑할 때만 나는 하나님을 사랑할 수 있다."70) 불트만이 때때로 철저한 순종의 내용을 개인이 자신의 주장을 포기하는 것이라고 말하는 것 같지만, 그의 본래 의도는 개인이 자신의 주장을 포기할 때 비로소 이웃을 섬길 수

---

66) Bultmann, *Jesus*, 127, 129쪽. *Theology* I, 20쪽. 도드를 비롯한 대부분의 다른 학자들처럼 불트만도 슈바이처가 의미한 '임시 윤리'를 오해하였다. Hiers, *Jesus and Future*, 50-61쪽 참고.
67) 불트만은 그리스도인의 윤리를 예수의 요구 내용에 대한 자신의 설명과 똑같은 방식으로 설명한다. *Glauben und Verstehen* [Tübingen: J. C. B. Mohr, 1933], 1:229-244쪽에 있는 "Das christliche Gebot der Nächstenliebe".
68) Bultmann, *Primitive Christianity*, 90쪽. *Jesus*, 78쪽, 83-84쪽.
69) Bultmann, *Jesus*, 72-98쪽; *Theology* I, 12쪽; 그리고 케글리(Kegley)가 편집한 *Theology of Bultmann*, 283쪽에 있는 "Reply" 참고.
70) Bultmann, *Jesus*, 115쪽.

있게 된다는 것이다. "사랑이란 하나님께 순종하여 다른 사람을 위해 자신의 의지를 포기하는 것이다."71) 불트만은 구체적인 상황에서 개인은 이웃에 대한 사랑을 실현하기 위해 무엇을 해야 할지 알 수 있다고 주장하였다. 불트만은 새로운 율법주의가 되는 것을 막기 위해 예수의 가르침에서 좀더 구체적인 규범을 제시하는 것은 피하고자 하였다.72)

불트만은 이웃과 만나는 매 순간이 철저한 순종을 실천할 수 있는 기회라고 이해한 것 같다. 우리가 본 것처럼 불트만의 입장에서 인간 실존에 대해 예수가 이해한 내용은 인간이 계속해서 하나님과 하나님의 뜻이냐, 세상과 자기 자신의 뜻이냐를 놓고 결단해야 하는 위기를 맞고 있다는 것이다. 이렇게 반복해서 일어나는 '현재' 즉 '결단의 위기'가 예수가 종말론적으로 설교한 '진짜' 핵심 의미이며, 이것이 곧 예수가 하나님의 나라에 대해 선포한 내용에서 신화를 제거한 핵심이다. 그렇다면 그리스도인의 윤리와 관련하여 하나님의 나라가 임하는 것에 대한 예수의 메시지는 사람이 이웃을 만날 때마다 철저히 사랑하도록 철저한 순종을 요구한 것에서 그 의미를 가진다.73) 하지만 더 심각한 문제가 있었다.

예수는 하나님의 나라에 들어가기 위한 필수 조건으로 철저한 순종을 요구한 것일까? 그렇다면 사람들은 자신의 행위에 대해 보상 받

---

71) 위의 책, 117-118쪽. 112쪽과 114쪽도 참고.
72) 위의 책, 84-98쪽.
73) 실존주의 철학의 영향으로 불트만의 글에서는 개인주의가 뚜렷하게 드러나지만 종종 예수가 명령한 사랑이 중요한 사회적 의미를 지닌다고 주장하기도 하였다. *This World and Beyond, Marburg Sermons* [New York: Scribner's, 1960], 148-149쪽; *Primitive Christianity*, 25쪽; *Existence and Faith*, 202-205쪽에 있는 "The Sermon on the Mount and the Justice of the State" [1936].

으려는 마음이 들 것이다. 그러나 이렇게 되면 "순종의 철저한 측면이 사라지게 된다."[74] 불트만은 예수가 종종, 심지어는 '보수를 기대하지 않고 순종한 자들에게도' 보수를 약속하는 것으로 보인다는 점 때문에 혼란스러웠다.[75] 그의 해결책은 예수가 개인주의자처럼 또는 실존주의자처럼 생각했다고 주장하는 것이었다. "보수라는 동기는 사람이 자신의 본래 모습 – 아직은 아니지만 앞으로 될 모습 – 으로 행동하도록 하기 위한 원시적인 표현일 뿐이다. 이러한 자아 성취는 윤리적 행동과 참된 순종의 타당한 동기인 것이다…."[76] 여기서 윤리란 하이데거의 표현처럼,[77] 그리고 세속적인 현대 중산층이 일반적으로 생각하는 것처럼[78] 자기 중심적인 자기 실현이라는 말로 정의할 수 있다. 이웃은 고려의 대상이 아닌 것이다. 여기서 또다시 불트만이 실제로 예수가 심판의 때가 가까이 왔으며 회개하고 하나님과 이웃에게 철저하게 순종한 사람만 다가올 하나님의 나라에 들어갈 수 있다는 기대를 가지고 선포했다고 이해했는지 의문을 가질 수 있다. 예수가 그렇게 믿었다면, '보수'에 대해 언급할 필요 없이 당시 사람들에게 당장 시급한 문제인 회개와 철저한 순종을 촉구함으로써 곧 다가올 새로운 시대에 그들이 복된 삶을 누리도록 했을 것이기 때문이다. 예수의 종말론은 예수의 진짜 의미를 겉으로 표현하기 위한 '신화' 또는 '겉옷'

---

74) Bultmann, *Jesus*, 121쪽.
75) 위의 책, 79쪽.
76) Bultmann, *Theology* 1:15.
77) Martin Buber, *Between Man and Man* [New York: Macmillan, 1965], 163-181쪽 참고.
78) Robert Bellah 등이 쓴 *Habits of the Heart* [New York: Harber & Row, 1986] 참고.

에 불과하다는 주장79)에서 볼 수 있듯이, 불트만은 예수를 철저한 순종에 대해 설교한 실존주의자로 보았으며, 하나님의 나라가 종말론적으로 임한다는 것을 선포한 것은 우연일 뿐이었다고 생각하였다. 불트만이 예수의 종말론적 선포 내용을 비신화한 것인지, 아니면 예수의 메시지를 20세기 실존주의 그리스도인 윤리학자가 믿는 내용으로 해석한 것인지 의아할 따름이다.

불트만은 분명 20세기 신약학계의 거장임에 틀림없다. 그는 「공관복음 전승사」80)와 요한복음에 관한 저술 등을 통해 문학 비평과 역사 비평의 선두 주자로 우뚝 섰으며, 양식 비평과 편집사 분야의 개척자가 되었다. 또한 유명한 비신화화 작업도 시작하였다. 그리고 여전히 고전으로 인정받고 있는 「신약신학」81)도 저술하였다. 예수가 하나님의 나라를 철저하게 미래에 세계를 변화시키는 사건으로 보았다는 그의 입장과 일치하는 모든 유럽 학자들뿐 아니라 예수가 하나님의 나라를 현재로 생각했다고 주장하는 사람들도 바이스, 슈바이처와 아울러 불트만의 주장을 고려하지 않을 수 없는 실정이다. 불트만의 일부 제자들, 특히 도도하게 자신만의 입장을 정립한 '후기 불트만주의자들'(post-Bultmannians)은 불트만의 미래적 해석과 다양한 버전의 '실현된 종말론'을 결합함으로써 예수가 하나님 나라의 도래에 대해 잘못 생각했다는 주장의 신학적 어려움을 일부 해결하려고 하였다. 일부는 불트만의 말을 하나님의 나라가 '동트고 있다', '시작되고

---

79) Bultmann, *Jesus*, 55-56쪽; Bultmann, "Jesus and Paul," 58쪽.
80) Rudolf Bultmann, *History of the Synoptic Tradition* [1921; New York: Harper & Row, 1963].
81) Rudolf Bultmann, *Theology of the New Testament* [2권; New York: Scribner's, 1954-1955].

있다', '침투하고 있다' 등의 취지로 해석하여 이들의 스승인 불트만도 자신들의 조정안을 공유하고 있었다는 것을 나타내려 하였다. 하지만 불트만(또는 그의 번역자들)이 이런 표현을 사용한 경우는 언제나 문맥상 하나님 나라의 현재성을 의미하는 것이 아니라 하나님의 나라가 곧 다가올 것을 예수가 기대했음을 의미하였다.[82] 후기 불트만주의자들은 특히 예수의 자기 이해와 초대 교회의 케뤼그마에 표현된 내용 사이의 차이를 메움으로써 불트만을 자신들이 의미 심장하게 생각하는 기독론의 창시자로 주장하기 위한 유리한 입장에 서고자 하였다. 그 결과 1950년대와 1960년대에 '역사적 예수에 대한 새로운 탐구'가 번성하게 되었다. '새로운 탐구자들'은 모두 예수가 하나님 나라의 현재성을 선언했다고 주장하였다.

4. 도드와 불트만의 비교 및 결론

도드와 불트만 모두 현대 문화가 예수를 지성적으로 이해할 수 있기를 바랐으며, 현대 그리스도인의 믿음과 삶에 의의를 가지기를 바랐다. 이들에게 핵심적인 문제는 예수는 분명 하나님의 나라가 가까운 미래에 올 것으로 기대했다는 점이었다. 이 부분이 예수의 착각이었다면 1세기에 선포된 그의 메시지를 20세기인 지금 어떻게 신뢰할 수 있다는 말인가? 게다가 종말론적 세계관을 가지지 않은 현대인에게 하나님의 나라는 어떤 의미가 있다는 말인가? 도드는 공관복음

---

82) 예를 들어 Bultmann, *Jesus*, 29, 38쪽; Bultmann, *Christ and Mythology*, 12-13쪽 참고.

의 증거를 체계적으로 재검토하여 예수가 당시 유대인의 묵시적 믿음에 동의하지 않았으며 하나님의 나라가 자신의 인격과 사역에 현존하고 있음을 선포했다고 주장하였다. 또한 하나님의 나라는 그 후로 지금까지 현존하고 있다고 주장하였다. 예수가 착각한 것이 아니다. 하나님의 나라는 이미 온 것이다. 현대 그리스도인들은 지금까지 배워 온 그대로 예수를 기독교의 창시자로 주장할 수 있으며, 예수의 가르침에서 현대 윤리에 필요한 원리를 발견할 수 있다. 불트만 역시 예수가 미래로 믿었다고 기술하는 공관복음의 기록이 기본적으로 정확하다고 여겼지만, 그러한 믿음의 의미를 체계적으로 재해석했다. 그의 결론은 예수가 인간의 상황을 하나님과 자신의 의지 그리고 세속적인 이기심 사이에서 선택해야 하는 결단의 위기가 연속되는 것으로 이해했다는 것이었다. 이것이 유대교에서 빌려왔든 스스로 만들어 냈든 예수가 이해한 바를 감쌌던 신화적 겉옷을 벗겨 내어 비신화화하고 재해석한 예수의 종말론적 메시지의 진짜 의미인 것이다.

도드와 불트만 모두 하나님의 나라에 대한 예수의 메시지가 본질적으로 시간을 초월하는 것이라고 결론지었다. 도드는 예수가 미래의 종말론적 사건을 전혀 기대하지도 않았고 선포하지도 않았다고 보았다. 불트만은 예수가 '현재', 즉 결단의 위기에 모든 초점을 맞춘 실존 이해의 창시자라고 보았다. 예수가 관심을 가졌던 미래는 단지 개인의 현재의 결정이 미래에 개인 자신의 모습에 어떻게 영향을 끼치는가 하는 것뿐이었다. 두 사람 모두 마치 예수가 예수의 이해와 메시지에 대한 자신들의 해석에 동의하고 이 해석을 인증한 것인 양 자신들의 노력의 결실을 예수에게 돌림으로써 계속되는 예수의 권위에 찬사를 보냈다. 도드와 불트만의 현대주의적 초점은 1960년대와 1970년대에 '새로운 신학' 또는 '희망의 신학' 창시자들의 도전을 받았다.[83] 희망의 신학 창시자들은 예수와 초기 기독교가 미래를 중요시했다는 점과 20세기 말에 개인과 세계를 위협하는 위기에 직면한 사람들에게 미래에 대한 희망이 중요하다는 점 모두의 영향을 받았다. '새로운 신학자'들에게는 윤리와 종말론이 모두 당면한 실존적 결말의 문제였다.

도드의 저서 덕에 예수가 회복되었는데, 특히 스승으로서의 예수의 권위가 아주 중요했던 자유주의 기독교인들에게 그러했다. 불트만의 저서는 좀더 전통적인 기독교인들로부터 특별한 찬사를 받았는데, 이들은 사도 요한이 이미 신성을 지닌 전지자(全知者)로 묘사한 예수가 착각을 했다는 생각을 받아들일 수 없었기 때문이다. 도드는 요한복음을 사용하여 예수가 실현된 종말론을 지지하고 있음을 증명하였다. 불트만은 예수의 종말론적 견해에 대한 요한의 재해석을 인용하여 자신의 비신화화 작업의 정당성을 입증하였다. 비신화화 작업은 이미 신약 정경 내에서 시작되었던 것이다. 도드와 불트만 모두 헬레니즘이 예수와 초기 기독교의 주된 환경이라고 보았다. 두 사람 모두 신구약 중간기의 유대교에 대해서는 그다지 잘 알지 못했으며, 유대교와는 달리 예수의 메시지에는 독창성이 있고 그 믿음과 윤리는 더욱 심오하다고 보았다.

도드와 불트만 모두 예수의 메시지에 권위가 있고 그리스도인의 삶과 특히 그 기반에서 의의를 지닌다고 보았다. 두 사람은 서로 다른 방식이긴 하지만 하나님의 나라가 당시 예수의 청중들과 20세기 신자들의 체험 속에 현존하고 있다고 여겼으며, 예수의 윤리를 이 하나님

---

83) 특히 칼 브라텐(Carl E. Braaten), 위르겐 몰트만(Jürgen Moltmann), 볼프하르트 판넨베르크(Wolfhart Pannenberg)의 저서 참고.

의 나라와 관련지었다. 두 사람 모두 예수의 윤리가 순종을 요구하는 것이라고 설명하였다. 불트만은 이 요구를 하나님과 이웃에게 개인을 헌신하는 것으로 더 철저하게 보았으며, 도드는 예수가 요구한 삶의 '질과 방향'은 낮은 수준의 수행으로도 충족될 수 있다고 보았다. 두 사람 모두 예수가 요구한 내용의 핵심으로 사랑을 강조했으며, 도드는 예수의 가르침에 몇 가지 원리와 지침이 포함되어 있다고 주장하였다. 불트만은 사랑하는 사람이라면 어떤 상황에서 어떻게 행동해야 할지 알 수 있다고 주장하면서 새로운 율법주의를 우려하여 좀더 구체적인 규범은 제시하지 않았다. 도드의 견해로는 하나님의 나라가 계속 현존하며 예수의 윤리는 하나님의 나라를 영접한 사람들 또는 하나님 나라의 현존을 체험한 사람들을 위한 윤리다. 불트만에게 하나님의 나라는 사람이 이웃과 계속 만날 때마다 직면하는 철저한 순종에 대한 요구 속에서 경험할 수 있는 계속되는 결단의 현재에 현존한다. 도드와 불트만 모두 예수의 요구와 메시지가 '우리에게' 권위와 의의를 가진다고 설명하는 데 아무런 장애를 느끼지 않는다.[84] 하지만 두 사람이 예수의 메시지를 예수의 종말론적 믿음과 기대에서 간단히 분리할 수 있다는 점을 보여주는 데 성공했는지는 또 다른 문제다. 아모스 윌더(Amos Wilder)가 이 문제를 해결하고자 하였다.[85]

도드와 불트만은 모두 예수에 대한 종말론적 묘사가 현대의 믿음과 윤리에 심각한 문제라는 것을 깨달았다. 두 사람 모두 예수가 믿은

---

[84] 예를 들어 Dodd, *History*, 127-128쪽; "Ethics", 555쪽, *Gospel and Law*, 62-64쪽; Bultmann, *This World*, 24-33쪽, 122, 145쪽; *Primitive Christianity*, 45, 77쪽; *Jesus*, 8, 11쪽.
[85] 이 책, 105-125쪽에 있는 에모리 엘모어(E. Elmore), "하나님의 나라에 대한 언어학적 접근: 아모스 윌더와 노먼 페린".

내용이 무엇이었는지, 예수의 믿음을 오늘날 어떻게 이해해야 하는지 등에 대한 결론을 내리지 않았다. 하지만 이들의 저작은 이후 역사적 예수와 예수의 종말론적 믿음, 그리고 예수의 하나님 나라 선포에 대해 연구하는 모든 사람들이 기본적으로 참고하고 있다.

3장

하나님의 나라 해석의 중재안:
베르너 큄멜(Werner Georg Kümmel)과 조지 래드(George Eldon Ladd)

엘던 제이 엡(Eldon Jay Epp)[1]

1. 서론

2차대전 기간 동안 신약학계의 연구는 국가간 교류는 없고 다른 나라의 출판물만 드물게 사용하는 등 상당히 제한되어 있었다. 큄멜이 「약속과 성취」[2]를 쓴 것이 2차대전의 마지막인 1945년이었는데 자신의 서문에서도 밝혔듯이 스위스에서조차 영미 쪽의 관련 출판물을 참고할 수 없었다. 큄멜은 부족한 부분을 보완하여 1953년에 대대적인 개정판을 냈는데 이 책은 전후 유럽의 신약학계 저서 중 영어 자료를 단지 참고했다는 정도가 아니라 이들 자료를 광범위하게 활용했다는 점이 특징이다. 실제로 큄멜의 참고문헌 목록을 보면 총 77개

---

1) 케이스 웨스턴 리저브 대학교(Reserve University) 성경문헌학과 교수.
2) *Verheissung und Erfüllung: Untersuchungen zur eschatologischen Verkündigung Jesu* [ATANT 6; Basel, 1945; 2판 Zürich: Zwingli-Verlag, 1953; 3판 1956].

의 학술 논문 중 25개가 영미 계통의 제목을 달고 있으며, 이는 2차대전 직전 또는 직후에 출판된 다른 독일 신약학 저술과 비교해 볼 때 아주 특이한 경우다.

이렇게 영어권 저술을 많이 참고했기 때문인지는 몰라도 「약속과 성취」는 아주 이른 시점인 1957년에 영어로 번역되었으며,3) 미국에서도 일찌감치 하나님의 나라에 대한 예수의 견해와 관련된 토론의 한 부분을 차지하였다. 그리고 곧이어 도드, 오스카 쿨만(Oscar Cullmann), 루돌프 불트만의 저술과 함께 국제적 토론에서 주된 위치를 차지하게 되었다.4) 영어로 번역되기 전인 1950년에 아모스 윌더는 이미 「약속과 성취」를 "역사적 비평적 주해의 관점에서 모든 문제를 가장 잘 조사한 최신작"이라고 언급하였다.5)

전쟁 직후 토론의 방향은 많은 사람들이 동의하는 것처럼 예수가 하나님의 나라를 현재이자 미래로 보았다는 쪽으로 결론을 내리는 것이었다. 이와 같은 합의는 50년이라는 기간 동안의 왕성한 토론 이후에 내려진 것이었다. 한쪽에서는 요하네스 바이스와 알버트 슈바이처(1892-1910년)부터 마르틴 베르너(1941년)6)에 이르기까지 예수의 견

---

3) *Promise and Fulfilment: The Eschatological Message of Jesus* [D. M. Barton 역: SBT 23; London: SCM, 1957]. 1956년에 나온 3판을 번역.
4) 오스카 쿨만의 *Christus und die Zeit: Die urchristliche Zeit- und Geschichtsauffassung* [Zollikon-Zürich: Evangelischer Verlag, 1946]과 이 책이 큄멜의 책을 많이 의존하고 있음을 근거로 들 수 있다. 예를 들어 62쪽; 72쪽; 76쪽; 130-132쪽; *Christ and Time: The Primitive Christian Conception of Time and History* [Philadelphia: Westminster, 1950], 71-72쪽 참고. 여기서 쿨만은 "이렇게 흔치 않은 중요한 저술"이라고 평가한다; 83-84쪽; 88쪽; 148-149쪽; 1964년의 개정판에서도 같은 쪽.
5) Amos N. Wilder, *Eschatology and Ethics in the Teaching of Jesus* [개정판; New York: Harper & Row, 1950; 초판은 1939년], 47-48쪽.
6) Martin Werner, *Die Entstehung des christlichen Dogmas* [Bern: Paul Haupt,

해에서 하나님 나라의 미래성을 강조하였다. 다른 쪽에서는 견해가 다양하긴 하지만 예수의 사역에서 하나님의 나라가 시작되었거나 현존한다는 점을 강조하였다. 여기에는 초기 자유주의 학자로서 하나님의 나라는 현존하는 내적인 영적 실제로서 예수에 의해 그 사회적, 진화적 발전이 시작되었다고 본 아돌프 폰 하르낙7)이 포함되며, 당시 학계를 지배하던 미래적 종말론과는 달리 예수의 몇몇 핵심적인 말에서 예수의 가르침대로(예를 들어 마 11:22/눅 16:16과 마 12:28/눅 11:20) 하나님의 나라가 당시 그 곳에 현존했음을 알 수 있다고 주장한 루돌프 오토(Rudolf Otto, 1934)8)의 견해에서 특히 두드러지게 나타난다. 도드(1936)9)는 이러한 현재적 발언을 토대로 자신의 독창적인 '실현된 종말론'을 구축하였다. 실현된 종말론은 예수가 하나님의 나라를 전적으로 현재로 보았으며 예수 시대에 완성되었다고 주장한다.

양쪽의 학자들이 하나님 나라의 추를 한쪽 극단에서 다른 쪽 극단으로 밀고 있는 동안10), 2차대전 중과 직후에 '합의점'이 나타나게

1941]; *The Formation of Christian Dogma: An Historical Study of Its Problem* [저자가 요약해서 다시 쓰고 브랜든(S. G. F. Brandon)이 번역; London: A. & C. Black, 1957].

7) 예를 들면 *What is Christianity?* [Harper Torchbook; New York: Harper & Row, 1957; 원본은 1900년], 49-62쪽.

8) Rudolf Otto, *The Kingdom of God and the Son of Man: A Study in the History of Religion* [최신판; London: Lutterworth Press, 1943; 초판은 1934년], 특히 69-155쪽.

9) 특히 *The Parables of the Kingdom* [London: NIsbet, 1935; 개정판 New York: Scribner's, 1961].

10) 윌더가 *Eschatology and Ethics*, 37-52쪽에서 훌륭하게 잘 요약하고 있다. 좀더 자세한 내용을 보려면 Gösta Lundström, *The Kingdom of God in the Teaching of Jesus: A History of Interpretation from the Last Decades of the Nineteenth*

되었다. 예수에게 있어 하나님의 나라는 현재이자 미래라는 것이다. 오스카 쿨만은 2차대전의 용어를 사용하여 적절하고 생생한 모델을 도입하였다. 예수가 귀신을 내쫓는 등의 사역을 통해 하나님 나라의 권세가 악의 세력을 결정적으로 물리쳤음을 나타냈으며("하늘에서 사탄이 번개처럼 떨어지는 것을 보았다", 눅 10:18; "내가 만일 하나님의 영으로 귀신을 쫓는다면, 하나님의 나라가 이미 너희에게 온 것이다", 마 12:28/눅 11:20) 이것이 D데이다(1944년 6월 6일처럼). 하지만 아직 소탕하는 일이 남아 있기 때문에 하나님의 주권이 최종적으로 성취될 때까지는 싸움이 계속되며 이것이 V데이다. (연합군이 유럽에서 전쟁을 종식시킨 날은 1945년 5월 8일이다.) 따라서 쿨만은 승리를 확정하는 싸움이 이미 시작되었다는 흔들리지 않는 믿음 덕에 최종 승리에 대한 희망이 더할 나위 없이 생생하다고 주장하였다.11)

하나님의 나라가 미래이지만 이미 그 빛을 현재에 투사하고 있는 긴박한 상태라는 루돌프 불트만의 이미지가 이러한 합의점에 해당하는지는 해석에 달려 있다. 불트만은 바이스나 슈바이처와 동일한 의미는 아니겠지만 "하나님의 나라가 임박했다"는 묵시적 표현을 사용하여 예수의 견해에서 하나님 나라의 미래적 성격을 주장하는 종말론적 입장을 일관되게 취하였다.12) 하지만 불트만이 "예수에게 하나님

Century to the Present Day [J. Bulman 번역; Edinburgh/London: Oliver and Boyd, 1963]; Norman Perrin, *The Kingdom of God in the Teaching of Jesus* [Philadelphia: Westminster, 1963]; George E. Ladd, *The Presence of the Future: The Eschatology of Biblical Realism* [Grand Rapids: Eerdmans, 1974], 3-42쪽; Richard H. Hiers, *The Kingdom of God in the Synoptic Tradition* [Gainesville: University of Florida Press, 1970], 6-21쪽 참고.
11) *Christ and Time* [개정판], 87쪽; 71-72쪽, 82-88쪽 참고.
12) 예수가 가까운 미래를 기대했다는 주장에 대해서는 Rudolf Bultmann, *Theolo-*

의 나라는 지금 시작된 것"이라고 주장했다고 볼 수도 있다.13) 예수에게는 "시대의 전환점이 현재 가까이 와 있으며 임박한 하나님 나라의 능력을 이미 알아챌 수 있는 것이다."14) 따라서 "하나님의 나라가 전적으로 미래이긴 하지만 온전히 현재를 결정한다"15)는 이러한 이미지는 전후 합의된 합의점과는 일치하지 않는다. 하지만 예수의 하나님 나라 이해에 대한 불트만의 고도로 복잡한 개념을 지나치게 단순화하지 않도록 주의할 필요가 있다.16)

레지널드 풀러(Reginald H. Fuller)는 「예수의 선교와 성취」(1954)에서 예수가 하나님의 나라를 선험적으로 이해했다는, 합의점과 비슷한 제삼의 모델을 제시하였다. 풀러도 불트만처럼 하나님의 나라를 예수의 사역에서 미리 효력을 발휘할 정도로 가까이 왔지만 미래인 것으로 보았다. 귀신 축출과 같은 하나님 나라의 임박성에 대한 징조가 너무 생생해서 예수가 그것이 이미 임한 것처럼 말했다는 것이다.17)

---

gy of the New Testament [2권; K. Grobel 번역; New York: Scribner's, 1951-1955] I, 22-23쪽 참고. "시간의 흐름 속에서 오는 어떤 것이 아니다"라는 주장에 대해서는 불트만의 Jesus and the Word [L. P. Smith와 E. H. Lantero 번역; New York: Charles Scribner's Sons, 1958; 원본은 1926년] 참고.
13) Jesus and the Word, 30쪽. 이 책이 1926년 작품이긴 하지만.
14) 위의 책, 156쪽; Bultmann, History and Eschatology [Gifford Lectures, 1955; Edinburgh: University Press, 1957], 30쪽: "하나님의 통치는 이미 임박하였다. 사실 예수가 귀신을 내쫓은 사건에서 이미 동트기 시작한 것이다." 참고.
15) Jesus and the Word, 51쪽.
16) 위의 책, 27-56쪽; 120-132쪽; Theology, I, 4-11쪽; 19-23쪽 참고. 불트만의 전반적인 견해에 대해서는 Perrin, Kingdom of God, 112-118쪽 참고. Lundström, Kingdom of God, 150쪽 참고. "예수는 하나님의 나라를 현재로 표현한 적이 없다"는 불트만의 비평(155쪽)도 참고.
17) The Mission and Achievement of Jesus: An Examination of the Presuppositions of New Testament Theology [SBT 1/12; London: SCM, 1954], 26쪽.

어쨌거나 이 시기의 합의점을 전체적으로 기술한 내용은 베르너 큄멜에게서 발견할 수 있다. 이에 대한 논의를 진행하기에 앞서 먼저 알아야 할 점은 전쟁 직후 시기에도 이 분야를 비롯한 신약학 전반에 걸쳐 불트만, 쿨만, 예레미아스, 보른캄, 콘첼만, 큄멜 등을 포함한 독일어권 학자들이 주도권을 쥐고 있었다는 것이다. 영미권 학자들이 전후 재건에 박차를 가하기는 했지만 창의성과 영향력 모두에서 뒤쳐져 있었다.[18] 그러다 1963년과 1964년에 하나님의 나라에 대한 방대한 저술 세 권이 영국에서 등장하였다. 이 중 두 권은 같은 제목으로 같은 날 출판되었다. 1963년에 괴스타 룬트스트룀과 노먼 페린이 「예수의 가르침에 나타난 하나님의 나라」라는 같은 제목의 책을 출판했고, 조지 래드는 1964년에 「예수와 하나님의 나라」라는 책을 출판하였다.[19] 이 분야의 연구를 계속 한 페린은 1967년에 하나님의 나라에 대한 예수의 견해를 현재이자 미래로 설명하는 내용이 거의 전부인 「예수의 가르침의 재발견」이라는 책을 통해 많은 영향을 끼쳤고, 이

---

18) 물론 도드가 저술 활동을 계속하고 있었고 풀러도 위에서 언급된 바 있다. 또한 아모스 윌더, 카두(C. J. Cadoux), 헌터(A. M. Hunter), 빈센트 테일러(Vincent Taylor) 등도 다양한 방식으로 합의점을 지지하였다. 비슬리 머리(G. R. Beasley-Murray), 글래슨(T. F. Glasson), 로빈슨(J. A. T. Robinson)도 다양한 방식으로 예수가 가졌던 재림에 대한 기대를 다루었다. 페린의 *Kingdom of God*, 79-89, 130-147, 155-157쪽에서 요약과 평가 참고.
19) 룬트스트룀의 책은 일찍이 1947년에 스웨덴에서 출간되었으며, 올리버와 보이드가 영어로 번역한 책이 1963년 에든버러에서 출판되었다. 페린의 책은 웨스트민스터가 필라델피아에서 출판했고, 래드의 책은 하퍼 앤 로가 뉴욕에서 출판하였다. E. J. Epp, "Norman Perrin on the Kingdom of God," *Christology and a Modern Pilgrimage: A Discussion with Norman Perrin* [H. D. Betz 편집; Claremont, Calif.: New Testament Colloquium, 1971], 113-122쪽; 개정판 Missoula: SBL and Scholars, 1974, 75-80쪽에서 세 책에 대한 내용을 볼 수 있다.

어 「예수와 하나님 나라의 언어」을 썼다.20) 하지만 1976년 갑작스런 죽음으로 그의 탁월한 창의성이 더 이상 이 분야에 공헌할 수 없었다. 래드는 다른 연구를 수행하면서도 1974년 「미래의 현존」이라는 제목으로 개정판을 냈으며, 역시 1974년에 「신약신학」이라는 제목으로 분량이나 범위 면에서 훨씬 방대한 책을 냈다.21) 맨슨(T. W. Manson)과 요아킴 예레미아스(Joachim Jeremias) 밑에서 공부한 페린과 2차 대전 직후 하버드에서 박사 과정을 마친 래드의 저술이 전후 신약학계에서 미국 계통의 대표 주자가 된 과정은 상당히 흥미롭다. 영국 출신으로 미국에서 가르쳤던 페린은 영국-독일 계통의 전통적인 견해에서 불트만 학파 쪽으로 극적으로 이동한 대표적인 영어권 유럽 출신 학자다. 한편, 미국 대학의 자유로운 전통에서 교육을 받은 래드는 대표적인 개화된 복음적 보수주의자로서 자신이 가르친 풀러 등의 신학교와 일반적인 성경학교 등 나라 전체에서 관심을 불러일으켰다. 두 사람 모두 대체적으로 각자의 영역 내에서긴 하지만 영향을 많이 끼쳤다. 페린은 시카고 대학교 박사 과정 학생들을 통해 신약 성경 본문을 급진적으로 해석하도록 영향을 끼쳤다. 그리고 래드는 당시에는 세계적으로 널리 알려진 것이긴 하지만 전통을 따라 엄격하게 주해하도록 영향을 끼쳤다. 래드의 저작은 이후에 다시 살펴보게 될 것이다.

---

20) *Rediscovering the Teaching of Jesus* [New York: Harper & Row, 1967; 서문에서 이 책이 자신의 '*Kingdom of God*'의 결론을 확장하기 위한 것이라고 밝히고 있다.]; *Jesus and the Language of the Kingdom: Symbol and Metaphor in New Testament Interpretation* [Philadelphia: Fortress, 1976]; 책 내용의 일부는 *The Kingdom of God* [Bruce Chilton 편집; Issues in Religion and Theology, 5; Philadelphia: Fortress; London: SPCK, 1984], 92-106쪽에도 있음.
21) 두 책 모두 Grand Rapids: Eerdmans.

2. 베르너 게오르그 퀴멜

하나님의 나라에 대한 전후 합의점을 이야기할 때 D데이 / V데이라는 생생한 이미지 덕에 쿨만을 가장 먼저 언급하게 되지만(이 글에서도 그랬다), 2차대전 이후를 평가할 때 가장 중요한 역할을 한 사람은 퀴멜이다. 「약속과 성취」의 꼼꼼하고 정확하고 포괄적인 논증은 특히 당시에는 정말 대단한 것이었다. 퀴멜은 예수가 '하나님 나라의 임박한 미래'를 생각했다는 사실을 입증하면서 자신의 세 부분으로 구성된 논증을 시작한다(19-87쪽). 이 부분은 이 책에서 가장 긴 부분으로 현재 우리의 관점에서는 특이한 것인데, 왜냐하면 퀴멜은 1930년대와 1940년대 사이에 여러 학자들의 해석, 특히 도드의 견해에 의해 영향을 받아 예수가 자신의 메시지의 중심 주제로 세상이 곧 종말을 맞이할 것이라고 선포했다는 생각에서 크게 물러서게 되었기 때문이다. 따라서 퀴멜은 예수가 설교한 전체 기록을 새롭게 조사할 필요가 있다고 느끼게 되었다(15-16쪽). 오늘날에는 이러한 조사가 필요치 않기 때문에 이 부분에 대한 퀴멜의 핵심적인 논증을 간단히 요약하면 되겠다.

퀴멜은 임박한 미래에 대한 기대를 다룬 부분 전체에서 – 사실은 책 전체에서 – 관련 자료를 구절별로 다루는 해석적 접근 방식을 취한다. 분석 과정에서 퀴멜은 본문 자체에서나 방대한 양의 각주에서 관련된 견해를 거의 모두 접하게 된다. 퀴멜은 ἐγγύς(가까이)와 ἐγγίζειν(ἐγγίζω〈가까이 오다〉의 부정사형)의 의미부터 시작했는데, 무화과나무의 비유(막 13:28-29)가 이들 단어의 의미를 분석하는 데 중요한 역할을 하였다(20-22쪽). "신약 성경에서 ἐγγύς의 시간적 용례는 완벽하게 일관성을 보인다. 어떤 사건이 곧 발생할 것이며 오래 기다리지 않을 것이라는 의미이다"라고 그는 결론을 내렸다(20쪽). 그런 다음 그는 예수가 하나님 나라의 임박이 아닌 미래성을 가정하거나 뚜렷하게 언급한 몇몇 문장, 예를 들어 "나라이 임하옵시며"(마 6:10/눅 11:12), "여기 섰는 사람 중에 죽기 전에 하나님의 나라가 권능으로 임하는 것을 볼 자들도 있느니라"(막 9:1, "하나님의 나라가 권능으로 임한 것을 깨달을 때까지"라고 이해하는 도드를 반대하고 큄멜을 지지하는 또 하나의 중요한 구절), "내가 포도나무에서 난 것을 하나님 나라에서 새 것으로 마시는 날까지 다시 마시지 아니하리라"(막 14:25), "하나님의 나라는 너희 안에 있느니라"(눅 17:21) 등을 근거로 자신의 요점을 강조한다.

큄멜은 계속해서 공관복음의 자료에서 '심판 날', '그 날', '인자의 날' 등의 표현에 있는 종말론적 '날'에 대한 예수의 진술을 검토하고는 "예수의 메시지에서 예수는 하나님의 나라를 미래의 실제로 기대하고 있으며 이것이 너무나 확실하기 때문에 이를 부인할 근거는 전혀 없다"고 결론지었다(43쪽). 똑같은 내용이 '다가올 심판'을 언급하는 구절들, 예를 들어 마가복음 8:38 – "현재 예수에 대한 태도가 최후의 심판 때 받게 될 판결을 결정한다"(45쪽; 46-47쪽 참고) – 과 다른 구절들에서도 나타난다. 현재와 미래 – 성취와 약속 – 의 이러한 상호 작용은 연구가 진행될수록 더욱 드러나게 된다. 예를 들어, 미래의 하나님 나라를 강조하는 본문들을 더 많이 다룬 뒤에 그는 "예수가 생각할 때 미래의 하나님 나라에 대한 기대와 하나님의 나라와 함께 주어지는 구원이 너무도 확실하게 연결되어 있었기 때문에 약속된 선물의 미래성은 변함이 없지만 그 약속이 어떤 면에서 이미 성취된 것이다"라고 말한다(54쪽). 마지막으로 큄멜은 깨어 있을 것, 준비할 것 등을 말하는 일련의 본문을 통해 예수가 기대했던 임박한 종말에 대해 다루며 또한 "이 세대가 지나가기 전에 이 일이 다 이루리라"(막 13:30; 마 10:23 참고)는 내용을 나타내는 본문도 함께 다룬다(54-64쪽). 큄멜은 예수가 종말이 가깝다고(일정한 시간 내에 온다고) 또는 최소한 미래에 온다고 선포했음을 나타내는 관련 본문을 모두 다루었다고 주장한다(64쪽).

이제 큄멜에게 남은 것은 예수가 자신의 죽음과 재림 사이에 간격이 있을 것으로 기대했다는 것을 보이는 것이다. 큄멜은 이를 위해 슈바이처, 쿨만, 예레미아스, 로마이어, 도드 등 일련의 학자들을 인용한다. 큄멜은 예수가 자신의 죽음과 부활을 기대했다고 주장해야 했고(특히 71-72쪽 참고) 또한 곧이어 올 재림 사이에 간격이 있을 것으로 생각했다는 점을 보여야 했기 때문에 그의 논증은 복잡하며 몇 군데 허점도 보인다. 후자를 위해 큄멜은 신랑을 빼앗길 때 금식한다는 이야기(막 2:19-20과 병행절), 하나님의 나라에서 새 것으로 마실 때까지 포도주를 마시지 않겠다는 이야기(막 14:25) 등을 언급하면서 이 간격이 "너무나 분명하게 증명되어 있으므로 예수가 부활과 재림이 시간적으로 매우 가까울 것으로 기대했다는 최근의 다양한 주장은 전혀 설 자리가 없다"고 결론을 내렸다(83쪽). 큄멜의 전체적인 결론은 "이 모든 본문이 예수가 자신의 죽음과 재림 사이에 길건 짧건 일정 간격을 염두에 두었다는 점과, 한편으로 자신의 세대 안에 하나님의 나라가 임할 것을 분명하게 선포했다는 점 모두를 확증해 준다"는 것이다(87쪽).

큄멜은 1964년 불트만 기념 논문집에 실린 "예수의 선포에 담긴 종말론적 기대"라는 논문에서 예수가 하나님의 나라를 시간적으로 가까운 것으로 기대했다는 주장을 보강하였다.22) 이 글에서 큄멜의 목표는 하나님의 통치가 시작되는 때가 임박했다고 예수가 선포했다는 불트만의 드러나지 않은 입장을 변호하고 지지하는 것이었다. 큄멜은 관련 본문을 조심스럽게 검토한 뒤 이들 본문이 예수가 하나님의 통치가 가까운 미래라고, 그것도 자신의 세대 이내에서의 미래라고 생각했다는 것과, 따라서 두말 할 것 없이 예수의 이러한 기대는 실수였다는 것을 명백하게 보여준다고 결론지었다.23)

다시 「약속과 성취」로 돌아와서, '묵시적 지식이 아닌 종말론적 약속'이라는 짧은 글에서(88-104쪽) 큄멜은 최초의 예수 전승에 속할 수 없다고 여긴 마가복음 13장과 병행절의 '작은 묵시록'을 분석한 다음 예수의 종말론적 메시지가 유대교의 묵시적 지식의 단순한 조각이 아니라고 주장한다. "그러므로 묵시적 지식이 아니라 마지막 때에 예수 안에서 일할 하나님으로부터 온 신비스러우면서도 오해할 수 없는 메시지가 예수의 종말론적 설교의 진짜 의미다"(108쪽).

'합의점'의 나머지 핵심 내용은 세 번째 장인 "하나님 나라의 현존"에 간단하면서도 분명하게 나타나 있다(105-140쪽). 여기서 큄멜은 하나님 나라의 도래가 임박했다는 예수의 확신과 예수 자신의 인격 안에서 종말이 효력을 발휘했다는 점에서 자신의 종말론적 완성이 현재 이미 효력을 발휘했다는, 즉 예수가 결정적인 요소였다는 주장 모두를 언급한다(105쪽). 이 관계를 어떻게 이해할 수 있을까? 먼저,

---

22) W. G. Kümmel, "Die Naherwartung in der Verkündigung Jesu," *Zeit und Geschichte: Dankesgabe an Rudolf Bultmann zum 80. Geburtstag* [Erich Dinkler 편집; Tübingen: Mohr (Siebeck), 1964], 31-46쪽; "Eschatological Expectation in the Proclamation of Jesus"로 번역되어 Chilton, *Kingdom of God*, 36-51쪽에 실림.
23) 위의 책, 44쪽(영역본).

예수는 귀신들을 물리쳤고 이러한 행동에서 "하나님의 나라가 이미 너희에게 임하였느니라"(마 12:28/눅 11:20)가 되는 것이다. 즉 예수의 확신으로 볼 때 미래의 하나님 나라가 이미 그의 행동에서 시작된 것이며, 예수의 인격 안에서 종말론적 완성이 시작되는 것이고, 따라서 예수의 인격이 종말론적 메시지의 한가운데에 서 있는 것이다(107-108쪽). 예수가 하나님의 나라가 가까웠다고 외칠 때, 그는 이 미래를 미래이면서 동시에 지금 현존하는 실재로 만듦으로써(109쪽) 두 가지 확신을 하나로 견고하게 묶는 것이다. 즉 하나님의 나라는 미래이지만 매우 가까이 와 있으며 그의 사역에서는 이미 현재인 것이다. 큄멜이 '메시아적 행동'이라고 부르는 다른 행동들, 예를 들어 예루살렘 입성, 성전 정화, 최후의 만찬 등은 하나님의 나라가 현존함을 지지한다. 이러한 상징적인 행동들은 예수가 다가올 완성이 이미 자신의 사역에서 시작된 것으로 보았음을 나타낸다(121쪽).

하나님의 나라가 현존한다는 사실은 "세례 요한의 때부터 지금까지 천국은 침노를 당하며 강한 자들이 천국을 빼앗으려고 한다"(마 11:12/눅 16:16, 큄멜의 번역)는 유명한 구절도 확증해 주는데, 이 구절은 하나님의 나라가 이미 공격받을 수 있으므로 현재라는 것을 분명하게 나타낸다. 다음 내용에서 큄멜의 또 다른 강력한 결론을 볼 수 있다.

> 예수에게 하나님의 나라가 현존하는 실재라는 사실은 하나님의 나라가 임박했다는 선포만큼이나 확실한 것이다. 그러므로 예수의 종말론적 메시지를 제대로 이해하려면 하나님의 나라가 임박한 미래라는 선언과 현재라는 선언 모두를 신중하게 고려

해야 된다는 사실을 이해해야만 한다(124쪽).

퀴멜은 이 같은 예수의 두 가지 확신을 역사적 실제로 주장했을 뿐 아니라(이에 따르는 여러 문제는 일단 무시하고) 예수의 메시지 사이에 있는 논리적이고 필연적인 연결 고리를 보여줄 수 있었다. 이 업적이 얼마나 대단한 것인지 알려면 이 문제와 관련하여 2차대전 이전에 존재하던 양 극단을 알아야 한다. 한쪽은 바이스, 슈바이처 그리고 후대에 마르틴 베르너의 입장인 '일관된' 종말론이다. 또 한쪽은 도드의 입장인 '실현된' 종말론이다. 양쪽은 모두 예수가 한 말인데도 상대방의 입장을 지지하는 공관복음의 증거들은 배제하려고 하였다. 퀴멜은 '합의점'을 주장하는 다른 사람들처럼 – 실은 더 철저하고 일관되게 – 양쪽 전통의 주장을 모두 인정하려고 했을 뿐 아니라 예수의 메시지를 이해하는 데 이들의 주장이 필요했다는 점, 이들의 주장과 예수의 메시지와의 관련성 그리고 이들의 주장이 예수의 메시지와 일관된다는 점 등을 보였다. 바로 이 점이 퀴멜의 방대하면서도 알찬 연구물인 「약속과 성취」의 값진 성과다.

임박성과 현재성 사이의 바로 이러한 관계가 마지막 장인 "예수의 종말론적 메시지의 의미"의 내용이다. 퀴멜의 첫째 관심은 이 두 개념이 예수의 견해에서 나란히 존재하고 있었지 어느 하나가 다른 하나보다 중시되지 않았다는 것을 보이는 것이었다. 비록 예수의 생각에서 내적이고 점진적인 변화가 일부 있기는 하지만 말이다. 두 번째 관심은 도드처럼 예수의 종말론적 메시지에서 시간 개념 자체를 제거하는 것이나 도드, 불트만, 빌더 등이 시도했듯이 예수가 당시 사람들에게 한 말은 시간을 초월한 메시지이며 사실은 현재와만 관련이 있다고 재해석하는 것과는 반대로, 예수가 시간적 의미로 말했으며 임박한 하나님의 나라를 말 그대로 미래로 이해했다는 자신의 이전 주장을 보강하는 것이었다(142-148쪽). 예수의 메시지를 이렇게 제한적으로 해석할 수 있다거나 해석해야 한다는 주장에 모두가 쉽게 동의하지는 않을 것이다. 하지만 큄멜은 확신을 가지고 다음과 같이 말한다.

> 신약 성경이 그 중심 메시지로서 역사의 특정 순간에 하나님이 행하시는 행동이 마지막 구속적 행동이 될 것으로 선언하고 있으므로 이러한 개념의 신화적 형태를 이 중심 메시지에서 쉽게 제거할 수는 없다. 왜냐하면 현재를 결단의 순간으로 여기는 시간을 초월한 메시지, 또는 하나님과의 영적 친밀감을 중요시하는 시간을 초월한 메시지가 종말론적 미래에 대한 선언과 그 미래에 의해 현재가 결정된다는 선언을 대치할 경우 신약 성경의 메시지 자체가 폐기되는 것을 의미하기 때문이다. 그러므로 예수의 종말론적 메시지에서 시간 개념을 제거하고 이와 함께 '미래적' 종말론을 제거하는 것은 불가능하다(148쪽; 152-153쪽 참고).

더 나아가 큄멜은 "예수의 예언은 실현되지 않았고 따라서 이 부분에서 예수가 오해하지 않았다고 주장하는 것이 불가능하다는 것은 너무도 명백하다. 예수의 메시지는 이 부분에서 시간이 조건이 되기 때문이다"라고 말한다(149쪽). 하지만 예수의 메시지의 핵심 의미는 세상의 종말에 관한 것이 아니고 자신의 구속적 목적이 예수 안에서 현재에 인식되도록 허락하신 그 하나님의 나라가 종말론적 완성이 다가오면서 실제가 된다는 사실이다(154쪽). 그러므로 약속과 성취는 예수에게 있어 분리할 수 없도록 통합되어 있으며 서로에게 의존한다. 약속은 이미 예수 안에서 시작된 성취 덕에 확인이 가능하며, 성취는 임시적이고 숨겨져 있는데 장차 약속에 대한 지식이 쌓여 감에 따라 σκάνδαλον(실족케 하는 것, 올무)의 성격이 사라지게 된다(155쪽). 이것이 큄멜의 요점이다. "하나님이 역사 속에서, 예수 안에서 당신의 구원을 완성했고 다가오는 역사의 완성을 예수를 통해 권위있게 약속하였다"(155쪽).

룬트스트룀은 하나님의 나라 해석에 대한 자신의 포괄적인 연구에서 큄멜을 "성경 본문에서 벗어나지 않고 비평 작업을 통해 자신의 견해에 맞지 않는 부분을 제거하려 하지 않는 사람"이라고 제대로 평가하였다.24) 이러한 평은 예수와 하나님의 나라에 대한 해석에서 서로 다른 극단적인 해석을 따른 슈바이처나 도드에게는 해당되지 않으며, 이런 이유로 큄멜이 「약속과 성취」에서 보여준 신중한 분석이 이후의 연구에 선한 영향을 끼치기를 바라는 것이다.

한편, 예수의 선포와 사역 전체를 이해하는 데 도움이 되는 하나님 나라의 총체적 의미는 큄멜의 「신약신학」에서 더 깊게 다루어지고 있다.25) '예수의 선포'를 다루는 1장은 전반적인 '하나님의 나라'로 시작하는데 먼저 세례 요한, 그 다음에 예수로 이어진다(27-39쪽). 다음으로 큄멜은 하나님의 나라에 대한 예수의 견해가 예수의 하나님 이해(39-46쪽), 하나님의 요구 이해(46-58쪽), 그리고 마지막으로 예

---

24) Lundström, *The Kingdom of God*, 212쪽; Hiers, *Kingdom of God in the Synoptic Tradition*, 18-19쪽 참고.
25) *The Theology of the New Testament according to Its Major Witnesses: Jesus-Paul-John* [Nashville/New York: Abingdon, 1973; 원본은 1969년], 22-95쪽.

수 자신의 개인적 주장과(58-85쪽) 자신의 고난과 죽음(85-95쪽)에 어떤 영향을 끼쳤는지를 보인다. 그런 다음 이 저술의 두 번째 중요한 입장인 '초기 공동체의 믿음'을 다룬다. 예수의 선언에 대한 해석을 전체적으로 검토해 볼 때 큄멜이 이해하기로는 예수에게 있어 핵심적인 내용은 가까우면서 현재인 하나님의 나라다.

이러한 자료 배열(하나님의 나라 선포, 하나님에 대한 예수의 견해, 하나님의 요구에 대한 예수의 견해, 예수의 개인적 주장, 초대 교회의 케뤼그마)은 큄멜이 처음이 아니고 불트만의 「예수와 말씀」(원본 1926년)과 예수에 대해 짧게 다룬 「신약신학」, 보른캄의 「나사렛 예수」, 콘첼만의 「신약신학 개요」 등이 이미 대개 이런 방식을 취하고 있다.26) 하지만 이들 저서에서는 하나님 나라의 핵심 성격을 큄멜의 저서만큼 명확하고 일관되게 다루고 있지 않다. 예를 들어, 예수와 신약 전체에 대한 불트만의 이해에서 실존적 이해이긴 하지만 '종말론'이 중요한 요소인데도 불트만은 하나님과 윤리에 대한 예수의 견해를 종말론과 직접적으로 연결하지 않았다.27) 콘첼만 역시 하나님의 나라에 대한 예수의 견해와 하나님이나 윤리에 대한 예수의 이해를 종말론적으로 연결하여 이해하지 않았다. "하나님의 생각에서는 세상의 종말이 임박했다는 생각이 없었다." 또는 "원수를 사랑하는 것 등 요구를 충족하는 것이 하나님의 나라가 가깝다는 점에서 나온 것이

---

26) Bornkamm, *Jesus of Nazareth* [New York: Harper & Row, 1960; 원본은 1956년]; Conzelmann, *Outline of the Theology of the New Testament* [New York: Harper & Row, 1969; 원본은 1967년].
27) H. Conzelmann, *An Outline of the Theology of the New Testament* [J. Bowden 번역; New York/Evanston: Harper & Row, 1969; 원본은 1967년], 125-126쪽의 분석 참고.

아니다." 반면, 콘첼만에게는 "예수의 가르침은 모두 간접적인 기독론이라는 점이 특징이다."28) 보른캄에게서는 하나님의 나라가 가까이 왔다는, 그리고 이미 현존한다는 선포 사이에 더 밀접한 관련성을 볼 수 있다. 예를 들어 "…가이사의 것은 가이사에게 하나님의 것은 하나님에게…"라는 말에서 예수의 의미가 무엇이었는지 설명하면서 보른캄은 이 말을 다른 모든 예수의 가르침과 마찬가지로 예수의 말과 행동에서 이미 현존하는 그리고 이미 실현되기 시작한 하나님 나라의 도래라는 빛에서 해석해야 한다고 말한다.29) 또는 보수에 대한 논의에서 보른캄은 "보수에 대한 생각은 동트기 시작한 하나님의 나라에 대한 메시지에 완전히 흡수되었다"고 말한다.30) '법'과 '사랑'에 대한 보른캄의 생각에서는 이 연결점이 덜 명확해 보이지만 그의 연구 전체가 어느 정도까지는 하나님의 나라와 연관되어 있다.

퀴멜 역시 「신약신학」에서 이런 식으로 접근했는데, 완전히 같은 방향은 아니더라도 퀴멜은 더 멀리 나아갔다. 예수가 선포한 가까우면서 현재인 하나님의 나라 개념이 퀴멜에게 법과 사랑을 포함하여 예수가 선포한 모든 내용을 이해하는 데 영향을 끼쳤기 때문이다. 법에 대해 이야기한다면, 곧 다가올 하나님의 나라가 예수 안에서 이미 동트기 시작했음을 본 믿음을 가진 유대인에게 예수의 요구는 하나님의 뜻이 마지막으로 권위 있게 선포되는 '구원의 때의 윤리'로 여겨졌다(53쪽). 사랑에 대해 이야기한다면, 예수 안에서 하나님을 만나는 것에 대한 반응과 하나님 나라의 약속에 대한 반응으로는 이웃 사랑

---

28) 위의 책, 124-127쪽.
29) Günter Bornkamm, *Jesus of Nazareth* [I. McLusky, F. McLusky, J. M. Robinson 번역; New York: Harper & Row, 1960; 원본은 1956년], 123쪽.
30) 위의 책, 141쪽.

으로 실현되는 하나님 사랑만이 가능한 것이다(55쪽). 이러한 방식으로 큄멜은 예수가 선포한 내용을 분석해 나갔는데, 큄멜의 분석에서는 당대의 대표적 학자들이 밝힌 것보다 하나님의 나라와 예수의 가르침에 포함된 다양한 영역 사이에 더 직접적인 관계가 있었다. 이것은 예수가 생각한 심판자이신 하나님, 아버지이신 하나님, 현재 일하시는 하나님, 회개, 일반적인 윤리, 보수와 형벌 등에 대한 논의에서와 예수의 개인적 주장과 고난 및 죽음에서 그 예를 들 수 있다(1장, 22-95쪽 참고). 하지만 큄멜이 「약속과 성취」에 쓴 서문을 읽은 사람이라면 이러한 일관성이 전혀 놀라운 일이 아닐 것이다. 큄멜은 서문에서 자신의 확신을 다음과 같이 표현하고 있다.

> 하나님의 나라에 대해 예수가 선포한 내용의 배경을 정확히 이해할 때만 초기 그리스도인의 사상 형성에 예수의 인격이 끼친 의의에 대한 질문에 제대로 답변할 수 있다…그리고 예수의 종말론적 메시지의 역사적 실제에 대한 명확한 식견이 없이는 신뢰할 만한 결과물을 전혀 얻을 수 없다(16쪽).

모두는 아니어도 대개는 이 말에 공감할 것이다. 그리고 분명 모두는 아니지만 많은 사람들이 「약속과 성취」와 「신약신학」에서 큄멜이 보여준 예수의 종말론적 메시지를 분석한 방식에 동의할 것이다. 수긍하는 정도는 다르겠지만 신약학계는 큄멜의 인상적인 노고와 그에 따른 중대하고도 지속적인 결과로 그에게 많은 빚을 진 셈이다.

3. 조지 엘던 래드

래드 역시 예수가 이해한 하나님의 나라에 대해 절충된 해석을 내놓았다. 룬트스트룀이 큄멜을 예레미아스, 쿨만 등과 함께 '성경 사실주의'의 범주에 넣었다는 사실은 특이하다고 할 수 있다. 아마도 래드의 저서가 룬트스트룀의 책보다 먼저 나왔다면 래드 역시 같은 범주에 속하게 되었을 것이다.31) 실제로 래드의 「예수와 하나님의 나라」(1964)의 부제목은 '성경 사실주의의 종말론'이었으며, 이 책이 1974년에 「미래의 현존」이라는 제목으로 개정될 때도 부제목은 그대로였다. 이 책과 1974년의 방대한 저술인 「신약신학」(하나님의 나라에 관한 많은 부분을 「미래의 현존」에서 인용)에는 이 주제에 관한 래드의 결론적이고 무르익은 진술이 담겨 있다. 물론 그의 다른 저서들, 특히 첫 작품인 「하나님 나라에 대한 중대한 질문」(1952) 등에도 종종 하나님의 나라라는 주제가 등장하기는 하지만 말이다.32) 이 첫 작품은 '하나님의 나라'라는 주제를 놓고 오래도록 관심을 가지고 씨름하게 된 발판을 마련한 책인데 극단적 보수주의 기독교 내에 있는

---

31) Lundström, *The Kingdom of God*, x; 201-231쪽; 룬트스트룀의 책은 1947년에 스웨덴어로 처음 출판되었으며, 영역판은 긴 후기와 함께 1963년에 출판되었는데 래드의 *Jesus and the Kingdom*이 처음 출판되기 바로 전 해였다.

32) G. E. Ladd, *Jesus and the Kingdom: The Eschatology of Biblical Realism* [New York: Harper & Row, 1964]; *The Presence of the Future: The Eschatology of Biblical Realism* [Grand Rapids: Eerdmans, 1974]; *A Theology of the New Testament* [Grand Rapids: Eerdmans, 1974]; *Crucial Questions about the Kingdom of God* [Grand Rapids: Eerdmans, 1952]. *Unity and Diversity in New Testament Theology: Essays in Honor of George E. Ladd* [R. A. Guelich 편집; Grand Rapids: Eerdmans, 1978], 214-217쪽에서 1978년까지 래드의 저작 목록 참고. *Theology*와 *Presence*가 여러 장에서 똑같지는 않아도 비슷한데 후자가 이 주제를 좀더 자세히 다루었기 때문에 주로 후자를 참고하였다.

다양한 전천년적 견해에서의 하나님의 나라에 대한 편협한 토론이 발단이 되어 이에 대처할 목적으로 쓴 것이었다. 이후에 쓴 자서전적 글에서 래드는 많은 논의가 있었고 이론이 형성되었던 이 시기에 대해 언급하고 있다. 래드는 공관복음의 중심 주제인 하나님의 나라에 대한 관심으로 자신의 평생을 바쳤다. 래드는 성경의 자료와 일치하는 하나님의 나라 해석을 찾을 수 없던 학부 신학생 시절부터 이 작업을 시작했다고 말했다.[33] 필자를 포함하여 래드가 젊었을 때 함께 공부했던 사람들은 래드가 신약 성경 신학을 전개하는 데 있어 하나님의 나라에 집중했다는 점과 이 주제에 대한 뜨거운 열정과 깊은 확신을 가졌다는 점을 느낄 수 있었다. 래드는 세대주의적 전천년설주의자들과만 교류한 것이 아니고 세계적인 주류를 형성한 학자들과도 교류했는데, 특히 1950년대 초반에 도드, 쿨만, 불트만, 빌더 등 큄멜의 「약속과 성취」에서 크게 다룬 학자들과 교류하였다. 래드는 제자들과 함께 이 흐름에 합류하여 하나님의 나라 등의 주제에 대한 현대의 학문적 토론 과정에 나름의 영향을 끼치기로 결심하였다. 엄밀히 말해 비록 래드의 저술이 기대했던 것만큼의 위치를 차지하거나 영향을 끼치진 못했지만[34] 무의미한 것은 아니었다. 왜냐하면 영국과 유럽 대륙 등의 개화된 복음적 그리스도인 학자들에게는 그의 영향이 상당했으며, 지금도 여전히 영향을 끼치고 있기 때문이다.

---

33) G. E. Ladd, *The Pattern of New Testament Truth* [Grand Rapids: Eerdmans, 1968], 47쪽. '세대주의자' 논의에 대한 요약을 보려면 래드의 *Theology*, 60쪽 참고.

34) 예를 들어 하나님의 나라에 대한 최근의 요약 중 하나인 Chilton의 *Kingdom of God*을 보면 서론에서 페린과 룬트스트룀이 1963년에 쓴 책은 인용하면서도(앞의 각주 10과 19 참고) 래드가 1964년에 같은 하나님의 나라라는 주제로 쓴 책은 언급조차 하지 않는다.

래드는 하나님의 나라에 대한 정의와 구약의 약속에서 시작하여 하나님의 나라에 대한 자신의 입장을 밝힌다. 현대 신학자들이 구스타프 달만(Gustaf Dalman)과 요하네스 바이스 시대에서 발견한 것처럼 래드에게 하나님의 나라는 두 개의 시기가 있는 하나님의 왕적 통치다. 예수의 역사적 사역에서 구약의 약속이 성취되는 것과 지금 시대가 끝나고 새 시대가 시작되는 시점의 완성이 그 두 시기다(「신약신학」, 60쪽).

> 선지자들에게 '주의 날'은 역사 속에서 기대되던 하나님의 임박한 행동과 마지막의 종말론적 방문 모두를 의미하였다. 선지자들은 대개 '주의 날'의 이러한 두 측면을 구분하지 않았다. 행동하시는 분이 동일한 하나님이기 때문이다. 그리고 하나님은 실제로 행동하셨다. '주의 날'이 실제로 온 것이다. 그렇지만 '주의 날'은 여전히 미래의 종말론적 사건이다. 임박한 미래와 마지막 미래 사이의, 역사와 종말론 사이의 이러한 긴장은 선지자의 관점에서 윤리 문제의 핵심을 차지한다. 언제 무슨 일이 벌어지는지가 중요한 것이 아니라 가까운 미래와 먼 미래 모두의 주인인 하나님이 현재의 백성들을 향해 품으신 뜻이 중요한 것이기 때문이다(「현존」, 74-75쪽).

래드에게 묵시적 종말론은 적어도 다음 세 가지 이유 때문에 약속의 이러한 배경으로는 별 의미가 없었다. 첫째, 묵시가 단순한 '계시와 환상'으로 '주님의 살아 있는 말씀'을 대체했기 때문이다(「현존」, 80쪽). 둘째, 묵시에서는 하나님이 현재에서 구속적 활동을 수행하지 못하므로 역사와 종말론 사이의 긴장이 사라졌기 때문이다(93-

94쪽). 셋째, 종말론이 단지 최종 구원을 보장할 뿐 하나님의 백성이 하나님의 뜻에 직면하도록 하는 윤리적 메시지가 아니어서 묵시가 윤리적인 면에서 소극적이 되어 버렸기 때문이다(99, 101쪽).

세례 요한은 예수를 위한 배경의 마지막 부분을 차지한다. 하나님이 곧 행동하실 것이라는 – 하나님의 나라가 가까웠다는 – 메시지와 함께 이스라엘에서 선지자의 영이 다시 한 번 그를 통해 활동하게 된 것이다(106-107쪽). 그런데 예수가 선포한 메시지는 이와는 차이가 있었다. "예수는 자신의 방문을 통해 일이 실제로 착수된 것이라고, 즉 하나님이 당신의 백성을 이미 방문하고 있다고 주장하였다. 선지자들의 소망이 실현되고 있는 것이다"(111쪽).

이것을 배경 삼아 래드는 하나님의 나라에 대한 예수의 견해를 포괄적으로 조심스럽게 기술하였다. 물론 해석의 핵심 내용은 충분히 예상할 수 있는 것이었다. 그의 핵심 이론은 다음과 같다.

> 하나님의 나라는 역동적으로 행동하시며 사람들 가운데서 당신의 통치를 수립하시는 하나님의 구속적 통치로서 마지막 때에 묵시적 행동으로 나타날 것이지만, 이미 예수의 인성과 사역 속에서 악에게 승리하고 인간을 악의 세력에서 구원하여 하나님 통치의 축복으로 이끄는 모습으로 인간의 역사 가운데 임하였다. 하나님의 나라에는 두 가지 중요한 순간을 수반한다. 하나는 역사 속에서 이루어지는 것이고, 또 하나는 역사의 마지막에 완성되는 것이다(「현존」, 218쪽).

이와 같은 하나님의 통치는 "단지 인간의 마음속에서만 이루어지는 것이 아니고 예수의 인성 속에서 그리고 인간의 역사 속에서 역동적으로 활동하는 것"이며, 바로 이 점 때문에 "하나님의 나라가 현재이면서 동시에 미래이고, 내적이면서 동시에 외적이고, 영적이면서 동시에 묵시적이라는 점"을 이해할 수 있게 된다고 래드는 말한다(42쪽). 획기적인 일이다.

래드는 먼저 예수의 메시지와 행동에서 선지자적 소망의 성취에 초점을 맞추는데, 이는 복음서에서 '반복적으로' 등장하는, 그리고 예수와 유대교를 구분하는 주제다. 래드는 누가복음 4:18-19; 4:21; 마가복음 2:19; 누가복음 10:23-24/마태복음 13:16-17; 마태복음 11:4-5 등의 본문을 간략하게 언급하면서 동시에 두 가지 시대의 이중성에 대해 강조하는데, 이러한 이중적 용어는 'Q를 제외한 복음 전통의 모든 층에' 나타난다(「현존」, 115쪽). 또한 예수에게 있어 미래에 '다가올 시대'가 있었음을 나타내는 몇 가지 증거에 대해서도 강조한다. 성취 본문과 나란히 놓인 이 부분은 "하나님의 나라가 어떻게 동시에 미래이면서 현재일 수 있는가?"라는 질문을 야기한다. 래드는 이에 대한 해결책이 하나님 나라의 '역동적 의미'에 있다고 믿었다(121쪽). 즉, 하나님의 나라를 '영역'과 대비되는 하나님의 '통치'로 본 것이다. 래드는 이 문제를 세 장에 걸쳐 다룬다. "하나님의 나라: 통치인가 영역인가"에서 이 문제를 일반적인 수준에서 다루면서 하나님의 나라는 '종말론적 영역'(큄멜의 견해; 「현존」, 127-130쪽)이나 "하나님이 영원한 왕으로서 모든 것을 다스리신다는 단순한 추상적 개념"(맞는 말이지만)이 아니라 하나님 통치의 역동적 출현이라고 결론지었다. "하나님이 더 이상 인간이 당신의 통치에 굴복하기를 기다리시지 않고 주도권을 쥐고 인간이 생각하지 못했던 획기적인 방식으로 인간 역사에 뛰어드셨음을 의미하기 때문이다." 하나님의 나라는 "행동하시는 하나님에 대한 역동적 개념이다"(144쪽).

"역동적 권능으로서의 현재인 하나님의 나라" 장의 초점은 마태복음 12:28, "내가 하나님의 성령을 힘입어 귀신을 쫓아내는 것이면 하나님의 나라가 이미 너희에게 임하였느니라"에 있다. 래드는 이 구절을 "현재 시대를 다가올 시대로 변화시키지 않은 채" 하나님의 역동적 통치가 침투해 들어왔음을 나타내는 것으로 주석하며(149쪽), 예수의 사역에 대한 다른 구절을 통해 이를 뒷받침한다. 그 중에는 예수께서 사탄이 하늘에서 번개같이 떨어지는 것을 보았다는(래드는 비유적으로 해석, 156쪽) 눅 10:18과 세례 요한의 때부터 "그 권능을 발휘하며 힘 있게 전진하는" 하나님의 나라를 묘사하는, 즉 하나님 나라의 역동성을 나타내는(159-164쪽) 마태복음 11:12 등이 있다. 그 다음 장인 "신적 활동으로서의 현재인 하나님의 나라"는 예수께서 하나님에 대해 확언하는 근거인 하나님 나라의 역동적 개념을 더욱 지원하기 위해 기획되었다. "하나님의 나라가 하나님의 통치라면, 하나님 나라의 모든 면은 하나님의 특성과 행동에서 끄집어 내야 한다"고 가정하며, 이 장의 주제는 "하나님 나라의 현재성은 하나님의 현재 활동의 성격에서 이해해야 함; 하나님 나라의 미래성은 마지막 때에 하나님의 왕적 통치가 구속적으로 나타나는 것"이다(171쪽). 요점은 예수께서 '하나님의 실체를 찾으시는 사랑으로' 선포한다는 것이다. 잃은 자를 기다리기만 하지 않고 찾아 나서시며 또한 죄인을 초청하신다(174쪽). 누가복음 15장의 비유들이 이 점을 뒷받침하며 다른 본문들도 마찬가지다. 하나님이 아버지와(하나님의 나라와 아버지로서의 하나님은 분리할 수 없다, 178쪽) 재판관으로(하나님의 나라는 구원과 심판을 모두 의미한다, 185쪽) 나타난다. 이로써 "하나님의 나라는 전적으로 하나님의 행위이며 인간의 행위가 전혀 아니다"라는 결론에 다다르게 된다. 하나님의 나라는 이상적인 선(善)도 아니며, 필연적인 진행도 아니며, 역사도 아니며, 단지 역사 속에서 일하시는 하나님도 아니며, "하나님이 예수의 인성으로 역사 속에 초자연적으로 침투해 들어오신 것이다. 하나님의 나라가 역사 속으로 임한 것이나 종말론적으로 완성되는 것이나 모두 기적이며 하나님의 행위다"(188-189쪽). 이것이 바로 래드의 '역동적' 하나님의 나라 개념이다.

이 지점에서 예수의 가르침 속에 있는 하나님의 나라에 대한 래드의 설명이 크게 전환한다. "구원의 새로운 시대로서의 현재인 하나님의 나라"에서 래드는 '하나님 나라'의 역동적 의미가 '예수의 가르침에서 분명히 구분되는 요소'이긴 하지만 '하나님의 나라'에 대한 몇 가지 용례에서 '인간이 들어가는 종말론적 영역'임을 묘사하며 또한 '현재성을 가진 구원의 영역'임을 묘사한다고 주장한다(195-196쪽). 이 경우에도 마태복음 11:11-13이 결정적이다. '천국에 있는' 자들에 대한 언급(11절)이 예수에게 있어서는 세례 요한의 때부터 새로운 시대가 시작되었음을 보여주는 것이다. 래드가 말하고자 하는 것은 하나님의 역동적인 왕적 통치가 역사 속에서의 활동을 통해 "인간이 (지금) 들어갈 수 있는 새로운 축복의 영역을 만든 것이다. 이 역시 하나님의 나라라고 불린다"는 것이다(201-202쪽). 래드는 이러한 현재적 영역을 '메시아적 구원'의 유익, 즉 백성에게 주는 하나님의 선물(팔복에서처럼), 진정한 구원(부활의 생명, 하나님과의 교제 회복), 육체적 치유, 용서, 의(義) 등으로 자세히 설명한다. "예수는 죄 사함을 약속한 것이 아니라 직접 수여하셨다…예수는 단지 심판의 날에 변호할 것을 약속한 것이 아니라 이들에게 현재적 의를 수여하셨다"(205-217쪽). 래드에게는 두 가지 모두를 의미한다. "하나님의 나라는 첫째로 하나님의 통치요 하나님의 주권적 구속적 활동이며, 둘째로 신적 활동으로 시작된 축복의 영역이다."35) 하지만 또한 셋째로 미래에 다가올 실제적이며 종말론적이고 묵시적인 사건이기도 하다. 이에 대해 래드는 '종말론적 완성'이라는 용어를 선호한다. 물론 '묵시적'이라든가 '다가올 시대'라는 용어를 사용하기도 하지만.

이러한 종말론적 완성이 이루어지는 방식과 시기 모두 래드에게는 문제가 된다. 특히 임박성을 언급하는 구절들, 그 중에서도 "이 세대가 지나가기 전에 이 일이 다 이루리라"는 마가복음 13:30이 그렇다. 하지만 래드는 전혀 위축되지 않고 민감한 사안인 감람산 강화(막 13장의 소 묵시록 및 병행 본문 – 래드는 이 본문을 '묵시'라고 부르기를 원치 않는다. 316쪽)와 다른 관련 본문을 다룬다. 자신의 글 전체에 걸쳐 래드는 예수가 종말을 이야기한다기보다는 선지자의 역할에 가깝다는 주장을 전개하면서(예를 들면 「현존」, 146-147쪽; 173쪽; 315-320쪽; 324-326쪽) 큄멜과 마찬가지로 예수가 묵시적 가르침에는 관심이 없었다고 주장하며, 따라서 "예수가 완성을 묘사한 것은 어느 정도 시적인 언어이며 비유적 그림으로서 문자적으로 받아들여서는 안 되며 단지 현재의 역사적 경험을 뛰어넘는 존재 질서와 종말론적 사건을 나타낼 뿐"이라고 주장한다(317쪽). "우리가 '어느 정도 시적'이라고 하는 이유는 그 언어가 시적이기는 하지만 미래에 우주의 한 부분에서 실제로 일어날 사건을 언급하고 있기 때문이다. 물론 막연하기는 하지만 말이다."36)

---

35) Ladd, *Pattern of New Testament Truth*, 53쪽.
36) 위의 책.

임박성, 즉 종말 사건이 예수 자신의 시대에 나타날 것이라는 기대에 대한 문제는 래드가 「미래의 현존」에서 마지막으로 중요하게 다룬 주제다. 마가복음 9:1("여기 섰는 사람 중에 죽기 전에 하나님의 나라가 권능으로 임하는 것을 볼 자들도 있느니라")은 하나님이 분명 예수 안에서 행하셨고 이것이 종말론적 완성을 기대하게 했지만 하나님의 나라가 단번에 임한 것은 아니었으며 완성은 여전히 막연한 미래에 놓여 있는 것이라는 말로 설명할 수 있다. 예수의 발언의 취지를 단순히 시간에 관련된 것으로 축소해서는 안 된다(323쪽). 슈바이처 이후로 많은 사람들이 종말론적 완성의 시기에 대해 예수에게 오류가 있었다고 믿고 있음을 래드도 인정한다. 하지만 래드는 그것을 받아들이지 않았으며 이를 강력하게 변호하는 입장이 다음 글에 나타난다.

> 오늘날 많은 사람들이 믿고 있는 것처럼 예수가 자신의 메시지의 주된 강조점에서 오류를 범한 것이라면, 자신의 사역의 주된 목적인 복음을 선포하고 사람들이 임박한 종말에 대비하도록 하는 일에 오류가 있었다면, 예수의 다른 종교적 메시지는 어떻게 믿을 만한 것으로 남아 있을 수 있는지, 또는 미래에 임할 하나님 나라의 기적과 권능이 현재 일어나는 것이 어떤 효력과 가치를 지니는지 이해하기 어렵다. 만약 그렇다면 이것들은 착각에 의해 만들어진 기적들이므로 모두 허황된 것일 뿐이다. 한 사람이 동틀녘에 지평선의 붉게 물든 하늘을 보며 어둠 가운데 여행을 떠나면서 깜깜한 어둠 속을 방황할 것이라고 상상한다면 완전히 속는 것이다(「현존」, 125쪽).

따라서 래드에 의하면 감람산 강화와 다른 본문들은 예수가 언제 역사가 중단되고 종말이 시작되는지 알기 어렵도록 둘을 섞은 것임을 보여주는 것이다. "역사는 종말의 용어로 기술되고 종말은 역사의 용어로 기술된다." – 현대 주석자들에게는 이해하기 힘든 부분이다 – "하지만 본문을 연대기적 방식으로 깔끔하게 분석할 수는 없을지라도 충분히 이해할 수는 있다"(323-324쪽). 역사와 종말은 예수 안에서 "묵시적 하나님의 나라가 임하는 것은 하나님이 역사 속에서 예수의 사역과 죽음을 통해 무엇을 행하시느냐에 따라 좌우된다"(325쪽)는 역동적인 선지자적 긴장에 의해 하나로 묶인다. 이것이 바로 복음서가 우리에게 남겨 준 것이라고 래드는 말한다. "임박한 종말을 기대하지만 그것이 언제인지는 알 수가 없다. 논리적으로 이는 모순이라고 생각할 수 있지만 사실은 날짜를 알 수 없도록 하여 항상 깨어 있도록 하려는 윤리적 목적이 담긴 긴장이다"(328쪽).

래드는 예를 들어 교회와 윤리에 관한 그의 글(「현존」과 「신약신학」 모두에 포함)에서 볼 수 있듯이 하나님의 나라에 대해 성경 신학과 규범 아래의 기독교 신학의 방대한 부분을 포괄하기 위해 많은 노력을 기울였다. 하나님 나라의 개념을 포괄적으로 폭넓게 적용하려는 경향은 래드의 장점이자 동시에 약점이 된다. 왜냐하면 예수와 공관복음에서 하나님의 나라가 얼마나 중요한지를 보여주는 한편, 때때로 주석이 너무 쉽게 신학이나 특정 이데올로기를 위해 사용된 것이 아닌가 하는 의문을 제기하기 때문이다.[37]

「미래의 현존」을 읽는 사람들은 이 책의 철저함과 장황함에 놀

---

[37] Norman Perrin, "Against the Stream", *Int* 19(1965), 228-231쪽에 있는 *Presence*에 대한 평 참고. 또한 *Pattern of New Testament Truth*, 57-63쪽에 있는 래드의 긴 답변도 참고.

라게 될 것이다. 장황함 덕에 래드의 요점이 강조되어 책의 아무 부분이나 무작위로 펼쳐 본다 해도 요점을 놓치지 않을 정도다. 예를 들어 두 장의 시작 부분에서 책의 주제를 말하는 문장을 발견할 수 있으며 (218쪽; 307쪽) 책 전반에 걸쳐 하나님 나라의 역동적 개념에 대해 무수히 요약해 놓은 것을 발견할 수 있다. 이 모두는 래드의 요점과 의도를 명확하게 해주므로 장점에 속한다. 다만 큄멜의 분석처럼 간결함이 아쉬울 뿐이다. 래드의 글에서 또 한 가지 아쉬운 점은 비판적 입장이 없다는 점이다. 전반적으로 공관복음의 자료를 너무 액면 그대로 쉽게 받아들이고 있다. 물론 앞에서 언급한 것처럼 래드가 이 주제와 관련하여 과거와 현재의 유명 학자들과 대화하며 공관복음의 문구 해석에 대해 논쟁하고 있기는 하지만 복음서 자료의 역사성이나 전승사, 또는 편집에 대한 기본적인 질문이 매우 드물다. (전혀 없는 것은 아니다.) 그리고 종종 질문의 발판이 될 수도 있는 것으로 보이는 견해를 성경의 자료와 일치하지 않는다는 이유로 거부하기도 한다.[38] 이런저런 비판에도 불구하고 래드의 글은 대단한 성과를 이룬 것인데 많은 사람들이 간과하고 말았다. 물론 간과한 사람들의 손실일 수밖에 없다.

4. 결론

큄멜과 래드의 중요하고도 흥미로운 점을 비교하는 것으로 결론을 내리려고 한다. 큄멜이 하나님의 나라에 대한 예수의 가르침을 약

---

[38] *Patterns of New Testament Truth*, 60쪽.

속과 성취를 포괄하는 것으로 본 반면, 래드는 이 문제를 약속, 성취, 완성이라는 세 마디로 결론을 내린다. "하나님의 나라가 임할 것이라는 구약의 '약속', 예수의 인성, 말씀, 행위를 통해 하나님의 나라에 대한 약속을 역사 속에서 '성취', 역사의 마지막에 약속을 '완성' – 이것이 공관복음 신학의 기본 구조다."[39] 글을 더 쓸 공간도 없거니와 이 책이 두 견해에 대해 판정을 내리려는 것도 아니므로 여기서 마치려 한다. 다만 큄멜과 래드가 예수의 가르침 속에 나타난 하나님의 나라에 대해 분석한 내용은 앞으로 이 분야를 연구할 사람들에게 소중한 참고가 될 것이고 또 그렇게 되어야만 한다.

---

39) 위의 책, 54쪽.

4장

하나님의 나라에 대한 언어학적 접근:
아모스 윌더(Amos Wilder)와 노먼 페린(Norman Perrin)

W. 에모리 엘모어(W. Emory Elmore)[1]

아모스 윌더와 노먼 페린이라는 두 학자가 언어학을 통한 하나님의 나라 이해라는 새로운 분야를 개척하였다. 윌더는 「초기 기독교 수사학: 복음서의 언어」라는 책을 썼으며, 페린은 「예수와 하나님 나라의 언어」라는 책을 발표하였다. 이 장에서는 이 두 책을 살펴보되 다른 학자들과 광범위하게 비교하는 것이나 다른 학자들의 글에 대한 이들의 견해는 제외한 채 두 책의 주장에 대해서만 초점을 맞출 생각이다. 먼저 윌더의 책을 살펴보고 그 다음에 페린의 책으로 넘어갈 것이다. 2장 A절과 B절을 보면 페린의 글에서 윌더가 차지하는 중요성과 두 저자가 하나님의 나라에 대한 오늘날의 연구에 중대한 공헌을 하였음을 알 수 있게 된다.

아모스 윌더와 노먼 페린 이전의 학자들[2], 즉 1892년에 논의를

---

[1] 오작스 대학교(Ozarks) 철학/종교학부 조교수.
[2] 여기에는 1974년까지의 노먼 페린 자신도 포함된다. *The New Testament: An Introduction* [New York: Harcourt, Brace Jovanovich, 1974], 67쪽.

시작한 요하네스 바이스[3]로부터 시작하는 이들은 하나님의 나라를 기본적으로 하나의 개념으로 이해하였다. 바이스와, 그로부터 바로 몇 년 뒤에 글을 발표한 슈바이처[4]는 예수가 선포한 하나님의 나라를 묵시적 개념으로 보았다. 이 개념에서 하나님의 나라는 곧 닥쳐올 것이었다. 스승인 바이스의 뒤를 이은 루돌프 불트만[5] 역시 하나님의 나라를 개념적이고 묵시적인 것으로 보았지만 하나님의 나라에 대한 신화적 용어를 재해석하여(문학 양식에 대해서는 실제적 관심을 전혀 보이지 않았다) 인간 실존에 대한 본문의 이해와 주장에 도달함으로써 신약과 이후 세대의 간격을 메우고자 하였다. 미래적 하나님의 나라라는 견해에 반론을 제기한 중요한 인물은 도드[6]로서, 그는 예수가 자신의 사역에 이미 현존하고 있는 (이미 임한) 하나님의 나라를 선포한 것이라는 '실현된 종말론'을 제시하였다. 도드 이후로 학자들은 대개 하나님의 나라에 대한 예수의 가르침 속에 현재성과 미래성이 모두 존재한다고 동의한다. 큄멜[7]과 래드[8]가 이 중요한 역할의 선두에 서 있다.

이와 같은 유산을 발판으로 아모스 윌더와 노먼 페린은 복음(윌더)과 하나님의 나라(페린)를 언어, 특별히 상징이라는 완전히 다른

---

[3] Johaness Weiss, *Jesus' Proclamation of the Kingdom of God* [Philadelphia: Fortress, 1971].
[4] Albert Schweitzer, *The Quest of the Historical Jesus* [London: Black, 1911].
[5] Rudolph Bultmann, *Jesus and the Word* [L. P. Smith와 E. H. Landers가 번역: New York: Charles Scribner's Sons, 1934].
[6] C. H. Dodd, *The Parables of the Kingdom* [New York: Charls Scribner's Sons, 1935].
[7] W. G. Kümmel, *Promise and Fulfilment* [Naperville, Ill.: Allernson, 1957].
[8] G. E. Ladd, *The Presence of the Future, Jesus and the Kingdom*의 개정판[Grand Rapids: Eerdmans, 1974].

관점에서 다룸으로써 하나님의 나라 연구에 새로운 장을 열게 되었다. 신약학자요 문학 평론가이자 시인인 윌더는 미국 학자들에게 큰 영향을 끼쳤다. 실제로 노먼 페린은 자신이 특히 '문학적 창의성과 문예 비평 분야의 통찰력'을 윌더에게서 얻은 것이라고 밝히고 있다.[9] 「초기 기독교 수사학: 복음서의 언어」[10]에서 윌더는 복음의 형식과 내용을 분리할 수 없음을 설득력 있게 제시했는데, 이로써 그의 달라진 입장을 분명히 하였다. 이 책에 대한 서평에서 홀트 그레이엄(Holt Graham)은 언어 사용에 있어서의 창의적 능력에 대해 언급한다. "아모스 윌더는 탁월한 분석 및 종합 능력, 방대한 학문적 지식, 문학에 대한 심오한 이해 등을 총동원하여 자신의 증거를 뒷받침한다."[11] 윌더가 신약의 다양한 양식과 장르(대화, 이야기, 비유, 시, 이미지, 상징, 신화 등)에 대해 검토한 덕에 신약을 연구하는 다양한 분야의 학생들이 이전에는 발견하지 못했던 사실, 즉 복음을 통해 전달되는 메시지를 이해하기 위해서는 복음을 전달하는 양식에 대한 이해가 반드시 필요하다는 사실을 깨닫게 되었다.

복음의 전반적인 언어에 대한 윌더의 날카로운 통찰력은 하나님의 나라 연구에서 해당 본문의 문학적 양식 내에서만 그 내용을 제대로 이해할 수 있다는 새로운 안목을 갖도록 하는 중요한 역할을 하였다. 특히 노먼 페린은 하나님의 나라에 대한 자신의 글을 개정하는 도

---

9) Norman Perrin, *Jesus and the Language of the Kingdom* [Philadelphia: Fortress, 1976], 128쪽.
10) Amos Wilder, *Early Christian Rhetoric: The Language of the Gospel* [Cambridge, Mass.: Harvard University, 1971].
11) Holt H. Graham, Review of Early Christian Rhetoric: The Language of the Gospel by Amos Wilder, *ATR* 48 [Jan., 1966], 90쪽.

중에 아모스 윌더의 영향으로 자신의 생각이 빠르게 발전했음을 깨닫고는 단순한 개정이 아니라 아예 새로 써야 할 정도였다. 그 결과로 나온 작품이 「예수와 하나님 나라의 언어」12)이다.

1. 아모스 윌더(Amos N. Wilder)

자신의 연구를 위한 배경 연구로서 윌더는 성경을 철저하게 문학 작품으로 연구하는 입장과 철저하게 종교적 관점으로 연구하는 입장 사이에 골을 남기게 된 이전의 연구들을 검토하였다. 그런데 윌리엄 비어즐리(William Beardslee)13)와 같은 새로운 학자들이 문학 작품 내에서 양식과 내용을 연결하려는 시도를 하고 있음을 발견하게 되었다. 윌더는 여기서 실존주의의 중요한 공헌을 보게 된다. "'의미'는 전체로 볼 때도 객체처럼 문학 작품과 관련되는 것이 아니라 작품 속에서, 본문과 독자 그리고 과거와 현재를 하나로 묶어 주는 언어적 사건 속에서 자신을 드러내는 궁극적 실제 즉 존재 자체와 관련된다."14) 윌더는 언어에 대한 이러한 견해를 받아들이지만 그 안에서 종교적인 상징 요소의 풍부하고 다양한 구조를 잃어버리면서 "모든 복잡성을 궁극성이라는 지나치게 간단한 공식으로 해결하려는" 시도를 보았기 때문에 이를 걸러서 받아들이게 된다.15) 참으로 상징은 복음을 해석

---

12) Perrin, *Jesus and the Language of the Kingdom*, xi.
13) William Beardslee, *Literary Criticism of the New Testament* [Philadelphia: Fortress, 1970].
14) Wilder, *Early*, xxvii-ix.
15) 위의 책, xxix. 윌더는 마지막 장 118-128쪽에서 더 자세히 다룬다.

하기 위한 열쇠인 것이다. 물론 이는 하나님의 나라에도 해당되는 것이다.

초기 기독교 작품의 참신성에 대해 설명하면서 윌더는 먼저 구전 단계를 언급한다. "구원의 날에 하나님의 백성은 새 방언을 말하고 새 노래를 노래하며 말 못하는 사람의 입이 열릴 것"이라고 약속되어 있다.16) 이러한 약속의 결과로 주어진 창의성에 의해 '복음서'와 같은 새로운 문학적 양식이 생겨나게 되었다. 신약의 수사법은 독특한 면을 가지고 있는데 평론가 토머스 올브리히트(Thomas Olbricht)17)가 강조하는 것처럼 '거룩한 언어'이기 때문이 아니라 메시지와 주고 받는 사람들의 직무가 다르기 때문이다. 초기 기독교 연설의 눈에 띄는 한 가지 특징은 즉흥적이고, 역동적이고, 바로 적용되는 현재에 대한 연설이었지 미래를 위한 연설이 아니라는 점이다. 하나님의 나라 연구에 있어서 이러한 사실은 하나님의 나라를 묵시적이고 개념적으로 보던 관점에 도전을 주게 되었다.

윌더는 분명한 예술적 목적을 염두에 두고 광범위한 독자를 겨냥했던 기존 그리스 문학 양식과는 다른 신약의 네 가지 독특한 문학 양식을 언급한다. 네 가지란 복음서, 사도행전, 서신서, 계시록 등이다. 이미 많은 토론이 진행된 분야이지만 윌더는 과감하게 "복음서는 완전히 새로운 유일한 장르다"라고 주장한다. "전체적이고 기본적인 종류의 좋은 소식이며 단지 낭독하는 데 그친 것이 아니라 효과적으로 역동적으로 드러나게 되었다."18) 하나님의 나라에 대한 복음을 생

---

16) 위의 책, 5쪽.
17) Thomas Olbricht, Review of Early Christian Rhetoric: The Language of the Gospel by Amos Wilder, *Quaterly Journal of Speech*, 51 [Oct., 1965], 348쪽.
18) Wilder, *Early*, 28-29쪽.

각해 보면 비유 자체가 예수의 청중들에게 얼마나 명쾌한 효과를 거두었는지를 알 수 있다.

윌더는 더 나아가 신약의 글들 배후에 더 오래된 기독교 연설이 있는지를 찾아보게 된다. 그 한 가지 장르는 이야기다. 윌더의 말을 들어보자. "그리스도인의 인생은 비전과 환상으로 가득 찬 꿈 같은 것이 아니라 순례이며 경주다. 한마디로 역사다. 새로운 기독교 연설은 당연히 이야기 형식을 취할 수밖에 없다."[19] 성경의 이야기 형식이 읽는 자나 듣는 자가 자신이 이야기의 한가운데 있다는 것을 발견하게끔 한다는 의미 심장한 사실을 윌더는 발견했는데 여기서 하나님의 나라에 대한 언어의 영향이 어떠했을지 쉽게 짐작할 수 있다. 이야기의 형식에도 예수의 비유와 예수에 관한 이야기 등 두 가지가 있다. 예수의 비유에 대해서 저자는 나중에 따로 설명을 한다. 바디매오 치유 사건과 같은 예수에 관한 이야기는 복음의 축소판의 한 예로서 단순한 몸의 치유를 넘어 복음의 핵심에 도달하기 때문에 – 눈먼 자이건 아니건 모든 사람이 구원에 이르기 때문에 – 전형적인 틀이라고 부른다. 이와 같이 기대했던 메시아적 행위 속에서 하나님 나라의 명백한 상징을 볼 수 있는 것이다.

윌더는 예수에 관한 이야기로부터 예수의 비유로 전환하면서 비유가 단지 주의를 끌기 위한 것이 아니라 복음 자체의 성격 때문에 생겨난, 하나님 나라의 메시지와 마찬가지로 전달할 메시지에 필수적인 것이라고 강조하였다. 비유 이야기에는 다양한 형식이 있다. 그 중 하나는 본보기적 이야기로서 어리석은 부자의 비유와 같은 액면 그대로 받아들일 수 있고 적용으로 끝나는 이야기를 말한다. 잃어버린 양

---

19) 위의 책, 56-57쪽.

의 비유와 같은 또 다른 형식은 연장된 이미지로서 계시적 이야기다. 이 점은 특히 페린에게 중요한 부분이다.[20] 귄터 보른캄(Günther Bornkamm)의 지원을 힘입고 윌더는 "강조되어야 할 부분은 예수 비유의 이와 같은 계시적 성격이다. '비유는 그 자체가 설교다'"라고 주장하였다.[21] 이러한 특징은 예수가 자신의 비전과 믿음을 전달한 하나님 나라의 비유에서 특히 명확하다. 윌더는 이러한 종류의 비유를 은유라고 보는데 그 안에서 "우리는 약간의 충격과 함께 의미하는 광경을 직접 전달하는 상상에 대한 이미지를 갖는다."[22]

윌더에게 중요했던 또 다른 문학적 특징은 이들 비유에서 인물, 장면, 행동 등이 대개 "종교적"이지 않다는 점에서 비유가 "매우 인간적이고 실제적이며" 심지어는 "세속적"이라는 점이다.[23] 비유는 예수와 복음에 대해 아주 중요한 사실을 드러낸다. 사람들에게 일상의 경험에 대한 기억을 끌어냄으로써 삶을 직면하도록 하는 것이다. 여기에는 '초자연적인' 접근이 없다. 또한 예수의 비유는 다른 사회나 종교에서 교훈을 위해 사용한 이야기와 매우 다르다. 예를 들어 랍비들은 다양한 주제를 설명하기 위해 비유를 사용했는데, 예수의 비유가 독특한 것은 하나님 나라의 긴급성과 관련되어 있다는 점이다.

윌더는 마가복음 4장과 마태복음 13장에 나오는 하나님의 나라 비유에 특별한 관심을 기울인다. 먼저 윌더는 비유의 진정성에 대한

---

20) Perrin, *Jesus*, 128쪽.
21) Wilder, *Early*, 72쪽 및 각주 1에서 인용; G. Bornkamm, *Jesus of Nazareth* [I. McLuskey, F. McLuskey, M. Robinson 번역; New York: Harper & Row, 1960], 69쪽.
22) 위의 책.
23) 위의 책, 73쪽.

자신의 기준을 설명한다. 한 가지 기준은 변경을 막을 수 있는 형식의 엄격한 유기적 통일성과 일관성이다. 또 다른 기준은 비유들이 다른 양식의 예수 연설과 공유하는 특징이다. 이와 관련하여 윌더는 비유를 이해하는 데 중요한, 그리고 다른 양식의 연설에서 발견할 수 있는 하나님 나라의 상징과 관련하여 중요한 주장을 편다. 비유에서 우리는 행동 이미지, 연장된 은유를 보게 된다고 윌더는 말한다. 또한 진정한 은유는 '언급하는 대상이 실제성을 가져야 하며', 따라서 듣는 자가 그 속에 참여하게 되어야 한다고 덧붙인다. 예수의 연설은 "가르침을 특징으로 하지 않고 강제적 상상, 주문, 신화적 충격, 변환 등을 특징으로 한다."24) 다음 문장에서 윌더가 페린에게 얼마나 깊은 영향을 주었는지를 알 수 있다. "이들 단어는 하나님의 나라 이야기의 상징적 언어와 예수의 입에서 나온 비유의 은유적 언어를 이해하는 데 핵심적 단서가 된다."25)

윌더는 마가복음의 씨 뿌리는 자의 비유, 저절로 자라는 씨의 비유, 겨자씨 비유 등으로 돌아온다. 윌더는 먼저 씨 뿌리는 자의 비유에서 비록 제자들이 하나님의 나라를 선포하는 데 있어 손실과 좌절을 겪고 있기는 하지만 단순히 훌륭한 소출을 위해 하나님을 신뢰하라는 가르침을 위한 본보기로 농부를 사용한 것은 아니라고 주장한다. 그렇게 설명하게 되면 농부가 종종 흉작을 겪을 때도 있기 때문에 설명이 안 되는 경우가 있는 것이다. 결과적으로 제자들은 자신들이 필요로 했던 확신을 얻을 수 없게 된다. 윌더는 이와 비슷한 다른 두 비유에 대한 진부한 해석도 마찬가지로 거부한다. 윌더가 말하는 것

---

24) 위의 책, 84쪽.
25) Perrin, *Jesus*, 130쪽.

은 이러한 비유들이 자연에서 설교식의 설명을 제시하려는 것이 아니라는 것이다. 비유의 효과는 제자들에게 예수 자신의 상황, 즉 '예수 자신의 비전을 은유의 힘을 사용하여' 전달하는 데 있는 것이다.[26] 마찬가지로 마태복음의 쌍둥이 비유인 감추인 보화 비유와 값진 진주 비유를 언급하면서 윌더는 요아킴 예레미아스[27]의 견해를 따라 보화의 가치나 진주에 대한 희생을 중요하게 해석하는 것을 거부하고 대신 "하나님이 권능과 은혜로 일하고 계신다는 사실과 결과에 대한 놀라움과 약속"을 발견했을 때의 기쁨에 대해 역설한다.[28] 결국 이들 비유에 이와 같은 역동적인 영향력을 주는 것은 은유의 힘과 예수 자신의 믿음이 결합되었기 때문이다.

초기 기독교 수사법에서 시는 어떤 위치를 차지하고 있는가? 성경의 시는 주님의 구원 이야기에 사용되었다는 특징이 있다. 그것은 최소한 신약의 낭독과 노래의 배경으로 항상 존재한다.[29] 하나님의 활동을 왕의 것으로 묘사하는 시의 넘치는 상징성은 하나님의 나라를 개념으로 이해하는 것을 반박하는 설득력 있는 증거를 제공한다. 윌더는 유대인의 측면에서 흥미로운 신약 시의 특징에 주목한다. 바로 자신의 신들을 찬양하는 가나안과 메소포타미아의 시에 그 근본적인 기원을 두고 있다는 점이다. 따라서 윌더는 기독교 노래에서 고대 인류와의 암시된 조화를 본다. 이 부분에서 윌더의 주장이 충분한 설득력을 갖추지 못했다고 할 수도 있으나 그의 관찰은 폭넓은 관점에서

---

26) Wilder, *Early*, 85쪽.
27) Joachim Jeremias, *The Parables of Jesus*, 2판 개정판 [New York: Charles Scribner's Sons, 1972], 200-201쪽.
28) Wilder, *Early*, 86쪽.
29) 위의 책, 90-91쪽.

하나님 나라의 언어에 접근해야 한다는 점을 더욱 확고하게 해주었다. "기독교 시와 노래의 언어는 이스라엘 고유의 언어가 되어서는 안 된다. 믿음은 모든 사람들의 경험이라는 연료를 공급받을 때 더욱 밝아지는 것이다."30)

'이미지, 상징, 신화'라는 마지막 장에서 윌더는 자신이 간접적으로 인식하기만 했던 연설의 은유적이고 상징적인 성격에 대해 더욱 상세히 다룬다. 신약에는 하나님의 나라에 대한 좋은 소식을 말해 주는 그림처럼 생생한 이미지가 풍부하게 있다. 비유적으로 제시된 영적 존재들, 사건과 신적 행위에 대한 신화적 진술, 그리스도에 관한 여러 극화 등이 그것이다. 만약 우리가 신약의 풍부한 신화적 성격을 제대로 식별할 수만 있다면 이를 문자적으로 해석하려는 유혹에 빠지지는 않을 것이다. 윌더는 신화를 다른 범주로 번역함으로써 신화적 영향을 계속 유지하려고 했던 불트만의 노력을 높이 평가한다. "맹신은 말할 것도 없고 신앙(belief)에 대한 청사진으로 여겨지는 하나님의 행위(dealings)에 대한 그림을 수용하는 것과 믿음(faith)을 혼돈해서는 안 된다."31) 하지만 하비 맥아더(Harvey Mcarthur)는 다음과 같이 말한다. "윌더는 불트만의 특징이 기독교의 메시지를 축소하는 데 있다고 보고 이에 반대하였다."32) 윌더는 비신화화 작업이 매체, 즉 이미지 안에 있는 메시지를 제대로 평가하지 못하는 부족한 것이라고 확신하였다. "모든 고대적이고 상상적인 특징에 대한 상징이 현재에도 우리에게 우리 자신에 대해, 시간과 공간의 보이는 세계에 대

---

30) 위의 책, 97쪽.
31) 위의 책, 125쪽.
32) Harvey K. McArthur, Review of Early Christian Rhetoric: The Language of the Gospel by Amos Wilder, *JBL* 84 [1965], 88쪽.

해, 현실 세계에서의 하나님의 일에 대해 기독교적인 것을 말하고 있다는 것을 깨달아야 하지 않는가?"라고 윌더는 질문한다.33) 그는 모든 의미를 실존주의자의 차원에 한정하는 사람은 '기독교 이미지와 신화의 진정한 측면'을 잘못 이해하는 것이라고 결론을 내린다.34) 페린과 같은 학자의 관심을 넓게는 복음의 언어로, 좁게는 하나님 나라의 언어로 돌리는 데 중요한 역할을 한 것은 이런 식의 창의적 재평가였다. 윌더는 마지막으로 복음을 언어의 모든 측면에서 '새로운 폭발'을 나타내는 것으로 평가하면서, 신약 해석학에 대한 그의 공헌을 말해 주는 은유를 우리에게 남기며 책을 마무리한다.

2. 노먼 페린(Norman R. Perrin)

노먼 페린은 자신의 경력을 '학문적 순례'라고 기술하였다. 1974년에 그는 다음과 같이 썼다.

> 나는 예수 생애 연구에서 시작했고, 그 덕에 인자와 신약 기독론을 연구하게 되었다. 인자는 마가복음에서 가장 두드러지는데 그 점 때문에 마가복음과 편집 비평을 연구하게 되었다. 편집 비평을 연구하다가 나의 최근의 관심사인 문예 비평과 해석학을 연구하게 되었다.35)

---

33) Wilder, *Early*, 125쪽.
34) 위의 책, 126쪽.
35) Norman Perrin, *A Modern Pilgrimage in New Testament Christology* [Philadelphia: Fortress, 1974], 1쪽.

웰턴 실 주니어(Welton Seal, Jr.)가 이 순례에 대한 서평에서 "페린은 방법론과 해석에 있어 대담한 입장 표명으로 동료들에게 계속해서 도전을 준다"고 평한 것은 아주 적절한 것이었다.36) 엘던 엡(Eldon Epp)도 "그의 빠른 진전과 학문에 있어서 '미래에 대한 개방성'이 모든 동료 학자들에게 도전과 영감을 주고 있다"라고 비슷한 결론을 내렸다.37)

순례의 마지막 과정에서 쓴 「예수와 하나님 나라의 언어」에서 노먼 페린은 아모스 윌더의 상징과 신화와 관련된 미완성 작업에 대해 감사하면서 새로운 장을 펼치게 된다. 먼저 페린은 하나님의 나라를 개념으로 이해하지 않고 하나님의 왕권에 대한 신화38)를 떠올리게 하는 상징으로 이해한다. 다음으로 페린은 비유를 은유로 본다. 복음을 언어라는 직물에 짜여진 것으로 해석하는 것이다.

페린은 자신의 글을 '예수의 메시지에 담긴 하나님의 나라 해석'과 '예수 비유의 현대적 해석'이라는 두 가지로 크게 나눈다. 자신의 연구를 소개하면서 페린은 하나님의 나라가 "예수의 비유가 궁극적으로 지시하는 것"이라고 설명한다.39) 일단 해석할 본문이 정해지면 페린의 관심은 "역사 비평을 넘어 문예 비평으로 가는 것"이다.40) 논의

---

36) Welton O. Seal, Jr., "Norman Perrin and His 'School': Retracing a Pilgrimage," *JSNT* [Feb., 1984], 87쪽.
37) Hans Dieter Betz. 편집, *Christology and a Modern Pilgrimage: A Discussion with Norman Perrin*, 개정판 [Missoula: SBL and Scholars, 1974], 78쪽.
38) 페린은 "신화는 실제 이야기와 상상의 이야기의 복합체라고 정의할 수 있으며 다양한 이유로 인간은 신화를 우주와 인생의 내부 의미를 표명하는 것으로 간주한다"라는 알란 왓츠(Alan Watts)의 정의를 좋아한다(*Jesus*, 22쪽에서 재인용).
39) Perrin, *Jesus*, 1쪽.
40) 위의 책, 5쪽.

를 계속하면서 페린은 문예 비평이 더더욱 필요한 것이라고 선언한다. "문예 비평은 원래의 역사적 상황과는 다른 상황에서 본문을 제대로 이해할 수 있는 새로운 가능성을 열어 주기 때문이다."41) 이에 대해 실(Seal)은 통찰력 있게 답변한다. "페린은 실제로 '역사 비평을 넘어간' 것은 아니며 본문을 '역사적으로 이해'하기 위한 문예 비평의 자연적인 역할을 개발하고 강조한 것이다."42)

페린은 자신의 첫 번째 부분을 '고대 유대 문학 속의 하나님의 나라'에 대한 배경 절로 시작한다. 상징의 뿌리인 '하나님의 나라'는 하나님의 왕권에 대한 고대 근동 신화에 존재하며, 고대 근동 사람들에게는 일반적인 개념이었다. 이스라엘은 두 가지 전통을 상속하여 둘을 하나로 묶고는 각각을 상대방의 빛 속에서 해석하였다. 그 하나는 창조와 회복에 있어서 왕으로서의 하나님의 활동에 대한 일반적인 고대 신화이며, 다른 하나는 이스라엘의 과거에서 나온 구속사에 대한 신화다. 결국 '왕국'(또는 통치)이라는 상징은 하나님의 구속 활동 역사의 특징과 권능 있는 재창조자로서의 하나님이라는 개념을 묶어 하나의 신화로 만들고, 이를 통해 자신들이 하나님의 백성이며 하나님의 왕적 행위의 수혜자이기에 하나님이 자신들을 구원하시고 또 구원하실 것이라는 점을 이해하도록 하는 것이다. 로마 통치 시기 동안에 하나님의 나라에 대한 이러한 상징적 언어는 더욱 은유적으로 변해 갔다.43)

---

41) 위의 책, 9쪽.
42) Seal, 101쪽.
43) 페린은 예수 시대 바로 전에 쓰여진 묵시적 글인 '모세 승천기 10장'을 예로 든다. "사탄은 더 이상 존재하지 않을 것이며, 슬픔은 그를 떠날 것이다…." "하늘의 절대자가…자신의 아들들을 위하여 분노와 의분으로 보좌에서 일어

이러한 상징의 또 다른 중요한 용례는 카디시 기도문에 나오는데, 이는 예수께서 제자들에게 가르치신 기도에서 사용한 것과 비슷하다. 그 구문은 바로 "그가 자신의 나라를 세우시기를…"44)이다. 이런 방식으로 사용한 것이 중요한 이유는 기도의 다른 상징과 마찬가지로 여러 의미를 지니기 때문이다. 이 상징이 떠올리게 하는 왕으로 활동하시는 하나님에 대한 신화의 의미가 개인마다 달라지는 것이다. 여기서 페린은 필립 휠라이트(Philip Wheelwright)45)의 용어를 도입하여 상징은 두 가지 중 하나가 될 수 있다고 설명한다. (1) '좁은 상징'으로, 수학 기호 π처럼 '나타내는 대상과 일대일 관계'를 가진다.46) 그렇다면 이 상징은 구체적인 한 가지 상징만, 예를 들어 하나님이 역사 속에 극적으로 개입하신다는 것만을 가리키는 것이다. 확실히 많은 유대인들의 경우 하나님 나라의 상징은 위와 같은 단 한 가지 의미로 축소되었다. 따라서 좁은 의미의 상징이 떠올리게 하는 신화는 그 사건이 발생하지 않음으로써 효력을 잃을 수 있는 것이다. 하지만 두 번째 종류의 상징이 있다. (2) '넓은 상징'으로, "**한 가지** 대상으로 축소되거나 한 가지 대상만으로 적절하게 표현될 수 없고 여러 의미를 가진다."47) 페린은 묵시적 상징이 대부분 좁은 상징이라고 보지만

날 것이다." [*Jesus*, 26-27쪽]
44) Perrin, *Jesus*, 28쪽에서 재인용.
45) Philip Wheelwright, *Metaphor and Reality* [Bloomington, Ind.: Indiana University, 1962].
46) 위의 책, 93-96쪽.
47) Perrin, *Jesus*, 30쪽. 인용문의 굵은 글씨는 본 편집자가 강조한 것이다. '좁은 상징'과 '넓은 상징'에 대한 휠라이트의 구분은 폴 리께르가 '기호'와 '상징'을 구분하는 것과 비슷하다(*The Symbolism of Evil* [Boston: Beacon Preass, 1969], 15쪽).

동시에 몇 가지 주요 묵시적 상징을 넓은 상징으로 본다. 카디시 기도문을 고려하며 페린은 고대 유대교의 하나님의 나라를 근본적으로 넓은 상징으로 본다.

이와 같은 필수적인 배경을 갖춘 뒤에 페린은 '예수의 메시지에 담긴 하나님의 나라'에 대한 자신의 입장의 핵심으로 나아간다. 페린은 먼저 하나님의 나라를 '개념'으로 여기는 것을 거부하는 것으로 시작한다. 이는 부정확하며 오해의 소지가 있는 것이기 때문이다. 페린은 하나님의 나라를 넓은 상징이라고 주장한다. "상징으로서 개념의 전체 범위 또는 일련의 개념 모두를 나타내거나 떠올리게 할 수 있다. 그런데 만약 하나님의 나라가 일정하게 단 한 가지 개념이나 생각을 나타내거나 떠올리게 하는 것이라면 그것은 그저 개념이나 생각일 뿐이다."48)

페린은 다음으로 '예수의 메시지에 담긴 하나님의 나라에 대한 학자들의 논의'를 살펴보는데, 바이스, 슈바이처, 불트만, 도드 등의 공헌을 간략히 설명한다. 도드의 경우 하나님의 나라 논의에 있어서 예수의 비유를 다루는 데 많은 영향을 주었기 때문에 페린이 특히 중점을 두고 있다. 도드의 결론에 대해 페린은 이렇게 말한다. "우리가 하나님의 나라에 대해 '현재'와 '미래'로 설명하는 데 동의한다면 예수의 비유가 하나님 나라의 현재성을 내포하는 것이라고 말한 도드의 주장이 옳은 것이다."49) 하지만 1974년50)까지만 해도 페린 역시 예수의 메시지에서 미래적 측면을 보았다. 이제 이 책에서 페린은 하나님

---

48) Perrin, *Jesus*, 33쪽.
49) 위의 책, 39쪽.
50) Norman Perrin, *The New Testament: An Introduction*, 289쪽.

의 나라를 상징으로 간주하고 하나님의 나라에 대한 예수의 메시지를 예수가 상징을 사용한 것으로 봄으로써 이 논의에 새로운 관점을 제공하면서 전반적인 '시간적' 접근에 대해 도전하고 있다.[51]

다음으로 페린은 자신이 제안했던 것들 중 최소한의 것만 선택한 채 '예수의 메시지에서의 하나님의 나라 사용'으로 넘어간다. 여기서 그는 하나님의 나라에 대한 세 가지 말씀, 주기도문, 열네 가지 교훈적 말씀 등을 해석하는 데 자신의 설명이 "타당한 학자적 견해요 진실로 받아들여질 것"[52]을 기대한다. 페린은 열여덟 가지 비유도 언급하지만 이를 해석하지는 않는다.

1) 하나님의 나라에 대한 말씀

(1) 눅 11:20, "그러나 내가 만일 하나님의 손을 힘입어 귀신을 쫓아내는 것이면 하나님의 나라가 이미 너희에게 임하였느니라." 페린은 여기서 카디시 기도문과의 명백한 연결점을 본다. 왜냐하면 "개인 치료와 같은 아주 즉각적이고 개인적인 것과 연결하여 상징을 사용한 것은 우주적 실체에서 개인적으로 경험되는 실체로 향하는 추세를 강화하는 것으로 이해해야 하기 때문이다."[53] 이 말씀은 하나님의 나라를 예수의 입술에서 나온 넓은 상징이 되도록 한다. 왜냐하면 예수가 귀신을 쫓아내는 것이 백성을 위한 하나님의 행위에 대한 가능성을 축소시키지 않는 것이 분명하기 때문이다.

---

51) Perrin, *Jesus*, 40쪽.
52) Norman Perrin, *Rediscovering the Teaching of Jesus* [New York: Harper & Row; London: SCM, 1967], 39-47쪽.
53) Perrin, *Jesus*, 43쪽.

(2) 눅 17:20-21, "하나님의 나라는 볼 수 있게 임하는 것이 아니요 또 여기 있다 저기 있다고도 못하리니 하나님의 나라는 너희 안에 있느니라." 여기서 예수는 '볼 수 있는 기호'를 묵시적으로 찾으려는 모든 시도를 단호하게 물리쳤으며, 그렇게 함으로써 신화를 알레고리로 취급하는 것과 그 상징을 좁은 상징으로 취급하는 것도 마찬가지로 단호하게 물리쳤다. 결론적으로 '너희 안에 있는 하나님의 나라'는 "백성을 위한 하나님의 왕적 행위의 상징이 의미 집합 전체를 떠올리게 하는 진정한 넓은 상징으로서 실존적 실체의 경험을 전달할 힘을 가진 채 예수의 청중과 마주하는 것이다."[54] 실(Seal)은 여기서 중요한 결론을 제시한다. "예수가 하나님의 나라를 넓은 상징으로 사용했다는 것은 당신의 시대에 임할 것이라는 예언이 잘못된 것이 아니라는 의미이다."[55]

(3) 마 11:12, "**세례 요한의 때부터 지금까지 천국은 침노를 당하나니 침노하는 자는 빼앗느니라.**" 이 말씀은 세례 요한의 운명과 예수와 제자들의 잠재적 운명과 관련하여 왕으로서의 하나님이 악과 싸우고 있는 **현재적** 행위를 떠올리게 한다.

2) 주기도문

카디시 기도문에 있는 하나님의 나라 청원과 비슷한 구문을 사용한 것에 대한 이전의 논의와 이 구문이 불러일으키는 다양한 기대를 고려해 보면 주기도문은 예수가 하나님의 나라를 넓은 상징으로 사용한 것이라는 좀더 확실한 증거가 된다. **개인의 사적** 관심을 표현

---

54) 위의 책, 45쪽.
55) Seal, 102쪽.

하는 기도에서의 상징의 성격 때문에 카디시 기도문과 주기도문에서의 '하나님의 나라'는 단 한 가지 의미 이해로 제한될 수 없다. 주기도문에서의 '하나님의 나라'를 넓은 상징으로 받아들일 경우 다른 청원들도 "왕으로서의 하나님을 개인적으로 또는 공동체적으로 경험하는 것에 대한 실제적 가능성을 표현하는 것이다. 하나님은 '일용할 양식'을 공급하실 때도, 죄 사함을 실제적으로 경험할 때도, '시험'을 직면한 상황에서 도움을 주실 때도 왕으로 경험할 수 있는 것이다." 이들 청원은 "인간의 삶에서 하나님을 왕으로 경험하기 위한 근본적 가능성을 개발하는 것이다. 이들은 상호 배타적이지도 않고 철저하지도 않다."56)

3) 교훈적 말씀

(1) 가장 극단적인 말씀: 눅 9:60a, 죽은 자들로 자기의 죽은 자들을 장사하게 하라; 마 5:39b-41, 다른 쪽 뺨도 돌려 대라. 이들 말씀은 "청중에게 극단적 순종이 아닌 극단적 질문으로 가도록 도전한다…이들 말씀을 들은 청중은 자신의 실존을 연속적 전체로 만들기 위한 노력에서 벗어나 자신의 실존에 대해 판단하도록 만든다."57)

(2) 종말론적 역설: 막 8:35, 목숨을 구하는 것; 막 10:23b, 25, 부자가 하나님 나라에 들어가기가 얼마나 어려운지; 막 10:31, 먼저 된 자와 나중 된 자; 눅 14:11, 자신을 낮추는 것과 높이는 것. 페린은 이들 구절을 현재에 대한 역설을 선포하는 것으로 해석하며 따라서

---

56) Perrin, *Jesus*, 47-48쪽.
57) 위의 책, 52쪽.

그러한 현재에 대한 판단을 요구한다.

(3) 분쟁에 관한 말씀: 막 3:27, 강한 자의 집에 들어가는 것; 막 3:24-26, 스스로 분쟁하는 나라. 이 부분에 대한 페린의 해석은 왕으로서의 하나님이 악과 싸우고 있는 현재적 행위를 떠올리게 하는 하나님의 나라에 관한 말씀인 마태복음 11:12에 대한 해석과 똑같다.

(4) 권면의 말씀: 눅 9:62, 손에 쟁기를 잡는 것; 마 7:13-14, 좁은 문으로 들어가는 것; 막 7:15, 사람을 더럽히는 것; 막 10:15, 어린아이와 같이 하나님의 나라를 받아들이는 것; 마 5:44-48, 원수를 사랑하는 것. 교훈적 말씀의 다른 세 그룹은 "세상의 종말이라는 관점에서가 아니라 세상 자체의 끝이라는 관점에서"[58] 하나님의 나라에 대한 말씀과 연관되는 것으로 보인다. 그러나 마지막 그룹은 청중쪽에서의 반응에 대한 은유로 이해되는 주기도문의 "우리가 사하여 준 것같이"와 연관되는 것으로 보인다.

4) 비유

마지막 자료 그룹은 비유다. 페린은 여기서 해석을 하지는 않고 윌더의 안내를 따라 비유는 "비유가 언급하는 대상이 실제성을 가져야 한다"고, 즉 "확장된 은유"[59]라고 결론을 내린다. 따라서 예수의

---

[58] 위의 책, 54쪽. 페린은 이 문구를 도미닉 크로산(Dominic Crossan)에게서 따왔다. 그런데 페린이 이 말을 자세히 설명해 주었더라면 지적인 느낌을 제거할 수 있었을 것이다.

[59] 사실 페린은 '비유'를 더 넓게 이해한다. 마지막 장에서 페린은 비유가 직유나 은유일 수 있다고 말한다. 페린에게 직유는 기본적으로 설명적이다. 따라서 직유로서의 비유는 "왕으로서 행하시는 하나님에 대한 신화에 의해 전달되는 실제성을 새롭게 인식하도록 하는 것이다." 은유로서의 비유는 "근본적으로

비유는 청중들이 하나님의 나라를 경험하도록 해준다. 이 점은 예수가 하나님의 나라에 대한 상징을 사용하여 다른 형태로 선포하는 것과 같다.

다음으로 페린은 복음주의 신약 학자들의 신학에서부터 어거스틴, 리츨, 바이스, 라우셴부쉬, 불트만에 이르기까지 '기독교 문헌 속의 하나님의 나라'에 대해 간단히 조사하는 것으로 이 꼼꼼한 연구를 마무리한다.

마지막 절에서 페린은 '예수 비유의 현대적 해석'에 초점을 둔다. 페린은 자신이 직접 주석을 하지는 않고 율리허, 도드, 예레미아스, 푹스, 린네만, 융엘, 윌더, 풍크, 비아, 크로산 등 해당 논의에 주된 공헌을 한 학자들의 해석에 전념한다. 그리고 가능한 경우 '선한 사마리아인'에 대한 각각의 학자의 해석을 소개한다. 그리고 마지막으로 SBL의 비유 세미나 결과를 요약한다.

책을 마무리하면서 페린은 일부 비유가 권면적 기능을 가지고 있다고 본다는 설명을 덧붙인다. 페린은 이들 비유를 도미닉 크로산을 따라 '행동의 비유'라고 분류하면서 이들 비유가 '하나님의 나라에 대한 헌신'으로 초대하며 요구하고 있다고 정의한다. 그리고 페린은 평론가 말콤 필(Malcolm Peel)이 말한 것처럼[60] 비유와 하나님의 나라 모두의 은유적이고 넓은 상징적 성격을 중요시하여 본문 자체가 청중에게 더욱 효과적으로 말할 수 있도록 하고, 그 결과 먼저 연구를 수

다른 두 가지 실제 범주를 대조하여 상상력에 충격을 가하고 세상에 대한 새로운 관점과 왕으로서 행하시는 하나님에 대한 신화가 전달하는 그 실존적 실체를 경험할 수 있는 가능성을 유발하는 것이다"(202쪽).

[60] Malcolm L. Peel, Review of Jesus and the Language of the Kingdom by Norman Perrin, *Christian Century* 22 [Sept. 1976], 795쪽.

행했던 윌더가 적절하게 표현한 것처럼 '상상과 변화를 더욱 효과적으로 불러일으키는' 해석을 요청하는 것으로 결말을 짓는다.

3. 결론

아모스 윌더는 이전과는 전혀 다른 새로운 문을 개척하여 넓게는 복음을, 좁게는 하나님의 나라를 언어 자체, 특히 상징과 은유 내에서 이해해야 하는 메시지로 이해하도록 하였다. 노먼 페린은 자신의 학문적 순례 과정에서 윌더의 영향을 깊이 받아 이 문을 더욱 넓히며 신약 학자들이 더 이상 하나님의 나라를 시간적인 것으로 이해되는 개념(또는 좁은 상징)으로 생각하지 않고 '현재'나 '미래'를 나타내지 않은 채 하나님이 왕으로서 행하시는 것에 대한 신화의 다양한 의미를 떠올리도록 하는 넓은 상징으로 생각하도록 도전하였다. 복음(윌더)이나 하나님 나라(페린)의 상징적 언어, 특히 비유의 은유적 언어에서 핵심적인 것은 하나님을 인간 삶의 실존적 실체를 위한 왕으로 선포하며 청중들의 마음을 뒤흔들어 이러한 경험을 도전하고 헌신을 요구한다는 것이다.

5장 구약에 나타난 하나님의 나라

데일 패트릭(Dale Patrick)[1]

'하나님의 나라'라는 신학적 개념은 근래까지는 비평학자들에 의해 구약 신학의 요약으로 충분하고 적절한 근거를 갖추었다고 평가되었지만 최근 몇십 년 사이에는 철저히 배제되고 거부되어 왔다. 본 연구를 시작하면서 먼저 최근 학계에서 이 부분이 쇠퇴하게 된 이유를 살펴볼 필요가 있다. 종합적 개념에 대한 모델을 만들면 이를 재고할 수 있게 될 것이다.

구약 신학자들은 '하나님의 나라'라는 주제가 성경 본문 밖에서 부과된 것이라는 확신이 있었기 때문에 이 주제에 뛰어들기를 꺼려 왔다. 다음 두 가지 해석학적 규칙이 이러한 판단의 근거가 된 것으로 보인다. (1) 주석은 본문의 명백한 의미에만 국한되어야 한다. 실제로 구약 본문에 '하나님의 나라'라는 표현이 거의 포함되어 있지 않기 때문에 이 주제를 설명하기 위한 유일한 방법이 함축되어 있다고 주장하는 것이다. 암시된 것을 근거로 하는 주장에는 힘이 없을 수밖에

---

[1] 드레이크 대학교(Drake University) 종교학 교수.

없다.

(2) 구약을 구성하고 있는 다양한 문학과 사상을 포괄적이고 조직적인 체계로 종합하게 되면 구약의 핵심적인 다원성을 해치게 된다. 하나님의 나라라는 신학적 개념도 '언약'이나 '구속사'처럼 종합할 수 있는 잠재력 때문에 매력적이었지만 종합을 포기하면서 흥미를 잃게 되었다.

우리의 스승 세대에서는 구약을 통해 하나님의 나라를 추적하는 데 아무런 거리낌이 없었다. 이들은 구약의 저자들이 하나님에 대해 그리고 하나님과 이스라엘 및 세상과의 관계에 대해 공통의 개념을 공유했다고 믿었으며, 단지 공통의 믿음에서 다양하게 갈라진 다양성의 문제만이 존재할 뿐이었다. 따라서 이들은 어떤 신학적 개념이 공통의 신학을 가장 잘 포괄할 수 있는지에 대해 토론하였다.[2]

하나님의 나라가 포괄적 개념이라는 점을 지지했던 학자들은 하나님의 나라에 대한 실제적 표현이 드물다는 점 때문에 어려움을 겪었지만, 중요한 것은 언어적 표현이 아니라 언어가 나타내는 개념이라고 주장하였다. 존 브라이트(John Bright)의 「하나님의 나라」가 이러한 시도를 잘 요약해 주고 있다. 시작 부분에서 그는 다음과 같이 말한다.

---

2) 아이히로트(W. Eichrodt)의 *Theology of the Old Testament* [2 vols.; London: SCM, 1961-67]가 포괄적인 한 가지 신학적 개념으로 통일된 구약 신학에 대해 조사하여 요약해 놓은 책이다. 아이히로트의 입장은 폰 라드에 대한 반박성 결론인 다음 글에 잘 드러나 있다. "구약 신학이 결코 포기할 수 없는 한 가지 임무는 구약의 증거로부터 조직적인 믿음으로 나아가는 것인데, 이렇게 되면 통일된 구조와 일관된 근본적 태도 덕에 종교 역사에서 고유한 특징을 제시하게 된다"(1:520).

용어보다 개념의 폭이 더 넓다는 점은 분명하다. 그러므로 우리는 용어가 존재하지 않을 경우 개념을 찾아야 한다…이는 결코 신약에 한정된 것이 아니다…이는 오랜 역사를 가지고 다양한 형태로 구약과 신약 모두에 골고루 존재한다. 이는 하나님이 당신의 백성을 다스리신다는 것과 특히 그러한 통치를 정당화하는 것, 그리고 백성이 역사의 마지막에 영광을 얻을 것이라는 개념을 포함한다.[3]

다음으로 그는 야훼와 이스라엘의 관계 이야기가 하나님의 나라 개념을 드러내는 것이라고 설명한다.

성경 사전들도 똑같은 원칙을 가지고 같은 방향으로 나아가고 있다. 이 표현이 나타난 부분과 의미에 대해 검토한 다음, 전개 체계에 따라 개념의 내용을 표제어로 내세우는 것이다.[4]

일반적으로 생각하는 것처럼 하나님의 나라라는 주제는 구약 신학의 한 요소다.[5] 어떤 사람은 다른 주제보다 이 주제에 더욱 무게를 두기도 한다. 발터 아이히로트(Walther Eichrodt)는 자신의 포괄적 신학 주제인 '언약'이 구약에서 하나님의 나라에 상당하는 것이라고 인

---

3) John Bright, *The Kingdom of God* [Nashville: Abingdon, 1953], 18쪽.
4) 예를 들면 O. E. Evans, "Kingdom of God, of Heaven," *IDB* [Nashville: Abingdon, 1962] 3:17-26.
5) 다음에 나열하는 표준 신학 책의 주제 색인에서 이 표현을 발견할 수 있다. Th. C. Vriezen, *An Outline of Old Testament Theology* [Newton, Mass.: C. T. Branford, 1958]; E. Jacob, *Theology of The Old Testament* [New York: Harper & Row, 1958]; L. Kohler, *Old Testament Theology* [Philadelphia: Westminster, 1957]; W. Zimmerli, *Old Testament Theology in Outline* [Atlanta: John Knox, 1978]; G. E. Wright, *The Old Testament and Theology* [New York: Harper & Row, 1978].

정하는 것으로 보인다.6) 반면, 게어하르트 폰 라트(Gerhard von Rad)는 하나님의 나라라는 표현을 자주 또는 포괄적으로 사용하기를 꺼린다.7) 이 점에서 아이히로트는 현 세대 다원주의적 신념의 선구자였다.

그런데 구약의 방대한 자료들의 기본을 이루는 공통의 신학에 대한 표현이 제시되지 않은 상태에서 공통의 신학이 존재한다는 가정 하에 그 표현이 나타내는 개념에 의존하는 초기 학자들의 태도가 정당화될 수 있을까? 이는 몇 가지 점에서 가능하다고 본다.

(1) 정경이라는 개념 자체가 통일된 신학적 메시지를 전달하려는 의도가 있다는 것을 말해 준다. 정경화 작업 전에 정통 야훼 전승으로 인정 받은 작품들은 야훼에 대한 공통의 믿음을 표현하는지에 대한 시험을 통과했을 것이다.8) 따라서 이러한 공통의 믿음을 발견하려는 시도는 타당한 것이다.

(2) 표현이 존재하지 않더라도 그 표현이 나타내는 개념을 확인하는 것은 가능하다. 야훼께서 특정 행동을 수행하는 이야기 속에는 본문에서 하나님이 인간의 삶 속에서 행동하신다는 일반적인 진술을 하지 않더라도 그러한 일반적인 명제가 분명히 포함되어 있는 것이다. 마찬가지로 야훼께서 인간에게 특정 행동을 수행하도록 명령하는 이야기 속에는 '하나님의 나라'라는 표현이 있든 없든 신적 통치권의 개념이 포함되어 있는 것이다.9)

---

6) Eichrodt, 1: 40, 67, 176, 386, 428, 501.
7) 폰 라트가 쓴 *Old Testament* [2권; New York: Harper & Row, 1962-65]의 주제 색인에는 'kingly predicates'와 'rule of God'이 한 번씩만 나온다.
8) D. Patrick, *The Rendering of God in the Old Testament* [Philadelphia: Fortress, 1981], 137-140쪽 참고.
9) 이야기를 그 자체로 의미 있는 신학적 담화의 한 형태로 보려는 최근의 신학적 움직임을 따른다면 성경 본문을 하나의 일반적 개념으로 통합하기 위해서

하지만 우리는 포괄적이고 종합적인 구조의 상태를 다시 개념화해야만 한다.

(1) 하나님의 나라와 같은 개념이 우리 앞에 놓인 여러 본문을 종합하려는 해석자가 발견한 구조라는 점을 인정해야 한다. 다시 말하면 이 구조가 저자의 마음속에 있었던 것이라고 주장하기보다 저자의 마음속에 있었던 내용이 (본문에서 잘 표현되었던 것처럼) 이 구조에 잘 들어맞는 것이라고 주장해야 한다는 것이다. 우리가 '개념의 실체'가 본문에 있다고 말하는 것은 본문의 메시지가 우리가 생각하고 있는 표현에 의해 나타나는 추상적 개념과 일치한다고 말하는 것이다.

(2) 포괄적이고 종합적인 특정 구조가 다른 것들을 배제하는 데 유효하다는 주장을 모두 버려야 한다. 어떤 본문이라도 이러한 구조의 복수성과 조화를 이룰 수 있는 것이다. 한 이야기가 하나님이 최고 권력을 가지신다는 개념을 말하면서 동시에 하나님이 역사 속에서 행동하시며 인간 삶의 양식이 하나님의 지혜를 예증하는 것이라는 개념을 말하는 것이 가능한 것이다. 각각의 개념은 동일한 이야기의 서로 다른 특징을 설명하는 것이다. 어떤 구조가 유일한 구조라거나 다른 모든 구조가 이 구조에 포함된다고 주장하지 않고도 이 구조를 포괄적이고 종합적인 구조라고 주장할 수 있는 것이다.

구약에 나타난 하나님의 나라에 대한 탐구를 정당화했으므로 이제 그 과정에서 하나님의 나라가 구약 본문의 상당한 부분에 들어맞

는 먼저 일반적 개념의 상태를 재정의해야 할 것이다. 내 생각에는 우리가 이야기 본문이 여러 개념을 도출할 수 있다거나 복수 개념 구조에 들어맞는다는 점을 인식할 때 개념 요소를 추출해도 된다고 여겨진다. 흔히 말하는 것처럼 이야기에는 여러 개념이 포함되어 있는 것이다.

는 구조를 구성하고 그 부분에 대한 통일된 개념 또는 기본적인 공통의 신학을 제공하는지를 명확히 해야만 한다.

　우선은 명확하게 포괄적이고 종합적인 표현을 사용하는 곳부터 시작해야 한다. 구약 본문이 이런 식으로 사용되었다고 설명할 수 있는지가 확실하지 않으므로 먼저 공관복음에서 예수께서 사용하신 부분을 살펴보는 것이 좋다. 하나님의 나라라는 표현이 예수께서 선포하신 내용에서 포괄성과 종합성을 가지는 것으로 확인될 경우 해당 구약 본문을 찾아가서 예수께서 사용하신 용례가 주석적으로 정당한 것인지 확인할 수 있다.

1. 공관복음에 있는 예수의 메시지에 나타난 하나님의 나라

　하나님의 나라라는 표현과 이 표현이 나타내는 개념을 연구하는 해석자의 관심은 공관복음에서 예수께서 사용하신 방식에 의해 주로 자극을 받게 된다. 이 표현이 중요하게 자주 언급되지 않는다면 이 표현은 그저 하나님과 하나님의 백성 또는 전체 인류와의 관계를 묘사하기 위해 동원된 다양한 은유 중 하나일 뿐이라고 여길 수 있을 것이다. 예수께서는 하나님의 나라라는 표현을 인간의 삶 속에 존재하는 하나님의 목적을 이해하기 위하여 경험적으로 찾아낼 수 있는 구조의 수준으로 사용하신 것으로 보인다. 다음의 내용을 통해 필자는 (1) 하나님의 나라라는 표현이 경험을 통해 발견할 수 있는 구조를 구성한다는 점과 (2) 하나님의 나라라는 표현이 무엇을 나타내는지 등 두 가지를 보일 것이다.

(1) 예수께서 'βασιλεία τοῦ θεοῦ'(하나님의 나라)라는 표현을 사용하신 것은 청중들에게 개념, 연상, 은유 등을 복합적으로 불러일으키기 위함이었다.10) 청중들은 이미 예수께서 말씀하시는 것에 대한 개념을 가지고 있었다. 이 개념에 예수께서 어떤 변화를 주려고 하셨더라도 예수께서는 이 표현을 청중들이 마음속에 가지고 있었던 다양한 개념과 연결시키셨다. 청중들의 생각이 예수의 생각과 충돌을 일으킬 정도로 예수께서는 청중들이 이것을 다시 개념화하도록, 즉 이 개념으로 어떤 것을 새로운 방식으로 이해하도록 하기 위해 노력하셨다.

이는 예수의 선포에 대한 마가의 요약인 1:15에 잘 나타나 있다. 예수께서 "**때가 찼고 하나님 나라가 가까왔으니 회개하고 복음을 믿으라**"고 말씀하셨을 때 청중들은 예수의 말씀을 이해하기 위해 몇 가지를 연결해야 했다. 청중들은 하나님의 나라가 창세부터 지금까지 일어난 모든 것의 완성으로서 마지막 때에 나타날 일을 알아야 했다. 청중들은 또한 자신들이 하나님의 나라에 들어가기 위해서는, 예수의 메시지가 자신들에게 '복음'이 되기 위해서는 하나님의 나라가 자신들에게 특정 유형의 인격을 나타낼 것을 요구한다는 사실을 알아야 했다.

'때가 찼고'라는 표현은 히브리 성경을 읽는 사람들에게 특정한 결과를 만들어 낸다. 이스라엘 역사 속에서 하나님이 말씀하고 행하셨던 모든 일들이 하나님의 나라에서 성취된다. 하나님의 구속 계획에 대해 청중들이 알고 있던 모든 것들이 한 가지 이미지로 종합된다.

---

10) 이 책의 다른 두 글인 론 파머(Ron Farmer)의 '마태복음에 나타난 하나님의 나라'와 에모리 엘모어(Emory Elmore)의 '아모스 윌더와 노먼 페린'에서 'βασιλεία τοῦ θεοῦ'라는 표현이 개념과 연상을 복합적으로 나타낸다는 점을 강조하고 있다.

다시 말하면 예수의 선포에서 '하나님의 나라'는 성경과 전승을 해석하기 위한 발견적 구조가 되는 것이다.

하나님의 나라라는 표현이 사용된 공관복음의 다른 부분에서도 같은 결론을 끄집어낼 수 있는데, 한 가지만 예로 들면 될 것 같다. 예수께서 "하나님의 나라는 ~와 같다"(막 4:31 등등)라는 말로 비유를 소개하실 때 이 비유는 하나님의 나라에 대해 청중이 이미 가지고 있던 개념과 상호작용하기 위한 것이다.[11] 자연이나 사회 생활 속에서 취한 이야기는 비교를 통해 그 의의를 가지게 된다. 예수께서는 청중들의 개념과 기대를 도전하시고 바꾸셨다. 이를 위해서는 먼저 이들 속에 도전 받고 바뀌어야 할 대상이 존재해야 하는 것이다.

(2) 하나님의 개입에 대한 청중들의 개념을 일깨우기 위해 선택된 이 표현은 그 자체로 청중들의 지각을 형성하는 데 중요하다. 이들의 모든 이미지와 연상에는 정치적 상황이 주어져 있다. 'βασιλεία τοῦ θεοῦ'는 하나님이 다스리시는 정치적 국가로서, 말하자면 신정 국가다. 이것이 종말론적 실체이므로 다른 국가와 완전히 똑같을 수는 없다. 하지만 어쨌든 현실의 정치적 국가와는 반대인 정치적 실체다. 따라서 예수께서 성경과 전승이 '정치색을 띠도록' 했다고 말할 수도 있다.

동시에 이 표현은 법적이다. 이 표현은 구원의 상태를 주권의 관점에서 정의한다. 하나님은 하나님의 나라에서 군주의 권위를 행사하신다. 이 권위란 무엇인가? 복종할 의무가 있는 백성들에게 당신의 명

---

11) R. Funk는 *Jesus as Precursor* [Semeia Supl.: Missoula: Scholars], 19-26쪽에서 예수께서 겨자씨 비유를 통해 청중들의 기대를 뒤집어 엎으셨다고 주장한다. 이를 위해서는 청중들이 예수께서 이들의 생각을 도전하고 변화시키기 위해 하시는 말씀에 대해 잘 알아야만 한다는 것이 나의 생각이다.

령을 명하고 시행하는 것이다.12)

공관복음 전승이 하나님의 나라를 인류 위에 하나님의 주권을 수립하는 것으로 이해한다는 점은 주기도문에서 확인할 수 있다. 마태복음에는 "나라이 임하옵시며 뜻이 하늘에서 이루어진 것같이 땅에서도 이루어지이다"라고 기록되어 있다(6:10). 누가복음에는 "뜻이…이루어지이다" 부분이 없다(11:2 참고). 하나님의 나라가 임할 것에 대한 청원을 설명하기 위해 마태복음에서 추가한 것으로 볼 수 있다.13) 실제로 설명은 방금 제시된 주권의 정의를 진술하고 있다.

요약하자면, 예수께서는 하나님의 나라라는 표현을 사용하여 하나님이 백성들을 구원하시고 세상을 평정하기 위해 개입하러 임하시는 것에 대해 청중들이 알고 있던 모든 것을 마음에 불러일으키셨다. 이 표현은 성경과 전승을 역사 속에서의 하나님의 계획과 목적에 대한 특정 개념으로 모이도록 한다. 이 표현은 그 자체로 역사의 대단원에 특정한 색채를 입힌다. 즉 정치적이고 법적인 색채를 입히는 것이다. 성경과 전승 전체가 하나님이 홀로 주권을 행사하시는 정치적 국가를 준비하는 것이고 이 정치적 국가로 성취되는 것이다.

2. 관례와 전례

하나님의 나라라는 표현은 예수께서 새로 만드신 것이 아니고 예

---

12) 이것이 로이드(D. Lloyd)의 입문서인 *The Idea of Law* [Baltimore: Penguin, 1964], 38-48쪽에 나오는 주권에 대한 정의다.
13) R. Hamerton-Kelly, *God the Father* [Philadelphia: Fortress, 1979], 73-74쪽.

수 당시에 이미 널리 사용되고 있던 말이었다.14) 이 표현이 발견적 구조의 지위를 얻었는지의 여부는 이 글에서 다룰 내용은 아니다. 필자는 단지 예수의 발견적 구조가 성경 해석에 유효한 것인지를 시험해 보려고 한다. 그 판단은 이성뿐 아니라 믿음도 관련된 문제이긴 하지만 이와 관련된 일정 부류의 증거들을 검토해 볼 수 있다. 필자는 다음과 같은 질문을 제시한다. (1) 예수께서 이 표현을 구약의 관례에서 따 온 것인가, 그리고 이 관례들은 예수께서 다양한 히브리 성경 전승을 포괄적이고 종합적으로 묘사하는 표현으로 사용한 것이라고 정당화할 수 있는 충분한 전례를 구성하고 있는가? (2) 구약의 표현은 신약의 '하나님의 나라'와 같은 범위의 개념을 나타내는가?

구약은 헬라어 표현에 대한 풍부한 관례를 포함하고 있다. 야훼와 엘로힘을 의미상 등가 개념으로 간주할 경우 헬라어 'βασιλεία τοῦ θεοῦ'에 해당하는 히브리어와 아람어 표현은 상당히 많다. 역대상 28:5에는 '말쿳 야훼'라는 표현이 있으며 시편 103:19; 145:11, 12, 13; 역대상 17:14 등에는 대명사와 함께 '말쿳'이라는 표현이 나온다. 시편 22:28; 오바댜 21절; 역대상 29:11 등에는 약간 다른 명사 형태인 'mlk'가 나오고, 다니엘 4:3, 34; 7:27(2:44 참고)에는 이 표현이 아람어 형태로 나온다. 히브리어와 아람어 형태의 이러한 동등어 외에도 이스라엘에게는 야훼의 나라를 나타내는 말들이 많이 있다(예를 들어 '마믈레켓 코헤님'〈출 19:6〉, '이스라엘 맘셀로타우'〈시 114:2〉 등).15)

---

14) 이 책에 포함된 존 콜린스(John J. Collins)와 벤 비비아노(Ben Viviano)의 글을 보라.
15) 특히 마지막 두 경우는 상대적으로 이른 시기, 대략 주전 9세기 정도로 연대를 잡을 수 있다. 출 19:3b-8의 출처와 연대에 대해서는 D. Patrick, "The Co-

헬라어 'βασιλεία τοῦ θεοῦ'에 해당하는 또 다른 부류의 표현으로는 야훼에 대한 명칭인 멜렉(왕)이다. 이들 표현은 동사 형태와 명사 형태로 나타난다. 동사 형태인 '이믈록' 등은 출애굽기 14:18; 사무엘상 8:7; 이사야 24:32; 52:7; 에스겔 20:33; 미가 4:7; 시편 47:9; 93:1; 96:10(= 대상 16: 31); 97:1; 99:1 등에서 발견할 수 있다(삿 8:23⟨어근 mšl⟩ 참고). 명사 형태인 '멜렉'은 민수기 23:21(?); 신명기 33:5; 사무엘상 12:12; 이사야 6:5; 41:21; 43:15; 44:6; 예레미야 10:7, 10(46:18 참고); 48:15; 51:57; 스바냐 3:15; 스가랴 14:9, 16, 17; 말라기 1:14; 시편 5:3; 10:16; 29:10; 45:5; 47:3, 7, 8; 48:3; 68:25; 74:12; 84:4; 145:1; 149:2 등에서 나타난다.

이렇게 다양한 용례가 정경의 모든 곳에서, 이스라엘 역사의 모든 시기에 걸쳐 나타난다. 당신의 백성과 모든 백성의 통치자라는 야훼의 이미지가 성경 저자에게 너무나 자연스러운 것이었으므로 이러한 생각을 모두가 공유했다고 말할 수 있는 것이다.

야훼의 주권이 이스라엘과 모든 백성(또는 세계)에 대한 것이라는 표현이 다소 어색하게 느껴졌을 수도 있다. 그래서 이들을 우주적인 주권과 이스라엘에 대한 주권의 두 가지 범주로 나누기도 한다.[16]

시편 22:28; 103:19; 역대상 29:11과 다니엘서의 예에서 '나라'라는 단어에는 모든 인간 또는 나라, 그리고 심지어 자연 환경까지도 포함된다.[17] 야훼의 '왕권'은 대관식 시편들[18], 이사야 6:5 그리고 예

---

venant Code Source," *VT* 27 [1977], 145-157쪽 참고.
16) F. Brown, S. R. Driver, C. A. Briggs, *Hebrew and English Lexicon of the Old Testament* [London: Oxford, 1907, 수정판 1959]에서도 '멜렉' 표제어를 이렇게 구분할 정도로 이러한 구분은 보편적이다.
17) 시 145:11-13도 해당될 수 있음.
18) 시 47:3,7-9; 93:1; 95:3; 96:10; 97:1; 98:6; 99:1.

레미야의 예에서 모든 세계에 미친다. 이들 구절들 중 일부는 야훼의 주권이 창조 때부터 시작된 것이라고 말하는 반면, 나머지는 확실히 종말론적이다.19)

역대상 17:14; 28:5에서 '나라'라는 단어는 이스라엘을 가리킨다. 오바댜 21, 출애굽기 19:6, 시편 114:2 등은 야훼의 주권이 미치는 범위를 이스라엘로 묘사한다. 출애굽기 15:18; 신명기 33:5; 사무엘상 8:7; 12:12 그리고 에스겔과 제2이사야의 예 등에서 야훼의 왕권은 이스라엘 위에 있다. 사사기 8:23에는 다른 단어(mšl)가 사용되긴 했지만 역시 여기에 속한다. 이들 모두는 현재의 역사적 실체를 가리킨다.

이들은 어느 면에서 보나 독립적인 전승이다. 야훼의 우주적인 주권은 그가 창조자라는 점과 창조의 주권자라는 점에서, 그리고 하나님의 본질적 성격으로부터 유래한다. 아마도 신화와 제의적 찬양이 배경으로 작용했을 것이다. 이스라엘에 대한 야훼의 주권은 그 백성의 실제 역사와 신정주의적 국가 구조에서 유래한다. 두 가지 전승은 분명 이스라엘 역사 내내 서로 영향을 끼치고 수정을 가하면서 통합을 이루어 왔을 것이다. 하지만 구약 정경의 마지막까지 완벽하게 통합을 이루지 못했다는 점을 주목할 필요가 있다.

순전히 통계적 차원에서 '하나님의 나라'라는 표현에 대한 구약

---

19) 사 6:4; 시 103-19; 145:11-13; 대상 19:11은 현재 시제인 반면, 다니엘의 구절들은 종말론적 질서를 염두에 두고 있다. 대관식 시편들은 애매하다. 모빙켈(S. Mowinckel)은 *The Psalms in Israel's Worship* [Nashville: Abingdon, 1962], 106-192쪽에서 이들 구절을 현재의 제의적 실제로 해석한 반면, 베스터만(C. Westermann)은 *The Praise of God in the Psalms* [Richmond: John Knox, 1965], 145-157쪽에서 이들 구절이 종말론적이라고 결론을 내린다.

의 관례는 예수께서 이 표현을 사용하신 것을 정당화할 수 있을 만큼 충분하다. 다시 말하면 관례는 충분히 자주 등장하며, 넓게 분포되어 있으며, 이 표현을 포괄적이고 종합적인 신학적 개념으로 사용하기 위한 전례를 구성할 수 있을 만큼 두드러진다. 이스라엘 역사 속에서의 야훼의 구속 행위, 이스라엘과 맺은 그의 언약, 전(前) 군주제 시대와 군주제 시대 등의 정치적 제도, 백성에 대한 심판과 구속 행위 그리고 인류 역사에 대한 지배와 미래에 모든 반대 세력을 추방할 것 등 이 모든 것이 하나님의 나라라는 한 가지 이미지 또는 개념에 포함될 수 있다면, 이것은 하나님과 피조물 사이의 관계를 포괄적으로 나타내는 훌륭한 요소가 될 수 있는 것이다.

이제 남은 문제는 관례에 해당하는 이들 구약의 표현들이 공관복음의 'βασιλεία τοῦ θεοῦ'와 같은 것을 의미하느냐다. 특히 신적 주권 자체를 생각해 봐야 한다. 야훼의 왕권에는 그의 명령을 명하고 시행하는 권위를 행사하는 것도 포함되는 것인가?

3. 구약에 나타난 신적 왕권

'하나님의 나라'에 상당하는 구약의 표현 모두가 동일하게 신적 주권의 의미를 확인하는 데 유용한 것은 아니다. 제의적 표현들은 정치적이고 법적인 것을 연상하도록 하지만 별다른 의미를 제공하지는 못한다. 반면에 일부 본문은 커다란 의미를 제공해 주며, 따라서 우리는 이러한 본문에 집중할 것이다.

이들 중 하나는 사무엘/야훼와 이스라엘의 장로들 사이에 왕을 세우는 문제를 놓고 협상을 한 사건이다(삼상 8). 이스라엘 백성들은 왕의 역할에 대해 기술할 때 "자신들을 다스리고 자신들 앞에 나가서 자신들의 싸움을 싸울" 왕을 원한다고 하였다(삼상 8:20). 법을 제정하고 시행하는 권위는 '다스리다'로 번역된 단어에 포함되어 있다. 이 번역에 해당하는 히브리 단어는 'špt'로서, 대개 '재판하다'로 번역된다. 필자는 이 용례를 재판 개념, 즉 바른 질서를 수립하고 유지하는 개념의 확장으로 취급한다.

지금까지는 야훼께서 이 권위를 행사해 오셨다. 야훼께서 법을 명하셨으며, 법적 권위를 지닌 사람들은 야훼의 대리인으로 행동해 왔다. 그러므로 야훼께서 '왕'인 것이다(삼상 8:7). 백성들은 인간 왕을 요구함으로써 야훼에게 반항하고 있는 것이다. 모세로부터 시작하여 사사 시대를 거친 철저한 신정 국가 제도가 거부되고 있는 것이다.

하지만 왕이 실제로 야훼의 주권을 침해한 것은 아니다. 사무엘상 12장에 의하면 야훼께서는 백성들을 용서하시고 인간 왕을 포함하는 법적 제도를 받아들이신다. 야훼께서는 당신의 배타적 권리인 법을 제정하는 권한을 왕에게 넘기지 않으신다(삼상 12:20-21, 24-25 참고). 왕의 '다스리는' 권위는 법률 시행과 나라의 행정 분야에만 국한된다.

실제로 왕의 권위를 제한하는 것은 이스라엘에만 있었던 것은 아니다. 고대 근동 지역에서는 통치자의 권위가 신적이고 자연적인 법률에 의해 제한된다는 것이 일반적인 생각이었다.[20] 물론 통치자의

---

20) 신적 법률이라는 말은 신에 의해 제정된 일련의 법률과 법적 원리를 의미한다. 신적 계시에 호소하는 고대 근동의 법률 책들이 여기에 속한다. 자연적 법률이라는 말은 물리적 작용과 도덕적 행동 모두를 지배하는 세상 속의 질서를 의미한다. 이와 같은 추상적인 사고가 고대 근동에서 널리 퍼져 있었으

이름으로 발행된 법전도 존재했지만 함무라비 법전이 샤마쉬의 계시로 묘사된다는 점을 주목할 필요가 있다. 법을 제정하는 왕은 신의 대리인이며 자신의 법의 기초로 '더 높은 법'에 의존하고 있다. 이스라엘은 이 개념에서 한 걸음 더 나아가 인간 왕이 필요 없다는 정도까지 간 것으로 보인다. 왕은 법을 배우는 입장에서 평민들과 나란히 서야 했다(신 17:14-20).21)

우리의 분석의 결론은 고대 근동의 왕들과 특히 이스라엘의 왕들은 전적인 권력을 가지지 않았다는 것이다. 주권의 개념에 내재되어 있는 명령을 발하고 시행하는 권위가 핵심 논점인데, 이 권위는 전적으로 신만이 소유하고 있었다. 인간 통치자의 주권은 신으로부터 유래하는 것이다.22)

언약 관련 본문 중 하나가 야훼 주권의 기원과 성격에 대해 묘사하고 있는데, 그것은 바로 출애굽기 19:3b-8이다. 여기서 이스라엘은 '제사장 나라와 거룩한 백성'으로 지명되고 있다(6절). 다시 말하면 이스라엘 백성이 야훼를 왕으로 모신 국가적, 정치적 존재를 구성한 것이다. 이스라엘 백성들은 야훼께 순종하기로 동의하는 조건하에(5

며 이집트어의 'ma'at'라는 용어와 다른 언어의 해당 용어가 그 증거가 된다. 'ma'at'에 대해서는 H. Frankfort, *Ancient Egyptian Religion* [New York: Harper & Brothers, 1948], 53-58쪽 참고.

21) 아마도 야훼 전승에 포함되지 않은 왕의 법률 책이 있었을 것이다. 예를 들어 미 6:16은 '오므리의 율례'를 언급하고 있는데, 실제 법률 문서일 수 있다. 신명기 법을 왕이 제정한 것으로 분류하는 것은 옳지 못하다. 왜냐하면 왕의 권위에 전혀 의존하고 있지 않기 때문이다. 심지어 요시야 왕이 시행하기로 채택한 것에도 의존하지 않으며 다만 왕과 백성을 묶어 주는 공식적인 언약에 의존하고 있다(왕하 23:1-3).

22) 로이드(D. Lloyd)는 자신의 책, 170-171쪽에서 이러한 결론을 도출한다. 그는 신적 주권의 개념을 주권 개념으로 인식하지 않기 때문에 고대인에게 주권 개념을 사용하기를 거부한다.

절) 이 법적 제도를 제시받았으며, 이들은 이 제안에 대한 응답으로 그렇게 하기로 동의한다(8절; 24:3-8).23) 이러한 제안과 수용을 통해 야훼께서 전적으로 명령할 권위를 가지고 백성들은 서약에 의해 야훼께 순종해야 하는 권위 구조가 시행되는 것이다.

이 언약 관련 본문에서는 최초의 언약 협상이 이루어진다. 언약이 비준되기 전에(출 24:3-8) 야훼께서는 법을 선포하심으로써 당신의 권위를 행사하신다. 하나님의 뜻, 즉 명령은 법전 속에 구체적으로 명시되어 있다. 법적 공동체가 형성된 것이고 정의의 질서가 제정된 것이다.

그러므로 우리는 이 두드러지는 두 본문이 예수께서 선포하신 내용에서 발견한 신적 왕권의 개념을 정확히 담고 있다는 결론에 이르게 된다. 신적 주권의 개념에 관하여 예수의 종합적 표현인 '하나님의 나라'가 구약의 언약을 정확하게 표현하고 있는 것이다.

물론 제시된 증거는 이스라엘에 대한 신적 주권 개념이 언약 전승 전체에 고루 퍼져 있음을 보여주는 것은 아니다. 왕권에 관한 용어가 이들 본문에서 상대적으로 드물며 어쨌든 모든 저자의 마음속에는 이들 용어가 있다고 주장하는 것은 다소 자의적인 것이다. 하지만 모든 본문이 주권의 정의에 부합하는 야훼와 백성 간의 관계를 묘사하고 있다. 즉, 야훼께서는 법률을 제정하고 그 법률을 시행하는 권위를 가지며, 백성은 야훼에게 순종하는 의무를 가진다. 이 정도면 발견적 구조가 방대하고 주요한 구약 전승에 대한 포괄적인 종합이라는 사실이 충분히 검증되었다.

---

23) 법적 이론에 대해서는 D. Patrick, *Old Testament Law* [Atlanta: John Knox, 1984], 223-239쪽의 'Law and Covenant'라는 장을 참고.

4. 역사와 종말론

하나님과 그 백성, 그리고 지상의 모든 민족 간의 관계를 왕과 백성의 관계로 설명하기 위한 충분한 전례가 있다는 것을 보았지만, 하나님의 나라에 대한 예수의 개념은 중요한 면에서 신적 주권에 대한 구약의 개념과 갈라진다. 문제를 단순화하기 위해 갈라지는 부분을 시간과 공간이라는 두 범주로 나눈다. (1) '하나님의 나라'라는 표현은 보편적인 면과 개별적인 면을 모두 가진 관례로서 하나님이 역사적 현재에 당신의 통치를 행사하신다는 것을 말한다. 반면, 예수께서는 현재 역사에 침투해 들어오는 종말론적 나라를 선언하셨다. (2) 구약과 예수 모두 하나님의 주권 개념에서 보편적인 면과 개별적인 면의 긴장을 가지고 있는데, 구약에서는 그 범위가 나라인 반면에 예수의 메시지에서는 의지에 달린 것이다. 이 두 가지 차이점을 차례로 살펴보기로 하자.

(1) 대부분의 관례들은 야훼께서 나라들과 자연에 대해 주권을 행사하신다는 것을 말하며 하나님의 나라를 현재로 본다. 창조주께서 처음부터 피조 질서에 대한 제어를 행사해 왔으며 영원히 지속될 것이다. 개별성을 나타내는 관례들은 모두 야훼께서 이스라엘 전체 역사 속에서 주권을 행사하는 것으로 묘사한다. 특별한 출발점을 꼽는다면 시내산에서 언약을 맺는 행위다.

구약은 종말론적으로 커다란 중요성을 가지고 있다. 늦어도 유명한 선지자의 때에 이미 새롭고 변화된 역사적 질서가 약속되어 있다. 왕이신 하나님께 반항하려는 이스라엘의 성향이 제거되어 충성스럽고, 의롭고, 자비롭게 될 것이며 세계는 평화와 공의가 넘치게 될 것이다. 이러한 소망에 대한 근거는 이전의 야훼의 행동과 약속에 있다. 종말론은 역사의 대단원이자 그 해결인 것이다. '하나님의 나라'라는 표현의 관례 중 하나님의 나라가 처음으로 수립될 것을 기대하는 것도 일부 있기는 하지만, 그것이 전반적인 구약 신학의 현재 구조를 깨뜨리지는 않는다.[24]

하나님의 나라에 대한 예수의 메시지는 구약의 경계선상에 나타나는 묵시적 관례를 따르고 수정하는 것으로 보인다. 하나님의 나라는 창조 때와 이스라엘을 선택할 때부터 현존하지 않았고 단지 지금 침투해 들어오고 있다. 지금까지 하나님의 주권은 투쟁 중이었으며, 따라서 '수립'되었다고 말할 수 없는 것이다. 하지만 이 마지막 때에 하나님의 나라는 가까이 왔으며 하나님의 뜻에 순종하는 사람이 들어갈 수 있게 되었다.[25]

예수에게 하나님의 나라는 매우 중요한 문제였으며, 결정적인 삶의 의미였고, 따라서 성경을 해석하기 위한 해석학적 열쇠였다. 하나님의 나라는 알려진 것이고, 신성한 역사는 알려지지 않은 것이다. 성경에 나타난 역사적인 하나님의 계시는 종말의 빛으로 해석되어야 한다. 왜냐하면 이것이 주어진 이유가 사람들의 구원이 성취될 때에 대

---

[24] 나는 예언의 성격이 종말론적 사건에 의해 결정된다는 게어하르트 폰 라드(Gerhard vod Rad)의 다음 주장에 이의를 제기한다. "예언적 메시지는 예언자가 미래의 사건 속에서 이스라엘의 전체 생활 – 삶이든 죽음이든 – 에 미치는 결정적 요소를 찾았다는 점에서 과거의 구원 역사에 기초한 이전의 모든 이스라엘 신학과는 다르다"(2:117). 심판을 선언한 정통 선지자는 그보다 더 보수적이었다. 폰 라드의 설명은 제2이사야서와 초기 묵시록에 더 잘 들어맞는다.
[25] 이것은 예수의 메시지에 있는 이미와 아직의 애매성을 요약하려는 나의 시도다. 이 문제에 대해 더욱 철저한 분석 내용을 보려면 이 책에 있는 엘던 엡(Eldon J. Epp)의 글 참고.

비하도록 하기 위함이기 때문이다. 과거는 이해를 위해 성취라는 그림을 필요로 하는 예시의 상태가 되어 버렸다.26)

(2) 구약은 야훼의 주권을 묘사하면서 보편적인 면과 개별적인 면의 긴장을 종합하지 않는다. 이들은 야훼께서 권력을 행사하는 데 있어 서로 보완적인 측면일 뿐이다. 야훼께서 나라들의 역사와 자연의 진행 과정을 제어하시지 않을 경우 야훼를 의지할 수는 없는 것이다. 야훼께서 이스라엘에 대해 왕권을 행사하시지 않는다면 세계에 대한 야훼의 통치는 아무런 목적도 대단원도 없게 될 것이다.

예수는 구약에 나타난 신적 주권의 국가적인 면과 우주적인 면의 변증법적 긴장을 유지하지 않으신다. 예수는 당신의 백성의 유일성을 인식하시고, 그들의 성경을 믿을 만한 것으로 받아들이시며, 당신의 사역을 확실히 그들에게로 한정하신다. 하지만 하나님의 나라에 대한 어떤 발언도 유대인과 이방인의 운명을 구분하지 않는다.27)

하지만 개별적인 면의 긴장은 남아 있다. 예수께서 인류를 나누신 것이다. 누가복음의 산상설교는(6:20-26) 가진 자들과 못 가진 자들을 나눈다. 큰 잔치 비유(눅 14:15-24)는 초청을 거부한 자들과 그들 대신 불려 온 자들을 나눈다. 씨 뿌리는 자의 비유(막 4:3-9)는 열매 맺는 자들과 열매 맺지 못하는 자들을 나눈다. 종합하자면 하나

---

26) 신약은 하나님의 나라와 메시아이신 예수를 거의 동일시한다. 따라서 예수께서 갖고 계시던 개념의 철저하게 묵시적인 성격이 기독론과 통합된다. 전반적으로 신약에서 하나님의 나라는 구약에 대한 해석학적 열쇠 역할을 하는 임박한 미래 사건이 아니라 역사적 종말론적 그리스도다. (즉 종말론적 중요성을 가진 역사적 인물이다.)
27) 예레미아스(J. Jeremias)의 *Jesus' Promise to the Nations* [London: SCM, 1958]는 관련된 예수의 어록(logia)과 쟁점으로 독자를 안내해 준다. 그러나 나는 이 단순한 구조에 의구심을 품고 있다.

님의 나라에 대한 약속이 이스라엘을 떠나 이 세상에서 힘과 보상을 누리지 못한 채 단념해 버린 자들에게로 옮겨 갔다고 할 수 있다.28)

많은 학자들과 신학자들이 구약의 역사적 기원과 신약의 종말론적 기원을 조화시키기 위해, 또는 예수의 메시지가 선택의 역사로부터 심판의 예언에 이르기까지의 발전 과정의 완성이라는 것을 보이기 위해 노력하였다. 두 번째 방식의 경우 선택과 언약의 경험이 예언으로, 묵시로, 마지막으로 예수께로 인도했다고 주장하기도 한다.29) 이 방식을 따를 수도 있겠지만 주의할 필요가 있다. 구약 이야기를 해석하는 데 있어 마찬가지로 타당성을 주장하는 다른 방식도 있기 때문이다. 특히 랍비의 전통은 원래의 선택과 언약이 여전히 유효하며 선지자들과 묵시론자들은 토라보다 부차적인 것으로 보는데, 이 견해를 뒷받침하는 요소가 많이 있다. 역사 비평가들은 가능한 흐름을 추적할 수 있을 뿐, 유대인과 그리스도인의 주장 중 그럴듯한 쪽을 선택할 입장은 아니다. 성경 신학자 역시 양쪽 전통의 주장을 존중해야만 한다.

---

28) 폴 핸슨(Paul Hanson)은 *The Dawn of Apocalyptic* [Philadelphia: Fortress, 1975], 147-155쪽과 다른 글에서 묵시론은 처음부터 줄곧 이스라엘 백성을 구원 받은 자들과 저주 받은 자들로 나누는 것이 그 특징이라고 말한다. 더 이상 나라 전체가 선택되지 않고 충성스럽고 의로운 남은 자들만이 선택된다. 예수는 바로 이러한 묵시적 유형의 선민 사상을 가지고 활동하고 계신 것으로 보인다.

29) 이 순서는 브라이트(J. Bright)가 *Kingdom of God*에서 제시한 하나님 나라의 진행 과정과 비슷하다. 이 책의 장 제목은 다음과 같다. "The People of God and the Kingdom of Israel", "A Kingdom Under Judgement", "A Remnant Shall Repent", "The Broken Covenant and the New Covenant", "Captivity and the New Exodus", "Holy Commonwealth and Apocalyptic Kingdom".

5. 요약

이 글의 도입 부분에서 필자는 구약 신학에 대한 포괄적인 종합을 시도하는 것은 그것이 해석자가 고안한 발견적 구조이고 누구도 이에 대해 배타적 유효성을 주장할 수 없을 때 타당한 것이라고 주장하였다. 필자는 이 점을 기초로 주장을 전개하였다. 제일 먼저 예수께서 사용하신 하나님의 나라라는 표현을 살펴보았는데, 왜냐하면 예수의 선포 속에서 이 용어가 성경과 전승을 해석하기 위한 포괄적이고 종합적인 구조이기 때문이다. 예수께서 임박한 하나님의 개입을 나타내기 위해 이 표현을 선택하신 것은 그 사건에 대해 특별한 색채, 즉 정치적이고 법적인 색채를 부여하였다.

다음으로 예수의 발견적 구조의 유효성을 판단하기 위해 구약의 증거를 살펴보았다. 그리고 관례에 해당하는 용어를 충분히 찾았기에 예수께서 구약 신학을 하나님의 나라라는 표현 아래 포함시킬 수 있는 전례를 가졌다는 결론을 내릴 수 있었다. 눈에 띄는, 개념적으로 풍성한 두 본문을 검토한 결과 신적 주권을 "야훼께서 당신의 명령을 발하고 시행할 수 있는 배타적 권위와 이에 순종해야 하는 이스라엘 백성들의 의무"라고 정의할 수 있었다. 이 정의는 예수께서 이해하신 하나님의 나라와 부합되는 것이다. 한편, 구약의 하나님의 나라는 역사적이며 어쩔 수 없는 국가주의적 긴장을 포함하고 있는 반면, 예수의 하나님의 나라는 종말론적이며 우주적이다.

6장 외경과 위경에 나타난 하나님의 나라

존 콜린스(John J. Collins)[1]

외경과 위경에서는 하나님의 나라라는 표현이 복음서에서와 같이 정형화된 표준 표현으로 나타나지 않는다. 하지만 '나라'와 관련된 다양한 주제가 있어서 구절의 가능한 의미 범위를 규정하는 데 중요한 역할을 한다.

1. 다니엘

먼저 정경인 다니엘서에서 시작하려고 하는데, 실제로 7-12장은 위경이며 연대기적으로는 외경의 시기에 속한다. 1-6장에 있는 이야기는 마카비 시대의 묵시적 환상보다 오래된 것이며 오랜 기간에 걸쳐 발전된 전통적인 이야기다.[2] 세상 나라들의 주제가 바빌론, 메대

---

[1] 노트르 담 대학교(University of Notre Dame) 신학 교수.
[2] J. J. Collins, *The Apocalyptic Vision of the Book of Daniel* [Harvard Semitic Monographs 16; Missoula: Scholars, 1977], 8-11쪽. 쿰란에서 '나보니두스의 기도'

그리고 마지막으로 바사 통치하의 다니엘의 생애를 추적하며 이 이야기를 관통하여 달리고 있다. 바빌론이 메대의 통치를 받은 일이 없고, 다리오는 후대 바사의 왕이었기 때문에 메대 왕 다리오가 이 순서에 포함된 것은 문제가 있다. 이 문제는 다니엘이 근동 지역에서 흔히 행해지던 정치적 선전인 도식을 각색하고 있다는 점을 발견함으로써 해결된다. 이 도식에 따르면 세상의 네 나라가 순서대로 일어난 후에 다섯 번째로 마지막 나라가 일어나게 된다.[3] 이 도식은 로마 역사가인 아이밀리우스 수라(Aemilius Sura)가 주전 175년경에 쓴 글에 의해 알려졌다. 아이밀리우스는 앗시리아, 메디아, 페르시아, 마케도니아에 이어 로마를 나열하였다. 똑같은 나라들이 네 번째 시빌라의 신탁서 (Fourth Sibylline Oracle)에도 나오는데, 이 글은 1세기 후반 유대인의 작품이며 이전의 자료를 도입한 것으로 보인다.[4] 메디아가 포함된 점으로 보아 도식은 페르시아가 그 기원인 것으로 여겨진다. 원래 이 도식은 알렉산더 대왕의 그리스 제국에 반대하는 선전용으로 사용되었다. 그 안에 내포된 의미는 역사가 정해진 과정을 따르고 있으며 네 번째인 그리스가 곧 무너진다는 것이다.

네 나라의 도식은 느부갓네살의 꿈을 해석하는 다니엘 2장과 7장

가 발견됨으로써 다니엘 4장에 대한 전승사적 배경이 아주 생생하게 예시되었다.

3) 이런 도식이 존재한다는 것은 스웨인(J. W. Swain)이 "The Theory of the Four Monarchies: Opposition History Under the Roman Empire", *Classical Philology* 35 [1940], 1-21쪽에서 밝혔다. 이에 대한 매우 완벽한 논의가 David Flusser, "The Four Empires in the Fourth Sibyl and in the Book of Daniel," *Israel Oriental Studies* 2 [1972], 148-175쪽에 있다.

4) J. J. Collins, "The Sibylline Oracles," *The Old Testament Pseudepigrapha*, 총 2권. [J. H. Charlesworth 편집; Garden City: Doubleday, 1983], 1:381-389쪽.

에서 분명하게 드러난다. 이 도식은 또한 책의 전반적인 구조도 알려 준다. 1-6장은 바빌론, 메대, 바사의 왕을 언급한다. 7-12장은 이 순서를 반복하면서 '헬라 군'(10:20)이 올 것을 기대한다. 그러므로 다니엘이 나라를 바빌론, 메대, 바사, 그리스로 인식한 것이 분명하다. (앗시리아가 바빌론으로 대체된 것은 예루살렘 멸망에 대해 주어진 역할이 있기 때문이다.)

다니엘 2장에 나오는 느부갓네살의 꿈에서 세상의 네 나라는 스러질 금속으로 만들어진 신상으로 나타나며, 돌에 맞아 파괴되고, 돌은 나중에 큰 산을 이루게 된다.5) 다니엘은 이것을 "이 열왕의 때에 하늘의 하나님이 한 나라를 세우시리니 이것은 영원히 망하지도 아니할 것이요 그 국권이 다른 백성에게로 돌아가지도 아니할 것이요 도리어 이 모든 나라를 쳐서 멸하고 영원히 설 것이라"고 설명한다(2:44). 하나님이 세우신 이 나라에 대해서는 더 이상 설명하지 않는다. 앞뒤 정황을 고려할 때 이 나라는 이전의 이방 나라들을 부수고 대체할 유대인의 나라라고 추정할 수 있다. 이 나라는 사라지지 않는 다는 점에서 다른 나라들과 다르지만 아마도 이들 나라들처럼 정치적이고 현세에 존재하는 나라일 것이다.6)

하나님이 세우신 나라와 하나님의 나라 또는 하나님의 왕권은 구분해야 한다. 다니엘 4:3에서 느부갓네살은 하나님을 찬양한다. "그의 왕국은 영원할 것이며, 그의 통치는 대대에 미칠 것이다." 여기서

---

5) 꿈의 상징성에 대해서는 Collins, *The Apocalyptic Vision of the Book of Daniel*, 34-46쪽 참고.
6) 다니엘이 영존하는 바빌론 왕국을 예언한 바빌론의 예언을 각색하고 있다고 볼 수도 있다. 콜린스의 *The Apocalyptic Imagination*, [New York: Crossroad, 1984], 76-77쪽을 참고하고 바빌론 우룩(Uruk) 예언과 비교해 보라.

도 인간의 나라인 막강한 느부갓네살의 나라의 무상함과 하나님의 통치의 영원함을 대비하고 있다. 여기서의 하나님의 나라는 하나님이 세우신 지상의 나라가 아니라 "지극히 높으신 자가 인간 나라를 다스리시며 자기의 뜻대로 그것을 누구에게든지 주실 수 있는"(단 4:32) 권세다. 이와 같이 찬양의 내용이 담긴 구절에서 다니엘은 시편에서처럼 야훼께서 왕으로 선포되는 성경의 전통에 의존한다.

네 나라의 도식은 다니엘서 7장에서 안티오쿠스 에피파네스의 박해에 대한 묵시적 환상의 상황 속에 다시 등장한다. 이번에는 네 나라가 바다에서 일어서는 짐승들로 표현된다. 이 본문의 지배적인 이미지는 신과 바다 괴물 또는 용이 싸우는 신화에서 가져왔으며, 이는 이스라엘이 좀더 고대의 근동 지역 문화에서 각색한 것이다.[7] 옛적부터 항상 계신 자인 하나님은 "권세와 영광과 나라를" "인자 같은 이"에게 넘기는 왕 같은 재판관으로 묘사된다(7:13-14). 그 결과로 "지극히 높으신 자의 성도들이 나라를 얻으리니 그 누림이 영원하고 영원하고 영원하리라"(7:18)는 말씀과 "나라와 권세와 온 천하 열국의 위세가 지극히 높으신 자의 성민에게 붙인 바 되리니 그의 나라는 영원한 나라이라 모든 권세 있는 자가 다 그를 섬겨 복종하리라"(7:27)는 말씀을 하신다.

복음서에 무척이나 심오한 영향을 끼친 이 장에 대한 해석은 여전히 논쟁거리로 남아 있다. 여기에는 다니엘 2장처럼 하나님이 수여

---

7) Collins, *The Apocalyptic Vision of the Book of Daniel*, 95-101쪽; *The Apocalyptic Imagination*, 79-80쪽. 배경 신화에 대해서는 John Day, *God's Conflict with the Dragon and the Sea* [Cambridge: Cambridge University, 1985]와 Adela Yarbro Collins, *The Combat Myth in the Book of Revelation* [Harvard Dissertation in Religion 9; Missoula: Scholars, 1976], 57-100쪽 참고.

하시는 영구한 나라와 그에 앞서 나오는 덧없는 인간의 나라에 대한 분명한 대비가 존재한다. 또한 전 세계적으로 영원히 존재할 지상의 유대인의 나라를 꿈꾸고 있는 것이 분명하다(7:27). 논쟁이 되는 부분은 '인자 같은 이'와 '지극히 높으신 자의 성도들'을 해석하는 데 있다. 일부 학자들은 이들 표현을 단순히 유대 민족을 나타내는 방식이라고 여긴다.8) 이와는 반대로 다니엘서에서 이견의 여지가 없이 '성도들'이라는 말은 모두 천사를 가리키며9) 사람의 모양으로 나타나는 인물 역시 천사라는 주장도 있다.10)

다니엘 7장을 10-12장의 문맥에서 읽을 경우 다니엘이 역사 속에서 두 가지 차원을 구상하고 있다는 것이 분명해진다. 지상에서 유대인과 헬라인이 충돌하는 것은 이들의 배후인 영적 세력 간의 충돌을 나타내는 것이다. 유대인의 승리는 미가엘 천사장의 승리에 해당하며, 또 거기에 달려 있다. 따라서 '인자 같은 이'를 천국의 차원에서 이스라엘을 나타내는 미가엘로 보는 것이 매우 그럴듯하다. '성도들'은 천사의 무리를 말하며 '성도들의 백성'은 유대인을 말한다.11) 그렇다면

---

8) 최근의 글로는 L. F. Hartman and A. A. DiLella, *The Book of Daniel* [AB 23; Garden City: Doubleday, 1978], 85-102쪽; M. Casey, *Son of Man: The Interpretation and Influence of Daniel 7* [London: SPCK, 1979], 7-50쪽; W. S. Towner, *Daniel* [Interpretation; Atlanta: John Knox, 1984], 105-106쪽 등이 있다.
9) 단 4:10, 14, 20; 8:13. 제1에녹 14:22-23에서 천사를 나타내는 'holy ones' 참고.
10) 단 8:15-16; 9:21; 10:5, 16, 18; 12:6-7. 인간이 천사를 나타내거나 인간이 천사의 상태로 변화하는 제1에녹 83-90의 동물 묵시록(Animal Apocalypse) 참고.
11) Collins, *The Apocalyptic Vision of the Book of Daniel*, 123-147쪽; *The Apocalyptic Imagination*, 78-85쪽. A. Lacocque: *The Book of Daniel* [Atlanta: Knox, 1979], 131-134쪽; G. Rowland, *The Open Heaven* [New York: Crossroad, 1983], 178-183쪽; Day, *God's Conflict with the Dragon and the Sea*, 167-178쪽

나라는 두 수준에서 실현되며 천사의 나라와 유대 민족이 다스리는 지상의 통치가 동시에 시작되는 것이다. 이러한 개념에 정확히 일치하는 내용이 쿰란의 전쟁 두루마리에 나오는데, 여기서 하나님은 "신들 사이에서 미가엘의 통치권을 세우시고 모든 육체 가운데서 이스라엘의 영역을 세우신다"(1QM 17:7).12)

다니엘 7장의 묵시적 나라는 단순히 다니엘 2장에서 꿈꾸던 나라와 동일한 것이 아니라 내세적인 차원이 포함된다. 다니엘 12장은 충성스런 유대인이 부활을 통해 이 차원을 공유할 수 있으며 지혜로운 교사들이 별과 같이 영원토록 비칠 것이라고 약속하고 있는데, 이 말은 묵시적 용어로 천사들과의 교제에 참여하는 것을 의미한다.13) 그러므로 영원한 나라에는 미래의 세대들뿐만 아니라 의인들도 죽음 이후에 들어갈 수 있는 것이다.

다니엘서를 검토한 내용을 바탕으로 나라라는 주제의 세 가지 면을 구별할 수 있다. 첫째, 모든 나라들을 다스리시는 하나님의 주권에 대한 찬양의 내용을 담고 있다. 둘째, 유대 민족이 다스리는 지상의 나라가 있으며, 이 나라는 하나님이 세우신다. 마지막으로, 천사들이 다스리는 묵시적 나라가 있으며, 여기에는 사망 후에 의로운 자들을 높이는 것도 포함된다. 이러한 세 가지 개념은 서로 배타적이지 않다. 이 세 가지 모두가 다니엘 7장의 묵시적 환상에 내포되어 있다.

참고.

12) U. B. Müller, *Messias and Menschensohn in jüdischen Apokalypsen und in der Offenbarung Johannes* [Gütersloh: Mohn, 1972], 28쪽.

13) 제1에녹 102:2, 6 참고.

2. 시빌라 전승

세상 나라라는 주제는 유대인 디아스포라에 의해 작성된 시빌라 신탁(Sibylline Oracles)의 핵심을 차지하고 있다. 주요 본문인 시빌라 신탁 3장은 주전 2세기 중반경 이집트에서 작성되었다.14) 시빌라 신탁 3:97-161은 나라라는 주제를 소개하고 있으며 이것이 처음부터 갈등의 원인이었다고 말한다. 이 단원은 3:156-161에서 세상 나라들을 나열하며 마친다. 원 자료의 또 다른 주요 부분에는 죄의 형태, 시련, 왕 또는 나라의 출현 등의 내용이 이어진다. 시빌라 신탁 3:196-294은 바빌론 포로기의 이스라엘 역사를 통해 이것을 입증한다. 포로 생활은 하나님이 왕을 보내실 때(286) 끝나게 되는데, 이 왕은 이 문맥에서는 바사의 고레스 왕이다.15) 다른 본문에는 예언자의 관심이 그리스 식민지인 이집트에 있다. 시빌라 신탁 3:192-193에 구원의 때는 "일곱 번째 시대인 그리스 혈통에 속하는 이집트 왕이 다스리는 시기"에 올 것이라고 말한다. 이 왕은 프톨레미 4세 필로메터(Philometor)이거나(알렉산더를 첫 번째로 칠 경우) 그의 후계자다. 일곱 번째 왕에 대한 비슷한 언급이 시빌라 신탁 3:318과 608에 나온다. 시빌라 신탁 3:652에는 "하나님이 태양으로부터 왕을 보낼 것이며 그는 지상의 사악한 모든 전쟁을 멈추게 할 것이다"라고 말한다. 여기서의 왕도 역시 프톨레미 왕조의 왕이다.16) 바사 왕 고레스가 바빌론 포로기 마

---

14) J. J. Collins, *The Sibylline Oracles of Egyptian Judaism* [SBLDS 13: Missoula: Scholars, 1974], 24-37쪽; "Sibylline Oracles," *OTP*, 1: 354-361쪽.
15) J. Nolland, "Sib. Or. III. 265-94. An Early Maccabean Messianic Oracle," *JTS* 30 [1979], 158-167쪽에는 이와는 달리 이 부분에 다윗 계통의 메시아에 대한 모형론적 암시가 있다.
16) Collins, *The Sibylline Oracles of Egyptian Judaism*, 40-44쪽. 이집트 배경을 나

지막에 그랬던 것처럼 유대인에게 구원을 안겨 줄 왕이 프톨레미 왕조에서 나올 것을 예언자는 기대하고 있다.

책의 마지막 부분에서 예언자는 하나님이 세우실 나라에 대해 말하고 있다(767-795). 성전은 모든 나라에서 오는 순례의 중심이 될 것이다. 이사야 11장처럼 이리와 어린양이 함께 먹을 것이다. 이러한 종말론적 나라는 일곱 번째인 프톨레미 왕조의 왕의 통치와는 분명 다르다. 하지만 이 나라 역시 지상의 나라이며 세상의 나라가 연속하여 일어나는 것을 끝내게 된다. 시빌라 신탁 3장 전체에 걸쳐 하나님은 모두가 경배해야 할 '위대한 왕'이시다(499, 560, 616, 784, 808). 다니엘 1-6장처럼 하나님의 왕권은 모든 나라를 다스리시는 하나님의 주권이다.

시빌라 전승은 주전 1세기에 시빌라 신탁 3장에 내용을 추가하는 방식으로 계속 이어진다. 이들 신탁 중 하나(3:46-62)는 로마가 이집트를 정복한 이후(주전 31년) "영원한 왕이 다스릴 가장 위대한 나라가 사람들에게 나타날 것"을 기대하고 있다(시빌라 신탁 3:47-48). 이 나라는 '거룩한 왕자'가 다스릴 우주적인 나라다. 이 인물은 로마나 이집트의 지도자가 아니고 아마도 유대인 메시아일 것이다. 여기서 '하나님 나라'의 출현은 본질적으로 "위대한 왕인 영원한 하나님이 심판하시는"(3:56) 시간이며, 하늘로부터 불이 폭우처럼 쏟아질 시간으로 이해된다.

파괴적인 심판에 대한 비슷한 기대가 시빌라 신탁 5장에도 가득차 있다. 이 책은 주후 115년 디아스포라 대반란 전날에 이집트에서

타내는 문구인 "태양으로부터의 왕"은 포터의 신탁서(Potter's Oracle) col. 3에도 등장한다.

작성되었다.17) 108절에서 심판은 '하나님이 보내신 어떤 왕'에 의해 시행된다고 하는데, 이 왕에 대한 언급은 전혀 없다. 시빌라 신탁 5장의 다른 부분에는 구원자가 하늘로부터 온다고 한다. 가장 명쾌하게 설명하는 구절은 414-428절이다.

> 복된 자가 광활한 하늘로부터 하나님이 주신 홀을 손에 쥐고 오는데 그는 만물에 대한 통치권을 얻었으며 이전에 사람들이 가지고 있던 부를 모든 선한 자들에게 돌려준다.

구원자는 또한 구름까지 닿는 탑을 건축함으로써 '하나님이 원하시던 도시'를 건축한다. (시빌라 신탁 5:252 참고. 여기서 예루살렘 성벽이 욥바까지 확장된다고 한다.) 구원자인 왕이 하늘에 기원을 둔 것에도 불구하고 시빌라 신탁 5장은 시빌라 전승을 여전히 계승한다. 하나님은 모든 사람의 경배를 받으실 왕이시다(5:499). 지상에 속한 그의 나라는 예루살렘에 중심을 둔 종말론적 나라이지만 그 범위는 우주적이다. 이집트의 시빌라 전승은 내세적 차원이 없다는 점이 독특하고 이것이 묵시 문학의 특징이 된다. 천사에 대한 언급이 없고 부활에 대한 기대도 없다. 그리고 이스라엘의 전통적 소망인 세상의 개혁을 소망한다.

시빌라 신탁 4장은 시리아 또는 요단 계곡에서 현재의 형태를 갖

---

17) Collins, *The Sibylline Oracles of Egyptian Judaism*, 73-95쪽; "Sibylline Oracles," *OTP* 1: 390-392쪽. 역사적 배경에 관해서는 M. Hengel, "Messianische Hoffnung und politischer 'Radikalismus' in der jüdisch-hellenistischen Diaspora," in *Apocalypticism in the Mediterranean World and the Near East* [Tübingen: Mohr, 1983], 653-684쪽 참고.

추었으며(주후 80년경), 묵시적 종말론과 더 많은 유사성을 보인다.[18] 여기서 또다시 세상 나라들의 순차적 흥망을 통해 종말론적 기대감의 정황을 제공한다. 예언자는 다니엘과 마찬가지로 네 나라를 십 대에 걸쳐 순서대로 나열한다. 그 순서는 앗시리아(육 대), 메디아(이 대), 페르시아(일 대), 마케도니아(일 대)다. 그리고 그 뒤에 로마가 일어난다. 로마가 숫자에 포함되지 않은 것을 볼 때 이전의 신탁을 갱신하기 위해 추가된 것으로 보인다. 세상 나라가 마지막으로 계승되어도 시빌라 신탁 4장의 마지막 '하나님의 나라'에 이르지는 않는다. 대신 하나님이 "온 세상을 불태우시고 모든 인류를 멸하실 것이다"(시빌라 신탁 4:176). 이 우주적 멸망 이후에 부활과 최후의 심판이 따른다. 부활은 땅이 회복되는 것이다. 경건한 자들은 "다시 땅 위에서 살 것이다"(187). 이 마지막 상태는 시빌라 신탁 4장에 나오는 나라가 아니라 세상 나라를 대체한 것이다.

3. 다른 디아스포라 용례

시빌라 신탁은 세상 제국의 연속적 흥망에 초점을 두었다는 점에서 디아스포라 유대교의 맥락 중 중요하면서도 다소 비정형적인 맥락이라고 할 수 있다.[19] 하나님의 주권 개념은 시빌라 신탁을 포함하여 하나님의 나라를 언급하는 것들의 공통 분모다. 이 개념이 반드시 종

---

18) Collins, "Sibylline Oracles," *OTP*, 1:381-383쪽.
19) 필로 이외의 유대교 헬라 문학에 대한 연구를 보려면 J. J. Collins, *Between Athens and Jerusalem, Jewish Identity in the Hellenistic Diaspora* [New York: Crossroad, 1983] 참고.

말론적 나라에 대한 기대를 수반하지는 않는다.20) 제2마카비서에서 하나님은 역사의 과정을 제어하시는 '왕 중의 왕'이시다(13:4). 헬라인 야손(Jason)의 반란은 '거룩한 땅과 나라'에 대한 반란이다(1:7). 여기서 나라는 법에 의해 표현되는 하나님의 주권만을 의미한다.21) 제2마카비서는 "하나님이 당신의 백성을 모두 구원하셨고, 유산과 함께 왕권과 제사장직과 성별 등을 모두에게 돌려주셨다"(2:17)고 한다. 여기서 '왕권'이 하스몬 왕조를 나타내든22) 또는 영적 차원에서의 성별과 동등한 것을 의미하든 분명한 것은 이것이 성전 재정화 이후의 현재로 여겨졌다는 것이다.

디아스포라 유대교의 철학계에서 '나라'는 좀더 영적이거나 도덕적인 의미를 지녔다. 솔로몬의 지혜서는 "땅 위에 지옥의 통치($\beta\alpha\sigma\acute{\iota}\lambda\epsilon\iota o\nu$)는 없다. 왜냐하면 정의가 영원하기 때문이다"(1:14-15)라고 선포한다. 비록 의인들이 '죽은 것처럼 보이지만'(3:2) 이들은 나라들을 심판하고 백성들을 다스릴 것이며 주께서 이들을 영원히 통치하실 것이다(3:8). 여기서 나라는 의인들이 죽음 이후에 누리게 되는 것이다. "의인은 영원히 살 것이며 이들은 주님과 함께 거하게 될 것이고…따라서 위엄 있는 왕위를 받게 될 것이다"(5:16). 이 점에서 우

---

20) '신구약 중간기' 문학에서 하나님의 나라 및 관련 개념에 대해 매우 철저히 조사한 내용이 Odo Camponovo, *Königtum, Königsherrschaft und Reich Gottes in den frühjüdischen Schriften* [OBO 58; Göttingen: Vandenhoeck & Ruprecht, 1984]에 있다. 또한 M. Lattke, "On the Jewish Background of the Synoptic Concept 'The Kingdom of God,'" *The Kingdom of God* [B. Chilton 편집; Philadelphia: Fortress, 1984], 72-91쪽 참고.
21) Componovo, *Königtum*, 187쪽도 같다.
22) J. A. Goldstein, "How the Authors in I and II Maccabees treated the Messianic Prophecies," *Judaisms and Their Messiahs* [J. Neusner 편집; Cambridge: Cambridge University, forthcoming]도 같다.

리는 "지혜에 대한 욕구가 어떻게 나라로 이끄는지"(6:20)를 이해할 수 있게 된다. 마지막으로 지혜가 의인을 인도하여 "하나님의 나라를 보여주고 천사의 지식을 준다"(10:10)고 말한다. 여기서는 야곱이 언급된다. '하나님의 나라'와 천사의 세계를 명백하게 동일한 것으로 간주하는 것은 다니엘서를 연상하게 한다. 그리고 실제로 솔로몬의 지혜서는 여러 면에서 묵시적 전승의 영향을 받았다.[23] 하지만 땅 위의 나라에 대한 기대를 유지하지는 않으며 하나님의 나라를 불멸의 근원인 지혜 및 정의와 동일시하려는 경향이 있다(지혜서 15:3).

다른 디아스포라 작품들은 '하나님의 나라'를 더욱 영적인 것으로 만든다.[24] 제4마카비서 2:23은 법을 따르는 마음이 네 가지 기본 덕목을 특징으로 하는 나라를 다스릴 것이라고 말한다. 스토아 철학에서 발견할 수 있는 지혜로운 자가 왕이라는 생각을 필로에게서도 발견할 수 있다. 필로에게 있어 나라(βασιλεία)는 지혜로운 자의 통치이며 하나님이 세우시는 것이다(Abr 261). '나라'(βασιλεία)는 심지어 지혜(Migr Abr 197) 또는 덕(De Somniis 2:244)으로 정의할 수도 있다.

---

[23] G. W. Nickelsburg, *Resurrection, Immortality and Eternal Life in Intertestamental Judaism* [Cambridge: Harvard, 1972], 68-82쪽; J. J. Collins, "Cosmos and Salvation. Jewish Wisdom and Apocalyptic in the Hellenistic Age." *History of Religions* 17 [1977], 121-142쪽.

[24] K. L. Schmidt, βασιλεία (τοῦ θεοῦ) in Hellenistic Judaism, *TDNT* [1964], 1: 574-576쪽.

4. 묵시적 나라

다니엘 7-12장에 나타난 묵시적 나라 개념은 이스라엘 땅의 유대교 안에서 더욱 두드러지게 나타난다. 하지만 여기서도 우리의 기대만큼 널리 퍼진 것은 아니다. 하나님의 나라는 초기 에녹 문헌에서 두드러진 주제는 아니었다.[25] '파수꾼의 책'(제1에녹 1-36)에서 하나님은 영원한 왕으로 불린다(9:4; 12:3; 25:3-5, 7; 27:3). 하나님이 "영원히 지상으로 내려오실 때"(25:3) 그의 보좌는 산 위에 세워질 것이다. 그러면 '선택된 자들'이 나무 열매에서 생명을 얻을 것이며, "그들은 땅 위에서 네(=에녹의) 조상들처럼 오래 살 것이고, 그 때에는 슬픔과 고통과 수고와 형벌이 그들에게 이르지 못할 것이다"(25:6). 그런 다음 마침내 하나님의 통치를 통해 낙원의 상태로 돌아가게 될 것이다. 22장의 관점에서 죽은 자들의 영혼 역시 비록 땅에 위치해 있더라도 이 상태에 참여할 수 있다고 가정해야만 한다. 하지만 '파수꾼의 책'은 이러한 종말론적 상태를 '하나님의 나라'라고 말하지 않는다. 하나님은 영원히 왕이시기 때문이다.

또한 '꿈의 책'(제1에녹 83-90)에서 "왕이신 주님, 위대하고 능하신 위엄의 주님, 하늘나라 모든 피조물의 주이시며, 만왕의 왕이시며, 세상 모두의 하나님이시여"(84:2)라는 기도로 하나님을 찬양한다. '동물 묵시록'(제1에녹 90:20)에서 주님은 심판을 위해 '기쁨의 나라'(이스라엘)에 있는 보좌에 앉으신다. 심판 후에 이루어지는 변화는 분명 죽은 자들의 부활도 포함하지만 역시 땅에서 이루어진다. '주(週)의 묵시록'(Apocalypse of Weeks)(제1에녹 93:1-10; 91:11-17)

---

[25] Camponovo, *Königtum*, 257.

에서는 역사적 성전과 종말론적 성전이 모두 하나님의 왕권과 관련이 있다. 마지막 완성의 때는 신적 주권을 행사하는 것이지만 이것을 하나님의 나라와 동일하게 여길 수는 없다.

다니엘서와 가장 비슷한 에녹 문헌은 '비유의 책'(제1에녹 37-71)으로, 그 저작 시기에 대해 논란이 있지만 그리스도 시대 즈음에 작성되었을 가능성이 가장 크다.[26] '하나님의 나라'라는 표현은 사용되지 않았지만 하나님은 단 한 구절에서 왕으로 묘사된다(제1에녹 63:2-4). 하지만 왕권이라는 주제는 전적으로 용어 연구를 통해 제시되는 것 이상으로 중요하다. 비유의 중심에는 '영들의 주'요 '날의 우두머리'이신 하나님과 '그 인자'로 불리는 높임을 받은 천사 같은 인물이 계신다.[27] 인자의 주된 역할은 왕들과 힘 있는 자들을 심판하고 파괴하는 것이다. "그리고 너희들이 본 이 인자가 왕들과 힘 있는 자들을 그들의 휴식처에서, 강한 자들을 그들의 보좌에서 몰아낼 것이며 강한 자들의 속박을 풀 것이며… 왕들을 그들의 보좌와 나라로부터 쫓아낼 것이다"(제1에녹 46:4-5). 영들의 주는 궁극적으로 '모든 왕들의 왕이신 분'(63:4; 단 4:29 참고)인데, 그가 인자를 영광의 보좌에 앉혀서(61:8; 62:5) 왕의 재판관 역할을 하도록 할 것이다. 비유는 지상의 나라가 '능력의 왕들'의 나라를 대체할 것이라고 말하지 않는다. 오히려 의로운 자들이 천사들과 거룩한 자들과 함께 할 안식처에 중점을 둔다(39:5; 51:4 참고). 하나님의 왕권은 기본적으로 지상의 왕들을 파멸시키는 부정적 측면에서 바라본다. 인자는 또한 '메

---

26) D. W. Suter, *Tradition and Composition in the Parables of Enoch* [SBLDS 47; Missoula: Scholars, 1979], 11-38쪽.
27) Collins, *The Apocalyptic Imagination*, 142-154쪽 참고.

시아'로 불리며(48:10; 52:4) 전통적인 왕의 임무를 이어받지만[28], 그의 나라는 내세적 성격을 지닌다.

5. 모세 언약

'묵시적' 하나님 나라의 가장 명확한 예는 모세 언약에 등장하는데, 이것은 형식적으로는 묵시록이 아니지만 양식과 주제 면에서 '역사적' 묵시록과 밀접한 관련이 있다. 모세 언약의 현재 형태는 주전과 주후 사이에 작성된 것으로, 원본 문서는 마카비 시대에 작성된 것으로 추정된다.[29] 편집된 모세 언약은 주후 1세기 전반의 것으로 확신할 수 있는 몇 안 되는 편집물 중 하나다. 따라서 이 글은 예수께서 사셨던 당시의 상황을 알 수 있다는 점에서 대단한 중요성을 지닌다.

모세 언약은 이스라엘 역사를 돌아보며 죄와 벌의 형태를 설명한다. 8장에서 "창세로부터 그 당시까지 일어난 적이 없던 형벌과 진노가 그들에게 임할 것이다"라고 말한다. 여기서의 형벌은 안티오쿠스 에피파네스의 처형을 말하는 것이 분명해 보인다. 모세 언약은 계속해서 탁소(Taxo)라는 사람에 대해 말하는데, 그는 자신의 일곱 아들을 데리고 삼 일 동안 금식하기로 결심한 후 넓은 땅의 동굴 속으로 들어가 계명을 어기는 대신 죽음을 선택한다. "우리가 이것을 행하고

---

[28] J. Theisohn, *Der auserwählte Richter* [Göttingen: Vandenhoeck & Ruprecht, 1975], 98-99쪽.

[29] 모세 언약의 기원에 대한 논쟁은 *Studies on the Testament of Moses* [G. W. Nickelsburg 편집; Missoula: Scholars, 1973]의 글들 참고. 묵시록과의 관련성에 대해서는 Collins, *The Apocalyptic Imagination*, 102-106쪽 참고.

죽는다면 하나님이 우리의 피에 대해 복수해 주실 것이다"(9:7). 바로 뒤이어 다음과 같은 선언이 따른다. "그런 다음 그의 피조 세계 전체에 그의 나라가 나타날 것이다"(10:1). 하나님 나라의 출현은 천사의 손을 통한 원수들에 대한 하나님의 보복이 될 것이다. 이스라엘은 별들의 천국으로 들어올려져서 높은 곳에서 원수들을 내려다보게 될 것이다.

다니엘서와 에녹의 비유서처럼 여기에서도 하나님의 나라는 매우 파괴적인 면을 가진다. 이스라엘이 독수리의 목과 날개 위로 올라갈 것이라는 10:8의 진술은 운율을 파괴하고 있고, 따라서 로마 시대의 편집으로 볼 수 있다. 당시 독수리는 로마를 상징하였다.[30] 모세 언약은 유대 나라가 로마를 대체할 것이라고 말하지 않는다. 별의 위치로 높아지는 것(10:9)은 아마도 다니엘 12장과 비슷하게 불멸성을 의미하는 것으로 이해해야 할 것이다. 그렇지 않다면 하나님의 나라에 대한 긍정적인 기술이 전혀 없게 된다. 아마도 가장 중요하게 주목해야 할 부분은 하나님의 나라가 인간 대리인의 안내 없이 임한다는 점이다. 인간 탁소의 공헌은 자신을 정결케 하고 죽은 것이다. 이는 다니엘 11장에 나오는 '마스킬림', 즉 지혜로운 자와 매우 비슷한 과정이다. 모세 언약에서는 다니엘서와 에녹의 비유서에서처럼 하나님의 나라가 하나님과 그의 천사들의 초월적인 힘에 의해 성취된다. 이것은 인간의 혁명에 의해 이루어지지 않으며 심지어 지상에서의 메시아의 행적과도 상관이 없다.

---

30) Adela Yarbro Collins, "Composition and Redaction of the Testament of Moses 10," *HTR* 69 [1976], 179-186쪽. 주전 4년 법학자 두 명이 일부 젊은이들에게 성전에서 금 독수리를 끌어내리라고 선동한 사건(Josephus, *JW*, 1.33.2-4 [648-655쪽]) 참고.

6. 솔로몬의 시편

어쨌든 메시아에 대한 기대는 이 기간 내내 계속되었다.[31] 쿰란 두루마리 외에 주전 1세기 중반에 작성된 솔로몬의 시편에서도 중요한 증거가 발견되었다. 이 시편은 주전 63년 폼페이가 예루살렘을 침공한 이후 기록되었다. 폼페이가 침공 직후 이집트에서 사망한 사건을 두고 시인은 "하나님은 위대하시고 능하시고 강하시다. 하나님은 하늘의 왕이시고 왕들과 통치자들까지도 심판하신다"(솔로몬의 시편 2:29-30)는 것의 증거로 보았다. 다니엘 4장에서처럼 하나님은 모든 나라를 다스리는 왕이시다.

왕권에 대한 시편의 신학은 솔로몬의 시편 17편에서 가장 확실히 드러난다. 초반에 "주님, 당신은 영원토록 우리 왕이십니다"(1절)라고, 또 "우리 하나님의 나라는 영원히 나라들을 심판하십니다"(3절)라고 선언한 다음 하나님이 다윗을 왕으로 선택하신 대목을 회상한다. "당신께서 언약을 맺지 않으신 자들(하스모네 가문)이 오만한 마음으로 나라를 세웠고, 율법 없는 자(폼페이)의 손을 통해 하나님의 형벌을 자초하였다." 이제 시인은 기도한다. "보소서. 주여, 저들을 위해 다윗의 자손을 저들의 왕으로 세우셔서 당신의 종인 이스라엘을 다스리게 하소서"(솔로몬의 시편 17:21). 이 메시아가 통치하는 나라는 본질적으로 유대 국가를 회복하는 것이다. 그는 "이방인으로부터 예루살렘을 정화시키실 것이다"(17:22). 그리고 "그는 이방 나라들이 그의 멍에 아래서 그를 섬기도록 할 것이다"(30절). 또 "그 날에는 그

---

31) J. H. Charlesworth, "The Concept of the Messiah in the Pseudepigrapha," *ANRW*, 1:12 [W. H. Haase 편집; Berlin: de Gruyter, 1979], 188-218쪽.

들 가운데 불의한 자가 없을 것이다. 모두가 거룩할 것이며 주 메시아가 그들의 왕이 될 것이기 때문이다"(32절).32)

솔로몬의 시편은 한 가지 중요한 면에서 묵시 사상의 영향을 보여준다. "주를 경외하는 자들이 영원한 생명을 얻게 된다"(3:12; 13:11; 14:3; 15:13 참고)는 믿음이 그것이다. 하지만 중요하게 강조하는 것은 다윗 계통의 메시아를 통해 하나님의 왕권이 실현되는 이스라엘 나라의 회복이다.

7. 열두 족장의 언약

주전과 주후 사이의 메시아 관련 표현은 많이 인용되고 있지 않다. 자료가 부족하다는 것도 한 가지 원인이다. 열두 족장의 언약은 주전 2세기 이후부터의 유대 자료를 보존하고 있다고 인정받는 문서다. 이들 전승 중 가장 주목할 만한 내용은 메시아를 레위와 유다 모두와 관련짓고 있는 점이다. 열두 족장의 언약의 현재 형태에서 한 분 메시아, 즉 그리스도는 제사장이며 왕이시다. 하지만 초기 전승에서는 쿰란 문서에서처럼 이중 메시아직을 생각했을 가능성이 매우 높다. 다니엘 언약(Test Dan) 13:10-13에 의하면 레위와 유다로부터 구원자가 나타나 벨리알을 물리칠 것이다. 그런 다음 성도들의 영혼은 에덴에서 안식하며 새 예루살렘에서 기뻐할 것이고 "이스라엘의 거룩

---

32) 자세한 내용은 Camponovo, *Königtum*, 200-228쪽; G. Davenport, "The 'Anointed of the Lord' in Psalms of Solomon 17," in *Ideal Figures in Ancient Judaism* [G. W. Nickelsburg와 J. J. Collins 편집; Missoula: Scholars, 1980], 67-92쪽 참고.

한 자가 이들을 다스릴 것이다." 여기서 하나님의 나라는 벨리알에 대한 승리, 부활, 예루살렘의 회복이 아닌 새 예루살렘 등을 포함한다는 점에서 분명히 묵시적 성격을 가진다. 현재 형태는 또한 메시아적이다. 아쉽게도 열두 족장의 언약은 유대교 신앙에 대한 독립적인 증거를 제공하지 못하며, 원본에 대한 확증이 더 필요하다.[33]

8. 1세기의 메시아 운동

우리는 요세푸스를 통해 비록 지향했던 바가 기록으로 남지는 못했지만 주후 1세기에 메시아 운동이 있었다는 점을 알고 있다.[34] 헤롯 사망 이후 전개된 이들 운동 중 일부는 갈릴리의 유다, 헤롯의 종인 시몬, 목자인 아트롱게스(Athronges) 등이 주도했다.[35] 로마에 대한 유대인의 최초의 반란 시기에는 유다의 아들인 므나헴(Menahem), 매우 유명했던 시몬 바 기오라(Simon Bar Giora) 등 메시아로 자칭하는 사람들이 더욱 많아졌다.[36] 2세기 초반에는 메시아로 자칭하는 안

---

33) 열두 족장의 언약에 대한 논의의 개요를 보려면 J. J. Collins, "Testaments," *Jewish Writings of the Second Temple Period* [M. Stone 편집; Philadelphia: Fortress, 1984], 325-344쪽; "The Testamentary Literature in Recent Scholarship," *Early Judaism and its Modern Interpreters* [G. W. Nickelsburg와 R. A. Kraft 편집; Philadelphia: Fortress, 1986], 268-278쪽 참고.
34) 이 운동에 대해 가장 잘 서술한 것은 R. A. Horsely and J. Hanson, *Bandits, Prophets and Messiahs* [Minneapolis: Winston/Seabury, 1986], 3장이다.
35) 유다: *Ant.*, 17.10.5 [271-272쪽]; 시몬: *Ant.*, 17.10.6 [273-276쪽]; 아트롱게스: *Ant.*, 17.10.7 [278-285쪽].
36) 므나헴: *JW*, 2.17.8-9 [433-448쪽]. 시몬의 메시아적 성격에 대해서는 Horsely and Hanson, *Bandits* 참고.

드레아스(루쿠아스)를 중심으로 한 디아스포라 대반란이 일어났으며 바 코흐바(Bar Kochba) 역시 메시아로 자칭하였다. 이 모든 경우에 메시아 운동은 매우 활발하고 폭력적이고 혁명적이었으며, 그 목표는 로마의 통치를 대체할 유대 민족 국가를 수립하는 것이었다.

요세푸스는 이와 같이 과격한 혁명과는 별도로 다음을 언급한다.

> 행동으로는 죄를 덜 짓지만 의도는 더 사악한 악당의 무리들이 있었다. 사기꾼, 협잡꾼 등이 하나님의 계시라고 주장하면서 사람들이 미친 사람처럼 행동하도록 하고 하나님이 다가올 자유에 대한 징조를 보여줄 것처럼 현혹하여 이들을 광야로 데려감으로써 혁명적 변화를 일으키려고 시도하였다.[37]

이러한 유형으로 잘 알려진 사례인 드다(Theudas)와 이집트인은[38] 자신이 메시아라고 주장하지 않았고, 요세푸스도 이들이 나라에 대해 언급하지 않았다고 말한다. 하지만 우리가 그들이 어떤 생각을 가지고 행동했는지는 알 수 없는 것이다. 이들은 모세 언약에 나오는 탁소와 아주 비슷하기 때문에 여기서 언급할 가치가 충분히 있다.[39]

---

37) *JW*, 2.13.4 [258-260쪽].
38) 드다: *Ant.*, 20.5.1 [97-99쪽]; 행 5:36. 이집트인: *JW*, 2.13.5 [261-263쪽]; 행 21:38.
39) 이 인물들이 하나님의 나라 토론과 어떤 연관이 있는지에 대해서는 E. P. Sanders, *Jesus and Judaism* [Philadelphia: Fortress, 1985], 138쪽 참고.

9. 묵시록 속의 메시아 사상

메시아에 대한 기대는 주후 1세기 말의 위대한 묵시록인 제4에스라와 제2바룩의 묵시적 도식에 통합된다.[40] 제4에스라 11-12장의 사자와 독수리 환상은 다니엘서의 네 나라 도식과 비슷하다. 독수리는 로마를 상징하며, "네 형제 다니엘의 꿈에 나타난 네 번째 나라이다"(12:11). 사자는 "지극히 높으신 분이 마지막 날까지 보호하셨던 메시아이며, 다윗의 후손 중에서 나타날 것이다"(12:34). 제4에스라 13장에서 "지극히 높으신 분이 오래도록 보호하고 계시는 분"(12:26) 그리고 "내 아들"(13:32, 37)로 표현되는 메시아가 바다로부터 구름 위로 일어날 것이다. 그가 자기 입의 바람으로 나라들을 멸망시킬 것이며 이스라엘의 잃었던 지파들을 모을 것이다.

제4에스라 7:28-30에 의하면 메시아가 땅 위에서 400년 동안 다스린 다음 죽을 것이다. 그런 다음 7일 동안 고대의 침묵이 있을 것이며 새로운 창조와 죽은 자들의 부활이 뒤이어 일어날 것이다. 그러므로 메시아의 나라에 대한 전통적인 희망이 이 도식에서 설 자리를 얻게 되는데, 그렇다고 이것이 희망의 궁극적인 초점은 아니다.

제2바룩 역시 비슷한 도식을 사용한다. 이 책의 39장에도 일련의 네 나라들을 발견할 수 있다. 메시아는 네 번째 나라를 멸할 것이고 "타락한 세상이 끝날 때까지, 그리고 전에 언급했던 때가 성취될 때까지 그의 통치가 영원할 것이다"(40:3). 그의 통치는 결코 일시적인

---

[40] M. E. Stone, "The Concept of the Messiah in II Ezra," *Religions in Antiquity, Essays in Memory of E. R. Goodenough* [J. Neusner 편집; Leiden: Brill, 1968], 295-312쪽; Müller, *Messias und Menschensohn*, 83-154쪽 참고.

것이 아니다. 29장에 그의 통치에 대해 언급한 후에 다음과 같은 예언이 이어진다. "기름부음 받은 자의 출현이 성취되고 그가 영광스럽게 귀환한 후 그에 대한 소망을 가지고 잠자던 자들이 모두 일어선 후에 이 일이 일어날 것이다"(30:1-2). 메시아의 통치는 이방인의 통치에 종지부를 찍을 것이며 땅에 변화를 일으킬 것이다(72-74장 참고). 하지만 묵시적 희망은 이번에도 메시아의 통치가 아닌 부활의 새 시대에 중점을 두고 있다. 제2바룩과 제4에스라 모두 메시아 시대의 '하나님의 나라'라는 표현을 사용하지는 않았지만 분명 그 개념과 연관은 있다. 특히 네 나라 도식을 사용한다는 점에서 더욱 그렇다.

10. 탈굼 선지서

탈굼 문헌과 랍비 문헌은 이 연구의 범위 밖의 것이긴 하지만 탈굼 요나단 선지서의 경우 최근의 연구 결과 이 책의 "하나님의 나라 신학이 1세기의 사상과 비슷하다"[41]는 점 때문에 여기 언급할 필요가 있다. 탈굼 자료의 연대를 추정하기가 어렵다는 사실은 잘 알려져 있다. 기껏해야 특정 주석 전승을 날짜를 추정할 수 있는 다른 자료와 비교하여 그보다 앞에 두는 정도다.[42] 외경과 위경에서는 그렇지 않았지만 탈굼에서는 '하나님의 나라'라는 표현이 복음서에서처럼 정해

---

41) B. Chilton, *The Kingdom of God*, 22쪽. 또한 그의 *The Glory of Israel, The Theology and Provenance of the Isaiah Targum* [Sheffield: JSOT, 1982]도 참고. 탈굼과 예수의 가르침 사이의 관련성은 Klaus Koch, "Offenbaren wind sich das Reich Gottes," *NTS* 25 [1979], 158-165쪽에서도 주장하고 있다.
42) Chilton, *The Glory of Israel*, 4-12쪽 참고.

진 표준 형식으로 사용되었기 때문에, 그리고 탈굼의 표현이 랍비 문헌이 율법의 통치에 대한 표현으로 사용한 '하늘나라'와 대조를 이루기 때문에 '하나님의 나라'라는 주제가 주목을 끌게 되었다.

탈굼 이사야에서는 '하나님의 나라' 또는 '주의 나라'라는 문구가 하나님 자신에 대한 언급 대신 사용되었다. 예를 들면 이사야 24:23의 경우 "만군의 주께서 시온 산에서 다스리실 것이다"라는 맛소라 사본이 "만군의 주의 나라가 시온 산에서 나타날 것이다"라고 번역되어 있다.43) 하나님의 나라가 단순히 하나님 자신에 대한 우회적 표현이라고 결론을 내려서는 안 된다.44) 이 표현이 사용된 문맥은 맛소라 사본에서는 종말론적이다. 탈굼의 특징적 표현인 "주의 나라가 나타날 것이다"라는 표현은 종말론적 사건에 대한 기대에 강조점을 두고 있다. 나라의 '출현' 개념은 모세 언약 10:1과 매우 가까운 병행을 이룬다. 그리고 그것이 출현한다는 바로 그 사실이 '묵시적' 성격을 갖게 한다. 하지만 탈굼은 다니엘서나 에녹 비유서의 특징인 천사의 초월적인 세상에는 관심이 없다. 대신 하나님의 나라는 시온 산과 관련이 있다.45) 탈굼은 다윗 계통의 메시아에 대해 좀더 진전된 관심을 가

---

43) 하나님의 나라 또는 주의 나라에 대한 참고 내용은 Camponovo, *Königtum*, 419-428쪽에 자세히 설명되어 있다.
44) Chilton, *The Glory of Israel*, 77쪽도 이렇게 말하고 있다. 그의 글 "Regnum Dei Deus Est." *SJT* 31 [1978], 261-270쪽 참고. 하지만 그는 "신적인 구원 계시, 특히 시온 산에 대한 존경심으로" 우회적 표현이 도입된 것이라고 말함으로써 동일시하는 견해를 수정하였다. *The Kingdom of God*, 23쪽에 있는 자신의 견해에 대한 설명 참고: "나는 미래 지향적인 하나님 나라의 종말론적 측면을 미래에 대한 특정한 기대에서 온 것이 아니라 하나님에 대한 예수의 견해에서 온 것으로 인식해야 한다고 주장했었습니다."
45) 칠톤(Chilton, *The Glory of Israel*, 78쪽)은 탈굼 이사야의 시온과 관련된 배타적인 나라와 탈굼 스가랴의 좀더 우주적인 나라 사이의 모순을 발견한다.

지며, 또한 그를 시온과 연관짓는다(탈굼 이사야 16:1, 5).46) 일반적으로 탈굼의 종말론은 유대의 회복을 기대하지만 죽은 자들의 부활도 포함하고 있다(탈굼 이사야 26:19). 이 모든 것에서 탈굼의 '하나님 나라 신학'은 솔로몬의 시편이나, 덜 명확하긴 하지만 제4에스라 및 제2바룩의 하나님 나라 신학과 통한다고 말할 수 있다. 이들 문헌에서처럼 탈굼에서도 예루살렘과 로마의 운명이 날카로운 대조를 이룬다(예를 들어 탈굼 이사야 54:1). 물론 하나님의 나라는 신적 통치의 개념에 기반을 두지만 지상의 나라에 대한 기대 또한 암시하고 있는 것으로 보인다. "하나님의 나라, 메시아의 나라 그리고 (모든 나라들에 대한) 이스라엘의 통치가 탈굼에서는 같은 그룹에 속한다"47)는 클라우스 코흐(Klaus Koch)의 결론이 맞는 것이라고 여겨진다.

11. 결론

지금까지 하나님의 나라라는 주제가 주전 200년부터 주후 100년 사이의 기간에 유대교 안에서 복잡한 개념이라는 것을 살펴보았다. 하나님의 나라에 대한 모든 개념의 가장 기본적인 생각은 하나님이 과거에나 현재에나 미래에나 우주의 왕이시라는 것이다. 일부 문맥에

---

46) 탈굼 이사야의 메시아에 대한 참고 사항은 Chilton, *The Glory of Israel*, 86-96쪽에서 모은 것이다. 부록 112-117쪽에서 칠톤은 "나머지 후대 탈굼 선지서들은 탈굼 이사야와 메시아에 대한 가르침 부분에서 일치하는 것으로 보인다. 하지만 완전히 일치하는 것은 아니다"라고 말하고, 예레미야와 에스겔 탈굼이 이사야 탈굼과 가장 가깝다고 결론을 내린다. 탈굼 미가 4:7-8에서 하나님 나라의 출현은 명백하게 메시아와 관련되어 있다.
47) Koch, "Offenbaren," 164쪽.

서 하나님의 나라는 도덕적이고 영적인 방식으로 이해되기도 하는데 특히 헬라파 디아스포라의 경우가 그렇다. 하지만 대부분의 경우, 특히 주전 1세기와 주후 1세기 사이의 이스라엘 땅 안에서는 하나님의 나라를 하나님의 '왕권'이 종말론적 나라에서 나타날 것이라고 기대하였다.

종말론적 나라 역시 다양한 방식으로 이해할 수 있다. 다니엘 7-12장이나 모세 언약 10장에서처럼 천사에 의해 성취되는 묵시적 나라와 솔로몬의 시편 17장의 좀더 전통적인 메시아 나라가 좋은 대조를 이룬다. 하지만 이 두 가지 유형이 완전히 구분되는 것은 아니다.[48] 제4에스라와 제2바룩은 메시아 나라를 묵시론적 구조 속의 일시적인 상태로 설명한다. 솔로몬의 시편에 나오는 지상의 나라조차 죽은 자들의 부활을 포함하는데, 그러나 이러한 믿음은 이집트 유대교의 시빌라 신탁(시빌라 신탁 3장 및 5장)에서는 채택되지 않았다. 마지막으로 요세푸스가 언급한 다양한 메시아 운동과 선지자 운동은 직접적인 정보가 부족하다. 이들은 직접 자료를 남기지 않았지만 분명 유대 국가의 회복을 목표로 하였다. 신적 주권에 대한 가정을 포함하여 하나님의 나라에 대한 모든 종말론적 표현의 공통 분모는 외부 세력의 통치를 거부하는 것이다. 메시아에 의해서건 하늘의 직접 침투에 의해서건 하나님의 나라를 구현하는 것은 이 세상의 왕들과 권세있는 자들의 파멸을 암시한다.

이 글에서 검토한 자료들은 1세기에 하나님의 나라가 선포되었을 때 사람들이 어떤 상상을 했을지를 보여준다. 예수께서 이런 식으

---

48) Sigmund Mowinckel, *He That Cometh* [Nashville: Abingdon, 1955], 281쪽에서 제안하는 유대 종말론의 고전적인 모형론 참고.

로 하나님의 나라를 이해하는 것을 철저히 경계하셨을 가능성도 물론 있다. 하지만 최소한 당시 사람들이 예수의 선언을 어떤 식으로 이해했을지는 생각해 볼 수 있다.

7장 쿰란 문헌에 나타난 하나님의 나라

비비아노(B. T. Viviano, OP)[1]

하나님의 나라에 대한 소망을 비롯하여 종말론적 유익과 소망에 대해 쿰란 문헌에 기술된 내용은 현재 몇 가지 방법상의 문제 때문에 많은 논란이 일고 있다. 이 글은 다음과 같은 방식으로 전개될 것이다. 먼저 용어에 대해 정의하고(I), 그런 다음 최근의 학문적 논의에 대해 간단하게 소개할 것이다(II). 그리고 현재까지 발표된 쿰란 문헌에 나타나는 하나님의 나라 또는 통치와 관련된 용어 목록을 간단히 소개할 것이다(III). 그 다음엔 주요 종말론적 본문 중 하나인 제1동굴의 '전쟁 두루마리'의 한 부분을 자세히 살펴볼 것이다(IV). 마지막으로 좀더 넓은 시각으로 결론을 맺을 것이다(V).

---

[1] 예루살렘의 '프랑스 성경 및 고고학 학교'(École Biblique et Archéologique Française, Jerusalem) 신약학 교수.

1. 용어 정의

땅 위에 임할 미래의 하나님 나라에 대한 소망을 연구하려면 우선 용어를 정의하는 것이 필요하다. 묵시적 종말론에는 세상사에 관여하지 않는 이교적 하나님이 아니라 역사 속에서 활동하실 수 있고 실제로 활동하시는 하나님을 전제하는 삶에 대한 견해가 포함된다. 이 하나님은 직접 활동하실 수도 있고 천사, 인간, 자연적인 사건, 기적 등을 통해 활동하실 수도 있다. 이러한 종말론은 하나님이 과거에 개입하신 것에 대한 성경의 믿음과는 다른 것이다. 예를 들어 창조 때나 출애굽 때, 또는 바빌론 포로 생활에서 해방될 때는 하나님이 새롭고 확실한 방법으로 역사에 개입하셔서 완전한 정의, 평화, 사랑의 시대로 이끌어 가셨다는 믿음을 나타내고 있다. 반면, 미래에는 하나님의 주권과 왕권이 믿음과 소망의 차원에서만이 아니라 사회 구조 속에서도 볼 수 있고 인식할 수 있는 것이다. 이러한 후자의 상태를 하나님의 나라가 땅 위에 온전히 실현된 것이라고 말한다. 이 나라는 하나님이 천국에서 영원히 다스리시는 것과는 다른 것이다.

유대 문헌에서 이러한 나라가 세워지는 것은 종종 하나님이 선택하신 백성이 군사적으로 승리를 거두고 대적들이 제거되는 것과 관련된다. 이러한 나라에 대한 소망은 메시아라는 인물과 관련이 되기도 하고 그렇지 않기도 한다. 하나님의 나라가 세워지는 것은 종종 성도들이 지상에서의 삶으로 부활한 후로 여겨진다. 경우에 따라 부활 이전으로 생각하기도 하고 다른 경우, 예를 들어 쿰란의 '전쟁 두루마리'에서처럼 부활과 전혀 관련이 없기도 하다. 비록 신약이 미래의 하나님 나라와 부활 모두를 지지하고 있긴 하지만 대개 서로 관련이 없다

(고전 15:20-28과 계 20:1-7은 예외). 영혼이 불멸한다는 믿음이 육체의 부활과 하나님과 함께 하는 영원한 생명에 대한 믿음과 합쳐졌을 것이다. (이것이 초기 그리스도인들의 생각이다.) 하지만 지상에 임할 하나님의 나라에 대한 기대와는 그다지 쉽게 결합되지 않았다. 이러한 기대는 유대인들과 유대 그리스도인들의 특징으로 남았다.

묵시적 종말론은 어느 정도는 실제적으로, 어느 정도는 이상적이고 관념적으로 그 소망을 나타낼 수 있다. 실제로 에스겔 40-48장의 회복된 성전 및 땅에 대한 환상이나 쿰란의 '전쟁 두루마리'에서처럼 실제적인 것과 이상적인 것이 강력하게 결합될 수도 있다. 하나님의 나라가 실현되는 것은 인간의 회개와 협력에 더 많이 좌우되는 것처럼 표현되기도 하고, 덜 좌우되는 것처럼 표현되기도 한다.

묵시적 종말론이 가지는 믿음의 내용이 명확하지 않고 가변적이라는 점과 교리적 일관성이 부족하다는 점이 종종 지적되어 왔다.[2] 하지만 그 때문에 이러한 믿음이 그 지지자들, 즉 일반 유대교나 초기 기독교에 중요하지 않았다고 결론을 내리는 것은 잘못이다. 최소한 신자들 중 일부에게 이러한 믿음은 중요한 것이었고, 이들의 소망과 종교적 환상에 대한 궁극적 목표를 형성해 주었다. 지혜 문헌과 법률 문헌은 이러한 소망을 잘 언급하지 않지만 한 사람의 동일 작가가 세 가지 문학 형식으로 글을 쓰는 것도 가능한 것이다(아래에서 설명하는 까르미냑의 견해 참고). 이러한 소망과 믿음은 이신론적이거나 범

---

[2] G. F. Moore, *Judaism in the Tannaitic Period* [Cambridge: Harvard University, 1927], 2:323-395쪽; D. S. Russel, *Method and Message of Jewish Apocalyptic* [Philadelphia: Westminster, 1964], 285-323쪽; E. E. Urbach, *The Sages* [Jerusalem: Magnes, 1979], 649-690쪽; M. Smith, "What is Implied by the Variety of Messianic Figures?" *JBL* 78 [1959], 66-72쪽 참고.

신론적이었던 헬레니스틱 로마 시대, 특히 그리스-로마 시대에 유대교 및 유대 기독교 문헌의 고유한 특징이었다. 이 세상이 불로 종말에 이를 것이라는 스토아 학파의 믿음에도 불구하고, 이들은 새로운 질서가 아닌 이 세상의 새로운 구성을 기대하였다. 플라톤의 Gorgias (523-526쪽)에 나오는 최후의 심판 장면에는 지상에 임하는 하나님의 나라가 아닌 개인별 상벌을 기대한다. 이제 우리는 하나님의 나라에 대한 소망을 미래에 하나님이 역사에 개입하셔서 지상에 정의와 평화의 왕국, 하나님을 사랑하고 이웃을 사랑하는 왕국을 세우실 것이라는 소망이라고 정의한다. 문제는 쿰란 공동체가 이러한 소망을 공유했느냐는 것이다.

2. 최근의 학문 동향

앞에서 정의한 내용들은 '묵시적'이라는 용어를 쿰란과 관련지어 사용하는 문제와 쿰란의 종말론을 연구하는 올바른 방법에 대한 논쟁 때문에 필요하다. 쟝 까르미냑(Jean Carmignac)은 종말론을 19세기 학자들이 만들어 낸 개념이라고 공격하면서 종말론과 관련된 용어들을 사용하지 않으려 하였다.3) 물론 고대 문서를 연구할 때는 엉뚱한 견해를 부가한다거나 서로 다른 저자의 작품이나 합동 저작품에서 엉뚱한 사상적 일치를 찾아내지 않도록 주의를 기울일 필요가 있다. 하

---

3) J. Carmignac, *Le Mirage de l'Eschatologie* [Paris: Letouzey, 1979]; 같은 저자, "Apocalyptique et Qumran," *RevQ* 37 [1979], 163-192쪽; 같은 저자, "Roi, Royauté et Royaume dans la Liturgie Angelique," *RevQ* 46 [1986], 176-186쪽; 같은 저자, "Règne de Dieu. Qumran," *DBS* 10 [1981], 58-61쪽.

지만 쿰란 문헌의 경우 최소한 몇몇 분파의 작품들이 묵시적 문학 형식에 관해 일정한 기본 개념을 공유하고 있다는 점이 분명하다. 까르미냑은 공동체 규칙, 감사 찬송, '전쟁 두루마리' 등이 모두 본질적으로 의의 교사라는 동일 저자에 의해 작성된 것이라고 주장한다.4)

최근에 콜린스(J. J. Collins)는 쿰란의 종말론에 대한 연구를 통해 쿰란 공동체를 묵시적 공동체로 보는 전통들을 계승하였다.5) 이 때문에 그는 데이비스(P. R. Davies)에게 심한 비판을 받았다.6) 데이비스는 "쿰란의 교리를 성공적으로 설명할 수 있는 유일한 방식은 자료 분석이다"라고 주장했다.7) 따라서 데이비스는 제롬 머피 오코너(Jerome Murphy-O'Connor)가 개척한 길을 따른다.8) 물론 문예 분석이 쿰란 문서에 적용되어야 하겠지만 이것이 모든 문제를 해결해 주지는 않는다.

데이비스가 종말론적 교리 유형을 (a) 이원론(1QS 3:13-4:26; 1QM 1:15-19), (b) 율법주의(개혁된 이스라엘은 모세 율법을 더 엄격하게 지키게 될 것이고, 태양력을 사용하게 될 것이며, 나라들에 대해 주권을 행사하게 될 것이다[1QM ii-ix; 1QSa]), (c) 포로 생활/희

---

4) J. Carmignac and P. Guilbert, *Les Textes de Qumran* [Paris: Letouzey, 1961], 83-86쪽.
5) J. J. Collins, "Patterns of Eschatology at Qumran," in *Traditions in Transformation* [B. Halpern과 J. D. Levenson 편집; Winona Lake, Ind.: Eisenbrauns, 1981], 331-373쪽.
6) P. R. Davies, "Eschatology at Qumran," *JBL* 104 [1985], 39-55쪽.
7) Davies, "Eschatology," 48쪽.
8) J. Murphy-O'Connor, "La génèse littéraire de la Règle de la Communauté," *RB* 76 [1960], 328-549쪽; *RB* 77 [1970], 201-229쪽, *RB* 78 [1971], 210-232쪽, *RB* 79 [1972], 200-216, 344-364쪽에 있는 다마스커스 문서 분석 시리즈; J. Pouilly, *La Règle de la Communauté de Qumran: Son Évolution Littéraire* [CahRB 17; Paris: Gabalda, 1976]이 그의 뒤를 따랐다.

년(CD) 등으로 재구성한 것은 나름대로 그럴듯하지만 다음과 같은 여러 문제가 남아 있다.9) 즉, 이 세 가지를 하나로 결합할 수는 없는가? 수케닉 사본에서와 같이 '전쟁 두루마리'에서 (a)유형과 (b)유형이 합쳐진 것을 어떻게 이해해야 하는가? '전쟁 두루마리'의 최후 장면을 통일로 이해하면 안 되는가? '전쟁 두루마리' 10(col x)-14열(col xiv)을 어떻게 설명할 것인가?10)

이러한 방법론적인 문제가 물론 중요한 것이긴 하지만 쿰란의 단어 용례에 대한 연구를 막지는 못한다. 이러한 문제들이 '전쟁 두루마리'에 대한 논의를 방해하지 못하는 것은 우리에게 가장 중요한 부분이 2-9열이 아니라 1, 10-14, 15-19열이기 때문이다. 하지만 그 덕에 포괄적인 일반론을 경계하게 되었다. 우리가 개별적인 문서 또는 일부 문서에 집중하도록 해주는 것이다.11)

---

9) Davies, "Eschatology," 49쪽.
10) 데이비스(P. R. Davies)는 자신의 초기 작품인 *1QM, The War Scroll from Qumran* [BibOr 32; Rome: PBI, 1977]에서 이들 몇 가지 질문에 대한 답변을 제시하고 있다. 그는 10-14열을 예배용 찬송 모음, '(전쟁의) 시간 순서', 특히 10-12열에 있는 주요 찬송 2곡 등 기원이 다양한 여러 종류의 기도와 찬양을 포함하고 있는 것으로 분석했다. 13열과 14열은 독립된 조각이다. 데이비스는 1열을 도입부로 이해하며 2-19열에 있는 다양한 초기 자료들을 통일하는 역할을 한다고 본다. 이러한 견해에 의하면 1열의 저자는 2-19열을 잠재적 통일체로 본 것이다.
11) 쿰란 종말론에 대한 초기 연구를 종합한 글인 *Qumran und das Neue Testament* [Tübingen: Mohr, 1966], 2:265-286쪽에서 허버트 브라운(Herbert Braun)은 쿰란 본문이 묵시적이라고 결론을 내렸다. 초기 연구가들의 견해에 의하면 공동체 밖의 마지막 세대는 악하고, 성전(聖戰)과 최후의 심판이 있을 것이며, 마지막 구원에는 종말론적 성전(聖殿)과 메시아의 잔치가 포함된다. 하지만 하나님의 나라와 영원한 생명은 중심 주제가 아니며 불멸성과 죽은 자들의 부활도 전혀 나타나지 않는다. 종말론적 인물로는 선지자 한 명, 교사 한 명 그리고 메시아 두 명이 포함되는데 누구도 고난 받지는 않는다. 인자는 언급되지 않으며 미가엘로 표현된다. 신약과 상당한 유사점을 갖고 있는 것이다.

3. 용어 목록

쿰란 문헌에 나타난 하나님의 나라에 대한 연구에서 가장 기초적인 작업은 단어의 용례를 검토하는 것이다. 나라에 해당하는 히브리 기본 단어인 말쿳(malkût) 외에도 다른 동의어인 멜루카(melukāh), 마믈라카(mamlākāh)와 통치에 해당하는 단어인 멤샬라(memšālāh), 왕자의 통치에 해당하는 미스라(miśrāh) 등을 검토해야 한다. 물론 이 단어들이 지상의 통치자에게도 사용되기 때문에 모든 경우가 관련이 있는 것은 아니다. 따라서 종교적인 것과 정치적인 동경이 한데 묶인 용례를 찾아야 한다. 쿤(K. G. Kuhn)의 쿰란 용어 색인12)에 있는 목록 외에도 쿤의 작업 이후 출판된 본문에 대한 추가 용어 색인으로 1963년 출판된 'Revue de Qumran'에 있는 용어 색인도 검토해야 한다.

세례 요한의 견해와 활동이 특히 비슷하지만 메시아 개념이 다르고, 물 세례의 용도가 다르다. 쿰란의 은밀성과는 달리 세례 요한은 메시지를 대중에게 선포한다. 공관복음의 예수 상과 비교한다면 쿰란이 은밀한 데 비해, 예수는 대중적이다. 둘 다 새로운 구원의 시대가 가까이 왔음을 기대하고 있고 이 점에서 둘 다 틀렸다. 둘 다 과정이 이미 시작되었다고 믿었고, 이것이 성경을 성취하는 것이라고 믿었다. 하지만 쿰란은 종말이 갑자기 임한다고 생각하지 않으며 종말이 가깝다는 표시로 기적이나 예수의 대속적 죽음이 있다고 여기지 않는다. 둘 다 공동체 밖의 마지막 세대는 악하며 현재 존재하고 있다고 여긴다. 성전(聖戰)에 대해 예수는 미움이나 폭력을 선호하지 않는다. 따라서 비국가주의적이고 비정치적이라는 인상을 받는다. 하지만 비록 선택이 보편적이긴 해도 분명 정책이 있었다. 그러나 그것은 인간의 폭력을 통해서가 아니라 하나님의 초자연적 개입에 의한 것이었다. 둘 다 최후의 심판이라는 관점에서 변화를 요구한다. 마지막 구원에 대한 복음서의 견해는 여러 면에서 쿰란의 견해와 비슷하다. 다만 메시아, 부활 그리고 하나님의 나라에 대한 강조 등에서 차이가 있다.

12) K. G. Kuhn, *Konkordanz zu den Qumrantexten. In Verbindung mit A.-M. Denis, O.P.* [Göttingen: Vandenhoeck & Ruprecht, 1960].

성전 두루마리에 관한 야딘(Yadin)의 훌륭한 작품에도 이 작업을 위한 용어 색인이 포함되어 있다.

말쿳(malkût)은 15번 나타나는데 그 중 3번은 원문상 불확실하다. 멜루카(melukāh)는 2번 나타나며, 마믈라카(mamlākāh)는 1번 나타난다. 멤샬라(memšālāh)는 31번 나타나며, 미스라(miśrāh)는 3번 나타난다. 왕이라는 뜻의 멜렉(melek)이 하나님께 적용된 것은 11번이며, 동사 형태인 말락(mālak)이 하나님께 적용된 것은 2번이다. 출 15:18을 인용한 1QM 12:3과 4QFlor 1:3에서 "주께서 영원 무궁히 다스리실 것이다"라고 말한다. 쿰란에서 발견된 에녹서[13]의 아람어 단편에 하나님의 나라를 가리키는 용어가 2번 더 나타나지만 그다지 중요한 것은 아니다.

본문을 그대로 인용한 것이 아닌 예가 적절하겠지만, 각 용어마다 마지막 문단에 참고 내용을 제시할 것이다. 먼저 말쿳(malkût)이라는 용어로 시작하되 이 용어가 가장 많이 나타나는 '전쟁 두루마리'(1QM)에서 시작하자. 전쟁 두루마리에서 대제사장이 설교한 내용에는 다음과 같은 찬양으로 시작하여 하나님의 개입을 요청한다. "오 하나님이시여, 당신은 당신의 나라의 영광 가운데 계시며(엄위하시며), 당신의 거룩한 자들의 회중이 영원한 구원을 위해 우리 가운데 있습니다"(12:7). 이 구절은 분명히 하나님 나라의 영원한 형태를 언급하고 있다. 천사들('거룩한 자들')이 하나님의 백성을 도와 지상의 왕들(다음 문구에서 이 점이 명확해진다)을 넘어뜨리도록 한다는 점에서 하나님의 나라가 지상에서('우리 가운데') 현재적으로 이루어진

---

13) J. T. Milik, ed., *The Books of Enoch* [Oxford: University Press, 1976], 266쪽 및 316쪽.

다.14) 12열의 끝부분은 손상되었지만, 15번째 열은 다음과 같이 되어 있다. "기뻐 외치라, 내 백성들(의 딸들)아! 너희는 아름다운 보석으로 치장하고 (모든 나라들을) 다스려라", 또는 "그 나라를 다스려라", 또는 "백성들의 여왕들을 다스려라". 여기서 하나님의 백성들은 지상의 나라들을 통치하라는 권고를 받고 있는데, 그것은 결국 지상에서의 하나님의 통치에 참여하는 것이다. 다음 줄에는 "영원히 다스릴 이스라엘"이라는 분명한 세 단어가 포함되어 있다. '전쟁 두루마리' 19:7은 12:5을 반복하고 있는데 중요한 부분인 "그 나라를 다스려라"라는 부분이 원문상으로 너무 불확실하기 때문에 별로 도움이 안 된다. '전쟁 두루마리' 19:8은 12:16, "영원히 그 나라를 위한 이스라엘"을 반복하고 있지만 역시 정확한 문맥은 알 수가 없다. 어쨌든 다니엘 7:14의 영원한 나라를 떠올리게 된다.

훈련 교본(Manual of Discipline)의 부록 B(1QSb 3:5)인 축도에는 다음과 같은 기도문이 있다. "주께서 당신에게 영원한 평화와 그 나라를 허락하시기를…." 다른 곳에서 그 나라를 정의와 관련짓고 있는 데 비해 이 기도문은 그 나라를 평화와 관련짓고 있다는 점에서 중요하다. 정의와 평화는 바울의 생각처럼(롬 14:17) 하나님 나라의 기본 덕목이다. 성경의 평화 개념이 우리의 생각보다는 폭이 넓지만 그래도 전쟁이 없어야 한다는 점은 기본적으로 포함하고 있다. 다음 열에(4:26) 제사장의 축도가 일부 나온다. "당신이 그 나라의 성전 예배에 참가하고 면전의(panim) 천사들과 함께 공회에서 (거룩한 자들과 함께) 대대로 운명을 선포하기를…." 여기 새롭게 된 성전 신학이 하나님 나라의 신학과 관련되어 있다.

---

14) 이 줄의 앞부분은 신 7:21과 시 143:11을 인용하고 있다.

축도의 대상인 제사장은 정결한 예식 속에서 하나님을 섬기며 하나님의 심판(마 19:28; 눅 22:28-30)에 천사들과 함께(마 23:31) 참여하는 것으로 여겨진다.15) 같은 문서의 5:21에 다음과 같은 글이 나온다. "주인은 회중의 왕자를 축복할 것이고…공동체의 언약을 새롭게 하여 (가난한 자들을 공의롭게 재판하고) 그 땅의 (압제 받는 자들에게 공평과) 정의를 시행하도록 그의 백성의 나라를 영원히 수립할 것이다."16) 여기서 하나님의 나라는 언약 신학, 특히 가난한 자들과 압제 받는 자들을 위한 정의의 덕목과 연결되어 있다(마 5:3-11; 6:33; 롬 14:17). 제4동굴의 족장 축도인 창세기 49:10에는 야곱이 유다를 축복한 내용이 인용되고 해석되어 있다. 창세기의 **치리자의 지팡이**가 제일 먼저 '왕권의 언약'(또는 '나라의 언약')으로 해석되어 있고(1:2) 다음과 같은 독특한 구절이 넷째 줄에 반복되어 있다. "그(다윗 계통의 메시아)와 그 자손에게 백성들에 대한 왕권의 언약이 영원 무궁히 주어졌다." 이 고백은 언약과 하나님의 나라를 연결했다는 점과 하나님의 나라 개념을 메시아적으로 해석했다는 점에서 눈에 띈다. 하나님은 당신께서 기름부으신 자를 통해 당신의 나라를 다스리실 것이다.

나훔 3:10에 대한 페셰르에서는 다음과 같은 말을 볼 수 있다. "이것은 마지막 세대의 므낫세와 관련이 있으며, 그의 나라는 (이스라엘에 의해) 낮아질 것이다." 페셰르에서 므낫세는 사악하고 불법적인 왕, 여기서는 알렉산더 얀네우스(Alexander Jannaeus)를 나타내는

---

15) 신구약 모두의 성전 신학에 관한 내용은 Y. J. Congar, *The Mystery of the Temple* [Baltimore: Helicon, 1963] 참고.
16) 처음 부분은 삼상 24:20의 인용일 것이다(HT 21). 누락된 부분은 사 11:4에서 보충할 수 있다.

것이다. 그의 나라는 불성실하고 죄 많은 이스라엘을 나타내는데, 이것은 마 12:26과 눅 11:18에 나오는 사탄의 나라와는 다른 것이다. 쿰란의 '천사의 예배'(4QSl 39, 25째줄)에서는 다음과 같은 말을 볼 수 있다. "그는 그의 영광의 나라를 영원히 (찬양하는) 모든 의의 (동반자들을) 축복할 것이다." 여기서도 의와 연결된 것을 볼 수 있으며 시편 143:11의 인용을 볼 수 있다. 성전 두루마리(39:17, 21)에는 왕의 후손이 영원히 이스라엘 나라의 보좌에 앉을 것이라고 약속되어 있다. 이 문서에서 왕은 하나님의 뜻을 시행하는 역할을 하지만, 하나님이 지상의 왕에 대한 천상의 왕으로 명백하게 나타나지는 않는다.

멜루카(melukāh)는 조금만 살펴보면 될 것 같다. 멜루카(melukāh)라는 용어는 '전쟁 두루마리'에 한 번 나온다. "주권이 이스라엘의 하나님께 속할 것이며, 하나님은 그 백성의 거룩한 자들을 통해 위대한 일들을 이루실 것이다." 이 줄(6:6)은 오바댜 21절과 민수기 24:18을 인용하고 있다. 이 부분은 문예 비평가들이 대개 다른 저자의 작품으로 여기는 부분이지만(2-9열), 좀더 신학적인 다른 부분과 동일한 기본적 소망을 가지고 있다. (직접 조사해 보지는 않았지만 단편 25에도 이 단어가 나온다.)

동의어인 마믈라카(mamlākāh)는 복수 형태로 (그리고 손상된 형태로) 감사 시편(6:7)에 나온다. "나는 백성들의 고함 소리와 나라들이 모여 일으키는 소란으로 위로를 얻는다." 하지만 이는 하나님의 나라를 가리키는 것이 아니고 그 대항자를 가리키는 것이다.

통치를 뜻하는 멤샬라(memšālāh)는 30번 이상 나타나기 때문에 일일이 다 인용할 수가 없고 몇 가지 관련된 예를 선택해야만 한다.[17]

---

17) 전체 목록은 다음과 같다. pHab 2:13; 1QS 1:18, 23; 2:19; 3:17, 20, 21, 22,

'전쟁 두루마리' 외에 가장 중요한 부분은 '공동체 규칙'이다. 첫째 열에 벨리알의 통치가 세 번 언급된다. 신학적으로 중요한 '두 영에 대한 설명'(3:13-4:26)에 이 용어가 다섯 번 등장하며, 대부분이 한 문단에 나온다(3:17-23).

> 그는 사람을 만들고 세상을 **통치**하도록 했다. 그리고 그가 방문할 때까지 사람과 함께하도록 진리의 영과 거짓의 영을 임명하였다…의의 모든 아들들에 대한 **통치**는 빛의 왕자의 손에 달려 있다. 그들은 빛의 길을 걷는다. 사악의 아들들에 대한 모든 **통치**는 어둠의 천사의 손에 달려 있다. 그들은 어둠의 길을 걷는다. 그리고 어둠의 천사 때문에 의의 모든 아들들이 길을 잃게 된다. 그리고 그들의 모든 죄와 부정은 '하나님의 신비'에 의하면 그가 정한 마지막 때까지 그의 **통치** 때문이다. 그리고 그들을 강타한 모든 타격들은…그의 악의의 **통치** 때문이다.

여기서 먼저 하나님이 창 1:28에서 인간에게 주신 땅에 대한 통치권을 볼 수 있다. 다음으로 대립하는 두 영이 천사로 나타나 인간에게 대비되는 도덕적 영향을 끼친다는 이원론적 사고를 볼 수 있다. 이러한 영들의 통치는 인간 안에 현존하며 도덕적이다. (또는 비도덕적이다. 마 12:26 참고.) 하지만 '두 영에 대한 설명'의 사고방식을 따른다면 영들 사이의 싸움이 영원하지 않으며 진리와 성결의 영이 결국 승리하는 것으로 결론이 나는 것을 볼 수 있다.

23; 4:19; 10:1; 1QM 1:6, 13; 10:12; 13:10; 14:9, 10; 17:3, 7; 18:1,11; 1QH 1:11, 17; 7:23; 12:6, 9, 23; 13:11; Frag 34, 3, 2, 3; 4QMa 6; pNah 2:4.

선한 영과 함께 하는 자들의 결과는 1QS 4:6-8에 기록되어 있으며, 미래에 대한 긍정적인 내용들인데, 이 문서의 경우 그 마지막이 하나님의 나라다. "그것은 치료, 평생 동안의 넘치는 평안(행복), 많은 자녀들, 영원한 축복과 영원한 기쁨, 영광의 관과 끝없이 빛을 발하는 화려한 옷 등이다." 이는 로마서 14:17과 맞먹는 하나님의 나라에 대한 탁월한 설명이다. 하지만 의에 대한 명확한 언급이 빠져 있는데, 그 이유는 사회가 아닌 개인의 축복에 초점을 두고 있기 때문이다.

감사 찬양에 사용된 멤샬라(memšālāh)는 대부분 종말론적이 아니기 때문에 관련이 없다. 하지만 주목할 만한 한 가지 예외가 있다. 7:23에서 의의 교사가 다음과 같이 기도한다. "나의 원수들은 바람 앞의 겨와 같다. 그리고 나의 **통치**는 (지상의 또는 부정의) 아들들에 대해서이다." 듀퐁 소머(Dupont-Sommer)는 다음과 같이 주석한다. "여기에 나타난 개념은 대단히 중요하다. 의의 교사가 다스릴 것이다. 그는 정복자와 주가 될 것이다."[18] 하지만 거의 메시아의 나라를 말하는 데까지 간 이 해석은 지나친 해석이다. 의의 교사가 하나님이 자신의 원수에 대해 자신을 변호해 줄 것이라는 신뢰를 표현한 것 이상의 의미는 아닌 것이다. 단 한 줄에서, 그것도 손상된 줄에서 지나치게 많은 것을 끄집어 내는 것은 바람직한 방법이 아니다.

멤샬라(memšālāh)의 다른 중요한 용례가 미스라(miśrāh)의 세 번의 용례와 함께 모두 '전쟁 두루마리'에 나오므로 이들은 다음 절에서 다루게 될 것이다.

---

18) A. Dupont-Sommer, *The Essene Writings from Qumran*, [Cleveland: World, 1962], 224쪽 각주 4번.

4. 하나님의 나라와 '전쟁 두루마리'

'전쟁 두루마리'는 신명기 20:1-20에 기초한 성전(聖戰) 예배와 비슷하며(여호와의 전쟁기를 언급하는 민 21:14과 하나님의 방어적 전쟁을 언급하는 삼상 18:17 및 23:28 참고), 사사기에 나오는 거의 마술에 가까운 정복에 대한 설명의 영향을 받았다. 또 다른 중요한 성경의 영향으로는 에스겔 38-39장의 곡과 마곡에 대한 예언과 다니엘 10-12장의 마지막 날에 대한 환상이 있다.

전쟁이 40년 간 지속될 것으로 예상하는 가운데(2열), 그 중 5년은 안식년이다. 전쟁을 수행하는 35년 중에 6년은 준비 기간이고 29년이 실제 전쟁을 치르는 기간이다. 이 책은 편집증적 관념화와 같은 과대망상적 성격을 나타내는데, 실제적인 면과 에스겔 40-48장과 비슷한 이상적인 면이 혼합되어 있다. 때로는 비현실적인 요소도 성경적 근거를 가지고 있는데, 민수기 10:1-10에 근거한 3열의 나팔이 그 예이다. 일부는 1세기와 2세기의 다양한 유대인 반란으로 짧은 기간 실제가 되기도 했다.

다시 '전쟁 두루마리'에 나타난 하나님의 나라라는 주제로 돌아와서, 먼저 하나님 나라의 소망을 미래에 하나님이 역사에 개입하셔서 정의와 평화와 사랑의 나라를 수립하는 것으로 정의한 내용을 떠올리도록 하자. 다음으로 '전쟁 두루마리'에서 중요하고도 긴 단락을 살펴보자(12:7-16; 19:2-8에서 반복). 까르미냑(Carmignac)은 이 단락을 열광적 찬양이라고 설명했는데 대제사장의 긴 담화의 일부분이다. 이 단락은 세 연으로 나누어지며 각각은 하나님, 영웅, 시온이라는 호격으로 시작된다. 두 번째 연이 하나님에 대한 것인지 회중의 왕자에 대한 것인지 논란이 많은데 하나님에 대한 것일 가능성이 많다. 찬양은 전반적으로 성경 구절에 많이 의존하고 있다. 워낙 중요하기 때문에 본문 전체를 인용한다.

> 오 하나님이시여, 당신의 나라의 영광 가운데 당신은 엄위하시며,
> 거룩한 자들의 회중이 영원한 구원을 위해 우리 가운데 있습니다.
> 우리는 왕들을 멸시할 것이며, 강한 자들을 조롱하고 깔볼
>   것입니다.
> 우리의 하나님이 거룩하시며, 영광의 왕께서 거룩한 자들과 더불어
> 우리와 함께 계시기 때문입니다.
> 천군천사의 용맹한 군사들이 우리의 계수된 자들 중에 있으며,
> 전쟁의 영웅이 우리 회중과 함께 계십니다.
> 영들의 주께서 우리 보병 및 기병과 함께 계십니다.
> 그들은 구름, 곧 지면을 덮는 안개 구름과 같고,
> 땅에서 자라는 모든 것 위에 의를 뿌리는 소나기와 같습니다.
>
> 오 영웅이시여! 일어나십시오.
> 오 영광스러우신 분이시여! 당신의 포로들을 이끄십시오. 능하신
>   분이시여! 당신의 전리품을 거두십시오.
> 당신의 손을 원수의 목에 올리시고 당신의 발을 죽은 자들의
>   더미에 올리십시오.
> 나라들과 당신의 적들을 치시고 당신의 칼로 죄인의 육체를
>   파멸시키십시오.
> 당신의 땅을 영광으로 채우시고 당신의 유산을 축복으로
>   채우십시오.
> 당신의 들판에 소들이 넘치게 하시고 당신의 궁전에 은과 금과
>   귀한 보석들이 넘치게 하십시오.

> 시온이여! 크게 기뻐하라!
> 예루살렘이여! 기쁨 가운데 거하라!
> 유다의 모든 도시여! 즐거워하라!
> 네 문을 열고 나라들의 주인들이 들어오도록 하라.
> 그들의 왕들이 너를 섬길 것이며 너를 압제하던 자들이 네 앞에
>   절할 것이다. 그들이 네 발의 먼지를 핥을 것이다.
> 기뻐 외치라, 내 백성들의 딸들아!
> 너희는 아름다운 보석으로 치장하고 모든 나라들을 다스려라!
> 주권이 주께 속할 것이며 영원한 통치가 이스라엘에게 속할 것이다.
> (1QM 12:7-15)

이 찬양은 하나님의 나라라는 주제를 구성하는 여러 줄거리들을 함께 모으고 있다. 특히 둘째 연에 미래에 하나님이 역사 속에 개입하실 것을 기도하는 내용이 그러한데, 이는 첫째 연에서 표현된 하나님의 현존하시고 영원하신 능력에 대한 신뢰에 기초하고 있다. 이러한 개입을 통해 의(12:10)와 축복(12:12)의 나라를 수립하게 된다. 이 축복은 농작물과 광물의 풍요함, 행복과 평안에 대한 성경의 개념과 일치한다. 셋째 연은 기쁨이라는 주제를 강조하며, 하나님과 하나님의 구원 행위 안에서의 기쁨으로 표현한다. 이러한 기쁨의 요소 중 하나는 패배한 원수에 대한 멸시다. 이웃 사랑은 하나님의 백성에 대한 사랑으로, 원수에 대한 사랑까지 확장되지 않는다. 좀더 나아가면 묶음 또는 포함 요소를 발견하게 된다. 하나님 나라의 통치가 찬양의 첫째 줄과 마지막 줄에 명백히 언급되고 있는 것이다. 하지만 첫째 줄에서는 하나님이 천국에서 영원히 다스리시는 것을 말하고 있는 반면, 마지막 줄에서는 하나님이 미래에 지상에서 당신의 백성들과 함께 다

스리시는 것을 말하고 있다. 군사적 이미지와 보복적 분위기에서 중요한 차이가 있는 것은 사실이지만, 바울이 하나님의 나라를 성령 안에서의 의와 평안과 기쁨(롬 14:17)이라고 정의한 것과 같은 생각의 구조를 이 찬양에서 발견할 수 있다.

이 본문과 그 분석에서 쿰란에 하나님의 나라에 대한 소망이 있었다는 사실과 그것이 신약의 하나님 나라 소망과 몇 가지 생각에서는 일치했지만 몇 가지 일치하지 않는 측면도 있다는 사실을 확인할 수 있다. '전쟁 두루마리'의 다른 본문을 살펴보면 또 다른 몇 가지 차이점을 발견할 수 있다. 벨리알과 그의 제국의 천사들(1:15, 손상됨), 저항을 위한 벨리알의 통치와 그의 제국의 사람들(14:9-10; 18:1, 11), 그리고 반대편에서는 성도들의 제국(10:12), 이스라엘의 통치(17:7), 그리고 가장 확실하게는 신적 능력을 대행하는 천사인 미가엘인 것이 분명한 빛의 왕자의 제국(13:10) 등을 언급한 데서 '전쟁 두루마리'의 신학적 틀의 특징인 이원론을 볼 수 있다. 이 점은 핵심적이면서도 복잡한 단락(17:6-7)을 살펴봄으로써 확인할 수 있는데, 여기에는 미스라(miśrāh, 왕자라는 뜻의 śar와 같은 어원)라는 용어가 다른 관련 어휘와 함께 두 번 등장한다.

> 이 날은 그가(하나님이) 악의 나라의 왕자를 패배시키고 굴복시키기로 정하신 날이다. 그는 미가엘의 나라의 위대한 천사의 힘을 통해 구속 받은 그의 사람들에게 영원한 구원을 베푸실 것이다. 영원한 빛으로 그는 이스라엘의 (자녀들을) 기뻐하며 비출 것이다. 평안과 축복이 하나님의 사람들과 함께할 것이다. 그는 신들 가운데서 미가엘의 나라를 일으킬 것이며 모든 육체

가운데서 이스라엘의 나라를 일으킬 것이다. 의가 높은 곳에서 즐거워할 것이며 그의 진리의 모든 자녀들은 영원한 지식 가운데 기뻐할 것이다(1QM 17:6-7).

이 단락은 분명 다니엘서의 영향을 받았다. 미가엘의 역할은 다니엘 10:13과 12:1에 나온다. 페르시아와 그리스에 국가적인 천사가 있는 것처럼(단 10:20) 미가엘은 이스라엘의 국가적인 수호 천사다. 하나님의 나라는 다니엘서 전체의 주제다. 하나님의 나라는 다니엘 7:13-14에 나오는 인자와 같은 이에게 넘겨졌고 이 신비의 인물을 일부 학자들은 미가엘과 동일시한다.[19] 천사의 성육신을 이야기하는 등 이 단락을 지나치게 해석하지 않는 것이 물론 중요하다. 하지만 최소한 여기 나오는 하나님 나라의 덕목에는 로마서 14:17의 의, 평안, 기쁨과 같은 요소가 포함되며, 더욱이 지식과 진리에 대한 지적 축복도 포함된다. 이와 같은 배경에서 어떻게 신약이 인자의 나라나 그리스도의 나라에 대하여 말할 수 있는지 더욱 잘 이해할 수 있다. 그것은 '전쟁 두루마리'에서 미가엘의 나라를 말할 수 있기 때문이다.[20]

5. 결론

공관복음에 나타나는 것처럼 하나님의 나라라는 주제는 예수가

---

19) J. J. Collins, *The Apocalyptic Vision of the Book of Daniel* [HSM 16; Missoula: Scholars Press, 1977], 144-146쪽.
20) 이러한 소주제의 주요 본문은 마 13:41; 16:28; 20:21; 눅 1:33; 22:29-30; 23:42; 요 18:36; 엡 5:5; 골 1:13; 딤후 4:1, 18; 벧후 1:11 등이다.

선포한 내용의 중심 메시지에 속하기 때문에 그 말을 들은 청중들이 마음에 어떤 생각이 떠올랐을지를 아는 것이 중요하다. 우리는 지금까지 쿰란 문헌, 특히 '전쟁 두루마리'를 연구하여 신약의 특정 용례에 적용할 수 있는지를 알아보았다. 우리는 하나님의 나라라는 용어를 쿰란 문헌, 특히 '공동체 규칙'의 한 절과 '전쟁 두루마리'의 일부에서 볼 수 있는 이원론적 신학과 종말론에서 발견할 수 있었다. 쿰란 공동체의 모든 문서와 구성원들이 이 주제에 심취한 나머지 다른 성경 또는 성경 이후의 주제들을 배제했다는 주장을 할 수 있는 근거는 전혀 없다. 하지만 이 주제가 공관복음에서만큼 중심을 차지한다거나 일반적이지는 않다 해도 위에 언급된 단락에 나타난다는 것 역시 의심의 여지가 없다.

예수께서 선포하신 하나님의 나라는 사회적이고, 정치적이며, 인격적이고(개인의 자유를 존중하며), 목표가 우주적이며, 그 기원이 초월적이고, 땅에서 실현되며, 이미 징조를 나타내고 있으며, 미래에 완성될 것이다. 쿰란의 하나님 나라 환상 역시 사회적이고, 정치적이지만, 목표가 우주적이지 않고 국가주의적이며, 군사적이고, 보복적이며, 폭력적이고, 원수에 대한 사랑이나 죄 용서에 대한 언급이 전혀 없이 그 의미에 있어 더욱 결정론적이라는 점에서 차이가 있다. 그 나라를 실현하는 대리인은 천사인데(이 점은 신약 역시 기대하는 바이다. 예를 들어 막 8:38), 메시아라는 점은 분명히 드러나지 않는다. 다만 1QSa에는 예외적으로 메시아 사상이 있다. 쿰란의 하나님 나라 역시 그 기원이 초월적이며 땅에서 실현된다. 하지만 신비스런 인자 대신 미가엘을 최고 대리 천사로 명백하게 언급한다. 이러한 차이에도 불구하고 이와 같은 쿰란의 개념이 1세기 초반 팔레스틴 유대교에 널리 퍼져 있었다면 예수께서 "회개하라 천국이 가까웠느니라"고 선포하셨을 때 청중들이 그 의미를 이해하는 것은 어렵지 않았을 것이라고 결론을 내려도 무방하다.21)

---

21) 본문과 해석을 위해 Eduard Lohse, *Die Texte aus Qumran* [Munich: Kösel, 1964]; Dupont-Sommer, *Essene Writings*; Geza Vermes, *The Dead Sea Scrolls in English* [Harmondsworth: Penguin, 1963]; Carmignac-Guilbert, *Les Textes de Qumran*; J. van der Ploeg, *Le Rouleau de la Guerre* [STDJ 2; Leiden: Brill, 1959]; B. Jongeling, *Le Rouleau de la Guerre* [Studia Semitica Neerlandica 4; Assen: van Gorcum, 1962]; Y. Yadin, *The Scroll of the War of the Sons of Light against the Sons of Darkness* [Oxford: Oxford University, 1962]; P. R. Davies, *1QM, The War Scroll from Qumran* 등 다양한 자료를 사용하였다.

8장 하나님의 나라와 역사적 예수

램지 마이클(J. Ramsey Michaels)[1]

신약 학자들이 역사적 예수를 탐구하는 데 있어 자체적으로 정해진 기준을 항상 따르지 않는다는 것은 어찌 보면 축복이다. 잘 알려진 '상이함의 기준', 즉 예수께서 말씀하신 것으로 여겨지는 어록들은 당시 유대교와 그 뒤를 이은 기독교 운동의 신학과 다를 경우에만 진정한 것으로 여길 수 있다는 생각을 예로 들어 보자.[2] 학자들 사이에는 예수께서 자신을 인자라고 지칭하셨다는 데 대해서도 의견이 일치하고 있지 않다. 개인적인 자기 호칭으로서의 '인자'라는 표현이 후기 유대교에서나 초대 교회 신학에서 확인되지 않았는데도 말이다. 반면에 예수께서 하나님을 "압바", 즉 아버지라고 불렀다는 데 대해서는 의견이 거의 일치하고 있다. 신약에서 이 용어가 바울 서신에 2번(롬 8:15; 갈 4:6) 나오고 예수의 입에서는 단 한 번(막 14:36) 나오는데

---

[1] 사우스웨스트 미주리 주립대학교(Southwest Missouri State University) 종교학 교수.
[2] 예를 들어 N. Perrin, *Rediscovering the Teaching of Jesus* [New York: Harper & Row, 1967], 39-43쪽 참고.

도 말이다.3) 그리고 예수께서 하나님의 나라가 임할 것을 선포했다는 데에도 학자들의 견해가 일치하고 있다. 이 개념이 후기 유대교4)와 초기 기독교 교회의 가르침 속에 나타나는데도 말이다.5)

  마지막으로, 일치하지 않는 분명한 이유는 어렵지 않게 찾을 수 있다. 공식적으로 언급된 기준보다 상식이 우선한다는 것이다. 마가복음과 마태복음, 누가-사도행전, 요한복음 그리고 바울 서신 등에서 하나님의 나라에 대한 표현을 모두 조사해 보면 나사렛 예수께서 실제로 하나님의 나라를 선포했다고 가정하는 것이 선포하지 않았다고 가정하는 것보다 훨씬 쉽게 자료에 대해 설명할 수 있다. "다른 모든 것들의 기원을 가장 잘 설명하는 구절이 우선한다"는 유서 깊은 본문비평의 원칙이 역사적 재구성이라는 측면에서도 일정한 효력을 발휘하게 된다. 이 경우에는 다소 근거가 부족하고 적용하기 힘든 기준인 '상이함'을 파기하는 것이다.

  예수께서 선포하신 하나님의 나라에 대한 학자들 간의 일치점은 (불트만이 말했던 것처럼) 우리가 '그것'(Dass)을 넘어 '무엇'(Was)6)으로 이동할 때 끝나게 된다. 나사렛 예수께서 하나님의 나라를 선포했다는 것은 확실하다. 하지만 이 표현의 의미가 무엇인지는 확실하

---

3) J. Jeremias, *New Testament Theology* [New York: Scribner's, 1971], 2쪽 참고.
4) 예를 들어 단 2:44; 솔로몬의 시편 5:18; 17:3-4; 모세 언약 10:1; 시빌라 신탁 3:46-48; 지혜서 10:10; 탈굼 이사야 40:9; 탈굼 미가 4:7; 또한 유대 카디시 기도문: "그가 그의 나라를 당신이 살아 있을 때 그리고 이스라엘 사람들이 모두 살아 있을 때 이루시기를…더욱 빨리, 이른 시일 내에…."
5) 신약만 예로 든다면 행 8:12; 14:22; 19:8; 20:25; 28:23, 31; 롬 14:17; 고전 4:20; 6:9-10; 15:24, 50; 갈 5:21; 엡 5:5; 골 4:11; 살후 1:5; 계 12:10.
6) 이 용어는 주로 불트만의 요한복음 논의에서 왔다. 예를 들어 불트만의 *Theology of the New Testament* [New York: Scribner's, 1955], 2:66쪽 참고.

지 않다. 이 글의 목적은 학자들이 암시적으로 사용했던 방식을 똑같이 따르면서 예수께서 실제로 하나님의 나라를 선포했다는 사실을 확인하고, 더 나아가 이 표현이 예수 자신에게와 최초의 청중들에게 어떤 의미였는지를 확인하는 것이다. 다시 말하면, 역사적 예수의 가르침 속에 있는 하나님의 나라 이미지를 어떻게 사용하는 것이 우리가 초기 기독교 문헌에서 발견하게 되는 그의 가르침에 대한 다양한 증언을 가장 잘 설명할 수 있을 것인가?

개인적으로 이 작업과 관련된 추억이 있다. 50대 중반에 나는 도드(C. H. Dodd)의 '실현된 종말론'(예수께서는 하나님의 나라가 이미 임했다고 생각했다는 이론)을 지지하는 데 일반적으로 사용되는 복음서의 단락들을 연구한 박사 과정 논문을 완성했다. 주요 단락은 마태복음 12:28//누가복음 11:20; 마태복음 11:12//누가복음 16:16; 누가복음 17:21 등이었다. 나는 진정으로 역사적 예수에게 속하는 단락 중 하나님 나라의 현재적 측면을 가진 것들이 있기는 하지만, 이런 측면들은 그의 생각에서 파생된 것이지 원래의 것은 아니라는 결론을 내렸다. 명시적으로는 예수께서 선포하신 하나님의 나라는 미래의 것이다. 다만 암시적으로는 현재로 여길 수도 있다. 예수께서 선포하신 내용은 하나님의 나라가 매우 가까운 미래에 올 것이라는 것이다. 그러나 선포하는 행위 자체와 사람들을 치유하고 귀신을 내쫓는 행위는 이렇게 본질적으로 미래인 하나님의 나라와 현재에 속한 예수 당시의 사람들을 연결해 주는 징조다.[7]

---

7) J. R. Michaels, "The Kingdom of God Has Come," *Westminster Theological Seminary*, Philadelphia [1956]; 요약된 내용을 보려면 *The New Testament Student* [Philadelphia: Presbyterian and Reformed, 1975], 2:253-254쪽 참고.

시간이 지난 지금도 이 문제에 관한 나의 기본적 결론은 변함이 없지만, 예수의 선포에서 하나님의 나라가 임하는 시기에 대한 질문이 우리가 물어야 할 유일한 질문이거나 가장 중요한 질문은 아니라는 사실이 30년 전이었던 당시보다 지금에 와서 더욱 명백하게 느껴진다. 예수께서 사용하신 용어 – '하나님의 나라' 또는 '하늘나라' – 와 그 중요성에 대한 질문도 있으며, 예수께서 선포하신 하나님의 나라를 민족주의 유대교의 틀에서 이해해야 하는지 아니면 우주적이고 초월적인 틀에서 이해해야 하는지에 대한 질문도 있다. 마지막으로 예수께서 이 하나님의 나라 – 이 자체도 은유다8) – 를 설명하거나 정의할 때 은유와 비유를 사용한 것에 대한 질문도 있다. 예수의 다양한 이미지와 이 모든 것들이 가리키는 실체 사이의 관계는 무엇인가?

1. 용어

예수의 것으로 여겨지는 하나님의 나라 용어에 대한 논의에는 항상 몇 가지 질문이 따른다. 마태복음만 빼고 복음서에서 가장 많이 사용되는 문구는 '하나님의 나라'다. 마태복음은 네 군데만 예외로 하고 '하늘의 나라'라는 표현을 사용했다. (예외는 12:28; 19:24; 21:31, 43이다.) '하늘의 나라'(또는 '하늘')는 랍비 문헌에 흔한 히브리어 표현인 '말쿳 샤마임'(malkût šāmayim)에 해당하는 표현이다.9) 이는 하나

---

8) 하나님의 나라를 은유로 보는 것에 대해서는 특별히 N. Perrin, *Jesus and the Language of the Kingdom* [Philadelphia: Fortress, 1976] 참고.

9) H. L. Strack and P. Billerbeck, *Kommentar zum Neuen Testament aus Talmud und Midrasch*, [Munich: C. H. Beck, 1956], 1:172-184쪽; G. Dalman, *The*

님을 간접적으로 언급하거나 완곡하게 표현하려는 유대인들의 특징적인 경향을 반영한 것으로 보인다. '하나님의 나라'와 '하늘의 나라' 중 어느 것이 우위냐 하는 문제는 확실하게 결론을 내릴 수가 없다. '하늘의 나라'가 예수께서 사용하신 말이고 '하나님의 나라'는 이방인 청중을 위해 마가와 누가가 변형한 것일 수도 있고, '하나님의 나라' (아람어: 말쿠타 델라하⟨malkûta d'elaha⟩)가 원래 말이고 마태가 유대인들의 관습적인 용례에 자신의 용어를 맞춘 것일 수도 있다. 또는 예수께서 원래 사용하신 말 자체가 변한 것일 수도 있다. 어느 경우든 우위의 문제는 다른 문제들과 따로 떼어 해결할 수 없는 문제다. 두 표현과 관련하여 중요한 것은 이 표현들이 예수의 선포에서 한 가지 핵심적인 면을 강조한다는 것이다. 바로 하나님 중심성이다.

세례 요한이 잡힌 이후 예수께서 갈릴리에서 선포하기 시작한 메시지를 '하나님의 복음'(막 1:14)이라고 마가가 칭했다고 해서 그것으로 예수의 선포에서 하나님 중심성이 증명되지는 않는다. 마가의 용어는 예수의 부활 이후 이방인에 대한 교회의 사명을 단순하게 반영한 것일 수 있다. 바울 역시 자신이 데살로니가에서 이방인들에게 전한 메시지를 '하나님의 복음'이라고 칭하며(살전 2:2, 8, 9; 롬 1:1 참고) 이방인 그리스도인의 체험을 다음과 같이 요약한다. "너희가 어떻게 우상을 버리고 하나님께로 돌아와서 사시고 참되신 하나님을 섬기며 또 죽은 자들 가운데서 다시 살리신 그의 아들이 하늘로부터 강림하심을 기다린다고 말하니 이는 장래 노하심에서 우리를 건지시는 예수시니라"(살전 1:9-10).

비록 이 표현이 유대인의 하나님을 처음으로 알게 되는 이방인들의 경험에 의해 형성된 것이긴 하지만 상당 부분 복음서 전승 – 마가

Words of Jesus [Edinburgh: T. & T. Clark, 1902], 96-101쪽 참고.

복음뿐 아니라 소위 Q자료라고 하는 것도 - 이 강조하는 부분과 일치한다. 우연한 것이든 의도된 것이든 예수께서 하나님의 나라에 대해 선포한 내용에 있는 하나님 중심성과 강한 미래 지향성을 데살로니가전서 1장에 있는 바울의 간략한 요약에서도 분명히 볼 수 있다. 특히 예수께서 "장래 노하심에서 우리를 건지실 것이라"(10b절)는 바울의 명백한 선언은 세례 요한의 것으로 여겨지는 특정 Q자료를 떠올리게 한다(마 3:7//눅 3:7; 마 23:33에 있는 예수의 말씀 참고). 바울 서신에서는 일반적으로 하나님 중심성과 하나님 나라의 미래성이 함께 나타난다.[10] 바울은 여러 차례 '하나님의 나라를 상속하는 것'을 미래의 사건으로 말하며(고전 6:9, 10; 15:50; 갈 5:21. 엡 5:5 참고), 그 외의 경우에도 자신의 문체를 통해 자신은 하나님의 나라가 마지막 때에만 실현되는 것으로 생각하고 있다는 점을 암시한다(살전 2:12; 살후 1:5; 골 4:11. 딤후 4:1, 18 참고). 바울은 하나님 나라의 현재성에 초점을 맞추려 할 경우 '정의' 또는 '의'라는 용어를 '나라'라는 말과 함께 사용하거나(롬 14:17) '나라' 대신 사용하기도 하고(롬 1:17; 하나님의 나라와 하나님의 의를 가까이 관련시킨 예는 마 6:33 참고), 또는 (대안으로) 하나님의 나라를 아버지 하나님이 아닌 예수 그리스도와 연결하기도 한다(골 1:13). 두 번째 경향은 고린도전서 15장에서 분명하게 드러난다.

> 그 후에는 나중이니 저(즉 그리스도)가 모든 정사와 모든 권세와 능력을 멸하시고 나라를 아버지 하나님께 바칠 때라. 저가 모든 원수를 그 발

---

[10] 이 책 13장의 돈프리드(K. P. Donfried), "바울 서신에 나타난 하나님의 나라" 참고.

아래 둘 때까지 불가불 왕노릇 하시리니… 만물을 저에게 복종하게 하신 때에는 아들 자신도 그 때에 만물을 자기에게 복종케 하신 이에게 복종케 되리니 이는 하나님이 만유의 주로서 만유 안에 계시려 하심이라(24-25, 28절).

예수께서 선포한 내용의 하나님 중심성은 복음서에서는 명백하다. Q전승에서, 예수께서는 광야에서 사탄에게 시험을 받으실 때 "사람이 떡으로만 살 것이 아니요 하나님의 입으로 나오는 모든 말씀으로 살 것이라"(마 4:4; 눅 4:4 참고), "주 너의 하나님을 시험치 말라"(마 4:7//눅 4:12), "주 너의 하나님께 경배하고 다만 그를 섬기라"(마 4:10//눅 4:8)고 대답하셨다. 세 가지 답변이 모두 신명기를 인용한 것이지만, 동시에 예수께서 당신 자신의 것으로 선언하신 것이다. 마치 율법의 두 가지 큰 계명 중 첫째로 "네 마음을 다하고 목숨을 다하고 뜻을 다하여 주 너의 하나님을 사랑하라 하셨으니"(막 12:30//마 22:37//눅 10:27. 아마 처음부터 Q와 마가복음 모두에 있었을 것이다)라고 선언하신 것과 같다. 마태와 누가 모두 주기도문에서 하나님 아버지께 기도하도록 제자들에게 가르치신 분으로 예수를 묘사한다. "이름이 거룩히 여김을 받으시오며 나라이 임하옵시며" – 예수께서 하나님의 나라를 하나님 중심으로, 그리고 미래 지향적인 것으로 보았다는 또 다른 증거다.

드물긴 하지만 미래의 하나님 나라가 현재에 이미 시작된 것으로 묘사하는 예에서 그 능력은 분명 하나님의 능력으로 묘사된다. "그러나 내가 하나님의 성령(또는 손)을 힘입어 귀신을 쫓아내는 것이면 하나님의 나라가 이미 너희에게 임하였느니라"(마 12:28//눅 11:20). 여기서 마태가 자신이 주로 사용하는 표현인 '하늘의 나라'를 사용하지 않고 '하나님'

을 이용하여 다르게 표현한 것은 Q전승에서 온 이 말씀에서 하나님 중심성이 중요하고 핵심적이라는 것을 나타낸다. 하지만 다른 예에서는 '하늘/땅' 용어 자체가 하나님의 나라 이미지와 분명한 연결이 있든 없든 예수의 가르침에 있는 하나님 중심성을 증거한다. 이러한 예는 대부분 마태의 것이다. 예를 들면 주기도문에서의 호칭: "하늘에 계신 우리 아버지여"와 간구: "뜻이 하늘에서 이루어진 것같이 땅에서도 이루어지이다"(마 6:9, 12), 그리고 마태복음 16:19과 18:18(19절 참고)에 있는 매는 것과 푸는 것에 대한 선언 등이다. 그 중 일부는 누가복음에도 함께 나오므로 어느 정도의 확신을 가지고 Q자료로 간주할 수 있다(예를 들어 마 6:19//눅 12:33; 마 11:25//눅 10:21).

앞의 연구에는 예수께서 곧 임박할 하나님의 나라를 선언하시면서 자신을 왕으로 선포하신 예는 포함하지 않았다. 복음서 저자들은 (특히 요한은, 그리고 특히 수난 이야기에서) 예수께서 실은 메시아이며 동시에 유대인의 왕이라는 자신들의 믿음을 분명하게 드러낸다. (바울과 실라는 데살로니가에서 "다른 임금 곧 예수라 하는 이가 있다"고 주장했다는 이유로 고발당했다. 행 17:7). 그러나 대개의 경우 복음서는 이러한 결론을 예수의 입에서 나온 것으로 명백히 드러내기보다 자신들의 이야기에 암시적으로 남아 있도록 하는 것에 만족한다. 하나님의 나라는 그 의미에서 기본적으로 기독론적이기보다 신학적이다. 그리고 이 점이 바울과 후기 기독교 사상에서 하나님의 나라가 역사적 예수의 가르침에서만큼 중심을 차지하지 않는 부분적인 이유가 된다. 완전히 현재인, 즉 실현된 하나님의 나라는 현존하며 통치하는 왕을 필요로 한다. 그리고 역사 속에서의 예수의 사명은 왕이라기보다 교사나 선지자에 가깝다. 그의 선포, 그의 치유, 그의 귀신 축출 등이 하나님 나라의 권능의 표시이고 그의 왕권 - 또는 그의 아버지의 나라에 대한 소유권 - 의 표시일 뿐이다. 복음서 저자들은, 그들의 기독론적 관심이 아무리 강했어도, 이 이상은 주장하지 않으려 했던 것으로 보인다. 하나님의 나라가 현재라고 보이는 일부 바울 서신의 단락에서는 그 용어가 달라지는 경향이 있다. 적어도 한 경우에(고전 15:20-28) 바울은 하나님의 나라와 그리스도의 나라를 구분하고 있으며 이 둘을 하나의 종말론적 관점으로 통합하려고 시도한다.

2. 종족성

예수의 가르침에 나타난 하나님의 나라 연구에서 신기하게도 무시된 질문이 하나 있는데, 바로 예수께서 당시 사람들에게 선언한 하나님 나라의 종족적 배경에 관한 질문이다. 일반적인 양자택일의 문제 - 하늘의 나라냐 하나님의 나라냐, 현재냐 미래냐, 하나님 중심이냐 그리스도 중심이냐 - 와 더불어 거의 논의되지 않은 문제가 하나 더 있다. 예수께서 선포한 하나님의 나라가 그 기원에 있어 본질적으로 유대의 것이고 예루살렘 중심인지, 아니면 그 범위에 있어 우주적인 것인지의 문제다. 이 이분법은 어떤 면에서 잘못된 것이다. (즉 둘 다일 수는 없는가?) 하지만 다른 세 문제와 크게 다르지 않다. 우리가 이미 확인한 것처럼 예수께서 선포하신 나라는 하나님의 나라이자 동시에 하늘의 나라이고, 현재이자 동시에 미래이고, 하나님 중심이자 동시에 그리스도 중심이다. 그러나 각각의 경우 일정한 우열을 발견할 수 있다. (하나님의 나라와 하늘나라의 경우에는 우열을 부여하기가 힘들다.) 이러한 우열은 명시적인 것과 암시적인 것으로도 말할 수 있다. 즉 예수께서 선포하신 하나님의 나라는 명시적으로 미래였으며 암시적으로 현재였다. 명시적으로 하나님 중심이었고 암시적으로 그 사자(使者)인 인자 예수 중심이었다.

예수의 가르침에 나타난 하나님 나라의 종족적 배경은 본 논문에서는 지금까지 다루지 않았지만 많이 논의된 이분법, 즉 양자택일의 문제인 통치냐 왕국이냐의 문제라는 배경에서 볼 때 가장 잘 이해할 수 있다. 'βασιλεία'의 의미가 구체적이지 않고 추상적이라는 데는 대체로 의견이 일치하고 있다. 이 헬라어 단어는 히브리어 말쿳(malkût)이나 아람어 말쿠타(malkûta)와 마찬가지로 제일 먼저 왕이나 여왕의 통치, 지배, 주권 등을 뜻한다.[11] 하지만 이 추상적인 의미에서의 '통치'가 그 실현 대상인 특정 왕국을 필요로 하며 이를 내포하고 있다는 사실에 대해서는 아무런 이의가 없다. 민족적 배경에 대한 질문은 이 왕국에 대한 질문을 제시하는 한 가지 방식인 것이다. 예수께서 가까이 온 것으로 선언하신 하나님 나라의 범위와 영토는 어디까지인가? 땅인가, 하늘인가, 아니면 둘 다인가? 전 세계인가, 예루살렘 중심의 유대 세계인가? 예수의 하나님 나라 선포에 대한 유대적 배경에 의하면 이 이분법 역시 잘못이다. 예를 들어 다니엘서나 주전 1세기 바리새적 색채의 솔로몬의 시편에서 시작된 하나님의 나라는 그 범위가 우주적이지만 그 모든 보편성에도 불구하고 유대적이다. 하나님의 나라이지만 동시에 이스라엘의 나라인 것이다(예를 들어 솔로몬의 시편 17:3-4 참고).

---

[11] 예를 들어 G. E. Ladd, *The Presence of the Future: The Eschatology of Biblical Realism* [Grand Rapids: Eerdmans, 1974], 122-148쪽 참고.

그리스도인 학자들은 예수께서 정치적 나라, 즉 군사력이나 로마의 통치에 대한 반란을 통해 세워지는 나라에 대해 관심이 없었다는 점을 들어 하나님의 나라에 대한 예수의 생각에서 유대적인 것이나 종족적 배경을 최소화하려는 경향을 보여 왔다. 비정치적이라는 말은 비국가주의적인 것을 의미하고, 이는 더 나아가 비민족적이고 비유대적인 것을 의미하며 '영적'이고 '우주적인' 것을 의미한다는 가정이 암시적으로 깔려 있다. 그러나 실제로는 하나님의 나라에 대한 유대인의 기대는 영적인 동시에 국가주의적이며, 우주적인 동시에 민족적이다.12)

대부분의 유대인들은 예수에 관한 초대 교회의 메시지를 거부한 반면에 이방인들은 이를 널리 수용했다는 점에서, 우리는 교회와 복음서 저자들이 하나님의 나라에 대한 예수의 가르침에서 유대 특유의 요소들을 강조하지 않은 것으로 생각할 수 있다. 하지만 복음서들은 예수께서 제자들이 "열두 보좌에 앉아 이스라엘 열두 지파를 심판"(마 19:28. 눅 22:30 참고)할 것을 (적어도 Q전승에서는) 기대하며 열두 명을 선발하셨다는 데 동의한다. 최초의 열두 사도 중 하나가 자살하자, 누가에 의하면 빈 자리를 메우는 것이 중요했다(행 1:15-26). 재판에 회부된 예수는 예루살렘의 유대교 성전을 파괴하고 다시 짓겠다는 위협 때문에 고발당했다(막 14:58). 비록 요한이 이 말은 예수 자신의 몸을 가리킨 것이라고 해석하긴 했지만(요 2:19) 요한복음에서조차 이 말은 성전에 관한 것으로 들린다. 예수와 제자들이 예루살렘 가까이 왔을 때, 그들 중 일부는 "하나님의 나라가 당장에 나타날 줄로 생각"했

---

12) 이 부분은 세대주의자 A. J. McClain의 작품인 *The Greatness of the Kingdom* [Grand Rapids: Zondervan, 1969]의 중대한 공헌이다.

기 때문에(눅 19:11) 흥분하였다. 부활 이후 사도행전에 따르면 예수의 제자들은 (심지어 예수께서 하나님의 나라에 관해 사십 일 동안 가르친 다음에도) 예수께 질문하였다. "**주께서 이스라엘 나라를 회복하심이 이 때니이까?**"(행 1:6). 예수의 답변에는 이러한 국가주의적인 기대가 잘못된 것이라는 암시가 전혀 없고 단지 회복의 때는 하나님의 권한에 의해서만 결정된다는 언급만 있을 뿐이다.[13] 이러한 전승들이 진정한 것이라는 증거는 전혀 없지만 후에 점차적으로 자라난 교회의 주된 강조점의 내용과 확실히 다르고, 따라서 해당 사건 이후에 지어낸 것이라고 설명하기 또한 어렵다.[14]

3. 비유

우리의 짧은 연구를 통해 나사렛 예수를 이스라엘의 회복을 알리는 묵시적 선지자로 간주하게 되었다. 그의 선포는 처음에 자기가 아닌 하나님이 중심이었고, 현재가 아닌 미래가 중심이었으며, 전체 세상이 아닌 예루살렘과 이스라엘 나라가 중심이었다. 이것이 겉으로 드러난 그의 사역의 전부다. 하지만 처음 드러난 것은 일부일 뿐이고 어떤 면에서는 현혹당하기 쉬운 것이었다. 왜냐하면 그의 사역이 진

---

[13] D. L. Tiede, "The Exaltation of Jesus and the Restoration of Israel in Acts 1," *Society of Biblical Literature 1985 Seminar Papers* [Atlanta: Scholars Press, 1985], 369-375쪽 참고. (비록 티드가 누가의 관점에 초점을 맞추고 있긴 하지만, 그의 주장이 성립하려면 이스라엘의 회복에 대한 소망이 누가 이전의 전승에도 속한다는 사실이 필요하다.)

[14] B. F. Meyer, *The Aims of Jesus* [London: SCM, 1979], 174-219쪽 참고.

행되면서 미래뿐만 아니라 현재에 대한 암시가, 또한 하나님뿐만 아니라 자신에 대한 암시적 주장이 표면으로 드러났기 때문이다. 사물은 보이는 것과 항상 일치하는 것은 아니며, 또한 보이는 것만으로 판단해서는 안 된다. 예수의 죽음과 부활 이후 초대 기독교 교회는 하나님의 나라에 대해 예수께서 선포하신 내용의 드러난 의미보다 내포된 의미에 더 관심을 기울였다. 예수께서 스스로를 인자라고 칭하신 것을 제외하면, 이러한 본질적으로 내포된 의미를 전달한 수단은 비유와 은유였던 것으로 보인다.

복음서 전승 속에서 예수는 당신이 선포하신 하나님의 나라를 정의한 적이 없다는 주장이 종종 나온다. 한편으로는 청중이 히브리어 성경과 유대 전승을 기초로 하여 전통적인 개념으로 이해할 수 있었을 것이라고 예수께서 가정하셨다는 것이 이에 대한 이유가 될 수 있다. 하지만 다른 측면에서 볼 때 그는 분명 하나님의 나라를 정의하셨다. 예수는 비유에서 하나님의 나라에 대한 여러 전통적인 은유들을 나란히 배치하여 은유들("천국은 ~ 와 같으니…")을 뚜렷이 대조하는 방법으로 하나님의 나라를 정의하셨다. '하나님의 나라'의 정치적이거나 군사적인 이미지는 파종과 성장, 고기잡이, 빵 굽는 여인, 보화를 발견한 토지 소유주, 진주를 사는 상인 등 좀더 부드러운 이미지와 나란히 놓였다.15) 예수는 다양한 방식으로 전통적인 유대적 기대를 인정하셨지만 동시에 헨리 제임스(Henry James)가 '위압'(turn of the screw)이라고 표현한 것처럼 청중들에게 충격을 주고 어떤 면에서 이들의 행위와 세계관에 의문을 갖도록 하는 새로운 비틀기(twist)

---

15) J. R. Michaels, *Servant and Son: Jesus in Parable and Gospel* [Atlanta: John Knox, 1981], 86-92쪽 참고.

를 제시하셨다. 예를 들면 마태복음 8:11-12(눅 13:28-29 참고)에서 마지막 나라에 대한 그의 묵시적 환상을 참고할 수 있다. "또 너희에게 이르노니 동서로부터 많은 사람이 이르러 아브라함과 이삭과 야곱과 함께 천국에 앉으려니와 나라의 본 자손들은 바깥 어두운 데 쫓겨나." 이런 종류의 묵시적 말씀에서, 그리고 그의 여러 가지 비유에서 예수의 극단적인 모습을 볼 수 있다. 만약 예수께서 회복된 이스라엘을 예고하신 것이라면, 또한 변화되고 혼란스런 이스라엘을 예고하신 것이다. 왜냐하면 그는 자신의 말처럼 "의인을 부르러 온 것이 아니요 죄인을 부르러"(막 2:17) 왔기 때문이다.

비록 마태복음 8:11-12//누가복음 13:28-29의 독특한 말씀이 이방인에 대한 교회의 사명을 정당화하기 위한 시도일 것이라고 의심되긴 하지만, 그 안에 담긴 이 놀라운 비틀기 즉 '위압'은 역사적 예수의 특징이다. 예수께서 기대하신 바는 당시 유대인들이 기대했던 메시아와 묵시록의 틀 안에 있지만 거의 언제나 일종의 반전이나 기습이었다. 한편으로는 세리와 창녀, 다른 한편으로는 서기관과 바리새인의 반전이거나, 유대인과 이방인의 반전이다. 하지만 세례 요한의 회개 선포에 이미 나타난 반전과 같은 극단적인 반전(예를 들어 마 3:9//눅 3:8; 마 21:31; 눅 7:29-30. 마 11:12//눅 16:16 참고)에도 불구하고, 예수께서 예고하신 하나님의 나라는 여전히 유대 민족의 나라이며 예수 역시 세례 요한과 마찬가지로 근본적으로 유대인 선지자요 선견자일 뿐이다.

4. 결론

　단순히 묵시적 선지자라는 차원을 넘어서 예수가 누구냐 하는 문제는 공관복음에서 직접적이기보다 간접적으로 더 드러난다. 역사적 예수와 하나님의 나라에 대해 연구할 때는 항상 명시적인 것과 암시적인 것 사이의 구분을 염두에 두어야 한다. 지금까지의 경향은 예수를 좀더 '그리스도인'답게 하고 하나님의 나라를 좀더 '영적인' 것이 되게 하기 위해 명시적인 것을 도외시한 채 암시적인 것을 선호하는 것이었다. 이러한 관행은 특정 이념에 국한된 것이 아니고 전통적인 정통파나 19세기 후반의 낙관적 자유주의 모두의 특징이었고 지금도 그렇다. 로버트 펑크(Robert W. Funk)가 이끄는 예수 세미나에서 발행한 최근 문헌들은 비종말론적인 예수를 향한 비슷한 움직임을 보여주고 있다.16) 최근의 예들은, 그 결과가 예수를 '기독교화'하기보다는 (이 세미나가 거의 상이함의 기준에 전념하기 때문에 최소한 이론적으로는 이를 막는다) 예수를 헬라의 지혜 교사나 그 전 시대의 영지주의자 등 임박한 세상의 종말을 기대했던 유대 선지자만 아니면 어떤 모습으로든 색칠하게 된다.17)

---

16) 예를 들면, M. Borg, "A Temperate Case for a Non-eschatological Jesus," *Society of Biblical Literature 1986 Seminar Papers* [Atlanta: Scholars Press, 1986], 521-535쪽 참고.
17) 예수 세미나는 자신의 이념적/정치적 의제에 대해 솔직하다. 한 구성원은 "'새로운 견해'가 세상을 구원하기 위해 인자로 오실 예수에 대한 그림을 단호하게 자른다"며 이것이 의미가 있는 것은 "돌아올 구세주라는 예수의 이미지가 많은 미국 그리스도인들에게 핵무기 경쟁이 아마겟돈 전쟁이 일어나기 위한 불가피한 과정이며, 그러나 자신들은 하나님의 나라가 임할 때 구원을 얻을 것이라는 생각을 갖게 했기 때문이다"라는 취지의 발언을 했다. *Westar News* [Westar Institute: Sonoma, Calif., December 1986], 5쪽. 분명히 이 논리

유대 민족주의라는 '껍데기'와 19세기 또는 20세기에 최고의 견해로 자리잡은 영적 진리라는 '알맹이'를 구분하는 것은 거의 진부한 일이 되어 버렸다. 그러나 비록 껍데기라고 할지언정 이것이 그렇게 쉽게 버릴 수 있는 것일까? '실제' 예수에 대해 탐구하고 그의 메시지에 내포된 것에 대해 탐구한다고 해서 겉으로 드러난 것을 무시할 수 있는 것일까? 가능한 대안으로 복음에 대한 증거로 '성례적' 접근법이라고 불리는 방법을 도입하는 것이다. 즉 예수의 메시지에 내포된 내용(또는 '실제' 내용)은 겉으로 드러난 것 '안에서' 발견할 수 있다고 여기는 것이다. 하나님 나라의 현재 실체는 그 문자적 미래성을 인정할 때에만 이해할 수 있는 것이다. 하나님 나라의 그리스도 중심성은 하나님 중심성의 배경에서만 이해할 수 있는 것이다. 하나님 나라의 보편성은 유대교라는 특수성의 틀 안에서만 이해할 수 있는 것이다. 현대의 학자들은 예수가 유대인이라는 생각, 예수가 과격한 광신자라는 생각, 예수가 천년왕국을 믿었다는 생각, 예수가 정치적 혁명가라는 생각 등에서 자유롭지 못하다. 학자들도 다른 사람들처럼 예수라는 인물이 함께 차를 마시며 '형제애'에 대해, '인간의 가능성'에 대해, '영적 생활'에 대해 대화를 나눌 수 있는 인물이기를 바란다. 때때로 우리는 예수를 너무 사랑해서 복음서를 있는 그대로 읽지 못하기도 한다. 사실 우리가 스스로 만들어 낸 대상을 사랑하기란 그다지 어려운 일이 아니다. 아마도 역사적 예수는 일부 사람들이 인정하고 싶어하는 모습보다는 엘리옷(Eliot)의 "Christ the Tiger"와 비슷할 것이다.

도 반대쪽에서 쉽게 잘 수 있다. 예수께서 하나님의 원수들을 벌하시기 위해 하늘로부터 돌아올 것이라고 우리가 더 이상 생각하지 않게 되면, 우리는 그 일을 우리가 직접 해야 한다고 생각하게 될 것이다.

9장 마태복음에 나타난 하나님의 나라

론 파머(Ron Farmer)[1]

1. 서론

「예수의 가르침에 나타난 하나님의 나라」라는 책에서 노먼 페린은 하나님의 나라에 대한 현대의 논의를 추적하였다. 요약에서 페린은 이 논의 과정에서 야기된 세 가지 주요 질문을 다음과 같이 정리하였다. (1) 예수의 가르침에서 하나님의 나라는 묵시적 개념인가? (2) 하나님의 나라는 현재인가 미래인가? (3) 예수의 가르침에서 종말론과 윤리는 어떤 관계인가?[2]

첫 번째 질문과 관련하여 페린은 (1963년의) 학자들이 예수의 가르침에서 하나님의 나라가 묵시적 개념이었다는 데 합의했다고 보고하였다. 예수께서 사용한 표현의 배경 등의 이러한 합의점에도 불구하고 묵시 문헌에서의 하나님 나라의 의미와 용례 등에서 상당한 불

---

1) 미주리-콜럼비아 대학교(University of Missouri-Columbia) 종교학 조교수.
2) Norman Perrin, *The Kingdom of God in the Teaching of Jesus* [London: SCM, 1963], 158쪽.

일치가 있는 것 또한 사실이다. 두 번째 질문과 관련하여서는 아무런 합의점이 생겨나지 않았지만 페린은 대부분의 학자들이 하나님의 나라를 어떤 식으로든 현재와 미래 모두로 본다고 설명하였다. 현재와 미래 사이의 이러한 긴장 관계를 어떻게 이해해야 하는지를 놓고 많은 의견 차이가 있었다. 세 번째 질문인 종말론과 윤리의 관계에 대해 페린은 학문적 일치점이 거의 없다는 것을 발견하였다. 하나님의 나라를 미래로 보는 임시 윤리 접근법은 수용되기도 했고, 거부되기도 했고, 수정되기도 했다. 이와 비슷하게 하나님 나라의 현재성과 예수의 윤리적 가르침의 관계도 다양한 방식으로 표현되어 왔다.3)

하나님의 나라에 대한 현대의 논의와 학자들의 결론을 요약한 페린의 1963년 연구 결과는 그가 『예수와 하나님 나라의 언어: 신약 해석의 상징과 은유』를 출판한 1976년까지 의미 있게 받아들여졌다. 이 책에서 현대의 논의는 전환점을 맞이하게 된다.4) 이 연구에서 페린은 하나님의 나라를 '개념'이라기보다 '상징'으로 보아야 한다고 주장하였다. 하나님의 나라에 대한 이 새로운 접근법은 복음서 연구의 여러 영역과 깊은 관련을 맺고 있지만 특히 마태복음에 윤리와 관련된 내용이 많이 포함되어 있으므로 필자는 페린의 제안이 끼치는 영향을

---

3) 위의 책, 158-160쪽.
4) 1976년은 브루스 칠톤(Bruce Chilton)의 박사 논문이 발표된 해이기도 하며 이 논문은 나중에 *God in Strength: Jesus' Announcement of the Kingdom* [Freistadt: Plöchl, 1979]이라는 제목으로 출판되었다. 탈굼 연구와 예수의 하나님 나라 선포에 대한 편집 비평적 연구에 기초한 칠톤의 결론은 하나님의 나라가 하나님의 구속적 자기 계시와 관련이 있다는 것이다. 따라서 예수께서는 하나님이 당신의 백성을 위해 힘있게 일하고 계시며 일하실 것이라는 자신의 확신을 선포한 것이다. 칠톤의 역사적 재구성과 페린의 문예적 발견 사이의 유사점을 통해 학자들이 예수의 메시지에 나타난 하나님 나라의 의미에 대한 새로운 합의점의 언저리에 와 있다는 것을 알 수 있다.

마태의 윤리적 가르침에 대한 이해로 제한하려고 한다.5)

2. 상징으로서의 하나님의 나라

페린에 의하면 '하나님의 나라'라는 상징은 자신을 하나님의 백성으로 여기는 유대인의 의식에 그 뿌리를 두고 있다. 이러한 의식은 크게 하나님의 왕권과 구속사라는 구약의 두 가지 주제에 기반한다. 고대 근동 지역의 모든 백성에게 일반적인 신화6)였던 하나님의 왕권은 주로 세상을 창조하시고, 해마다 땅을 새롭고 비옥하게 하시고, 당신의 백성들을 기르시는 하나님에 대해 다룬다. 왕위 즉위식 시편인 47편, 93편, 96편, 97편, 98편, 99편 등은 이스라엘이 신년 축제 때마다 이러한 고대 신화를 채용하여 각색했음을 보여준다. 신명기 26:5-9과 같은 신앙 고백에 표현된 구속사는 이스라엘을 위한 하나님의 구원 행위의 역사이다. 원래는 별개였던 이 두 전승이 다양한 방식으로 구약에서 하나로 합쳐지게 되었고 하나님의 나라라는 상징이 등장할 수 있는 무대를 형성하게 된 것이다.

---

5) 필자는 마태복음에서의 '하늘나라'가 '하나님의 나라'의 동의어라는 대다수의 견해에 동의한다. 이 두 표현을 구분하려는 최근의 시도에 대해서는 Margaret Pamment, "The Kingdom of Heaven according to the First Gospel," *NTS* 27 [1981], 211-232쪽 참고.
6) 페린은 알란 와트(Alan Watt)의 정의를 따랐다. "신화란 다양한 이유로 인간들이 우주와 인생의 내적 의미를 표현하는 것으로 여기는, 분명한 사실인 경우도 있고 상상의 결과이기도 한 여러 이야기들의 복합물이라고 정의할 수 있다." *Myth and Ritual in Christianity* [New York: Macmillan, 1954], 7쪽.

언어의 차원에서 이 상징은 하나님 나라의 신화에서 유래한 것이다. '통치', '나라' 등을 나타내는 '말쿳'(malkuth)은 '다스리다', '왕이 되다'라는 뜻의 어원 m-l-k에서 형성된 추상 명사이기 때문이다. 하지만 직접 창조의 차원에서 이 상징은 구속사의 특징을 떠올리게 한다. 두 신화가 합쳐져서 하나의 신화, 즉 세상을 창조하시고 그 세상의 역사 속에서 당신의 백성을 위해 일하시는 하나님에 대한 신화를 이루게 된 것이다. 그리고 이 상징은 이 신화를 떠올리게끔 발전하였다.[7]

페린은 필립 휠라이트의 『은유와 실제』와 폴 리꼐르의 『악의 상징성』을 통해 상징의 성격과 기능에 대한 이해를 얻게 되었다. 휠라이트에 의하면 "일반적으로 상징은 지각할 수 있는 경험의 상대적으로 안정되고 반복 가능한 요소이며, 지각할 수 있는 경험 자체에서 충분히 주어질 수 없는 더 큰 의미 또는 의미의 집합을 나타낸다."[8] 휠라이트는 상징을 '좁은 상징'과 '넓은 상징' 등 두 가지 유형으로 분류하였다.[9] 좁은 상징은 수학 기호 파이처럼 자신이 가리키는 대상과 일대일 관계를 가진다. 넓은 상징은 한 가지 참고 대상으로 제한되거나 정확하게 표현될 수 없는 의미의 집합을 가진다.[10]

---

7) Perrin, *Jesus and the Language of the Kingdom*, 20-21쪽. 페린은 시 145:10-14; 출 15; 사 33:22; 52:7-12; 습 3:14-15; 모세 승천기 10장; 전쟁 두루마리 [1QM 6:6; 12:7]와 카디시 기도문 등을 인용하여 유대 문헌과 예배에 나타난 이 상징의 의미와 용례를 설명하였다.
8) Philip Wheelwright, *Metaphor and Reality* [Bloomington: Indiana University Press, 1962], 92쪽.
9) 위의 책, 93-96쪽.
10) Perrin, *Jesus and the Language of the Kingdom*, 30쪽. 리꼐르도 비슷하게 기호(sign)와 상징(symbol)을 구분한다(*The Symbolism of Evil* [Boston: Beacon Press, 1967], 15쪽).

기원의 역사와 하나님의 나라 상징의 용례의 관점에서, 비록 유대 묵시록에서 종종 좁은 상징으로 이해되기도 했지만 – 예를 들면, 하나님이 유대인의 전쟁인 마카비 반란과 바르 코흐바(Bar Kochba) 반란 중에 개입하실 것이며, 이러한 개입이 곧 종말의 시작이라고 생각하였다 – 사실 하나님의 나라는 넓은 상징이다. 그 의미가 한 가지 참조 대상으로 제한되거나 정확하게 표현될 수 없는 것이다.

페린에 의하면 하나님의 나라에 대한 현대의 논의가 현재와 같이 막다른 골목에 다다른 이유는 학자들이 하나님의 나라를 상징이 아닌 '개념'이나 '사상'으로 보았기 때문이다. "상징으로서의 하나님의 나라는 개념의 전체 범위 또는 일련의 개념을 나타내거나 떠올릴 수 있는 반면, 하나님의 나라가 단 한 가지 개념만 나타내거나 떠올릴 경우 그저 개념일 뿐이다."[11] 하나님의 나라를 한 가지 개념이나 한 가지 사상으로 여기는 것은 중요한 주제의 전체 범위를 미리 판단해 버리는 것이며 복음서에 하나님의 나라라는 표현으로 표현되는 한 가지 일관되고 분명하게 서술된 사상이 있다고 여기는 것이다. 요약하자면 하나님의 나라를 개념이나 사상으로 여기는 것은 이를 좁은 상징으로 만드는 것이다.

3. 하나님의 나라와 종말론

하나님의 나라에 대한 현대의 논의 과정 중에 넓은 상징으로부터 통일된 사상이나 정적 개념을 짜내려고 시도한 사람들이 모두 어려움

---
11) Perrin, *Jesus and the Language of the Kingdom*, 33쪽.

을 겪은 부분이 있다. 요하네스 바이스와 알버트 슈바이처12)의 견해처럼 하나님의 나라를 '철저 종말론' 또는 '미래의 종말론'의 관점에서 해석하려는 사람들에게는 마태복음 11:11-13, 12:28과 하나님의 나라에 대한 비유13) 등의 본문이 극복할 수 없는 난관이다. 도드14)가 지지하는 반대 입장, 즉 하나님의 나라를 '실현된 종말론'의 관점에서 해석하려는 사람들에게는 마태복음 4:17, 10:7, 16:28, 26:29 등의 본문이 마찬가지로 극복할 수 없는 어려움이다.15)

하나님의 나라를 전적인 미래나 전적인 현재로 이해하는 데 따르는 어려움 때문에 대부분의 학자들은 하나님의 나라를 어떤 식으로든 현재와 미래 모두인 것으로 이해하기 시작하였다. 일반적으로 두 가지 학파가 존재한다. 먼저는 요아킴 예레미아스, 베르너 게오르그 큄멜, 오스카 쿨만16) 등으로 대표되는 학파로, 이들은 현재와 미래 사이의 긴장을 임시적인 것으로 이해해야 한다고 주장한다. 예레미아스는 도드의 실현된 종말론을 '실현되고 있는 종말론'으로 수정할 것을 제안했으며, 이에 대해 도드도 나중에 지지하게 되었다.17) 큄멜은 현재

---

12) Johannes Weiss, *Jesus' Proclamation of the Kingdom of God* [Philadelphia: Fortress, 1971]: Albert Schweitzer, *The Quest of the Historical Jesus* [London: Black, 1911].
13) 비유에 대한 현대의 논의는 비유에서 요구하는 것이 하나님 나라의 현재성을 나타낸다고 설명한다.
14) C. H. Dodd, *The Parables of the Kingdom* [New York: Charles Scribner's Sons, 1935, 1948, 1961].
15) ἤγγικεν을 '가까이 왔다'가 아니라 '이미 왔다'라고 해석해야 한다는 도드의 제안은 인정받지 못하고 있다.
16) Joachim Jeremias, *The Parables of Jesus* [New York: Charles Scribner's Sons, 1954]; Werner Georg Kümmel, *Promise and Fulfilment* [Naperville Ill.: Allenson, 1957]; Oscar Cullmann, *Christ and Time* [London: SCM, 1967].
17) C. H. Dodd, *The Interpretation of the Fourth Gospel* [Cambridge: University

와 미래의 관계를 미래의 약속의 확실성을 수반하는 현재의 성취로 설명하였다. 쿨만은 '시작된 종말론'을 주장하면서 그리스도 사건을 'D데이'로, 재림을 'V데이'로 설명하였다.

다른 학파에서는 현재와 미래 사이의 긴장 관계를 변증법적 긴장 관계로 보며 임시적인 것이 아닌 실존적인 것으로 해석한다. 에른스트 케제만, 귄터 보른캄, 에른스트 푹스[18] 등과 같은 후기 불트만 학파 사람들은 자신들의 스승과는 달리 하나님의 나라가 역사 속에서, 예수의 사역 속에서 일정 부분 성취된 것으로 보았다. 결정의 위기와 함께 인간과 직면하는 결정적인 사건이 예수의 사역 속에서 일어난 것이다.

만일 하나님의 나라를 정적 개념으로 본다면 - 두 학파가 모두 언급한 것처럼 - 현재와 미래 사이의 긴장은 알 수 없는 것으로 남게 된다. 하지만 하나님의 나라를 구원 신화, 왕이신 하나님의 행위 등을 떠올리게 하는 넓은 상징으로 접근한다면, 일부 본문은 하나님의 나라를 현재로 묘사하고 일부는 하나님의 나라를 미래로 묘사한다는 사실이 그다지 놀라운 일이 아닌 것이다. 넓은 상징의 의미는 한 가지 참고 대상으로 제한되지 않는다. 하나님의 나라라는 상징이 개인 및 공동체를 위해 일하시는 하나님의 구속 행위에 대한 기대를 떠올리게 한다면 하나님이 예수의 인격과 사역 속에서 구속 행위를 나타낼 수

Press, 1953], 447쪽 각주 1.

[18] Ernst Käsemann, "Das Problem des historischen Jesus," "Sackgassen in Streit um den historischen Jesus," and "Zum Thema der urchristlichen Apokalyptik," in: *Exegetische Versuche und Besinnungen* [Göttingen: Vandenhoeck & Ruprecht, 1964]; Günther Bornkamm, *Jesus of Nazareth* [New York: Harper & Row, 1960]; Ernst Fuchs, *Zur Frage nach dem historischen Jesus* [Tübingen, 1960].

있으며 최종 완성의 때에도, 그리고 그 사이 어느 시점에서도 그렇게 하실 수 있다는 것이 분명하다.19) "하나님의 나라는 현재도 아니며 미래도 아니며 현재이자 동시에 미래인 것이다."20) 이는 하나님의 초월성을 잃지 않으면서 하나님의 내재성을 표현하는 방식이다.

4. 하나님의 나라와 윤리

하나님의 나라에 대한 현대의 논의 과정에서 야기된 주요 질문 중 하나는 종말론과 윤리의 관계에 대한 것이다. 19세기 개신교 자유주의는 인간의 노력을 통해 지상에 유사한 하나님의 나라가 이루어지는 것을 낙관적으로 기대했으며, 종말론은 예수의 종교적이고 윤리적인 가르침 즉 "알맹이"(핵심적 요소)를 둘러싸고 있는 '껍데기'(비핵심적 요소)로서 필요 없는 것으로 여겼다.21) 하지만 20세기 학자들은 전반적으로 종말론을 윤리와 함께 짜여져 분리할 수 없는 것으로 보았다. 둘의 관계는 다음의 연구 내용에서 알 수 있듯이 다양한 방식으로 표현되어 왔다.

---

19) 이 부분에서 필자는 페린과 의견을 달리 한다. 페린에 의하면 하나님의 나라를 넓은 상징으로 본다는 의미는 현재와 미래라는 범주가 이 논의에 적당하지 않다는 의미다(*Jesus and the Language of the Kingdom*, 40쪽). 필자는 하나님의 나라가 넓은 상징으로서 전적으로 현재라거나 전적으로 미래라고 여겨서는 안 된다는 점에는 동의하지만 시간의 범주 자체를 함께 제거해야 할 이유는 없다고 본다.
20) Douglas Ezell, "Eschatology and Ethics in the New Testament," *Southwestern Journal of Theology* 22 [1980], 79쪽.
21) Adolf von Harnack, *What is Christianity?* [New York: G. P. Putnam, 1901] 참고.

알버트 슈바이처의 철저 종말론을 지지하는 사람들에게 예수의 윤리적 가르침은 다가올 수많은 세대에게 도덕적 삶을 지도하기 위한 영원한 진리가 아니다. 예수의 가르침은 예수의 설교와 임박한 하나님 나라의 도래 사이 동안의 '임시 윤리'였던 것이다. 예수는 다가오는 이 하나님의 나라에 대비하여 회개 즉 산상설교에서 표현된 도덕적 갱신을 요구하였다. 예수의 도덕적 가르침을 따르는 것이 하나님의 나라에 적합한 사람이 되는 것이다.

실현된 종말론의 주된 지지자인 도드는 예수께서 다가올 하나님의 나라에 대한 대비책으로 임시 윤리를 가르쳤다는 슈바이처의 주장에 동의하지 않았다. 예수의 윤리적 가르침은 이미 하나님의 나라에 들어간 사람들이 살아갈 방식인 것이다. 도드에게 예수의 윤리적 가르침은 두 가지 기능을 가진다. 첫째, 하나님 나라의 절대 기준이 사람들로 하여금 자신들이 얼마나 하나님의 요구에 못 미치는지 깨닫게 하여 이들을 회개로 부른다. 둘째, 일단 하나님의 나라에 들어간 사람들에게는 윤리적 가르침이 삶 속에서 새로운 순종과 새로운 태도를 향하도록 도전한다.

슈바이처와 마찬가지로 루돌프 불트만도 하나님의 나라에 대한 예수의 이해를 미래로 해석하는 입장을 지지했지만 그의 해석은 상당히 달랐다. 비록 예수께서 당대 사람들과 세상이 끝날 것이라는 신화인 종말론에 대한 생각을 공유했지만 이것은 예수의 실제 의미가 외부적으로 표현된 형태 또는 껍데기에 불과한 것이었다. 불트만은 예수의 메시지를 '비신화화'해야 한다고 제안하였다. 즉 종말론적 신화의 실존적이고 영원한 의미를 드러내야 한다는 것이다.

불트만에 의하면 예수의 실제 관심은 인간의 실존을 이해하는 것이었다. 그는 자신의 시간을 마지막 시간으로 선포했는데 이를 통해 그는 인간 실존에 대한 자신의 이해를 표현한 것이다. 즉 모든 시간이 마지막 시간이라는 것이다. 하나님의 나라가 가까이 왔다는 예수의 메시지는 사람들에게 '결단'을 촉구한다. 이 결단은 회개로 부르는 것이며 불트만의 표현으로는 '철저한 순종'으로 부르는 것이다.22)

예수의 가르침에서 하나님 나라의 현재성을 깨닫지 못한 불트만의 잘못에 대해 수많은 비판이 쏟아지자 후기 불트만 학파들은 자신들이 실존적으로 해석한 현재와 미래 사이의 변증법적 긴장 관계를 보기 시작하였다. 예를 들어 귄터 보른캄은 예수의 회개 요청과 세례 요한의 회개 요청을 대조하였다. 세례 요한의 설교에서 회개는 하나님이 미래에 행하실 구속적 행위에 대한 대비책이었다. 하지만 예수의 메시지에서 회개는 현재의 구원을 손에 넣기 위한 수단이었다. 예수의 회개 요청은 개개인의 결단과 행동을 요구하는 것이었지만, 그에 앞서 예수 안에서 하나님의 나라를 나타내기 위한 하나님의 결단과 행동이 있었다. 더욱이 구원의 '현재성'에 나타난 하나님의 뜻을 따르는 사람들은 또한 예수의 윤리적 가르침에 표현된 하나님의 뜻도 따라야 한다.

기존의 해석에서 문제점을 발견한 아모스 윌더23)는 묵시적 언어

---

22) 불트만은 예수를 윤리 교사로 보지 않았다. 예수는 어떤 규칙이나 원칙을 제시하지 않았다는 것이다. 예수는 한 가지만을 요구하였다. 하나님의 나라가 실존적으로 임박한 상황에서의 결단 – 전 인격을 다해 하나님의 뜻에 따르겠다는 결단 – 을 요구한 것이다. 이러한 결단의 순간에 결단에 필요한 모든 것이 포함되어 있으므로 잭 샌더스(Jack T. Sanders)는 *Ethics in the New Testament* [Philadelphia: Fortress, 1975], 12쪽에서 이렇게 결단을 요구하는 것에 대한 불트만의 이해를 '실존적 상황주의'라고 규정하였다. 왜냐하면 특정한 구체적 요구 사항을 끌어낼 수 있는 규칙이나 원칙이 부족하기 때문이다.
23) Amos N. Wilder, *Eschatology and Ethics in the Teaching of Jesus* [New York:

의 상징적 성격을 강조하는 접근법을 제시하였다. 예수는 스스로가 하나님이 자신의 세대에 이루실 위대한 구원 사역의 도구이자 증인이라고 생각했다. 자신의 메시지에 긴박성을 더하기 위해 예수는 묵시적 언어를 사용하였다. 따라서 예수의 가르침은 문자적으로 이해할 것이 아니라 상징적으로 이해해야 한다. 마지막 결말이 하나님의 권능에 의해 결정된다는 확신을 표현하고 말로 표현할 수 없는 것을 기술하기 위한 상상력을 동원한 방법인 것이다. 윌더에게는 종말론과 윤리의 관계가 이중의 의미를 가진다. 첫째로 종말론은 예수의 윤리적 가르침에 대해 주가 아닌 보조적 구속 및 동기 역할을 한다. 둘째로 하나님의 나라가 예수의 사역을 통해 임하기 때문에 예수의 윤리적 가르침은 현재적 하나님의 나라와 관련이 있고 현재적 하나님의 나라에 의해 가능하게 되는 삶의 방식을 표현한다. 이는 구원의 때의 윤리이며 제자도의 윤리다.

종말론과 윤리를 관련 짓는 방법에 대한 사전 연구에서 두 가지 점에 유의해야 한다. (1) 하나님의 나라와 예수의 윤리적 가르침 사이의 관계를 인식해야 하며, (2) 윌더의 해석24)에 예외가 있을 수 있으므로 하나님의 나라가 정적 개념이라는 가정도 필요하다. 페린의 작품의 관점에서 볼 때 두 번째 유의점이 의문의 여지가 매우 큰 하나님의 나라 이해를 나타내고 있기는 하지만 첫 번째 유의점은 여전

Harper & Row, 1950].
24) 윌더는 하나님의 나라가 '막연하게 사용된' 상징이라고 여겼지만, 그는 이 상징이 가리키는 것이 미래의 부활한 삶으로부터 구분되어 예수로부터 시작하는 현재의 새로운 세대라고 한정하였다. "어느 순간 부활한 삶과 하나님 나라의 삶이 만나게 된다. 하지만 이들은 종말론적 확신의 두 가지 구분된 노선이다"(*Eschatology and Ethics*, 60쪽). 따라서 하나님의 나라에 대한 윌더의 이해는 넓은 상징이라기보다 휠라이트의 좁은 상징에 더 가깝다.

히 유효하다. 예수의 윤리는 '하나님 나라의 윤리'다.

여기서 중요한 점을 발견하게 된다. 하나님의 나라라는 말이 종말론과 윤리 연구 모두에 공통적인 용어라는 사실이다. 이러한 관찰을 통해 종말론과 윤리 사이의 관계를 이 공통의 용어를 통해 접근하는 것이 특정한 종말론적 이론을 통하는 것보다 더 효과적이라는 점 또한 알게 된다. 특정한 종말론적 이론을 통해 이 관계에 접근하는 것은 하나님의 나라를 정적 개념으로 보는 경우에 해당되며 윤리가 종말론에 포함된다는 것을 의미한다. 그 결과는 '종말론적 윤리'가 될 것이다. 하나님의 나라라는 넓은 상징을 통해 이 관계에 접근하는 경우 윤리가 종말론에 포함되지 않는데, 그 결과는 '하나님 중심의 윤리'가 될 것이다.[25] 이러한 접근법은 종말론이 윤리에 끼치는 영향을 부정하지 않으며 그 반대도 마찬가지다. 윌더가 말했듯이 심판은 윤리에 대해 보조적 구속 역할을 한다. 특히 마태복음에서 그러하다. 동시에 한 사람의 미래에 대한 비전은 그 사람이 가치를 두는 부분들이 궁극적으로 성취되는 것을 투영한 것이다. 이러한 접근법이 주장하는 바는 종말론과 윤리 모두 한 사람이 믿는 하나님의 성격과 특성에서 비롯된다는 것이다. 마태복음의 하나님은 '하나님의 나라'라는 넓은 상징 속에 드러나 있다.

---

[25] Hans Bald, "Eschatological or Theocentric Ethics? Notes on the Relationship between Eschatology and Ethics in Jesus' Preaching," *The Kingdom of God* [Bruce Chilton 편집; Philadelphia: Fortress, 1984] 참고.

5. 하나님의 나라: 종말론과 윤리의 공통 용어

예수의 설교와 가르침의 초점이 하나님의 나라였다는 사실은 널리 받아들여지고 있다. 따라서 이러한 통합적 관점에서 종말론과 윤리가 일치점을 찾는다고 가정하는 것은 타당하다. 하나님의 나라가 넓은 상징이라면 예수의 메시지를 미래의 하나님의 나라, 실현된 하나님의 나라, 시작된 하나님의 나라, 실존적 하나님의 나라 등 어느 한 가지 종말론적 관점으로 해석하는 것은 잘못된 것이다. 예수는 하나님의 구원 사역이라는 복된 소식을 선포하였다(하나님의 나라 선포). 예수의 선포를 통해 청중들은 하나님의 왕으로서의 행위를 미래의 희망으로뿐만 아니라 자신들이 개인적으로 체험하는 현재의 실제로 인식하도록 요청을 받았다. 아모스 윌더는 다음과 같이 진술하였다.

> 진정한 은유 또는 상징은 기호 이상으로, 은유나 상징이 가리키는 대상이 실제성을 가진다. 청중은 그 실제성에 대해 배우기만 하는 것이 아니라 그 안에 참여한다. 그는 그것에 의해 침범을 당하는 것이다…예수의 연설은 가르침이나 생각의 성격을 가지지 않았고 저항할 수 없는 상상력, 주문, 신화적인 충격, 변형 등의 성격을 가졌다.[26]

하지만 예수가 선포한 하나님의 구원 행위는 구속자와의 역동적 관계로 들어가기를 원하는 백성들에게 적절한 반응을 요구한다(하나

---

26) Amos Wilder, *Early Christian Rhetoric: The Language of the Gospel* [Cambridge, Mass.: Harvard University Press, 1971], 84쪽.

님 나라의 윤리). 예수의 윤리적 가르침은 예수의 선포에 사로잡힌 사람, 하나님의 내재를 체험한 사람에게 적절한 반응을 제시한다.27)

하나님의 구원 행위와 인간의 반응이라는 한 쌍의 요소들은 예수에게서 기원한 것이 아니다. 구약은 하나님 앞에서 알맞은 지위를 얻기 위해 지켜야 하는 '율법'이 아니라 사람들이 반응해야 하고 또 반응함으로써 하나님과의 관계로 들어가게 되는 하나님의 구원 행위라는 '복음'이다.28)

이 말의 의미는 예수의 윤리가 임박한 미래의 하나님 나라라는 관점에서 회개로 부르는 것이라거나 지상에 완벽한 사회를 이룩할 것에 대한 청사진이 아니라는 것이다. 오히려 예수의 윤리는 반응에 대한 윤리다. 하나님의 은혜로운 구원 행위를 체험한 사람들의 적절한 반응에 대한 윤리인 것이다. 이 점은 요아킴 예레미아스가 산상설교29) 연구를 통해 도달한 결론이기도 하다. 예레미아스가 전혀 다른 접근법(산상설교 구성을 역사적으로 재구성)을 통해 근본적으로 동일한 결론에 도달했다는 사실은 마태의 윤리가 정말로 은혜에 대한 반응이라는 확신을 강화해 주는 것이다.

여러 본문을 실례로 들 수 있겠지만 다음의 사례들이 마태복음에 나타난 다양한 하나님 나라 본문의 대표적 예들이다.30) 하나님의 나

---

27) 이 점에서 예수의 윤리적 가르침은 랍비 문헌에서 발견되는 "하나님 나라의 멍에를 직접 지는" 것과 비슷하다(마 11:28-30 참고).
28) 예를 들어 십계명의 서문(출 20:2)은 이스라엘을 위한 하나님의 구원 행위를 간단히 말하고 있다(출 19:4-8 참고). 하나님의 구속적 행위를 체험하는 것이 윤리적 반응에 대한 요구보다 앞선다.
29) Joachim Jeremias, *The Sermon on the Mount* [Philadelphia: Fortress, 1963].
30) 마태복음에는 '나라'라는 단어가 55번 나오는데 그 중 50번이 본 연구와 관련이 있다. 하늘의 나라(32번), 하나님의 나라(4번), 하나님 나라의 복음(3번),

라를 이야기하는 각각의 본문을 살펴보기 전에 먼저 마태복음 4:17-9:35이라는 넓은 본문을 분석해 보겠다.

예수 사역의 서론이라고 할 수 있는 부분에서(4:17-25) 복음서 기자는 예수의 활동을 가르치고, 설교하고, 병을 고치는 것으로 요약하였다(4:23).31) 많은 주석가들이 언급하는 것처럼 예수의 설교의 핵심은 서론의 시작 구절(4:17)에 표현되어 있으며, 예수의 가르침은 산상설교(5-7장)에 요약되어 있고, 예수의 병 고침 사역은 8장과 9장에 나열되어 있다.

선지자의 소망에 대한 성취로서(4:14-16), 예수는 하나님의 나라가 가까이 왔다는 복된 소식을 선포하며 등장했다(4:17). 예수의 선포에서 중요한 요소는 회개에 대한 요청이었다. 복음서 기자가 예수의 가르침32)의 복합적 요약이라는 수단으로 표현한 진정한 회개를 야기하는 것이 산상설교로 나타나 있다(5-7장). 지금까지 본인의 분석은 슈바이처의 분석과 매우 비슷하게 보이지만 두 가지 점에서 윤리에 대한 이해가 완전히 다르다.

첫째로 인클루시오(inclusio, 한 문단의 앞뒤에 같은 단어나 형식 구를 사용함으로써 그 문단을 통일성 있는 하나로 묶어 주는 역할을

하나님 나라의 말씀(1번), 그의(아버지의) 나라(1번), 당신의(아버지의) 나라(1번), 나의(예수의) 아버지의 나라(1번), 그들의 아버지의 나라(1번), 그의(인자의) 나라(2번), 당신의(인자의) 나라(1번), 하나님 나라의 아들들(2번), 하나님의 나라가 너희를 위해 준비되었다(1번). 50번 중에서 45번이 예수의 입에서 나온 것이며 그 밖에 이 용어를 사용한 사람으로는 세례 요한(1번), 사도들(1번), 세베대의 아들의 어머니(1번), 성경 기자(2번) 등이 있다.

31) 설교하는 것과 가르치는 것 사이의 구분이 이렇게 세 가지로 요약한 데에 내포되어 있다.
32) 산상설교라는 표현에서 설교(Sermon)는 예수의 설교라기보다는 예수의 가르침을 나타낸다(5:2; 7:28-29).

한다 - 역자 주)라는 문학적 장치를 통해 - 9:35은 4:23을 거의 그대로 반복하고 있다 - 복음서 기자는 산상설교(5-7장)와 예수의 이적(8-9장)을 한 단위로 묶어서 읽어야 한다고 말하고 있다. 둘째로 예수의 이적이 가지는 의미다. 많은 학자들은 12:28을 이해하기를 귀신을 내쫓는 예수의 능력에서 마태가 하나님 나라의 현존을 보았음을 나타낸다고 한다. 12:28에 대한 이러한 해석을 받아들일 경우 마태복음 8-9장에 있는 다른 이적에 대해서도 똑같이 설명할 수 있다. 예수의 인격과 사역 속에 하나님의 나라는 현존하고 있는 것이다. 사람들은 미래의 희망으로서뿐만 아니라 현재의 실제로도 하나님의 구원 사역을 체험할 수 있는 것이다. 따라서 인클루시오를 사용한 것은(4:23; 9:35) 산상설교의 윤리적 요구가 미래의 희망으로서의 하나님의 나라(4:17)에 대한 적절한 반응일 뿐만 아니라 현재의 체험으로서의 하나님의 나라(8-9장)에 대한 적절한 반응이기도 한 것이다. 따라서 하나님 나라의 윤리는 반응의 윤리, 즉 하나님의 은혜로운 구원 행위에 대해 반응하는 것에 대한 윤리다.

마태복음 6:9-13에서 "우리 아버지"라는 호칭은 하나님의 나라 선포를 수용함으로써 가능하게 된 하나님과의 새로운 관계를 나타낸다. "나라가 임하옵시며"는 하나님이 간구하는 사람의 체험 속에 미래뿐만 아니라 현재에서도 활동하시기를 요청하는 것이다. 하나님의 행위를 수용함으로써 하나님의 뜻을 갈망하게 되고 행하게 된다 - "당신의 뜻이 이루어지이다"(7:21 참고). 더 나아가 하나님의 용서를 체험함으로써 다른 사람을 용서하려는 태도를 취하게 된다 - "우리가 우리에게 죄 지은 자를 사하여 준 것같이"(6:14-15; 18:23-35 참고).

마태복음 7:21-23은 다른 도입 구절과 마찬가지로 구원을 보장

받은 어떤 정적 '상태'를 말하는 것이 아니라 하나님 앞에서 체험하는 기쁨을 말하고 있다.[33] 하나님의 뜻대로 행하는 자들만이 자신의 삶에서 하나님과 함께 하는 기쁨을 체험할 수 있고(얻을 수 있고) 미래에("그 날에") 이를 희망할 수 있다. 하나님의 구속 사역에는 반응이 있어야만 관계가 존재하게 된다. 하나님의 나라에 대한 예수의 선포에 사로잡힌 사람들, 하나님의 구속 사역을 개인적 체험과 미래의 소망으로 인식하게 된 사람들은 하나님의 뜻대로 행함으로써 반응하며, 그 결과 하나님이 구속 행위로 함께 하시는 기쁨을 얻게 된다. 경건한 고백이나("주여 주여") 종교적 행위('예언', '귀신 쫓기', '권능')는 충분하지 않다. 적절한 반응은 '아버지의 뜻대로 행하는 것'이다.

'감추인 보화'(13:44)와 '값비싼 진주'(13:45-46) 비유는 한 쌍의 비유로서 하늘나라를 '소유'하기 위해 필요한 반응을 강조한다. 감추인 보화 비유에서 보화의 가치가 기쁨을 자극한 것이기는 하지만 반응의 동기는 보화를 발견한 큰 기쁨이다. 이러한 기쁨을 가져다 준 보화는 그 가치를 값으로 따질 수가 없다. 필요한 돈을 마련하기 위해 가진 것을 모두 팔아도 되는 것이다. 두 번 다시 이런 기회를 얻을 수 있겠는가? 값비싼 진주 비유에서는 역시 발견했다는 사실이 상인에게 큰 기쁨을 가져다 준 것이기는 하지만 진주의 커다란 가치를 깨달음으로써 반응이 나오게 된다. 이렇게 극히 값진 진주는 그 가치를 값으로 따질 수가 없다. 필요한 돈을 마련하기 위해 상인이 가진 것을 모두 팔아도 되는 것이다. 두 번 다시 이런 기회를 얻을 수 있겠는가?

---

33) Chilton, *God in Strength*, 285쪽. 마 19:16, 17, 23 참고. 여기서 "영생을 얻는 것(경험하는 것)", "생명에 들어가는 것", "천국에 들어가는 것" 등은 동일한 표현이다.

이들 비유는 하나님의 나라와 똑같다. 하나님의 나라는 커다란 가치를 지니며 커다란 기쁨을 가져다 준다. 그러므로 하나님의 나라를 '소유'하는 것은 그 가치를 값으로 따질 수가 없는 것이다. 소유를 위한 대가를 희생이라고 할 수 없는 것은 하나님의 나라가 대가로 치른 어떤 값보다 더 큰 가치를 지니기 때문이다.34) 보화를 발견한 사람이나 진주를 발견한 상인처럼 예수의 청중들에게는 놓쳐서는 안 될 유일한 기회가 주어진 것이다. 최근의 연구에서는 두 비유에서 인상적인 행동의 원인이 탁월한 발견에 있었다는 사실이 특별히 중요하게 여겨지고 있다. 마찬가지로 하나님의 나라를 선포하기에 앞서 예수의 윤리적 요구가 나오는 것이다.

이 연구의 요점은 마태복음에만 나오는 구절인 21:28-32에 분명하게 나타나 있다. 문맥상 이 부분은 하나님의 사자(使者)를 거부하는 종교 지도자를 저주하는 세 비유 중 첫째다. 네슬 알란트 26판 본문의 읽기를 따르자면 처음에 반항적으로 불순종한 큰아들은 나중에 회개하고 그 아버지가 요구한 일을 행하였다. 둘째 아들은 처음에 입술로는 듣기 좋은 말을 했지만 그 아버지의 요구를 이루지 않았다. 어느 아들이 아버지의 뜻대로 행한 것이냐는 질문을 받았을 때 예수의 청중들인 대제사장들과 백성의 장로들은(21:23 참고) '첫째 아들'이라고 옳게 대답하였다. 예수는 그들의 대답에서 그들이 스스로를 정죄한 것이라고 지적하였다. 더욱이 "세리들과 창기들이 너희보다 먼저 하나님의 나라에 들어가리라35)"고 하였다. 비유에 내용을 추가함

---

34) Eta Linnemann, *Parables of Jesus: Introduction and Exposition* [London: SPCK, 1966], 100쪽.

35) 액면 그대로 현재 시제를 채택할 경우 하나님 나라의 현재적 체험을 나타낸다. 하지만 이 부분은 미래적 현재로 이해할 수도 있다.

으로써(32절; 눅 7:29-30 참고) 마태는 이 비유를 앞의 내용과 연결했다. 대제사장들과 백성의 장로들은 경건한 고백을 하기는 했지만 세례 요한의 설교를 듣고도 회개하지 않았다. 정반대로 세리들과 창기들은 비록 그들의 삶이 하나님의 뜻과는 먼 것이었지만 세례 요한의 하나님의 나라 선포에 대한 반응으로 회개하였다. 요점은 분명하다. 하나님께 말로는 "예"라고 대답하지만 하나님의 뜻을 행하지는 않는다면 하나님의 나라에 들어가지 못한다(7:21 참고). 하나님의 은혜로운 구속 사역은 그 반응으로 철저한 순종을 요구하는 것이다.

6. 결론

하나님의 나라에 대한 현대의 논의에 노먼 페린이 끼친 가장 중대한 공헌은 하나님의 나라가 넓은 상징이라는 것을 입증한 것이다. 하나님의 나라에 대한 이 새로운 접근법은 복음서 연구의 다양한 영역에 깊은 영향을 끼쳤으며, 그 중에서도 특히 윤리적 가르침의 성격에 대한 이해에 끼친 영향이 컸다. 하나님의 나라라는 상징이 떠오르게 하는 신화의 관점에서 '하나님 나라의 윤리'라는 말에서 미래의 하나님의 나라, 실현된 하나님의 나라, 시작된 하나님의 나라, 실존적 하나님의 나라 등 종말론적 이론을 떠올려서는 안 되며, 하나님의 은혜로운 구속 사역에 대한 인간의 적절한 반응을 떠올려야만 한다.

10장 마가복음에 나타난 하나님의 나라

유진 보어링(M. Eugene Boring)[1])

이 글에서는 역사적 예수의 메시지의 핵심 요소로서 'ἡ βασιλεία τοῦ θεοῦ'(the kingdom of God[2]), 하나님의 나라)의 의미나 초대 교회에서 이 용어를 이해한 다양한 방식에 대해 논하지 않고 오직 마가복음에서의 의미에만 철저하게 한정하려고 한다.[3]) 정의에 있어 논란이 있는 부분을 사전에 임의로 해결하는 대신 명확성을 위해 이 글에서 사용할 주요 용어를 어떤 식으로 사용할 것인지를 밝히려 한다. 본인은 초대 교회에서 사용한 '하나님의 나라'라는 용어를 이해하기 위한 주된 정황은 묵시론이라고 전제한다.[4]) 또한 본인은 '하나님의 나라'가

---

1) 텍사스 크리스천 대학교(Texas Christian University) 종교학 교수.
2) 헬라어를 모르는 독자들을 위해 제공되는 영어 번역은 RSV를 따랐다. 주석을 위해 필요한 번역상의 미묘함은 고려하지 않았다.
3) 전체적으로 마가복음 우선성이 전제되어 있다.
4) 물론 '묵시론'이라는 말의 정의 자체에 논란의 여지가 있다. 본인은 이 용어를 "가까운 미래에 하나님의 목적이 성취되면서 현재의 우주가 끝날 것으로 기대하는 세계관"이라는 의미로 사용한다. 어떤 학자들은 '종말론'이라는 말을 이런 의미로 사용한다. 하지만 실존주의자들의 해석이 '종말론'이라는 말의 의미를 너무도 흐려 놓았기 때문에 본인은 여기서 전제된 종말론 유형의 우주적이

넓은 상징의 언어라고 간주한다.

따라서 '하나님의 나라'는

(1) 넓은('좁은'이 아닌) 상징('개념'이 아닌)이다.

(2) 신화를 떠오르게 한다.

    (a) 창조주 하나님의,

    (b) 당신의 백성을 보호하기 위해 역사 속에서 일하시는 분의,

    (c) 곧 다가올 역사의 대단원에 분명하게 행동하여 지금까지 세상에서 활동하도록 허용했던 권세를 물리치고 현재는 법률상 그의 나라이지만 앞으로 이러한 종말론적 행동을 통해 실질적으로 그의 나라가 될 반항적인 피조물에 대한 통치권을 재주장할 분의.

이 정의의 각 요소들을 간단히 설명하면 다음과 같다.

(1) '넓은' 상징이라는 말은 필립 휠라이트가 사용한 유명한 개념, 즉 상징이 나타내려는 객체를 단순히 가리키는 것이 아니라 마음속에 긴장을 유발하는 은유적 언어 형태로 사용한다. '하나님의 나라' 언어는 상징의 언어이며, 따라서 이 용어의 단일한 개념적 내용을 묻기보다 이것이 상징으로서 어떻게 기능하는지를 물어야 한다.

(2) 이러한 상징은 전체적으로 신화적 구조를 떠오르게 한다. '하나님의 나라'에 의해 떠올리게 되는 신화는 다음과 같은 주요 요소

고 임박한 특성을 강조하기 위해 '묵시론'을 선호한다.

본인은 신약에서 '하나님의 나라'를 이해하기 위한 정황이라고 제시된 다양한 제안들을 나열하지는 않을 것이다. 다양한 제안을 나타내는 분야와 주요 평에 대한 연구는 Bruce Chilton, ed., *The Kingdom of God* [Philadelphia: Fortress, 1984] 참고. 마가복음의 배경을 묵시론으로 잘 설명한 내용은 Howard Clark Kee, *Community of the New Age* [Philadelphia: Westminster, 1977], 특히 70쪽 이하 참고.

를 가진다.

(a) 창조주 하나님. '창조'와 '묵시론'은 양자택일의 문제가 아니다. 하나님이 피조물에 대한 통치를 회복하실 것이라는 확신은 창조주 하나님에 대한 믿음에 기초한 것이다. 묵시론은 창조를 부인하지 않으며 단지 세상으로부터 개인의 영혼을 구원하는 것을 바라지 않고 현재의 악한 세상에도 불구하고 창조주 하나님에 대한 믿음을 고수한다. 묵시론의 희망은 세상으로부터의 구원이 아니라 세상의 구원이다. 따라서 이는 정확히 묵시적이며 "창조 교리의 구원론적 차원에 근거한 것이다. 세상이 비록 현재는 왜곡된 상태이지만 하나님의 창조 활동에 대한 확신을 포함하는 믿음의 관점에서 볼 때 현재에나 미래에나 여전히 하나님의 창조인 것이다."[5] 본인은 이것이 일반적인 묵시론적 생각으로 사실이라고 여기며, 특히 마가복음의 경우 사실이라고 여긴다.[6]

---

5) 이는 Chilton, *Kingdom*, 146쪽의 Hans Bald, "Eschatological or Theocentric Ethics"에 나오는 말이다. 발트는 이것이 창조를 묵시적 방법으로 평가 절하할 수 없다는 주장이라고 여긴다. 하지만 발트 자신의 전제가 묵시론이 반드시 창조의 평가 절하는 아니며 오히려 창조를 확언할 수 있다는 결론을 향하고 있다.
6) 'κτίζω'(창조하다)라는 동사는 복음서에서 막 13:19에만 사용되었다. (마 19:4에도 나오는데 이는 막 10:6에 나오는 'κτίσις'(창조)의 병행 구절이다.) 마가는 반복을 통해 창조 개념을 강조하는데(ἀπ' ἀρχῆς κτίσεως ἣν ἔκτισεν ὁ θεός, "**하나님의 창조하신 창초부터**"), 창조에 대한 이와 같은 강조가 바로 묵시론적 정황 속에 있다는 점을 주목할 필요가 있다. κτίζω는 복음서의 다른 부분에서는 사용되지 않았지만 계시록에는 세 번 나타나며(4:11에 2번, 10:6), 이는 신약에서 가장 많이 나오는 것이다. κτίσις(창조)는 복음서에서 막 10:6과 13:19에서만 나타난다. 이 단어도 복음서의 다른 부분에는 나타나지 않지만 계시록에서는 사용되고 있다(3:14). 마찬가지로 '창조'라는 의미에서의 γῆ(땅)는 막 13:27, 13:31 등의 묵시적 본문에서 나타난다.
마가복음의 묵시론은 창조주 하나님 교리를 강조하는 것을 막지 않으며 오히려 이를 표현하고 있다. '창조 또는 묵시론'이라는 것은 잘못된 양자택일이

(b) 'ἡ βασιλεία τοῦ θεοῦ'라는 상징이 떠올리게 하는 신화의 요소인 하나님의 임박한 종말론적 행동은 하나님의 백성의 과거와 현재에서 하나님이 행하시는 것의 연장선상에 있다. 종말은 역사적으로 단절된 대변혁이 아니라 세대를 거쳐 지속된 이야기의 대단원이다. 종말론에 대한 믿음은 행하시는 하나님에 대한 믿음의 궁극적인 표현이다. 이 믿음은 괴로운 세상에서 도피하려는 마음에서 생겨난 믿음이 아니라 이 세상에서 행하시는 하나님에 의해 생겨난 믿음이다.

(c) 하나님의 나라가 임하면 하나님은 그때 새로운 영토에서 당신의 왕권을 주장하시는 것이 아니다. 하나님의 나라를 공간적으로 이해하는 것, 특히 하나님의 나라가 제한된 영토에서 시작하여 더 넓게 확장된다는 개념은 마가복음의 이해와는 다른 것이다.[7] 하나님은 현재에도 모든 피조물의 왕이시다. 비록 하나님이 현재 당신의 피조물에 대해 합법적인 왕이실지라도, 하나님의 왕권은 적대적 세력에 의해 침해되어 있다. 따라서 하나님의 실질적 왕권은 현재 실제이긴 하지만 실현되지는 않은 왕권을 하나님의 권능으로 다시 수립하는 것을 의미한다.

며 묵시론은 창조 교리의 측면에서 볼 때만 이해할 수 있다. 그리고 창조주 하나님 교리는 정적인 존재론적 용어가 아닌 종말론적 용어를 통해 볼 때만 이해할 수 있다.

7) 따라서 본인은 *The Kingdom in Mark: A New Place and a New Time* [Philadelphia: Fortress, 1974]에서처럼 영토와 공간으로 이해하는 켈버(Kelber)의 입장에 동의하기가 힘들다. 켈버의 글은 마가복음에 나타난 하나님 나라의 지형과 가르침 사이의 관계를 이해하는 데는 도움이 된다. 하지만 하나님의 나라를 마가복음의 관점에서 '유대의 영역'(57쪽)이 있고 이것이 지리적으로 확장되어 '이방의 영역'(61쪽)이 있다고 간주하는 것이 최선의 설명이겠는가? 105, 121, 130쪽도 참고.

이상의 내용은 본인이 직접 표현한 것이기는 하지만 루돌프 불트만[8], 노먼 페린[9], 워너 켈버(Werner Kelber)(각주 7 참고) 등의 신약 해석의 흐름에 의존했다는 것을 보여준다. 켈버와 더불어 본인은 노먼 페린에게 특히 감사하며, 페린이 불트만의 통찰력을 발전시킨 방식에도 감사하게 생각한다. 페린의 글을 출발점으로 삼아 하나님의 나라라는 주제에 대한 불트만의 통찰력을 페린이 수정한 부분을 놓고 다음 세 가지 주요 측면에서 이의를 제기하면서, 본인은 하나님의 나라에 대한 본인의 이해를 더욱 증진할 수 있었다.

첫째, 페린은 하나님의 나라에 대한 묵시적 소망을 '역사 자체로부터의 구원에 대한 소망'이라고 여겼다.[10] 이는 하나님의 나라가 일으키는('역사로부터의' 구원) 문제(마치 역사 자체가 묵시론자에게 문제인 것처럼)와 해결책 모두를 지나치게 '지적으로' 표현한 것으로 여겨진다. 물론 다가올 하나님의 나라에 대한 소망은 역사 속에서의 구원에 대한 소망, 즉 하나님의 나라가 임하더라도 역사는 이전처럼 지속될 것이라는 소망이 아니고 미국 사회 복음의 자유주의가 이해한 것처럼 하나님의 통치 아래에 있게 될 것이라는 소망이다. 초대교회와 마가복음의 정황을 형성한 묵시적 유대교에서 본인은 '하나님의 나라' 상징이 나타내는 것이 하나님의 역사 구원에 대한 신화, 즉 역사로부터의 구원이 아닌 역사적 과정 자체가 의미 있도록 역사를 구원하는 것이라고 이해한다. 본인의 생각으로는 하나님의 나라가 임할

---

8) Rudolf Bultmann, *Theology of the New Testament* [New York: Scribners, 1951], 1:4-11쪽.
9) Norman Perrin, *Jesus and the Language of the Kingdom* [Philadelphia: Fortress, 1976], 15-34쪽.
10) Perrin, *Language*, 27쪽.

것으로 기대한 묵시론자들을 역사를 포기하고 비역사적인 또는 반역사적인 다른 세계로 도피했다고 비난해서는 안 된다. 오히려 그 반대다. 이들은 모든 상황이 반대로 돌아가는 중에도 하나님의 통치 무대는 역사 속에서의 의미라는 점을 놓지 않았다. 하나님의 나라에 대한 묵시적 소망을 긍정하는 것은 역사를 부정하는 것이 아니라 긍정하는 것이다.

둘째, '하나님의 나라'가 좁은 상징이 아니라 넓은 상징이라는 페린의 견해에 본인도 동의하지만, 이를 표현하기 위해 페린이 사용한 '투명', '불투명'이라는 용어에 대해서는 의문을 제기하게 된다. 내가 반대하는 것은 '불투명'이라는 단어다. '투명'이라는 용어는 좁은 상징의 기능을 표현하기에 좋은 용어이지만 – 좁은 상징은 상징이 가리키는 대상의 실체를 왜곡 없이 볼 수 있는 투명 창이다 – '불투명'이라는 용어는 내가 이해한 페린의 의도를 표현해 주지 못한다. 넓은 상징은 투명하지 않지만 불투명하지도 않은 것이다. 불투명한 상징은 사람들이 상징 자체만을 보거나, 상징의 표면만을 보거나, 심지어는 상징이 반사하는 각자의 확신이나 편견만을 보게 한다. 본인은 하나님의 나라 상징이 다른 모든 넓은 상징과 마찬가지로 **투명한** 상징이라고 생각한다. '하나님의 나라' 상징은(그리고 상징이 떠올리게 하는 신화적 이미지는) 수학 기호 π처럼 투명한 창을 통하듯이 표현 대상을 1:1 방식으로 명확하게 직접적으로 전달하지 않는다. 하지만 그렇다고 불투명한 창이나 그림이 그려진 창처럼 우리의 시야를 방해한다거나 우리 자신의 견해를 반사하지도 않는다. 오히려 하나님이 궁극적으로 승리하여 당신의 피조물에 대한 당신의 왕권을 재확립하신다는 종말론적 실제를 '보도록' 한다. 절대 객관화한다거나 개념화하는 방식이 아닌 것이다. "'Εκ μέρους γὰρ γινώσκομεν…βλέπομεν γὰρ ἄρτι δι' ἐσόπτρου ἐν αἰνίγματι"(우리가 부분적으로 알고…우리가 이제는 거울로 보는 것같이 희미하나)(고전 13:9, 12).[11]

세 번째로 제시하는 페린의 견해에 대한 수정안은 하나님의 나라를 넓은 상징으로 여긴다고 해서 하나님의 나라가 임하는 시간에 대한 문제가 상관이 없게 되는 것이 아니라는 점이다. 이 문제는 이 장의 뒷부분에서 다시 다룰 것이다.

앞의 논의에서 본인은 '하나님의 나라'라는 상징이 묵시론의 경향을 가지고 유대인에게 작용되어 왔으며, 따라서 예수의 설교와 마가복음의 일정 부분을 이런 정황에서 해석해야 한다는 것을 보이려고 시도하였다.[12] 하지만 마가복음을 해석할 때 이러한 일반적인 고려사항은 단지 출발점일 뿐이다. 마가가 이 의미를 수용했는지, 각색했는지, 거부했는지 등은 마가복음 자체를 연구함으로써만 결정할 수 있다. 이제 우리가 이 작업을 하려고 한다.

우리의 연구는 사전과 색인 연구의 결과에만 한정될 수 없지만 여기서 출발하는 것이 최선이다. (왜냐하면 일부 훌륭한 주석과 연구 내용도 마가복음에 나타난 하나님의 나라를 이야기할 때 다른 복음서

---

11) 바울이 사용한 '거울' 은유를 오해하면 안 된다. 바울은 거울에 비친 자신의 모습을 보는 것을 생각한 것이 아니라 고대 거울을 보는 사람이 왜곡을 겪는 것과 우리가 '하나님의 나라'라는 은유로 표현된 궁극적 실체를 보는 것이 비슷하다고 말하는 것이다.
12) 마가복음은 헬라 교회의 문서이지만 '유대' 묵시론이 전혀 상관이 없지 않았다. 묵시론을 문화적인 고립으로 분리된 현상으로 여겨서는 안 되며 헬레니즘 시대에 유대교와 헬레니즘의 활발한 교류의 일부라고 여겨야 한다. Kee, *Community*, 70쪽 참고. 이 책은 Martin Hengel, *Judaism and Hellenism* [Philadelphia: Fortress, 1974], 1:210-212쪽을 인용하고 있다.

에서 얻은 정보를 사용하기 때문이다.13)) 그러므로 우선 사전에 기초하여 해당되는 것과 해당되지 않는 것을 분류하는 작업이 필요하며 그 내용은 다음과 같다.

'βασιλεία'(나라)는 마가복음에 19번 나오며 그 중 14번이 '**ἡ βασιλεία τοῦ θεοῦ**'(하나님의 나라)로 나타난다.

1:14-15 - Μετὰ δὲ τὸ παραδοθῆναι τὸν Ἰωάννην ἦλθεν ὁ Ἰησοῦς εἰς τὴν Γαλιλαίαν κηρύσσων τὸ εὐαγγέλιον τοῦ θεοῦ καὶ λέγων ὅτι Πεπλήρωται ὁ καιρὸς καὶ ἤγγικεν **ἡ βασιλεία τοῦ θεοῦ**(요한이 잡힌 후 예수께서 갈릴리에 오셔서 하나님의 복음을 전파하여 가라사대 때가 찼고 하나님 나라가 가까왔으니).

3:24 - καὶ ἐὰν βασιλεία ἐφ' ἑαυτὴν μερισθῇ, οὐ δύναται σταθῆναι ἡ βασιλεία ἐκείνη(또 만일 나라가 스스로 분쟁하면 그 나라가 설 수 없고).

4:11 - Ὑμῖν τὸ μυστήριον δέδοται **τῆς βασιλείας τοῦ θεοῦ**· ἐκείνοις δὲ τοῖς ἔξω ἐν παραβολαῖς τὰ πάντα γίνεται(하나님 나라의 비밀을 너희에게는 주었으나 외인에게는 모든 것을 비유로 하나니).

4:26 - Οὕτως ἐστὶν **ἡ βασιλεία τοῦ θεοῦ** ὡς ἄνθρωπος βάλῃ τὸν σπόρον ἐπὶ τῆς γῆς(하나님의 나라는 사람이 씨를 땅에 뿌림과 같으니).

4:30-31 - Πῶς ὁμοιώσωμεν **τὴν βασιλείαν τοῦ θεοῦ** ἢ ἐν τίνι αὐτὴν παραβολῇ θῶμεν ὡς κόκκῳ σινάπεως(우리가 하나님의 나라를 어떻게 비하며 또 무슨 비유로 나타낼고 겨자씨 한 알과 같으니).

6:23 - καὶ ὤμοσεν αὐτῇ [πολλά], Ὅτι ἐάν με αἰτήσῃς δώσω σοι

---

13) 예를 들면 Eduard Schweizer, *The Good News According to Mark* [Richmond: John Knox, 1970], 45-47쪽.

ἕως ἡμίσους τῆς βασιλείας μου(또 맹세하되 무엇이든지 네가 내게 구하면 내 나라의 절반까지라도 주리라 하거늘).

9:1 - Ἀμὴν λέγω ὑμῖν ὅτι εἰσίν τινες ὧδε τῶν ἑστηκότων οἵτινες οὐ μὴ γεύσωνται θανάτου ἕως ἂν ἴδωσιν **τὴν βασιλείαν τοῦ θεοῦ** ἐληλυθυῖαν ἐν δυνάμει(내가 진실로 너희에게 이르노니 여기 섰는 사람 중에 죽기 전에 하나님의 나라가 권능으로 임하는 것을 볼 자들도 있느니라 하시니라).

9:47 - καὶ ἐὰν ὁ ὀφθαλμός σου σκανδαλίζῃ σε, ἔκβαλε αὐτόν· καλόν σέ ἐστιν μονόφθαλμον εἰσελθεῖν εἰς **τὴν βασιλείαν τοῦ θεοῦ** ἢ δύο ὀφθαλμοὺς ἔχοντα βληθῆναι εἰς τὴν γέενναν(만일 네 눈이 너를 범죄케 하거든 빼어 버리라 한 눈으로 하나님의 나라에 들어가는 것이 두 눈을 가지고 지옥에 던지우는 것보다 나으니라).

10:14 - Ἄφετε τὰ παιδία ἔρχεσθαι πρός με, μὴ κωλύετε αὐτά, τῶν γὰρ τοιούτων ἐστὶν **ἡ βασιλεία τοῦ θεοῦ**(어린아이들의 내게 오는 것을 용납하고 금하지 말라 하나님의 나라가 이런 자의 것이니라).

10:15 - ἀμὴν λέγω ὑμῖν, ὃς ἂν μὴ δέξηται **τὴν βασιλείαν τοῦ θεοῦ** ὡς παιδίον, οὐ μὴ εἰσέλθῃ εἰς αὐτήν(내가 진실로 너희에게 이르노니 누구든지 하나님의 나라를 어린아이와 같이 받들지 않는 자는 결단코 들어가지 못하리라 하시고).

10:23 - Πῶς δυσκόλως οἱ τὰ χρήματα ἔχοντες εἰς **τὴν βασιλείαν τοῦ θεοῦ** εἰσελεύσονται(재물이 있는 자는 하나님의 나라에 들어가기가 심히 어렵도다).

10:24 - Τέκνα, πῶς δύσκολόν ἐστιν εἰς **τὴν βασιλείαν τοῦ θεοῦ** εἰσελθεῖν(얘들아 하나님의 나라에 들어가기가 어떻게 어려운지).

10:25 - εὐκοπώτερόν ἐστιν κάμηλον διὰ [τῆς] τρυμαλιᾶς [τῆς] ῥαφίδος διελθεῖν ἢ πλούσιον εἰς **τὴν βασιλείαν τοῦ θεοῦ** εἰσελθεῖν (약대가 바늘귀로 나가는 것이 부자가 하나님의 나라에 들어가는 것보다 쉬우니라).

11:10 - Εὐλογημένη ἡ ἐρχομένη βασιλεία τοῦ πατρὸς ἡμῶν Δαυίδ (찬송하리로다 오는 우리 조상 다윗의 나라여).

12:34 - Οὐ μακρὰν εἶ ἀπὸ **τῆς βασιλείας τοῦ θεοῦ**(네가 하나님의 나라에 멀지 않도다).

13:8 - ἐγερθήσεται γὰρ ἔθνος ἐπ' ἔθνος καὶ βασιλεία ἐπὶ βασιλείαν(민족이 민족을, 나라가 나라를 대적하여 일어나겠고).

14:25 - οὐκέτι οὐ μὴ πίω ἐκ τοῦ γενήματος τῆς ἀμπέλου ἕως τῆς ἡμέρας ἐκείνης ὅταν αὐτὸ πίνω καινὸν ἐν **τῇ βασιλείᾳ τοῦ θεοῦ**(내가 포도나무에서 난 것을 하나님 나라에서 새것으로 마시는 날까지 다시 마시지 아니하리라).

15:43 - ἐλθὼν Ἰωσὴφ [ὁ] ἀπὸ Ἀριμαθαίας εὐσχήμων βουλευτής, ὃς καὶ αὐτὸς ἦν προσδεχόμενος **τὴν βασιλείαν τοῦ θεοῦ**(아리마대 사람 요셉이 와서…이 사람은 존귀한 공회원이요 하나님의 나라를 기다리는 자라).

'βασιλεὺς'(왕)는 마가복음에 12번 나오며 다음과 같다(예수를 **βασιλεὺς**로 나타낸 부분은 굵게 표시).

6:14 - Καὶ ἤκουσεν ὁ βασιλεὺς Ἡρώδης(헤롯 왕이 듣고).

6:22 - εἶπεν ὁ βασιλεὺς τῷ κορασίῳ(왕이 그 여아에게 이르되).

6:25 - καὶ εἰσελθοῦσα εὐθὺς μετὰ σπουδῆς πρὸς τὸν βασιλέα ᾐτήσατο(저가 곧 왕에게 급히 들어가 구하여).

6:26 - καὶ περίλυπος γενόμενος ὁ βασιλεὺς(왕이 심히 근심하나).

6:27 - καὶ εὐθὺς ἀποστείλας ὁ βασιλεὺς σπεκουλάτορα(왕이 곧 시위병 하나를 보내어).

13:9 - ἐπὶ ἡγεμόνων καὶ βασιλέων σταθήσεσθε ἕνεκεν ἐμοῦ(나를 인하여 너희가 관장들과 임금들 앞에 서리니).

15:2 - καὶ ἐπηρώτησεν αὐτὸν ὁ Πιλᾶτος, Σὺ εἶ **ὁ βασιλεὺς τῶν Ἰουδαίων**(빌라도가 묻되 네가 유대인의 왕이냐).

15:9 - ὁ δὲ Πιλᾶτος ἀπεκρίθη αὐτοῖς λέγων, Θέλετε ἀπολύσω ὑμῖν **τὸν βασιλέα τῶν Ἰουδαίων**(빌라도가 대답하여 가로되 너희는 내가 유대인의 왕을 너희에게 놓아 주기를 원하느냐 하니).

15:12 - ὁ δὲ Πιλᾶτος πάλιν ἀποκριθεὶς ἔλεγεν αὐτοῖς, Τί οὖν [θέλετε] ποιήσω [ὃν λέγετε] **τὸν βασιλέα τῶν Ἰουδαίων**(빌라도가 또 대답하여 가로되 그러면 너희가 유대인의 왕이라 하는 이는 내가 어떻게 하랴).

15:18 - καὶ ἤρξαντο ἀσπάζεσθαι αὐτόν, Χαῖρε, **βασιλεῦ τῶν Ἰουδαίων**(예하여 가로되 유대인의 왕이여 평안할지어다 하고).

15:26 - καὶ ἦν ἡ ἐπιγραφὴ τῆς αἰτίας αὐτοῦ ἐπιγεγραμμένη, **Ὁ βασιλεὺς τῶν Ἰουδαίων**(그 위에 있는 죄패에 유대인의 왕이라 썼고).

15:32 - ὁ Χριστὸς **ὁ βασιλεὺς Ἰσραὴλ** καταβάτω νῦν ἀπὸ του σταυροῦ, ἵνα ἴδωμεν καὶ πιστεύσωμεν(이스라엘의 왕 그리스도가 지금 십자가에서 내려와 우리로 보고 믿게 할지어다).

관련된 단어 중 마가복음에서 전혀 발견되지 않는 것들은 'βασιλεύω'(다스리다), 'βασιλικός'(왕의), 'βασίλειος'(왕의), 'βασίλισσα'

(여왕) 등이다.

마가복음의 어휘 사용과 관련하여 중요하게 여겨지는 현상들은 다음과 같다.

1. 마가복음에서 호격을 제외하고 모든 격으로 사용되는 'ἡ βασιλεία τοῦ θεοῦ'는 확고하게 고정된 문구다. 마가의 용례는 다른 복음서 저자들의 용례와 비교해 볼 때 더욱 두드러진다. 마가가 하나님 대신 'κύριος'를 사용하며(5:19; 11:9; 12:11, 29, 30, 36; 13:20), 하나님에 대한 완곡한 표현으로 'οὐρανός'(하늘)와 'πατήρ'(아버지)를 알기는 하지만(8:38; 11:30-31; 13:32; 14:36), 'ἡ βασιλεία τῶν οὐρανῶν' (하늘나라, 마태복음에 종종 나옴) 또는 'ἡ βασιλεία τοῦ πατρός'(마 13:43; 26:29)14) 등의 표현은 사용하지 않았다. 하나님께 'ἡ βασιλεία σου'(당신의 나라)라는 표현을 사용하는 경우는 전혀 없다(마 6:10 참고). 마가는 나라가 인자나 그리스도 또는 예수에게 속하는 것으로 표현하는 경우가 전혀 없으며(마 13:41; 16:28, 눅 1:33 참고), 예수에게 'ἡ βασιλεία σου'라는 표현을 사용하는 인물도 등장하지 않고(눅 23:42 참고), 예수께서 'ἡ βασιλεία ἡ ἐμή'(내 나라)라는 표현을 사용하지도 않는다(요 18:36. 눅 22:29-30 참고). 마가는 하나님의 나라를 언급할 때 'βασιλεία'를 독립적으로 사용하는 경우가 전혀 없으며(눅 12:32 참고), 다른 명사를 한정하기 위해 따로 사용하는 경우도 없다(마 4:23, 'εὐαγγέλιον τῆς βασιλείας'〈천국 복음〉 또는 마태복음 13:19, 'λόγον τῆς βασιλείας'〈천국 말씀〉).15) 하나님의 나라를 언급할

---

14) 마 13:43에서는 '그들의'(의인들의) 아버지, 26:29에서는 '나의'(예수의) 아버지.

15) 막 4:11은 이 점에서 독특한 면이 있다. 이 구절에는 'τὸ μυστήριον…τῆς βασιλείας τοῦ θεοῦ'(하나님 나라의 신비)라는 표현이 있는데, 이 경우 역시 'ἡ

때 마가는 일관되게 'ἡ βασιλεία τοῦ θεοῦ'라는 문구를 사용하는데, 이는 복음서에서뿐만 아니라 신약 전체에서도 특이한 점이다. 이것은 마가가 하나님의 나라라는 용어를 별 생각 없이 사용한 것이 아니라는 것을 말해 준다. 마가에게 있어서 'ἡ βασιλεία τοῦ θεοῦ'는 이렇게 특별한 호칭에 의해 표현되는 객관적 실제인 것이다.

2. 'βασιλεύς'(왕)는 12번 사용되었지만 가리키는 대상은 둘뿐이다. 6번은 적대적인 왕을 가리키며(5번은 헤롯, 6:14-27), 나머지 6번은 예수를 가리킨다. 따라서 'βασιλεία'라는 단어를 사용한 방식에서 우리가 기대할 수 있었던 것과 달리 'βασιλεύς'라는 단어는 하나님의 나라에 대비되는 이 세상의 나라를 표현하기보다는 이 세상의 적대적인 왕과 대비하여 예수를 왕으로 표현한다. 이 점에서 마가복음의 독자들은 하나님의 나라와 왕이신 예수 사이에 어떤 연결점이 있는지를 묻게 된다. 그리고 이 물음은 만약 그런 연결점이 있다면 분명 가려진 상태에서 조롱하는 분위기로 드러났다는 결론에 도달하게 된다. 왜냐하면 예수를 왕으로 묘사하는 부분이 모두 비난하고 조롱하는 경우이며, 모두 예수를 심문하고 처형하는 상황이기 때문이다. 하지만 이 질문은 단지 사용된 용어와 마가복음에서 사용된 위치 때문에 생겨난 것일 뿐이다.

3. 마가복음에서 예수 자신을 빼고는 누구도 '하나님의 나라'라는 표현을 사용하거나 하나님의 나라에 대해 언급하지 않는다. 예수만 하나님의 나라를 선포한 것이다. 세례 요한이나(마 3:1 참고) 사도들

βασιλεία τοῦ θεοῦ'라는 고정된 문구의 예이며 'μυστήριον'을 한정하는 문구라기보다 하나님의 나라 자체가 신비라는 의미로서 의미를 보충하는 소유격인 것이다.

이나 아무도 하나님의 나라를 선포하지 않았으며, 부활 전에나(마 10:7) 부활 후에나(마 24:14; 행 8:12 등) 다른 사람에 의해 하나님의 나라가 선포된 적이 없다. 이 역시 마가에게 있어 '왕'과 '나라'가 함께 묶여 있다는 다른 암시가 된다.16)

마가복음에서 예수 외에는 'ἡ βασιλεία τοῦ θεοῦ'라는 용어를 사용하지 않았지만, 예수가 죽은 이후에 아리마대 요셉의 'προσδέχεσθαι' (기다림)의 목적어로 마가복음의 기자가 이 문구를 한 번 사용한다 (15:43). 이는 마가복음에서 이 용어를 예수만 사용한 것이 우연이 아니라는 사실을 분명하게 드러낸다. 요셉 자신이나 다른 등장 인물이 다가올 하나님의 나라에 대한 소망을 표현하지 않고 마가복음의 기자가 직접 이 용어를 사용한 것이다. 이 용어가 15:43에 마지막으로 등장하는 것은 저자 자신이 미래의 하나님 나라를 믿고 있다는 것을 나타내는 것이다. 즉 미래의 하나님 나라에 대한 기대는 복음서에 등장하는 인물들의 착각이 아니라 십자가 사건 이후에도 'ἡ βασιλεία τοῦ θεοῦ'는 미래에 여전히 기대할 수 있는 것이라는 암시다.

4. 마가복음에서 'ἡ βασιλεία τοῦ θεοῦ'가 어느 문법 구조에 해당되는지가 드러난다. 'ἡ βασιλεία τοῦ θεοῦ'가 어떻게 주어-동사-목적어 구조에 어떤 식으로 해당되는지에 대한 설명으로 다음과 같은 세 가지 범주가 있다.

---

16) 비록 *Kingdom*에서 퀠버가 "처음부터 끝까지 예수가 하나님의 나라를 선포한 분이고 가져온 분"(74쪽)이라는 중요한 지적을 하고 있긴 하지만, 그는 예수가 이 일을 행한 유일한 분이라는 사실을 인식하지 못한 것 같으며, 따라서 마가와는 달리 하나님의 나라에 대한 설교를 예수 이외에 다른 사람의 입에서도 나온 것으로 삽입함으로써 자신의 논점을 약화하고 말았다. 예를 들어 귀신 들렸다가 치료 받은 사람을 언급하면서 퀠버는 "데가볼리 전역에 하나님의 나라 소식을 전파하라는" 요청을 받은 것으로 설명한다(51쪽).

A. 'ἡ βασιλεία τοῦ θεοῦ'가 가장 많이(14번 중 6번) 사용된 형태는 사람이 주어인 능동태 동사의 목적어 형태다. 'εἰσέρχομαι'(들어가다)가 동사인 경우는 모두 9:47-10:25에 나타난다. 15:43에는 'προσδέχομαι'(기다리다, 기대하다)가 관련된 동사다. 따라서 마가복음에서 하나님의 나라는 주로 인간 행동의 목적어라는 인상을 받기 쉬운데 이는 오해일 뿐이다. 또한 'ἡ βασιλεία τοῦ θεοῦ'가 마지막으로 나오는 15:43에서는 분명히 마가복음의 저자가 말하고 있다. 요셉이 'προσδέχομαι'의 주어이지만 그는 단지 기다릴 수 있을 뿐 하나님의 나라가 임하도록 행동하는 주어가 아니다. 'ἡ βασιλεία τοῦ θεοῦ'가 인간 행동의 목적어인 여섯 가지 경우 중 나머지 다섯 가지 경우는 'εἰσέρχομαι'가 동사다[9:47; 10:15(δέχομαι〈받아들이다〉와 함께), 23, 24, 25]. 이 다섯 가지 경우에 'εἰσέρχομαι'는 인간이 주도권을 가지고 행동한다는 의미로 사용된 것이 아니라 들어가도록 허락된다는 의미로 사용된 것이다. 하나님이 숨은 주어로서 허락하거나 거부하신다.

인간이 행위의 주체인 것처럼 보이는 이 문구를 사실은 하나님이 그 숨은 주체라는 의미로 이해해야 하는 이유는 여러 가지가 있다. 첫째, 문장의 조건적인 성격이 이를 나타낸다. 10:15(ὅς ἂν, 누구든지)처럼 문법에 분명하게 드러난 경우도 있지만 문법에 분명하게 드러나지 않은 경우라도 '들어갈 필요'가 있다는 말씀의 형태에서 알 수 있다.

둘째, 'ἡ βασιλεία τοῦ θεοῦ'가 10:23-25에서 'εἰσέρχομαι'와 연결된다는 점, 10:17에서 '하나님의 나라에 들어가는 것'이 'ζωὴν αἰώνιον κληρονομήσω'(영생을 상속하는 것)와 동일시되어 문법은 능동형이지만 의미는 수동형이라는 점, 10:26에서 수동형 동사인 'σωθῆναι'(구원

받음)와 연결된다는 점 등에서 마가가 인간이 하나님의 나라를 수동적으로 받아들이는 것으로 이해한 것이 분명하다고 말할 수 있다.

셋째, 전체 단락인 10:15-25 앞에 한 사건이 기록되어 있는데, 여기서 'τὴν βασιλείαν τοῦ θεοῦ'(하나님의 나라)로 "ἔρχεσθαι'(오다)하는 (14절) 어린이는 능동적인 것으로 보이지만 사실은 누군가에 의해 예수에게 이끌려 온 것이다. (13절의 προσέφερον은 능동형 동사로 아이의 입장에서는 수동적인 모습이다.) 하나님의 나라에 들어가는 것에 관한 말씀이 여럿 발견되는 이 단락은 다음과 같은 선언으로 끝난다. "Παρὰ ἀνθρώποις ἀδύνατον, ἀλλ' οὐ παρὰ θεῷ· πάντα γὰρ δυνατὰ παρα τῷ θεῷ"(사람으로는 할 수 없으되 하나님으로는 그렇지 아니하니 하나님으로서는 다 하실 수 있느니라). 그러므로 인간이 주어이고 'ἡ βασιλεία τοῦ θεοῦ'가 능동형 동사의 목적어인 문장에서도 하나님이 숨은 주체이시다.

B. 다른 범주로서 'ἡ βασιλεία τοῦ θεοῦ' 자체가 능동형 동사의 주어인 경우가 있다. 이런 경우는 두 가지가 있는데 1:15에서는 'ἤγγικεν'(가까이 왔다)이 동사이며, 9:1에서는 완료 분사 'ἐληλυθυῖαν'(온 것)이 동사다. 하나님의 나라는 스스로 온다(αὐτομάτη, 4:28). 마가복음에서 하나님이나 메시아가 주어이고 하나님의 나라가 목적어인 구절은 없다. 'ἡ βασιλεία τοῦ θεοῦ'가 주어다. 하지만 이것은 마가복음에서 'ἡ βασιλεία τοῦ θεοῦ'가 단지 하나님에 관해 이야기하는 주요 수단이라는 의미일 뿐이다.[17]

---

17) 이 부분은 마가복음 연구에서 누락된 부분이며 최근에 수행된 건설적인 연구로는 John Donahue, "A Neglected Factor in the Theology of Mark," *JBL*, 101 [1982], 563-594쪽과 Bruce D. Chilton, *God in Strength: Jesus' Announcement of the Kingdom* [Studien zum Neuen Testament und seiner Umwelt, B: 1; Frei-

C. 세 번째 범주로서 'ἡ βασιλεία τοῦ θεοῦ'가 행동을 하거나 행동을 당하지 않고 이에 대한 설명이 주어지는 문장이 있다. 하나님의 나라는 하나님이 제자들에게 주시는 'μυστήριον'(신비)과 동일시된다(4:11). (소유격의 해석에 따라 특징을 나타내는 것이 될 수도 있다.) 본인은 이 경우 'δέδοται'(주어졌다)를 '신적 소유격'으로 간주하여 '하나님이 주시는' 것으로 해석한다. 여기서도 하나님은 숨은 주체이시다. 'ἡ βασιλεία τοῦ θεοῦ'가 문법적으로 주어나 목적어가 아닌 문장에서도 그렇다. 하나님의 나라는 씨를 뿌리는 것이나 씨와 같다고 설명된다(4:26; 4:30). 여기서도 하나님의 나라와 관련된 행동은 전혀 없다. 하지만 이 그림에서 비록 숨은 주체이긴 하지만 하나님이 주체이시다.

10:14에서 'ἡ βασιλεία τοῦ θεοῦ'는 'παιδία'(어린이들)로 구성되거나 이들의 것이다. (여기서도 역시 소유격의 해석에 따라 좌우된다.) 나머지 두 구절은 이미 논의한 15:43처럼 하나님 나라의 시기와 관련이 있으며 미래다. 12:34에서 지혜 있게 대답한 서기관은 그가 하나님의 나라에서 '멀지 않다'는 말을 들었다. 이 부분을 공간적 의미로 해석하는 경우도 있지만 마가복음에서 전반적으로 하나님의 나라를 시간적 개념으로 다루는 분위기(뒤에서 논의)로 볼 때 이 부분 역시 시간적 개념으로 보는 것이 낫다. 마지막 구절인 14:25은 'ἡ βασιλεία τοῦ θεοῦ'를 예수의 죽음과 부활 이후에 사람들이 함께 포도주를 마시는, 즉 메시아 잔치를 축하하는 미래의 실제로 묘사한다.

이 연구에서 해결해야 할 과제가 두 가지 등장하였다. 하나님 나

---

stadt: Verlag F. Plöchl, 1979] 등이 있다.

라의 시기가 하나이며 하나님의 나라와 '유대인(또는 이스라엘)의 왕'인 예수의 왕권 사이의 관계가 다른 하나다.

이 부분에서 본인은 페린이 제시한 해석 계통, 즉 하나님 나라의 시간적 측면을 따르지 않는 제삼의 입장을 취한다. 마가는 하나님의 나라가 언제 임할 것으로 생각한 것인가? 하나님의 나라는 예수에게 있어 현재였던가? 하나님의 나라는 마가 자신의 시대에 이미 현재였는가? 하나님의 나라는 가까운 종말론적 미래에만 임하는 것인가? 하나님의 나라는 변증법적이든 다른 방식이든 이러한 것들의 조합인가?

마가복음에는 하나님의 나라가 현재라고 분명하게 선언하는 구절이 없다. 숨겨진 것으로라도 선언하는 구절이 없다. 반면, 하나님의 나라가 미래라고 분명하게 나타내는 구절은 있다. 그리고 하나님의 나라를 숨겨진 현재라고 이해할 수도 있는 구절이 있다.[18] 이 문제를 추적하기 전에 먼저 문제가 잘못된 것은 아닌지를 질문해야 한다. 페린은 '현재냐 미래냐'는 질문은 '둘 다'라고 변증법적으로 답한다고 해도 여전히 잘못된 것이라고 주장한다.[19] 페린의 견해에 의하면 하나님의 나라를 '개념'으로 본다면 하나님의 나라가 임하는 시기에 대한 질문은 적절한 것이며 또한 필요한 질문이다. 하지만 하나님의 나라에 대한 마가(또는 예수)의 '개념'을 연구하기를 중단하고 대신 상징이 기능하는 방식을 묻기 시작한다면 시간에 대한 질문은 더 이상 적

---

18) 마가가 예수의 지상 생애와 묵시적 인자로서의 재림 사이의 시간을 하나님의 나라가 숨겨진 현재인 시간으로 이해했다는 주장이 마가복음에 나타난 하나님의 나라에 대한 다음과 같은 최근의 두 주요 연구에 의해 제기되었다. Aloysius M. Ambrozic, *The Hidden Kingdom: A Redaction-Critical Study of the Feferences to the Kingdom of God in Mark's Gospel* [CBQMS 2; Washington: Catholic Biblical Association, 1972], 그리고 Kelber, *Kingdom*.
19) *Language*, 39-40쪽.

절하지 않을 뿐만 아니라 분명 오해의 소지가 있는 것이다. 페린이 주장하는 바는 하나님의 나라를 시간 개념으로 이해하는 사람은 하나님의 나라를 좁은 상징으로 (잘못) 이해하는 것이며, 하나님의 나라가 넓은 상징이기 때문에 시간적으로 이해하는 것은 범주에 오해가 있는 것이고 추측컨대 잘못된 것이다.[20]

하지만 왜 이래야만 하는가? 마가는 분명 하나님의 나라 용어의 넓은 상징성을 붙잡고 있는 것으로 보이며, 따라서 시간표를 설명하거나 설정하지 않고 있다. 하지만 이 점 때문에 하나님의 나라 용어의 상징적 기능에서 시간의 범주를 제거해야만 하는 것은 결코 아니다. 오히려 마가는 하나님 나라의 미래성을 강조하는 것으로 보인다. 그렇지만 이는 좁은 언어 용어에서 생각할 수 있는 것처럼 계산할 수 있는 미래는 아니다. 이는 이미 현재에 침투하고 있지만 현재의 외부에 남아 있는 미래다. 'ἤγγικεν'(1:15)이 이 점을 완벽하게 담아 낸다. 마가가 하나님의 나라에 대해 사용한 이 첫 번째 동사는 마가가 마지막으로 사용한 동사인 'προσδέχομαι'와 마찬가지로 실제의 미래를 표현하고 있다. 두 경우 모두 '생각할 수 있는' 이론적인 미래가 아닌 실제적이고 연대기적인 미래를 의도하고 있다. 이는 미래에 남아 있지만 '가깝기 때문에' 현재에 영향을 주는 미래다.

또한 숨겨짐에 해당하는 용어도(4:26-32, 특히 4:22의 'κρυπτός' 〈숨겨진〉 참고) 반드시 하나님의 나라가 현재라는 것을 의미하지는 않는다. 숨겨진 것이라고 이해되는 상황에서도 그러하다. 씨 뿌리는

---

[20] Kee, Community, 209-210쪽에서는 페린으로 하여금 마가복음에 나타난 하나님의 나라에 시간적인 미래의 차원을 도입하지 못하도록 하거나 '좁은 상징'이라는 수단으로 이를 제거하도록 하는 것이 페린의 실존주의 때문이라고 말하는데 이 주장이 옳게 보인다.

비유는 마가복음의 상황에서는 하나님의 나라가 임하도록 하는 결정적인 행동(씨 뿌리기)이 이미 시작되었고, 추수의 때가 분명히 올 것이라고(인간의 행동에 의해서는 아니지만) 이해해야지 하나님의 나라가 땅 속에 뿌려진 씨처럼 숨어 있지만 현재 임한 것으로 이해해서는 안 된다. 후자처럼 이해하는 것은 전혀 **현재**에 대한 상징이 아니다. 현재는 오히려 부재라는 중간 시간이다. "마가의 독자들이 씨 뿌리는 때와 추수하는 때의 중간에 살았다"는 켈버의 설명은 훌륭한 것이다. 하지만 본인의 생각에 켈버의 설명은 좀더 다듬을 필요가 있다. 마가의 시대에 하나님의 나라가 현재가 아니었다는 점을 분명히 할 필요가 있다. 마가가 '현재 하나님 나라의 실제'를 주장했다는 켈버의 진술(예들 들면 39쪽)은 이 중요한 요점을 희미하게 만든다. 하나님의 나라에 대한 씨의 비유를 설명하면서 켈버는 '하나님 나라의 현재적 숨겨짐'이라는 표현을 사용하는데(예를 들면 38쪽), 그는 또한 '배태기적'(40쪽), 그리고 '출생 전'(42쪽)이라는 은유를 사용한다. 배태기적 생명은 실제이긴 하지만 현재의 실제라기보다는 미래의 실제로 여겨지기 때문에 두 번째 은유가 본인이 이해하기에 마가가 말하려고 하는 바에 실제로 더 가깝다. 켈버가 하나님 나라의 현재성에 관한 용어에서 주장하려고 했던 것은 마가에게 있어 하나님의 나라는 단지 미래를 바라보는 희망 정도가 아니었고 예수 안에서 역사 속으로 이미 들어온 실제에 기반한 것이었다. 따라서 켈버는 마가의 그리스도인들이 '나라와 나라 사이에' 사는 것으로 설명함으로써(140쪽) 굉장한 빛을 비춘 것이다. 켈버가 빠뜨린 것은 하나님의 나라가 부재한 시기인 현재의 '중간성'이다. 따라서 켈버의(또한 마가의) 견해는 다음과 같이 더욱 효과적으로 설명할 수 있다.

마가는 하나님의 나라를 3막짜리 연극으로 이해했다.

I. 과거 – 하나님의 나라는 예수 안에서 등장했다. (왕이 있는 곳이 나라다.)

II. 현재 – 왕이 부재하기 때문에 하나님의 나라도 부재하다. 이것이 마가 공동체가 경험한 것이다. 하나님의 나라를 숨겨진 현재로 설명하는 것은 마가가 그리는 왕과 나라 사이의 평행 관계를 깨는 것이다.

III. 미래 – 예수께서 묵시적 권능으로 다시 나타날 때 하나님의 나라는 다시 나타난다.

그러므로 본인은 '현재/부재/현재'가 '드러남/숨겨짐/나타남(manifest)'[21]보다 마가의 '하나님 나라 역사'에 대한 표제로 더 낫다고 본다. 본인이 제안한 용어는 왕과 나라의 '역사'를 함께 기술할 수 있으며, 이 점은 마가가 이해한 하나님의 나라에 중요한 것이다.

사람들이 '씨 뿌리는 때와 추수하는 때의 사이'를 사는 것으로 설명하는 것은 하나님의 나라가 숨겨진 형태로 현존하는 것이 아니라 사람들이 추억과 소망 사이를 산다는 것을 의미한다. 씨를 뿌릴 때와 추수할 때는 뭔가 현존하는 것이다. 하지만 씨 뿌리는 때와 추수할 때 사이에는 비록 결정적인 행동이 이미 성취되었더라도 부재의 시기요, 기다림의 시기요, 소망의 시기인 것이다. 마가가 현재를 예수께서 숨겨진 채로 현존하는 것으로 보지 않고 예수께서 부재한 시기로 보는 것처럼 하나님의 나라도 그러하다. 이 점은 이제 우리의 마지막 토의 주제인 하나님의 나라와 예수의 왕권 사이의 관련성으로 인도한다.

이 관련성에 대해 본인은 프랭크 마테라(Frank J. Matera)의 최

---

21) *Kingdom*, 42쪽.

근의 글[22])과 관련하여 한 가지 제안만을 제시하려고 한다. 마테라는 마가가 이해한 예수의 왕권에 대한 자신의 견해를 다음과 같이 정리하였다(149쪽).

1. 왕권은 거부 및 고난과 불가분의 관계다.
2. 왕권은 독생자가 인자의 권능으로 돌아올 때 드러날 영광스런 면을 지닌다. 하지만 이 왕권은 예수께서 당신의 고난과 죽음을 완성할 때까지 드러날 수 없다.
3. 왕권에 대한 최고의 호칭은 '하나님의 아들'이지만 휘장이 찢어지기 전까지는 아무도 이렇게 선포할 수 없다. 예수의 죽음의 결과인 이 사건을 통해 마가 공동체와 모든 신자들이 예수를 하나님의 아들로 고백할 수 있게 되었다.

마가복음에서 '하나님의 아들'이 중요한 기독론적 용어라는 점은 두말 할 나위가 없다. 일부 우수한 사본에는 빠져 있지만 원문의 1:1에는 분명 '하나님의 아들'이 있었을 것이다. 마가복음의 중요한 부분마다 하늘의 목소리로(1:11; 9:7), 예수 자신에 의해(14:62), 십자가 사건 때 백부장에 의해(15:39) 예수께서 '하나님의 아들'이심이 선포된다. 마테라(Matera)는 이 호칭에 왕과 관련된 의미가 있다는 점을 보여주었다. 그는 이 부분에서 '하나님의 아들'을 배타적으로는 아니라고 해도 지배적인 칭호로 이해한 것으로 보인다.[23]) 따라서 그는 인

---

22) *The Kingship of Jesus: Composition and Theology in Mark 15* [SBLDS 66; Chico, Calif.: Scholars, 1982].
23) Jack D. Kingsbury, *The Christology of Mark's Gospel* [Philadelphia: Fortress, 1983], in: *JBL* 104 [1985], 732-735쪽에 대한 본인의 서평에서 이러한 입장에

자의 의미를 약화하여 묵시적 의미로 이해되도록 할 필요를 느꼈으며 인자를 왕의 용어로 해석하고 있다. 그리고 특별히 그는 마가복음의 기적 이야기에서 '하나님의 아들'에 함축된 'θεῖος ἀνήρ'(신적 인간)라는 의미를 무시하고 있다. (본인은 여기서 'θεῖος ἀνήρ'라는 용어를 만들어 내려는 것이 아니라 초인적 능력을 부여받은 카리스마적인 기적 수행자에 대한 현대적 용어로 편리하게 사용하고 있을 뿐이다.) 이런 의미에서 '하나님의 아들'은 확실히 마가의 상황과 마가 자신의 기독론에서 중요한 역할을 수행한다. 하지만 다른 편의 기독론에 대한 부정적인 반응과 같이 단순한 것이 아니다.24) 기적을 수행하는 'θεῖος ἀνήρ'(신적 인간)인 하나님의 아들은 마가 자신의 기독론에서 긍정적 측면으로 중요한 역할을 수행한다. 마가복음 15장은 '하나님의 아들'/그리스도/이스라엘의 왕에 대한 이러한 이해와 밀접한 관련이 있는 것으로 보인다. 여기서 마가가 씨름하고 있는 대상은(15:32) 마테라가 주장하는 것처럼25) 예수가 구약의 메시아적 기대를 성취하지 못했다고 주장하는 반대편들이 아니라 신적 권능으로 충만한 기적 수행자로 '하나님의 아들'을 해석하는 것이다.

따라서 마가에게 있어 '유대인/이스라엘의 왕'은 '하나님의 아들'의 의미를 해석하는 데 아무 역할도 하지 못하며 도리어 반어적인 역할을 한다.26) '하나님의 나라'라는 말이 예수의 입술에서만 나온다는

대한 본인의 비평 참고.
24) Contra Theodore J. Weeden, *Mark – Traditions in Conflict* [Philadelphia: Fortress, 1971].
25) *Kingship*, 151쪽.
26) 마가가 사용한 반어에 대해서, 특히 위의 주제와 본문에 관해서는 David Rhoads and Donald Michie, *Mark as Story: An Introduction to the Narrative of a Gospel* [Philadelphia: Fortress, 1982], 59-62쪽 참고. 본인은 "반어는…그의 특

사실(그리고 저자에게서 한 번 나오지만 마가복음에서 예수를 제외한 누구에게서도 나오지 않는다)을 인식하는 것이 중요한 것처럼 '유대인/이스라엘의 왕'이라는 말이 예수의 대적들, 예수를 오해하여 믿지 못하는 사람들의 입에서만 나온다는 사실을 인식하는 것 또한 중요하다. 그들이 말하는 바는 사실이다. 그런데 반어적으로 사실이다.

'유대인의 왕'이라는 표현이 '하나님의 아들'이라는 핵심 호칭의 의미를 해석하는 데 기여하여 '하나님의 아들'이 '왕적 메시아 신앙'으로 축소되도록 하지는 않는다. 마가복음의 주된 내용인 기적 이야기와 이를 위한 '하나님의 아들' 기독론 사이에는 많은 관련성이 있다. 그리고 이 두 가지, 즉 기적(또는 기적 없음)과 그리스도(=하나님의 아들. 14:61 참고)는 마지막 장면에서 또다시 반어적으로 서로 결합되어 있다(15:32).27) '유대인의 왕'은 예수가 선포한 주요 주제인 하나님의 왕권과 반어적 관계를 가진다. 예수는 하나님의 나라가 임할 것을 선포했는데 임한 것은 (십자가에 못 박혀 죽은) 예수의 왕권이었다. 현재는 십자가에 못 박혀 죽은 왕이 부재하기 때문에 부재하지만(숨겨진 것이 아니다),28) 십자가에 못 박혀 죽은 왕이 영광 중에 돌

성 중 하나가 아니다"라는 Ambrozic, *Hidden Kingdom*, 32쪽의 주장을 이해할 수 없다.

27) 이 장면을 접촉점으로 하여 본인은 마가가 기적 이야기에 표현된 기독론과 수난 이야기에 표현된 예수의 연약함에 대한 기독론 중 어느 한 쪽도 손상하지 않은 채 두 가지 모두를 주장하고 있다는 점을 다음 글에서 보이려고 하였다. *Truly Human/Truly Divine: Christological Language and the Gospel Form* [St. Louis: CBP Press, 1984].

28) Werner Kelber, "Conclusion: From Passion Narrative to Gospel," in Werner Kelber, ed., *The Passion in Mark: Studies on Mark 14-16* [Philadelphia: Fortress, 1976], 164쪽: "예수의 부재는…마가복음의 주된 특징이다." 예수의 부재를 마가복음의 주제로 다룬 경우는 *The Passion in Mark*에 있는 버논 로빈스(Vernon K. Robbins)와 도미닉 크로산(J. Dominic Crossan)의 에세이, *The Oral*

아오는 미래에 영광 중에 임할 하나님의 나라는 진정 당신의 백성을 구원하기 위한 하나님의 종말론적 행위다. 마가복음에서 현재는 부재하지만 권능으로 임할 하나님의 나라는 예수의 왕권과 불가분의 관계이며, 이는 하나님의 종말론적 행위가 십자가에 못 박혀 죽은 예수와 불가분의 관계임을 의미한다.

---

and Written Gospel: The Hermeneutics of Speaking and Writing in the Synoptic Tradition, Mark, Paul and Q [Philadelphia: Fortress, 1983]에 있는 켈버의 후기 작품; J. Dominic Crossan, "A Form for Absence: The Markan Creation of Gospel," in: *Semeia* 12 [1978]; Weeden, *Mark*, 83-89, 106-111, 115쪽 참고.

11장 누가복음-사도행전에 나타난 하나님의 나라

로버트 오툴(Robert O'toole)[1]

이 글의 목적은 누가복음과 사도행전의 저자인 누가가 '하나님의 나라'를 무엇이라고 말하는지 가능한 한 정확하고 완전하게 서술하는 것이다. 다른 모든 주장처럼 이 글 역시 나름의 전제들을 가지고 있다. 첫째, 이 글은 내가 최근에 펴낸 책[2]에서 수립했던 누가의 신학에 대한 이해에 기초하고 있다. 둘째, 누가는 어떤 가상의 청중에게 말하는 것이 아니라 그가 쓴 두 권의 책의 실제 독자들에게 말하고 있다는 것이다. 셋째, 또 하나 중요하게 살펴볼 수 있는 것은 '하나님의 나라'를 누가가 사용하는 의미는 이와 연관된 개념들, 곧 '나라', '왕', '통치', '예수께서 다윗의 혈통에 들어 있음', '그리스도', '보좌에 앉으신', '주', '하나님의 아들' 그리고 '인자'와 분리된 채 연구될 수 없다는 것이다. 마지막으로, 이 논문이 분명히 밝히듯이 누가에게 '하나님

---

1) 세인트루이스 대학교 신학 교수.
2) R. F. O'Toole, *The Unity of Luke's Theology : An Analysis of Like – Acts* [Wilmington: Michael Glazier, 1984]. 더 많은 정보를 얻으려면 그 책에 실린 간략한 참고문헌을 참고하라.

의 나라'는 딱 잘라서 한마디로 규정되는 용어가 아니라는 것이다.3) 그 의미는 정황에 따라 변한다. 또 그것은 누가가 '설교자 예수'로부터 '설교의 내용 예수'로 옮겨가는 주된 방법들 가운데 하나다.

채택된 방법론은 구성 비평이라고 부르는 것이 더 적절할 수도 있는 편집 비평의 한 유형이다. 누가는 '하나님의 나라' 및 그와 연관된 용어들에 관하여 서술했으며, 때때로 이 표현들을 집중적으로 사용하고 있다4). 그러나 '하나님의 나라'와 연관된 개개의 용어들을 상세히 연구하기보다 누가에게 '하나님의 나라' 및 그와 연관된 개념들이 무슨 주제를 전달하는지를 검토함으로써 제시된 것들을 통합하는 것이 가장 좋은 접근이다.5)

---

3) 나는 노먼 페린이 *Jesus and the Language of the Kingdom: Symbol and Metaphor in New Testament Interpretation* [Philadelphia: Fortress, 1976], 2-3, 28-34, 77-78, 197-199, 202-204쪽에서 말하고 있는 '넓은 상징'에 완전히 동의할 수 없다. 페린은 예수에 관한 신화들이 뒤이은 역사의 진행에 의해 불신을 받지 않는다는 것에 관심을 가진다. 그러나 그가 말하는 '넓은 상징'은 하나의 상대성을 지향한다. 예를 들어, '하나님의 나라'가 '넓은 상징'임을 포기하기 이전에 사람들이 얼마나 많은 의미를 그것으로부터 탈락시킬 수 있는가? 페린은 하나의 상징이 갖고 있는 객관적 내용 또는 제한된 본질에 충분히 주의를 기울이지 않았다. 하나의 상징은 모든 것을 말할 수도 없고, 몇몇 명확한 내용이 제거될 수도 없다.

4) 예를 들어, 눅 18:16-17, 24-25, 19; 19:11-12, 14-15, 27; 22:16, 18, 29-30; 23:2-3, 37-38, 42,51을 보라. 이 논문이 따른 성경 번역은 *The New Annotated Bible with the Apocrypha: Revised Standard Version* [H. G. May와 B. M. Metzger 편집; New York: Oxford, 1977]이다. 나는 번역이 잘못되었거나 뜻을 잘못 전달하고 있다고 믿을 때만 번역을 바꾸었다.

5) 누가복음에 나타난 '하나님의 나라'에 관한 최근의 몇몇 문헌들을 보면, A. del Aqua Pérez, "El cumplimiento del Reino de Dios en la misión de Jesús: Programma del Evangelio de Lucas[Lc 4,14-44]," *EstBib* 38 [1979-80], 269-293쪽; C. H. Dodd, *The Parables of the Kingdom* [London: William Collins Sons & co., 1961], 29-35, 62-63, 80-83, 142-145, 150-154쪽; A. George, "La royauté de Jésus selon l'évangile de Luc," *ScEccl* 14 [1962], 57-69쪽; W. W. Glover, "The

1. 아버지 하나님이 그 나라를 일어나게 하신다

'하나님의 나라'는 하나님의 행위요 선물이다. 이것이 누가복음-사도행전에서 '하나님의'라는 소유격이 지니고 있는 첫 번째 의미다.[6] 이 사실은 복음서의 시작에서부터 나타난다. 천사 가브리엘은 마리아에게 "또 주 하나님이 그 조상 다윗의 위를 저에게 주실 것"(눅 1:32)을 약속한다. 예수는 바알세불의 힘을 통해 그가 귀신들을 내쫓았다고 주장하는 자들에게 "그러나 만일 내가 하나님의 손을 힘입어 귀신들을 쫓아내는 것이면, 하나님의 나라가 너희에게 임하였느니라"(눅 11:20)고 대답한다. 최후의 만찬에서 예수는 그의 제자들에게, "아버지께서 나에게 맡기신 것같이 나도 나라를 너희에게 맡겨 너희가 내 나라에 있는 내 상에서 먹고 마시게 하려 하노라"(눅 22:29-30)고 확

Kingdom of God' in Luke," *BT* 29 [1978], 231-239쪽; A. R. C. Leaney, *A commentary on the Gospel According to St. Luke* [London: A. & C. Black, 1958], 6-7, 34-37, 74-75, 152쪽; I. H. Marshall, *Luke: Historian and Theologian* [Grand Rapids: Zondervan, 1971], 88-93, 128-136쪽; O. Merk, "Das Reich Gottes in den lukanischen Schriften," *Jesus und Paulus*, Fs. W. G. Kümmel [E. E. Ellis와 E. Grässer 편집; Göttingen: Vandenhoeck & Ruprecht, 1975], 201-220쪽; F. Pereira, *Ephesus: Climax of Universalism in Luke-Acts: A redactional-Critical Study of Paul's Ephesian Ministry (Acts 18:23-20:1)* [Jesuit Theological Forum 10/1; Anand: Gujarat Sahitya Prakash, 1983], 118-127쪽; R. Schnackenburg, *God's Rule and Kingdom* [New York: Herder and Herder, 1965], 83-86, 93-94, 117, 122-127, 132-142쪽; M. Völkel, "Zur Deutung des 'Reiches Gottes' bei Lukas," *ZNW* 65 [1974], 57-70쪽; G. Voss, *Die Christologie der lukanischen Schriften* [StudNeot 2; Paris: Desclée de Brouwer, 1965], 25-97, 131-153쪽; A. Wainwright, "Luke and the Restoration of the Kingdom to Israel," *ExpTim* 89 [1977], 76-79쪽; T. Weiser, *Kingdom and Church in Luke-Acts* [Diss. Union Theological Seminary, New York 1962].

6) 눅 1:32-33 및 12:32과 행 1:7은 누가에게 독특한 구절이다.

실히 말씀하신다. 그리하여 아버지께서 그 나라가 임하게 하셨다. 제자들에게 그 나라를 주심이 아버지의 선하신 기쁨이며(눅 12:32), 또 그들은 그 나라가 오도록 기도해야 한다(눅 11:2). 그 나라가 도래할 정확한 때는 예수께서 사도행전의 첫 머리에서 그의 제자들에게 "아버지께서 자신의 권한으로 정하신 때나 기한은 너희가 알 바 아니요"(행 1:7)라고 말씀하신 것처럼 근본적으로 아버지께 달렸다.

2. 성령과 하나님의 나라

성령을 통하여 예수는 하나님의 아들이 되었고, 마리아의 아들이 되었으며, 야곱의 집을 영원히 다스리게 될 것이다(눅 1:26-37 참고).[7] 또 누가복음에서 명시적으로 진술되지 않았음에도 불구하고, 누가복음 3:21-22에 기록된 예수께서 세례를 받는 장면이 왕이신 예수의 통치를 반영하고 있음은 당연한 것이다. 성령이 예수에게 강림하였고, 하늘로부터 들려온 목소리가 그의 신분을 "너는 내 사랑하는 아들이요, 내가 심히 기뻐하는 자라"고 규정한다.

성령과 하나님 나라의 특별한 관계를 분명히 전달하는 누가의 또 다른 구절은 사도행전 2:30-36이다. 오순절 말씀은 다윗의 위에 오를 후손이 있을 것임을 다윗에게 맹세한 것에 관하여 말하고 있다. 다윗

---

7) 물론 누가는 하나님의 나라와 성령의 관계를 알고 있으나, J. D. G. Dunn, "Spirit and Kingdom," *ExpTim* 82 [1972], 37-40쪽과 S. S. Smalley, "Spirit, Kingdom and Prayer in Luke-Acts," *NovT* [1973], 59-71쪽의 다툼에도 불구하고, 이 관계는 누가복음-사도행전에서 충분히 발전되지 않았다. 또 G. E. Rice, "Luke 3:22-38 in Codex Bezae: The Messianic King," *Andrews University Seminar Studies* 17 [1979], 204-208쪽을 보라.

의 이 후손이 부활하신 예수다. 그는 주와 그리스도로서 하나님의 우편으로 높이 올리우셨고 아버지로부터 성령의 약속을 받아 부어 주셨다. 이러한 누가의 이해는 의심할 바 없이 사도행전 1:7-8에 나타난 그 나라와 성령 사이의 연결을 설명하고 있다. 예수의 탄생과 높이 올리우심에서 누가는 성령의 모습을 그 나라와 연관된 것으로 그려낸다. 아마도 누가는 부활하셔서 보좌에 앉으신 예수가 살아 계시기에 성령에 대해 더 강조하지 못한 것 같다.

3. 하나님의 나라는 역시 예수의 나라이기도 하다

그 나라는 역시 예수께 속한다. 위에서 언급했듯이, 예수는 다윗의 위를 받아 야곱의 집을 영원히 통치하게 되며(눅 1:32-33), 그의 아버지가 그에게 나라를 맡기신 것처럼 그의 제자들에게 나라를 맡긴다(눅 22:29-30). 이 구절에서 예수는 '내 나라에서' 내 상에 앉아 먹고 마시는 것에 관하여 말한다. 누가의 다른 많은 구절들이 이것과 같은 내용을 분명히 가지고 있다. 예를 들면, 그가 예루살렘에 들어갈 때, 그의 제자들은 "주의 이름으로 오시는 왕에게 복이 있을지어다"(눅 19:38)라고 외친다. 야손과 또 그와 함께한 사람들이 "다른 왕 예수가 있다"(행 17:7)고 말했다는 이유로 데살로니가의 유대인들은 그들이 가이사 황제의 명령에 어긋나는 행위를 했다고 하여 고소한다. 역설적으로 예수는 그의 수난 동안에 여러 번에 걸쳐 왕으로 불리거나 하나님의 나라와 연관된다(눅 23:2-3, 37-38, 42, 51). 이 구절 중 누가복음 23:3, 38을 제외한 모든 구절들이 누가의 독특한 구절들이다. 물론 누가는 이 구절들을 예수를 유대인의 왕으로 인정하는 그의 그리스도인 독자들에게 적어 보냈다. 따라서 누가는 그(예수)에게 주어진 잘못된 처우에 담긴 날카로운 반증을 나타내고자 하였다.

예수가 다윗의 혈통을 가지고 있다는 것은 그가 한 나라를 가지고 있다는 것을 포함한다. 다른 곳에서[8] 나는 다윗에게 주어진 약속이 오순절 설교와 비시디아 안디옥에서 바울이 한 설교에 담긴 사상을 설명하는 데 도움을 준다는 것을 논증한 바 있다. 오순절 설교에 따르면, 예수는 하나님의 오른편에서 다윗의 위에 앉으신 분이다(행 2:30-35; 눅 22:69 참고).

누가는 바울의 비시디아 안디옥 설교에서 "또 그가(하나님이) 그를 폐하신 때, 다윗을 왕으로 세우시고…이 사람의 후예 중에서 그가 약속하신 대로 이스라엘에게 한 구주 예수를 세우셨느니라"(행 13:22-23; 참고 눅 1:31-33; 2:11)는 말씀으로 위의 구절과 비슷하게 하나님 나라 개념을 전면에 내세웠다.

누가복음에 수록된 다음 두 구절이 '하나님의 나라'를 예수의 임재와 행위에 연결한다. 바알세불의 이름으로 귀신들을 쫓아내었다고 비난받았을 때 예수는 "내가 만일 하나님의 손을 힘입어 귀신들을 쫓아내는 것이면 하나님의 나라가 너희에게 이미 임하였느니라"(눅 11:20)고 대답하셨다. 또 예수의 임재와 행위들은 하나님의 나라가 언제 올 것인지 물었던 바리새인들에게 "하나님의 나라는 볼 수 있는 표지들과 함께 임하는 것이 아니요, '보라, 여기 있다!' 또는 '저기 있다!'라고 말하지 못하리니, 하나님의 나라는 너희 가운데 있기 때문이

---

8) 내가 쓴 "Acts 2:30 and the Davidic Covenant of Pentecost," *JBL* 102 [1983], 245-258쪽을 보라.

라"(눅 17:20-21)라고 말할 수 있었던 이유를 설명해 준다.

누가는 확실히 예수를 따르는 것을 하나님의 나라와 동일시한다. 부유한 관원이 그를 따르는 것을 꺼려한 것을 예수는 "재산이 있는 자가 하나님의 나라에 들어가는 것이 얼마나 어려운지"(24절)로 설명하며 그 자신을 따르는 것을 그 나라에 들어가는 것과 동일시하셨다. 누가는 이런 생각을 몇몇 구절들 안에서 반복하면서(참고. 28-29절), 공관복음서 기자들 가운데 유독 '하나님의 나라'에 관해 말하고 있다. 사실, 누가는 그 이전의 이야기에서 이미 예수를 하나님의 나라와 결합하였다. 제자들은 사람들이 어린이들을 예수께 데려오는 것을 막으려고 노력한다. 그러나 예수는 그들을 부르시며 "어린이들이 내게로 오는 것을 허락하고, 그들을 막지 말라 이런 이들에게 하나님의 나라가 속하였기 때문이니라"(눅 18:16)라고 말씀하신다. 예수께 오는 것이 그 나라에 들어가는 것과 연관되어 있는 것이다.

누가는 그만이 수록한 말씀에서도, 그 나라와 예수를 따르는 것이 연결되어 있다는 이 생각을 소개하고 있다. 제자도와 관련된 기사에서 예수는 "너는 가서 하나님의 나라를 전파하라"고 하셨다. 어떤 제자가 "주여 제가 당신을 따르겠나이다 그러나 나로 하여금 먼저 내 가족에게 작별 인사를 하게 허락하소서"라고 말하자, 예수는 "손에 쟁기를 잡고 뒤를 돌아보는 자는 하나님의 나라에 합당치 아니하리라"고 대답하셨다(눅 9:60b-62).

므나 비유(눅 19:11-27)는 누가복음에서만 예수를 므나를 받았던 사람들이 결산서를 제출해야 할 왕으로, 자신들을 통치하기를 원하지 않았던 대적들을 처벌할 왕으로 소개한다.[9]

---

9) 이 비유에 관한 더 상세한 논의는 Dodd, *Parables*, 114-121쪽; J. Jeremias, *The*

누가가 '예수'와 '하나님의 나라'를 서로 바꿔 쓰고 있다는 사실은(참고. 눅 14:26; 18:29) 그가 이 개념들을 동일한 것으로 보고 있음을 알려 준다.10) 더구나 누가복음 18:29을 마가복음 10:29(마 19:29)과 비교해 보면, 누가가 마가의 '나를 위하여 또 복음을 위하여'를 '하나님의 나라를 위하여'로 바꾼 것을 주목할 수 있다. 누가는 예수와 하나님의 나라에 관하여 함께 말하고 있는데(행 8:12; 28:23, 32), 이것은 그가 아마도 두 개의 다른 실재(實在)를 알려 주려는 것이 아니라, 그가 좋아하는 문예 기법들 가운데 하나, 곧 반복법을 사용하고 있는 것임을 알려 준다. 한 개념을 다른 개념으로 반복하였을 뿐이다. '하나님의 나라'와 '예수' 사이에 동일성이 있다는 이런 주장은 누가가 모든 복음의 메시지를 '예수'만으로(예를 들어, 행 5:42; 8:35; 11:20; 17:3) 또는 '하나님의 나라'만으로(예를 들어, 눅 4:43; 8:1; 9:2, 11, 60; 10:9, 11; 16:16; 행 1:3; 19:8; 20:25) 언급할 수 있었다는 사실이 든든하게 뒷받침한다.

4. 하나님 나라의 특징들

아버지와 예수께서 가져오신 하나님의 나라는 그 자체로 어떤 특

Parables of Jesus [New York: Charles Scribner's Sons, 1963], 58-63, 67, 95, 166쪽: B. Noack, *Das Gottesreich bei Lukas: Eine Studie zu Luk. 17,20 -24* [SynBU 10: Uppsala: C. W. K. Gleerup, 1948], 48-49쪽: F. D. Weinert, "The Parables of the Throne Claimant(Luke 19:12,14-15a,27) Reconsidered," *CBQ* 39 [1977], 505-514쪽을 보라.
10) 나는 이 보기를 제시하는 데 Pereira, *Ephesus*, 112쪽의 도움을 받았다.

징들을 갖고 있다. 첫 번째 특징은 하나님의 나라는 이 세상의 나라들과 같지 않다는 것이다. 그것은 섬김의 나라다(눅 22:24-27). 그래서 예수는 세상의 모든 나라의 권세와 영광에 관한 사탄의 제의를 거부한다(눅 4:5-8).

'하나님의 나라'는 그리스도가 선포한 메시지 전부를 요약할 수 있는 것이므로 많은 특징들을 가질 수 있다. 하나님의 나라는 신비에 싸여 있지만, 그 비밀들은 예수의 제자들에게 계시되었다(눅 8:10).[11] 그러나 그들은 아버지가 언제 하나님의 나라를 세우실지 알지 못한다(행 1:6-7). 겨자씨나 밀가루 안의 누룩처럼, 그것은 하찮은 것처럼 보이지만 매우 중요하다(눅 13:18-21).

하나님의 나라는 그의 구성원들에게 명예를 부여한다. 하나님의 나라 안에서는 가장 작은 자가 세례 요한보다 더 크다(눅 7:28). 예수는 잔치의 비유를 말하기 전에 그의 상에 함께한 사람들 중 하나가 하나님의 나라에서 떡을 먹는 이들에게 돌린 복을 받아들이신다(눅 14:15). 또한 하나님의 나라는 보편성을 가진다. 그것은 이방인들도 포함한다. 좁은 문에 관한 비유의 결말은 이것을 예증한다(눅 13:28-30). 의심할 여지없이, 잔치의 비유에 나오는 마지막 말들도 같은 사상을 분명히 밝히고 있다. "내가 너희에게 말하노니, 초대받았던 이들 가운데 그 누구도 내 잔치를 맛보지 못하리라"(눅 14:24).

잔치의 비유는 하나님의 나라가 가진 또 하나의 특징을 드러낸다. 하나님의 나라는 천대받는 자리에 있는 자들을 향하고 있다. 집주

---

11) S. Brown, "Secrets Of The Kingdom Of God(Mark 4:11)," *JBL* [1973], 66쪽은 마태와 누가가 마가복음을 사용한 것에 대하여 그가 "…그것들은 단순히 그들의 자료에 이미 암시되어 있던 것들을 분명히 제시한 것일 수 있다"고 말한 점에서 옳다.

인은 그의 종에게 "가난한 자들과 장애자들과 소경들과 저는 자들을 데려오라"고 지시한다(눅 14:21). 하나님의 나라가 이렇게 천대받는 자리에 있는 자들을 지향하고 있다는 것은 누가복음 4:14-44에 있는 교훈의 내용이기도 하다. 누가복음 4:14-44은 한 단락인데, 그 이유는 누가복음 4:14-15이 하나의 전환과 도입부를 구성하는 반면, 4:42-44이 하나의 결론과 또 하나의 전환을 구성하고 있기 때문이다. 또한 누가복음 4:18, 곧 "주의 성령이 내게 임하시니, 가난한 자에게 복음을 전하게 하시려고 내게 기름을 부으셨기 때문이라"는 말씀은 누가복음 4:43, 곧 "내가 다른 동리에도 하나님 나라의 복음을 전해야 하리니 나는 이 일을 위해 보냄을 받았노라"는 말씀과 함께 전체를 하나로 묶는 인클루시오의 역할을 한다.12) 누가는 예수께서 가난한 자들에게 복음을 전하고, 갇힌 자들에게 해방을 선포하며, 눈먼 자들의 눈을 뜨게 하고 억눌린 자들을 자유롭게 해준다(18절)는 관점에서 그의 독자들이 하나님의 나라에 관한 복음(43절)을 이해하도록 의도하고 있다. 누가복음 4:14-44은 누가복음-사도행전 전체의 요약적 성격을 갖고 있기 때문에, 하나님의 나라에서 천대받는 처지에 있는 자들이 주목받고 있다는 사실은 특별히 강조되어야 한다.

마찬가지로 그 나라는 바울과 바나바가 루스드라, 이고니온 그리고 안디옥에서 했던 일이 우리에게 보여주는 것처럼(행 14:22) 그리스도인들에게 희망과 용기의 원천이다. 아버지의 나라를 바라는 이는 누구나 의복, 재산, 먹고 마시는 것(눅 12:31; 참고. 12:22-34)처럼, 그가 세상에서 염려할 수도 있는 다른 것들도 받게 될 것이다. 간략히

---

12) 이런 통찰을 얻는 데 A. del Aqua Pérez의 "El cumplimiento del Reino de Dios," 271-273쪽으로부터 도움을 받았다. 또 Völkel의 "Reiches Gottes," 63쪽을 보라.

말해서 하나님의 나라는 유익하다. 에베소 교회의 장로들에게 한 설교에서, 바울은 그들 가운데서 유익한 모든 것을 선포하는 데 조금도 주춤거리지 않았다고 주장하며(행 20:18-20) 하나님 나라를 선포한다.

한편으로 하나님의 나라는 알아볼 수 있는 표지들과 더불어 임하는 것이 아니지만(눅 17:20), 다른 한편으로는 언제 하나님의 나라와 우리의 구원이 가까이 올지(참고. 눅 21:25-31) 지적하는 명확한 표지들도 있을 수 있다. 인자가 하나님의 나라를 오게 할 때 그는 구름을 타고 권능과 장엄한 영광으로 오실 것이다(눅 21:27; 참고. 9:26). 이 때 그 나라가 주는 기쁜 만족은 잔치의 장면으로 묘사된다(눅 14:15-24; 22:28-30).

5. 하나님의 나라는 예수와 그리스도인들 사이의 연합을 지시한다

누가는 예수를 그리스도인들과 연합시킨다. 그가 이런 작업을 하는 방법 가운데 하나가 하나님의 나라를 통해서 하는 것이다. 예수는 이제 그리스도인들을 다스리실 것인데 그 그리스도인들은 야곱의 집이며(눅 1:32-33. 행 2:30-36; 13:22-37 참고), 제자들이 심판하게 될 열두 지파다(눅 22:29-30). 이 두 구절은 그리스도인들이 참 이스라엘이라는 누가의 주제에 속한다. 예수는 그리스도인들의 왕이시다.[13]

---

13) 나는 이것을 *The Unity*, 17-24쪽에서 상세히 설명했다.

마지막 만찬 기사에서(눅 22:14-38) 누가는 두 번이나 하나님의 나라(16, 18절)와 나라(29-30절)를 언급하고 있다. 뒤의 구절들은 참 이스라엘로서 예수의 나라를 구성하고 있는 그리스도인들과 예수를 연결하고 있다. 앞의 구절들은 28-30절과 같은 단락 안(눅 22:14-38)에 자리잡고 있어서 아버지가 예수에게 맡긴 그 나라를 하나님의 나라로 이해해야 한다. 역시 주의 만찬은 그 나라의 모습을 미리 그려내고 있는 것이다. 주의 만찬은 아버지께서 그에게 맡기신 그 나라를 대변할 뿐 아니라 그 곳에서 그리스도인들이 결국 그들의 왕과 연합하게 될 것을 알려 주고 있다.

6. '하나님의 나라'를 설교하는 것이 예수의 사역과 예수를 따른 사람들의 사역을 집약해 준다

예수는 사람들에게 "내가 다른 동리에서도 하나님 나라의 복음을 전해야 하리니 내가 이 일을 위해 보냄을 받았노라"(눅 4:43)고 말씀하셨다. 예수께서 하신 일을 비슷하게 요약하고 있는 것이 누가복음 8:1에서 발견된다. "그가 그들(열두 제자)을 하나님의 나라를 전파하며 앓는 자를 고치게 하려고 내어 보내시니라"(눅 8:1-2. 6절 참고)는 말씀대로 예수는 자신의 사역을 맡기시며, "거기 있는 병자들을 고치고, 또 그들에게 말하기를 하나님의 나라가 가까이 왔다고 하라"(눅 10:9; 참고. 11절; 9:60)고 하셨다. 바울은 에베소 장로들에게 한 그의 설교에서 자신의 사역을 "하나님의 은혜의 복음을 증거하는 것"이나, "내가 너희 중에 왕래하며 하나님의 나라를 전파한 것"(행 20:24-25)으로 요약했다. 하나님의 나라를 설교하는 것은 예수와 사도들과 제자들과 또 바울의 사역을 모두 요약하는 것이다.

7. 그리스도의 메시지는 '하나님의 나라'라는 문구로 요약될 수 있다

누가가 그리스도의 메시지를 드러내기 위해 여러 표현들을 사용하고 있는 것은 잘 알려져 있다. 예수나 그가 세운 사도들 또는 제자 중 하나가 설교를 한다고 보도할 때, 누가는 자주 그 내용을 '하나님의 나라'로 규정한다(눅 4:43; 8:1; 9:2, 11, 60; 10:9, 11; 16:16; 행 1:3; 19:8; 20:25). 이 중에서 누가복음 4:43; 8:1(그러나 마 9:35을 보라); 9:11, 60; 10:11; 사도행전 1:3; 19:8; 20:25은 누가의 독특한 보도다. 누가는 누가복음 4:43에서 마가복음 1:38의 "내가 거기서도 전도하리니"에 '하나님의 나라'를 첨가했고, 9:11에서 마가복음 6:34의 "또 그가 많은 것들을 가르치기 시작하시니라"에 같은 말을 첨가했다. '복음을 전하다'라는 말을 도입하거나(눅 4:43; 16:16) 사용함으로써(행 8:12) 누가는 '하나님의 나라'가 가진 복음의 차원을 상세히 설명하며 분석한다. 따라서 '하나님의 나라'는 그리스도의 모든 메시지를 잘 나타내는 것이라고 할 수 있다. 때때로 누가는 '하나님의 나라'와 복음의 메시지를 더 긴밀하게 묶기 위해 마가의 생각에 '복음을 전하다'나 '하나님의 나라'를 첨가한 것이다.

8. 하나님의 나라는 현존하는 실재(實在)다

하나님의 나라는 여하튼 현존한다. 앞에서 그 나라를 예수와 연결하려고 노력했을 때 두 구절(눅 11:20; 17:21-22)이 고려되었다. 예수가 귀신들을 쫓아낸 것은 하나님의 나라가 그의 청중들에게 임하였음을 입증하며,14) 예수가 현존하고 있다는 것은 바로 그 나라가 하나의 실재(實在)라는 것을 의미한다.15)

오순절 설교는 천사 가브리엘이 마리아에게 했던 약속의 성취를 보도하고 있다(눅 1:31-33)는 모든 증거를 제시한다. 다윗은 그 위에 오를 한 자손을 가지고 있다. 곧 부활하신 예수가 주와 그리스도로서 하나님 우편으로 높이 들리우심을 받은 것이다. 결국, 하나님의 나라와 그 나라의 왕은 그 실재가 완전히 현실로 나타나지 않았을지라도 누가의 독자들에게는 이미 하나의 실재다.

"내가 너희에게 말하노니 여자가 낳은 자 가운데 요한보다 더 큰 이가 없도다. 그러나 하나님의 나라에서는 극히 작은 자라도 그보다 더 크니라"는 누가복음 7:28은 당황스럽다.16) '극히 작은'이 누구를

---

14) Schnackenburg, *God's Rule*, 124-125쪽, 또 Dodd, *Parables*, 28-29쪽을 보라.
15) C. H. Roberts, "The Kingdom of Heaven(Lk. XVII.21)," *HTR* 41 [1948], 1-8쪽; 또 Dodd, *Parables*, 62-63쪽을 보라; H. Hartl, "Die Aktualität des Gottesreiches nach Lk 17,20f," *Biblische Randbemerkungen*, Fs. R. Schnackenburg [H. Merklein과 J. Lange 편집; Augsburg: Echter, 1974], 26-29쪽; Noack, *Das Gottesreich*, 1-50쪽; Schnackenburg, *God's Rule*, 134-136쪽을 보라.
16) 이 구절을 해석하는 데는 F. W. Danker, *Jesus and the New Age: According to Luke* [St. Louis: Clayton, 1976], 97쪽; E. E. Ellis, *The Gospel of Luke* [NCB; Greenwood: Attic, 1974], 119-120쪽; J. A. Fitzmyer, *The Gospel According to Luke(Ⅰ-Ⅸ): Introduction, Translation and Notes* [AB 28; Garden City: Doubleday, 1981], 670-676쪽; W. Grundmann, *Das Evangelium nach Lukas* [THKNT 3; Berlin: Evangelische Verlagsanstalt, 1971], 166쪽; Leaney, *St. Luke*,

언급한 것이든, 그 구절은 하나님의 나라를 적어도 부분적으로는 현존하는 것으로 보고 있다. 그것이 어떤 이유로든 현존하지 않는다면 아무도 그 나라에 속할 수 없기 때문이다.

겨자씨와 누룩 비유는 누가가(13:18-21) 마가복음 및 마태복음과 공유하고 있는 것인데, 하나님의 나라를 현존하는 실재로 그려내고 있다. 결국 비유들에 따르면, 겨자씨라는 씨가 뿌려지고 자라나며, 또 세 말의 가루 속에 숨겨진 누룩이 발효하여 그 현실적 기능을 시작하였다.17)

누가가 하나님의 나라를 일부분이라도 하나의 현존하는 실재로 보았다는 것은 의심할 바 없다.

9. 하나님의 나라는 사탄의 통치의 파멸과 그리스도인들을 위한 구원을 의미한다

누가는 세상을 어둠과 빛으로, 또 사단의 세력과 하나님의 권세로 나뉘어 있는 것으로 본다(참고. 행 26:18). 예수의 이적들은 사탄

58-59쪽; Schnackenburg, *God's Rule*, 132-134쪽을 보라.
"하나님의 나라가 너희에게 가까이 왔다"(눅 10:9, 11; 마 10:8 참고)는 구절의 해석도 마찬가지로 문제를 갖고 있다. 누가가 두 경우에 희랍어의 현재 완료를 사용했을지라도 우리는 그 나라가 '가까이 왔다'고 결론을 내려야 한다는 의미일 것이다. 이 구절들이 하나님 나라의 현존하는 실재를 전달하고 있는지 분명하지 않기 때문에, 그것들은 이 부분에서 다루어지지 않는다. Schnackenburg, *God's Rule*, 140-142쪽과 Dodd, *Parables*, 29-30쪽 참고.
17) 이들 자라남의 비유에 대한 더 많은 주석은 Dodd, *Parables*, 152-156쪽을 참고하라. 또 이 책의 R. H. Hiers, "종말론적 해석에 대한 주요 반응" 참고.

의 통치가 정복당하고 있음을 예증해 준다. 이것이 예수가 바알세불을 힘입어 귀신을 쫓아낸다고 비난 받았을 때 하신 말씀에 밝히 드러난다.

> 또 만일 사단이 스스로 분쟁하면 저의 나라가 어떻게 서겠느냐? 너희 말이 내가 바알세불을 힘입어 귀신들을 쫓아낸다고 하니, 만일 내가 바알세불을 힘입어 귀신들을 쫓아내면 너희 아들들은 누구를 힘입어 쫓아내느냐? 그러므로 그들이 너희 재판장이 되리라. 그러나 만일 내가 하나님의 손을 힘입어 귀신을 쫓아내는 것이면 하나님 나라가 너희에게 임하였느니라(눅 11:18-20; 참고. 4:40-43).

이것은 또한 누가복음 13:16, 곧 18년 동안 사단이 묶어 놓은 아브라함의 딸을 안식일에 이 매임에서 풀려나게 해야 하지 않겠느냐는 말씀에서 연약함에 사로잡힌 그 여인을 치유하는 데 관한 예수의 말씀을 잘 설명해 준다. 비슷한 방식으로, 누가는 하나님의 나라에 관한 설교를 사탄을 제압하며 병들을 치유하는 권세 및 권위와 결부시킨다 (4:40-43; 8:1-3; 9:1-2, 11; 10:9).[18]

누가는 하나님의 나라를 구원과 연결한다. 부유한 관원이 자기의 재산을 포기하고 예수를 따르는 것을 거부했을 때, 예수는 덧붙여 말씀하셨다. "부자가 하나님의 나라에 들어가기가 얼마나 어려운지 낙타가 바늘귀로 들어가는 것이 부자가 하나님의 나라에 들어가는 것보다 더 쉽다." 그것을 들은 사람들은 "그러면 누가 구원을 얻을 수 있

---

18) 병행구절들과 대조적으로 누가는 '하나님의 나라'를 4:43; 8:1; 9:11; 10:9에 도입하였다.

으리요"라고 말한다(눅 18:24-26). 이 구절들의 의미가 밝혀지려면 '하나님의 나라에 들어가는 것'이 '구원받는 것'과 같은 말이 되어야 한다. 베드로에 대한 예수의 대답에 누가는 다시 하나님의 나라와 구원을 결부시킨다. 예수는 그에게 확언하기를, "하나님 나라를 위하여 집이나 아내나 형제나 부모나 자녀를 버린 자는 금세에 여러 배를 더 받지 않을 자가 없고, 내세에 영생을 받지 못할 자가 없느니라"(눅 18:29-30)고 하셨다. '영생'은 틀림없이 구원을 의미한다.[19] 흥미롭게도 이 본문 단락은 '영생'으로 시작하여 '영생'으로 끝난다.

다음에 다룰 연관 구절들은 누가복음 21:28, 30이다. 28절은 '하나님의 나라'가 '네 구속' 대신 등장하는 30절과 병행을 이룬다. 누가가 암시하는 것은 '하나님의 나라'가 구속을 의미한다는 것이다. 누가는 분명히 '구속'을 '구원'과 동일시하며 누가복음 1:68-70에서 이 용어들을 교대로 쓴다(참고. 2:38; 24:21).

밀레도에서 바울이 에베소 장로들에게 한 말을 누가가 수록해 놓았는데, 이 곳에는 바울이 선포한 복음에 대한 요약 진술들이 담겨 있다(행 20:20-21, 24-25, 27, 32). 이들 요약 진술들은 실제적 목적을 위해 서로 바뀔 수 있다. 이들 진술 중 하나는 그의 사역을 마침에 관한 언급이다. "하나님의 은혜의 복음을 증거하는 것이라. 이제 보라 내가 너희 중에 왕래하며 하나님 나라를 전파하였으나 지금은 너희가 다 내 얼굴을 다시 보지 못할 줄 아노라"(24-25절). 조금 더 뒤에 나오는 요약 진술은 '그 나라'가 구원과 연관됨을 나타내면서, "지금 내

---

[19] 우리의 부활을 누가의 구원 개념의 부분이자 예수의 부활에 의해 영향을 받은 것으로 고려하려면, 내가 쓴 "Christ's Resurrection in Acts 13:13-52," *Bib* 60 [1979], 361-372쪽을 보라.

가 너희를 하나님과 그의 은혜의 말씀에 부탁하노니, 그 말씀이 너희를 능히 든든히 세우사 거룩케 하심을 입은 자들 가운데 기업이 있게 하시리라"(32절)고 되어 있다. 다시금 그 나라와 구원이 결부되어 있는 것이다.

누가는 사도행전 28:23-31에서도 하나님의 나라를 구원과 연결한다. 바울은 "하나님 나라를 증거하고 모세의 법과 선지자의 말로 예수에 관하여 그들에게 확신을 심어 주려고 애쓰니라"(23절)는 말로 로마에 있는 유대인 지도자들에게 연설한다. 그러나 그들은 바울이 말하고자 하는 것에 동의하지 않았으며, 이에 따라 바울은 이사야 6:10의 말씀을 사용하여, "그러므로 이 하나님의 구원이 이방인들에게 보내어진 줄 알지어다. 그들은 들으리라"(29절)는 말로 끝을 맺는다. 그 이후 바울이 로마에서 그의 일을 계속할 때, 그는 다시 이 구원을 선포하고 있는 듯이 보이나, 누가가 그에 관하여 쓴 것은 "완전히 드러낸 채 거침없이 하나님의 나라를 설교하며, 주 예수 그리스도에 관하여 가르치는 것"이다(31절).

누가가 쓴 다른 많은 구절들도 하나님의 나라와 구원을 서로 결합한다. 예를 들어, 한 강도가 "예수여, 당신이 당신 나라에 들어가실 때 나를 기억하소서"라고 청하였을 때, 예수는 "진실로 내가 네게 말하노니, 오늘 네가 나와 함께 낙원에 있으리라"고 그 청에 대답한다(참고. 눅 23:42-43). 더구나 수난 기사에 관한 같은 문맥에서 독자들에게 다음과 같은 아이러니를 제시한다.

> 그러나 그 관원들이 비웃어 가로되, "그가 남을 구원하였으니, 그가 만일 하나님이 택하신 자, 하나님의 그리스도이거든 그 자

신도 구원할지어다!" 군인들도 그를 희롱하면서 나아와 신 포도주를 주며 말하되, "네가 만일 유대인의 왕이거든 네 자신을 구원하라!" 하더라. 그의 위에 "이는 유대인의 왕이라"고 쓴 명패가 있더라. 달린 범죄자들 가운데 하나가 비방하여 가로되, "네가 그리스도가 아니냐? 네 자신과 우리를 구원하라" 하니라(눅 23:35-39).

결국 앞에서 제시했듯이, '하나님의 나라'와 예수가 다윗의 혈통이라는 점 사이에는 깊은 관계가 존재한다. 두 개의 연관된 구절들이 구원을 언급한다. 즉 "오늘날 너희에게 다윗의 동리에 그리스도 주이신 구주가 나셨으니"(눅 2:11)와 "하나님이 약속하신 대로 이 사람(다윗)의 후예에서 하나님 이스라엘에 한 구주, 곧 예수를 세우셨느니라"(행 13:23)가 그것이다.

10. 하나님의 나라는 하나의 종말론적 나라다

누가에게 '마지막 때'는 그리스도(메시아)이신 예수의 오심과 함께 시작하는 바, 메시아의 시대는 곧 종말론의 시대다. 그 나라의 마지막 도래, 곧 파루시아는 그 마지막 때의 마지막 사건을 나타낸다.[20]

누가에게 하나님의 나라는 어떤 의미에서 이미 현존하는 나라임에도 불구하고, 마지막 때라는 이유 때문에 그것은 아직 종말론적(메시아적)이다. 이 부분에서 하나님의 나라를 미래의 일로 여기는 누가

---

[20] 이 논증을 더 완전히 제시한 것으로는 나의 *The Unity*, 149-159쪽을 보라.

의 구절들을 탐구해 볼 것이다.

예수의 진술 한 두 개는 하나님의 나라를 명백히 임박한 현실로 나타내는 것을 주목하라.

> "내가 참으로 너희에게 이르노니 여기 섰는 사람 중에 죽기 전에 하나님의 나라를 볼 자들도 있느니라"(눅 9:27).
> "이와 같이 너희가 이런 일이 나는 것을 보거든 하나님의 나라가 가까운 줄을 알라. 내가 진실로 너희에게 말하노니 이 세대가 지나가기 전에 모든 일이 다 이루리라"(눅 21:31-32).

첫 번째 인용구에서 누가는 마가가 쓴(9:1) '권능으로 임하다'를 빼고, '하나님의 나라'를 두 번째 인용구에 집어넣음으로써(참고 막 12:29; 마 24:33) 하나님의 나라를 인자의 오심에 결부시킨다. 보통 해석자들은 첫 번째 인용구를 변화산의 변화와 연결시키는데, 누가복음 9:26에서 언급된 인자의 영광이 9:32에서 다시 나타난다는 점에서 타당한 이유가 없는 것은 아니다. 그것은 이 세대가 예수의 때를 언급할 가능성이 있을 수 없으며, 예수의 때가 누가가 기록할 당시에는 이미 지나갔고, 따라서 틀림없이 그 이후의 세대 또는 오는 시대를 언급하고 있다는 것을 힘주어 말함으로써 두 번째 인용구를 설명한다.[21]

---

21) 이 구절들에 대한 다른 견해를 살펴보려면, Danker, *Jesus and the New Age*, 114-115, 216쪽; Fitzmyer, *Gospel According to Luke*, 786, 789-790쪽; Ellis, *Gospel of Luke*, 141-142, 246-247쪽; Grundmann, *Das Evangelium nach Lukas*, 190-191, 385쪽; Leaney, *St. Luke*, 166쪽; E. Schweizer, *Das Evangelium nach Lukas* [NTD 3; Göttingen: Vandenhoeck & Ruprecht, 1982], 103, 214-219쪽; C. H. Talbert, *Reading Luke: A Literary and Theological Commentary on the Third Gospel* [New York: Crossroad, 1982], 108쪽을 보라.

이 논문의 목적에 비추어 첫 번째 인용구에 나타난 하나님의 나라가 예수의 변화산에서의 변화에 관하여 말하고 있는 한, 누가가 하나님의 나라에 현재의 차원을 부여하고 있을 수도 있지만, 그보다는 이 두 구절이 미래에 연관된다는 것에 주목하는 것으로 충분하다.

누가복음-사도행전에는 미래에 도래할 그 나라를 주목하고 있는 많은 다른 구절들이 있다. 예수는 주기도문에서 그의 제자들에게 "당신의 나라가 임하시며"(눅 11:2)라고 기도하도록 가르치고, 그들에게 사람들이 동과 서, 남과 북으로부터 올 것이며, 사람들이 그 나라의 식탁에 둘러앉을 것을 말하면서, 그의 식탁에 함께한 사람이 외치는 소리를 바로잡지 않는다. "하나님의 나라에서 떡을 먹는 자는 복되도다!"(눅 14:15). 단지 누가만이 므나의 비유에서 그의 나라를 받으려고 먼 나라로 가는 한 귀인에 관하여 말하며, "그가 비유를 더하여 말씀하시니, 이는 그가 예루살렘에 가까이 왔기 때문이요, 그들은 하나님의 나라가 당장 나타날 줄로 생각한 까닭이라"(눅 19:11)는 말로 그 비유를 소개한다. 그 나라가 임할 것이나, 먼저 그 귀인이 그것을 차지해야 하며, 그의 종들은 그 사이에 귀인이 그들에게 주었던 므나로 장사를 해야 한다(행 14:22 참고). 마지막 만찬의 기사(눅 22:16, 18, 29-30)가 하나님 나라의 도래를 다루고 있으며, 예수가 한 강도에게 "진실로 내가 네게 이르노니 네가 오늘 나와 함께 낙원에 있으리라"고 대답하신 것이 그 나라가 반드시 임박한 현실로 나타남을 가리키지 않는 것은 '오늘'(눅 2:11; 4:21; 5:26; 19:5, 9; 행 26:29 참고)이 누가의 경우에는 구원을 받게 될 시간을 특정한 것이라기보다 그것이 현실로 나타날 것을 다루고 있기 때문임을 그리스도인들이 예수와 연합함을 다루는 부분에서 이미 제시한 바 있다.

종국에 그 나라가 임함, 곧 파루시아(예수의 재림)에 관한 가장 중요한 누가의 본문은 사도행전 1:6-7이다(참고. 3:19-21). "그러자 그들이 모였을 때에 예수께 묻되, '주여, 당신께서 이스라엘 나라를 회복하심이 이 때니이까?' 하니 그가 그들에게 가라사대, '때와 기한은 아버지께서 자기의 권한에 두셨으니 너희가 알 바 아니요'." 하나님의 나라는 도래할 것이나, 다만 아버지만이 그 때를 아신다.

누가는 이런 내용을 사도행전 1:9-11에 있는 승천 장면을 통해 다시 강조한다. 이 장면은 사도들과 그들이 보인 반응을 강조하는데, 그들은 예수가 다시 오실 것을 보리라는 희망으로 말미암아 하늘만 응시하고 있을 수 없었다. 그는 다시 오실 것이나, 그들 그리스도인들의 삶은 앞으로 나아가야만 한다. 누가는 사도행전에서 파루시아(예수의 재림)에 관하여 더 이상 말하지 않는데, 바로 이런 언급의 부재는 예수의 재림이 늦어질 것이라는 누가의 확신을 형성하고 있다.

누가는 인자의 오심을 하나님의 나라와 결부시킨다. 이것은 누가복음 21장에서 발견할 수 있다. 하나님의 나라와 구원 사이의 연결이 논의될 때, 누가복음 21:28이 21:31과 병행을 이루고 있다는 점이 주목을 받았다. 사실 그 본문에 있는 증거는 지금까지 상세하게 설명되었던 것보다 더 복잡하다. 이것을 더 상세히 살펴보자.

> "그리고 그 때에 사람들이 인자가 구름을 타고 능력과 큰 영광으로 오는 것을 보리라. 이런 일이 일어나기 시작하면 일어나 머리를 들라. 너희 구속이 가까웠기 때문이니라"(눅 21:27-28).
> "이러므로 너희는 장차 올 이 모든 일을 능히 피하고 인자 앞에 서도록 항상 기도하며 깨어 있으라"(눅 21:36).

이 구절들 중 첫 번째에서 인자의 오심은 구속과 하나님의 나라에 앞서 일어날 '이런 일들' 가운데 하나다. 그러나 36절에서는 인자 앞에 서는 것이 '이런 일들' 다음에 일어나며, 앞선 구절들에서 '구속'과 '하나님의 나라'가 있던 곳과 똑같은 곳에 자리잡고 있다. 이것은 반드시 이들 세 가지 개념이 동일하다는 것을 의미하는 것은 아니지만 그들은 틀림없이 서로 연결되어 있다.

예수는 마지막 만찬에 관한 기사에서 인자로 규정되고 있는데, 마지막 만찬 기사는 위에서 보았듯이 하나님의 나라(눅 22:16, 18)와 아버지께서 예수에게 맡기신 그 나라(눅 22:29-30)에 관하여도 말한다. 물론 인자는 부활하셔서 하나님의 권능의 우편에 앉으실 것이며(눅 22:69; 참고. 눅 20:41-44), 예수가 다윗의 후손이 앉을 왕위에 앉으실 것이다(행 2:33-36; 참고. 눅 20:41-44). 따라서 '인자'는 당연히 조직체에 관한 기사 안에서 '하나님의 나라'나 '나라'와 관련을 맺는다.

하나님의 나라는 종말론적 심판을 가져온다. 누가복음 19:27에서 그 왕의 거친 말은 분명히 "그러나 나의 왕 됨을 원치 아니하던 저 원수들을 이리로 끌어다가 내 앞에서 죽이라"고 하고 있다. 심판 장면은 누가가 "이러므로 너희는 장차 올 이 모든 일을 능히 피하고 인자 앞에 서도록 항상 기도하며 깨어 있으라"(눅 21:36)고 쓸 때에 더욱 그럴듯하게 그려진다.

그러므로 누가의 경우에 하나님의 나라는 파루시아(예수의 재림)에 궁극적으로 수립될 종말론적 나라다. 몇몇 증거는 수수께끼 같음에도 불구하고, 하나님의 나라가 장차 도래할 것임을 보여주는 풍부한 재료들이다. 오직 아버지만이 그 정확한 때를 아신다. 하나님의 나라가 도래할 때, 그것은 인자의 오심 및 마지막 심판과 함께 할 것이다.

11. 하나님의 나라에 들어가려면 올바른 삶의 자세를 가져야 한다

누가복음 18:9-30에서 예수는 "어린아이들이 내게 오는 것을 용납하고 그들을 금하지 말라. 하나님의 나라가 이런 자들의 것이기 때문이니라"(16절)고 말씀하신다. 그러나 그 어린아이들을 그 나라에 그토록 적합한 후보자들로 만든 것은 정확히 무엇일까? 본문에 등장하는 인물들이 이 질문에 답하는 것을 도와준다. 바리새인은 의로운 자신을 신뢰하였다. 그는 다른 이들을 멸시하고 그 자신을 높였다(9-12절, 14절). 그는 그 나라에 적합한 후보가 아니다. 반면에 세리는 "하나님이여, 죄인인 저를 불쌍히 여기소서!"(13절)라고 기도하는 선한 지각을 가지고 있다. 그는 그 자신을 낮추었기에 높아질 것이다(14절). 본문의 다음 부분에 등장하는 부유한 관원은 착한 삶을 살았으나 그의 재산을 포기하고 예수를 따를 수 없었다(22-23절). 결국 어린아이와 같은 것은 겸비하여 하나님을 의뢰하고, 사람으로 하여금 그리스도를 따르지 못하게 할 수 있는 어떤 것(재산이 상징할 수 있다)에 매이지 않는 것이다.

우리는 누가복음-사도행전의 다른 곳에서도 하나님의 나라에 합당한 것으로 추천되는 이와 같은 자세들을 발견한다. 누가복음에서 예수는 "가난한 자는 복이 있나니, 하나님의 나라가 너희 것임이요"

(눅 6:20)라고 말하지, "심령이 가난한 자는 복이 있나니"(마 5:3)라고 말하지 않는다. 아리마대 요셉은 하나님을 의뢰했는데, 그 이유는 그가 "선하고 의로운 사람이었으며, 그들의 의도와 행위에 동의하지 아니하였던 자이며, 하나님의 나라를 기다리는 자이었기 때문"(눅 23:50-51)이다. 한 강도도 겸비한 자로 그려졌다. 그는 자기 죄를 시인하고 예수를 믿었으며, 결국 "예수여, 당신의 나라에 임하실 때에 나를 기억하소서"(눅 23:42)라고 간구한다.

하나님의 나라가 선포될 때 사람들은 경청해야 한다. 누가는 이런 경청을 '보고 들음'이라고 부를 수 있었다. 사람들은 올바르게 보고 들어야 한다. 사도행전의 결말은 이 사실을 증거한다. 이방인들이 옳은 자세를 가지고 있으니 그들은 들을 것이다(행 28:23-31; 참고. 눅 8:10).

그 나라의 선포에 대한 다른 적절한 답변들은 회개, 믿음 그리고 세례다. 위에서 바울이 밀레도에서 에베소 장로들에게 한 말에는 서로 바꿔 쓸 수 있는 복음의 요약이 많이 담겨 있다고 주장했는데, 그 가운데 하나가 "그 나라를 전파하는 것"(행 20:25)이고, 다른 하나는 "유대인과 헬라인들에게 하나님께 대한 회개와 우리 주 예수 그리스도께 대한 믿음을 증거하는 것"(21절)이다. 누가가 뒤의 진술을 하나님의 나라에 관하여 전파한 것에 대한 적절한 답변으로 여기고 있다는 것은 사도행전 8:12-13로 보아 명백하다.

> "빌립이 하나님의 나라와 예수 그리스도의 이름에 관하여 전도함을 그들이 믿고 남녀가 다 세례를 받으니 시몬도 믿고 세례를 받은 후에 빌립을 따라다니니라."

누가는 하나님의 나라를 바라보는 다른 태도들을 주목하고 있다. 하나는 그 나라에 우선 순위를 부여하는 것 곧 그것을 맨 처음 간구하는 것인데, 그리하면 입을 것, 먹을 것, 또 마실 것과 같은 다른 것들이 이에 덧붙여 주어질 것이다(눅 12:31). 다른 하나는 깨어 기도하는 것(참고. 눅 11:2)으로, 그렇게 함으로써 마지막 때의 모든 징조를 겪지 않고 인자 앞에 확신을 갖고 서게 된다(눅 21:36). 열 므나에 관한 비유는 더 실감이 난다. 한 사람이 주인으로부터 받은 것을 상징하는 므나는 잘 쓰여져 좋은 결과를 남긴다. 그는 성실한 종이다(참고. 눅 19:11-27). 또 누가가 마지막 만찬 동안에 언급한 것처럼, 예수의 나라는 섬김의 나라이지 다른 사람들을 주장하는 나라가 아니다(눅 22:24-27).

바울과 바나바는 그리스도인들이 어떻게 살아야 하는가에 대한 요약 진술을 "그 믿음 안에 계속 거하도록 제자들을 권면하고, 많은 환난을 통하여 우리가 하나님의 나라에 들어가야 한다"(행 14:22)는 말로 제시한다.

12. 결론

이 글에서 나는 누가가 쓰고 있는 '하나님의 나라'라는 단어와 관련된 말들에 대한 편집 비평(구성 비평)을 제시하였다. 누가의 경우에 '하나님의 나라'는 딱 잘라서 한마디로 규정할 수 있는 말이 아니다. 중요한 것은 '하나님의 나라'가 누가복음-사도행전의 처음과 끝에 나타난다는 것이다(눅 1:31-33; 행 28:23, 31; 참고 눅 4:43; 행 1:3,

6). 아버지께서 그 나라를 가지고 오셨다.

예수께서 나실 때와 오순절에 성령이 하나님의 나라와 결합되나, 누가는 예수와 그 나라를 가장 강조한다. 예수는 왕이시며, 그를 따르는 것이 그 나라로 이끈다. 누가는 모든 복음의 메시지를 '예수'나 '하나님의 나라'로 제시할 수 있었다. 때때로 그는 그 나라에 관한 메시지에 '복음을 전파하는 것'을 덧붙인다.

누가는 하나님의 나라가 갖고 있는 어떤 특징들을 제시한다. 하나님의 나라는 이 세상의 나라가 아니다. 그것은 섬김의 나라다. 그것은 신비로우며, 오직 아버지만이 언제 그것이 궁극적으로 도래할지 알고 계시는 나라다. 처음에 하나님의 나라는 미미하게 나타나나, 그것은 유대인의 소망을 충족시키며, 그 나라에 참여하는 자에게 근본적인 명예를 수여하고, 보편성을 갖고 있으며, 특히 천대받는 처지에 있는 이들에게 열려 있다. 하나님의 나라는 자애로운 나라다. 그 나라에서 떡을 먹는 것이 복이다. 하나님의 나라는 곤고한 때에 용기를 부어 주는 원천이 될 수 있으며, 그 나라를 구하는 사람은 아무 것도 염려할 필요가 없다. 그 나라는 기쁨을 가져다준다. 하나님의 나라는 또 예수와 그리스도인 사이의 연합을 보여준다.

'하나님의 나라'는 예수와 그를 따르는 사람들의 사역을 집약하고 있다. 예수와 그가 행하는 일들이 하나님의 나라를 현재 임한 나라가 되게 한다. 어떤 비유들은 그 나라의 이런 현존을 표출하며, 오순절에 예수는 그 나라의 왕으로 등극한다. 하나님의 나라로 말미암아 사탄의 통치가 궤멸되기 시작하며, 그리스도인들에게 구원이 온다. 귀신들을 제압하는 이적들과 권세와 권위가 이것을 증거한다. 누구든지 그 나라에 속한 자는 구원을 얻는다.

누가의 경우에 종말은 예수의 탄생과 더불어 시작한다. 그리하여 하나님의 나라는 틀림없이 종말론적이다. 그러나 파루시아, 곧 예수의 재림은 종말의 때에 일어날 마지막 일을 가리킨다. 이런 점에서 사도행전 1:6-7은 매우 중요한데, 그 이유는 이 구절(행 1:6-7)이 누가가 예수의 재림이 지연됨을 받아들이고, 그 때와 그 나라가 종국에 세워질 것에 대한 우리의 무지를 깨닫고 있음을 가리키고 있기 때문이다. 말할 필요도 없이, 인자의 오심은 그 나라가 종국에 세워질 것과 결부된다.

하나님의 나라에 들어가려면 우리는 올바른 삶의 자세를 가져야 한다. 우리는 그들 자신을 믿지 않고 다른 이들을 멸시하지 않았던 어린아이들과 같아야 한다. 우리는 우리를 하나님이나 그리스도로부터 멀어지게 하는 것에 매여서는 안 되며, 도리어 우리가 하나님과 그리스도에게 의지하고 있음을 깨달아야 한다. 우리는 다른 무엇보다도 그 메시지를 보고 거기에 귀기울여야 하며, 하나님의 나라를 간구해야 한다. 회개, 믿음 그리고 세례, 깨어서 기도함이 하나님의 나라에 대한 적절한 응답들이다. 마지막 날에 그 나라가 세워질 때까지 우리는 충실한 종으로 나타나야 하며, 기꺼이 그 나라를 위해 헌신하고 환난을 통해 그 나라로 나아가야 한다.

12장 요한 학파에 나타난 하나님의 나라

로버트 핫쥐슨 2세(Robert Hodgson, Jr.)[1]

1. 들어가는 말

이 연구는 요한이 쓴 복음서와 세 개의 서신서에 실제적으로 하나님의 나라라는 주제가 빠져 있으며, 요한 학파의 비정경 문헌에 이 주제가 남아 있음을 순서대로 설명하려는 것이다.[2]

---

1) 사우스웨스트 미주리 주립대학교 종교학 부교수.
2) R. Brown, *The Community of the Beloved Disciple* [New York: Paulist, 1979], 171-182쪽은 1979년에 이르기까지 이루어진 요한 학파에 관한 연구들을 요약하고 있다. 모두가 창시자인 인물들, 제자들, 편집자들, 다양한 유형의 반대자들 그리고 이 학파의 역사와 신학 안에 뒤이어 나타난 발전 양상들을 포함하고 있다. 나는 이 학파를 에베소와 알렉산드리아에 있었던, 위성 공동체들을 가지고 있던 원래의 시리아 회중들 집단의 배후 추진 세력으로 파악하고 있다. 그 학파의 삶과 신앙에 관한 기록들은 정경의 기록들(요한복음, 요한서신들, 요한계시록)뿐만 아니라, 정경이 아닌 기록들[요한행전(Acts of John), 요한외경(Apocryphon of John), 요한 묵시 외경(Apocryphal Apocalypses of John)]에도 남아 있다. 정경인 요한계시록에 담겨 있는 그 나라에 관한 특별한 문제는 플라비우스 가문의 황제들의 탄압 배경에 비추어 연구되어야 하며, 지면 관계상 여기서 다루지 않는다. Norman Perrin, "Jesus and the Language of the Kingdom," *The Kingdom of God* [Issues in Religion and Theology 5; B. Chilton 편집,

첫 번째로 분명히 해두어야 할 요점은 요한 학파 내의 서로 다른 지적, 종교적 세력들이 요한복음에 기록된 전승들을 누가 올바로 이해했느냐를 놓고 맞서고 있었다는 점이다. 그 이유는 전승을 올바로 이해하는 것이 요한 학파의 삶 안에서 특별한 위치를 보장해 주었기 때문이다. 두 번째 요점은 요한행전(the Acts of John)과 셋 영지주의 문헌(Sethian gnostic literature)으로 각각 대변되는 요한 학파의 두 진영이 자신들의 신학과 신화와 점성술 지식을 뒷받침하기 위해 하나님의 나라를 주장하면서 하나님의 나라를 하나의 상징 또는 사상으로 바꾸어 버렸는데, 요한복음과 요한 서신서의 최종 형태에 책임을 지고 있던 요한 학파의 다른 진영에서는 그 의미를 수용할 수 없었던 것이다.

2. 네 번째 복음서에 나타난 하나님의 나라

'하나님의 나라'라는 표현은 네 번째 복음서에 단 두 번만 나타난다(3:3, 5). 대조적으로 하나님의 나라(및 그와 같은 말로 마태복음에 나타나는 하늘나라)는 공관복음과 사도행전에 70회가 넘게 나오고 있으며, 바울이 쓴 글에 9번 나온다. '내 나라', 곧 그리스도의 나라

Philadelphia: Fortress, 1984], 97쪽을 따라 나는 그 나라를 하나의 넓은 상징, 곧 초기 기독교에서 몇몇 단계의 의미를 가질 수 있는 상징으로 이해하고 있다. 그 나라를 하나의 좁은 상징으로 다루는 경향, 곧 오직 하나의 단계를 가진 의미의 상징으로 보는 경향은 1980년에 A. Zabala가 하이델베르크 대학 학위 논문으로 제출한 *The Encounter of God and Man in the Trial of Jesus: John 18:28-19:16a*, 64-69쪽에 나타난다.

라는 표현은 네 번째 복음서에 단 세 번 나오지만(18:36), 신약의 나머지 부분에서는 약 13번 나온다. 요한 서신은 하나님의 나라를 어떤 형태로도 언급하지 않는다.

요한복음 3:3에서 예수는 유대인의 관원인 니고데모에게, "진실로 진실로 네게 이르노니, 사람이 위로부터 나지 아니하면 하나님의 나라를 볼 수 없느니라"고 말한다. 요한복음 3:5에서 예수는 이 간략한 표현을 반복하여, "진실로 진실로 네게 이르노니 사람이 물과 성령으로 나지 아니하면 하나님의 나라에 들어갈 수 없느니라"고 말한다. 최근의 연구는 이 두 개의 말씀과 요한복음 3장 안에 일반적으로 몇 단계의 의미가 있음을 밝혀냈다. 한 단계에서, 예를 들어 니고데모는 요한의 기독교에 매혹 당하였으나 아직 그 구성원이 되지 않은 유대인을 대변한다.[3] 다른 단계에서 요한복음 3:5과 3:9-15은 요한의 공동체가 '세례와 예수가 하늘로부터 오셨음'에 대하여 갖고 있었던 이해를 설명한다.[4]

요한복음 18:36("내 나라는 이 세상에 속한 것이 아니오")과 계시록 11:15 ("세상 나라가 우리 주와 그의 그리스도의 나라가 되었도다")에 관한 최근 연구는 예수의 나라가 이 땅의 세계에 속한 나라가 아니며 이 세상의 이념들과 체제들로부터 절연된 나라라고 결론을 내리고 있다.[5] 바렛(C. K. Barrett)이 이 구절을 '시간적이라기보다 공간

---

3) Brown, *Community*, 35, 61, 72쪽.
4) R. Schnackenburg, *The Gospel According to John* [New York: Crossroad 1982], 1: 529-542쪽; W. Meeks, "The Man from Heaven in Johannie Sectarianism," *JBL* 91 [1972], 44-72쪽. 불트만은 *Das Evangelium des Johannes*, [Meyer; Göttingen: Vandenhoeck & Ruprecht, 1978], 93쪽에서 요 3:3을 '거듭남의 비밀'을 계시한 '전승된 주의 말씀'으로 부르고 있다.
5) U. Vanni, "Regno 'non da questo mondo' ma 'regno del mondo.' Il regno di chris-

적인'6) 은유로 읽고 있는 것도 같은 취지다. 요한복음 18:36에 관한 이들 연구들과 다른 연구들은 이 본문에 그 나라 - 요한복음 3:3, 5은 별도로 하고, 네 번째 복음서에서는 두드러지게 결핍된 주제 - 가 나타나는 것에 대해 어떤 놀라운 느낌도 담고 있지 않다. 또 요한에 관한 문헌들은 요한복음 3장과 요한복음 18장 사이에서 그 나라의 소유권이 하나님으로부터 예수로 옮겨간 것, 즉 신학적인 묵시의 의미에서 기독론의 이미지로 옮겨간 것을 주목할 만한 것으로 여기지 않는다.7)

물론 요한복음에 하나님의 나라를 언급하고 있는 것이 없는 데 관하여 어떤 공통된 설명이 가능하다. 바렛은 복음서 기자가 그 나라를 고대 이스라엘의 영광의 부흥에 연결된 유대인들의 묵시적 희망을 비관적으로 보고 있음을 역설한다.8) 더 오래된 견해는 그 나라의 실재가 네 번째 복음서의 기사 안에 현존하고 있지만, 영생이나 진리와 같은 생생한 이미지들로 표현되었다고 보았다.9) 비슬리-머레이는 하나님 나라의 중요성을 그 복음서 기자가 전제하고 있으며 그것을 직접 진술할 필요가 없었다고 말하고 있다.10) 이런 설명들에는 요한복음 3:3-5과 18:36의 예외를 가지고 있긴 하지만, 네 번째 복음서로부

---

to dal IV Vangelo all' Apocalisse," *Studia Missionalia* 33 [1984], 325-358쪽.
6) C. K. Barrett, *The gospel According to St. John* [London: SPCK 1962], 447쪽.
7) B. Chilton, *Kingdom*, 1-26쪽과 R. Schnackenburg, *God's Rule and Kingdom*, [London: Burns and Oates, 1965], 358-376쪽에서 최근에 검토한 내용을 참고하라.
8) Barrett, 173쪽.
9) R. H. Lightfoot, *St. John's Gospel*, [Oxford: Clarendon, revised 1956 edition], 130쪽.
10) G. R. Beasley-Murray, "John 3:3,5. Baptism, Spirit, and the Kingdom," *ExpTim* 97 [1986], 167-170쪽.

터 하나님 나라의 개념을 제거하는 데 기여했을 수도 있는 요한 학파의 존재와 그 작업에 대한 어떤 암시도 들어 있지 않다.

네 번째 복음서로부터 하나님의 나라가 사실상 사라진 이유에 대한 이들 설명을 문학적, 신학적 관점에서 긍정적으로 옹호하는 것이 많이 있다. 무엇보다도 이 복음서에는(1:49) 예수가 일찍부터 열광하는 군중들이 12:13에 예수께 부여했던 영예로운 칭호인 이스라엘의 왕으로 규정된다. '왕이신 예수'는 이중의 의미들로 가득 찬 이 복음서 안에서 가장 빈번하게 사용된 문학적 표현이다(참고. 6:49; 18:33, 37a, 37b, 39; 19:2, 3, 12, 14, 15a, 15b, 19, 21). 두 가지 점을 주목해야 한다.

첫째, 공관복음, 사도행전 그리고 바울의 글들에서 그 나라를 언급하고 있는 대부분이 하나님의 나라 또는 왕이신 하나님을 말하는 것이라는 점을 간과해서는 안 된다. 요한은(3:3, 5의 예외가 있으나) 그 나라의 소유주를 예수와 왕이신 예수로 규정하였다. 둘째, 신약 연구는 네 번째 복음서에 나타난 그 나라의 소유권 변동이나, 이 복음서 안에서 하나님 나라의 개념 실종으로 말미암아 제기된 특별한 문제를 분명히 밝히려고 노력하면서 신약 연구를 통해 요한의 공동체 또는 요한 학파의 역사에 관하여 이미 알고 있는 것을 아직도 충분히 활용하지 못하였다.

그래서 그 '나라' 개념이 나타나지 않음에 대한 문학적-신학적 설명이 매력을 갖고 있음에도 불구하고, 실제적인 문제들은 그대로 남아 있다. 곧 예수의 설교에서 그 나라가 정말 중심 주제라면 왜 그 나라는 요한 복음의 변두리에 겨우 등장하는가, 예수가 왕이라면 왜 요한은 예수의 나라에 관하여 말하기를 꺼려하는가, 왜 요한은 그 나라의 소유권을 하나님으로부터 예수에게 옮겼는가 등의 문제가 그것이다. 우리가 토론을 벌이고 있는 개념들로부터 파악될 요한 학파를 가정하는 것이 이 문제들을 푸는 데 도움을 줄 수도 있다.

3. 요한행전에 나타난 하나님의 나라

요한행전을 가장 최근에 편집한 쥬노드(Junod)와 캐스틀리(Kaestli)에 따르면,11) 요한행전 가운데 현재 남아 있는 부분들은 두 개의 큰 자료를 포함하고 있는데, 첫 번째는 세베대 요한의 신격화와 전기이며(18:93; 103-108; 110-115장), 두 번째는 빛의 십자가와 그 춤에 관한 유명한 찬송을 다룬 하나의 담화를 포함하고 있는 요한의 설교 요약이다(94-102; 109장). 쥬노드와 캐스틀리는 요한행전의 연대에 관한 기존의 견해를 새롭게 뒤엎었다. 후대의 필사본 증거들에도 불구하고, 그들은 그 두 자료가 대략 기원후 130년 무렵에 저작되었으며, 기원후 약 150년 무렵에 지금 우리가 보고 있는 요한행전과 비슷한 형태로 자료들을 모아 정리했다는 것을 보여주는 내부 증거를 발견하였다. 그들의 계산에 따르면, 각각의 자료들 안에 있는 개개의 짧은 구절들의 발생 연대는 기원후 2세기의 첫 10년으로 거슬러 올라갈 수 있고 요한 서신들의 기록 연대는 요한이 남긴 유산을 올바르게 해석하는 것을 놓고 그 학파 안에서 벌어졌던 생생하고 날카로운 논쟁을 목도했을 그 시대로 거슬러 올라갈 수 있다.

---

11) E. Junod and J. D. Kaestli, *Acta Johannis*, [CC Series Apocryphorum 2; Brepols: Turnhont, 1983].

쥬노드와 캐스틀리는 요한행전이 동방 시리아와 이집트에 기원을 두고 있다고 믿고 있는데 이것은 옳은 것이다. 요한행전이 이 지방에서 연유한 것으로 본다는 것은 요한행전을 최근의 연구를 통해 네 번째 복음서의 초고 작성과 편집이 이루어졌던 곳으로 지목된 장소인 헤롯 아그립파 2세의 왕국 안으로 지리상 매우 가깝게 가져가는 것이다.12) 쉬트렉커13)는 요한 학파를 비롯하여 고대 학파의 전승의 기원과 기준을 창시자의 영향력과 권위의 관점에서 바르게 규명하였다. 창시자의 정체성, 언어, 이념 등은 다음 세대의 제자들이 쓴 글에 남아 있다.14)

요한행전 안에 세베대 요한이 그 창시자로 등장한다는 것은 따라서 요한 서신들에 반영된 논쟁에 요한행전이 가담했을지도 모르는 중요한 첫 번째 실마리를 제공한다. 이 외에도 네 번째 복음서에 관하여 요한 학파 안에 있었던 대립이 문서상 메아리로 나타나고 있는 어떤 구절들을 지적할 수 있다.

요한복음 13장, 곧 발을 씻어 주는 장면을 모델로 삼고 있는 한 본문에서, 그 세베대 사람은 그의 추종자들에게 어떻게 그가 처음 예수의 다면적 모습을 경험했는지를 설명하고 있다.

---

12) K. Wengst, *Bedrängte Gemeinde und Verherrlichter Christus* [Biblisch-theologische Studien 5; Neukirchen-Vluyn: Neukirchener Verlag, 1981]. 알렉산드리아의 클레멘트(*Comments on 1 John*; ANF, Ⅱ, 574)는 요한행전과 매우 비슷한 하나의 전승을 긍정하면서 인용하고 있다. 사람들은 클레멘트가 요한 학파 내에 존재하는 다양성에 관해 알고 있었던 것으로 생각하는 경향이 있다.
13) G. Strecker, "Die Anfänge der johanneischen Schule," *NTS* 32 [1986], 31-47쪽.
14) R. A. Culpepper, *The Johannie School*, [SBLDS 26; Missoula: Scholars Press, 1975]를 참고하라.

"또 그는 다른 비상한 특성을 가지고 있었다. 내가 식탁에 기대 었을 때, 그는 나를 그의 품에 안곤 했으며, 나도 그를 꼭 안았 다. 또 때때로 나는 그의 품을 부드럽고 연약하게, 어떤 때는 바 위처럼 딱딱하게 느꼈다"(요한행전 89).

예수의 다면적 모습의 본질을 제쳐놓고, 이 본문에서 가장 놀라운 모습은 세베대 요한을 요한복음 13:22의 사랑하는 제자와 같은 이로 보고 있다는 점이다. 주의 깊게 읽지 않은 사람이 이 동일시를 놓쳤다 하더라도 이어지는 본문에 나타나는 동일시의 반복까지 놓치지는 않을 것이다.

"또 다른 때에 그가 나와 야고보와 베드로를 그가 기도하시곤 하던 산으로 데리고 가셨는데, 우리는 꼭 없어질 말을 쓰는 인 간이 형용할 수 없는 그런 빛이 그에게 임함을 보았다 … 재차 그는 '나와 함께 가자'고 말씀하시면서 같은 식으로 세 번 우리 를 그 산에 데리고 올라가셨다. 그리고 우리는 갔으며 … 그리 하여 그가 나를 사랑하셨기에, 나도 조용히 그를 좇았다"(요한 행전 90).

발을 씻어 줌과 모습의 변화 이야기에 관한 이 설명들은 요한일서의 기자가, 반대자들이 이미 자신이 이 인물이라고 주장했기 때문에, 네 번째 복음서를 올바로 해석하기 위해 그 사랑하는 제자의 권위에 의탁할 수 없었다는 컬페퍼(Culpepper)의 이론[15]을 제대로 뒷받침해 주고 있다. 이들 두 본문은 어떻게 요한행전이 사랑하는 제자라는

---

15) 위의 책, 282쪽.

그 인물을 예수의 삶의 두 장면에 집어넣음으로써 이 목적을 달성했는지를 보여준다.

요한행전이 그 학파 내에서 벌어진 신학 논쟁을 부채질하는 데 기여했다는 가장 명료한 지적은 요한일서가 뒷받침하고 있는 전승 형식과 권위를 요한행전이 직접 공격하고 있는 한 본문에 나타나고 있다. 이들을 따르면 요한일서의 서문은 네 번째 복음서의 서문으로부터 도출되는 특징 있는 주제들을 사용하고 있으며,16) 특정한 형태의 권위와 하나님과 함께 하는 긴밀한 유대를 주장하고 있다(참고. 요일 1:1-4).

이 주장을 따르면 하나님과 함께 하는 긴밀한 유대는 생명의 말씀에 대한 저자의 증언을 믿음으로 받아들이는 데 달려 있고, 그 증언의 유효성은 경험적이며 검증 가능한 형태의 증언에 호소함으로써 확보된다. 요한의 설교에 대한 서술의 결말을 짓고 있는 한 본문에서 요한행전이 주장하고 있는 것과 권위, 전승 그리고 유대에 관한 요한일서의 비전을 비교해 보라.

> "이제 나의 형제들은 우리가 주의 은혜를 보았고, 우리를 향한 그의 사랑을 보았으며, 그의 자비를 우리가 받았기에 그를 경배하자. 우리의 손가락으로도 우리의 입으로도 아니요, 우리의 혀로도 우리 몸의 어떤 지체로도 하지 말고 우리 영혼의 품성으로 그를 찬양하자…그가 우리와 함께 하셔서 감옥에서도, 무덤에서도, 매인 바 됨에서도 그리고 지하 감옥에서도 비난과 모욕을 당하면서 함께 계셨기 때문이다"(요한행전 103).

---

16) R. Schnackenburg, *Die Johannesbriefe*, [HTKNT13; Freiburg: Herder, 1963], 52-72쪽.

판 우닉(Van Unnik)17)은 예수의 유명한 춤이 그려지고 있는 94-102장 전체가 요한행전으로 대변되는 종교 모임들 안에서 이루어졌던 실제 고대의 제의 행위를 반영하고 있다고 믿고 있다. 만일 그가 옳다면, 위의 103장으로부터 인용한 요약 본문은 요한 학파와 이 학파에 속한 교회 내의 다른 무리들에게 포위당한 연대, 권위 그리고 전승을 방어하는 것이다.

자체적으로18) 분열되어 있던 요한 학파의 이런 배경과는 달리 그 나라와 예수의 왕 되심은 요한행전 안에서 신선한 특성을 띠고 있는데, 그 까닭은 요한 학파 안에서 맹렬하게 벌어진 이념의 줄다리기에 그것이 당연히 속하기 때문이다. 만일 사람들이 요한행전 안에서 기독론과 신론이 하나로 통합되고 있음(예수가 곧 하나님이며, 왕이며, 그 나라의 유일한 소유권자)을 상기한다면, 네 번째 복음서와 요한서신이 그 나라에 관하여 말을 아끼고 있는 것을, 요한행전이 그 나라에 관한 말을 적극적으로 사용하고 있는 데 대한 반응으로 해석할 수도 있을 것이다. 요한행전이 기록하고 있는 많은 이적 기사 중 하나에서, 요한행전은 요한이 죽은 클레오파트라의 부활을 예수께 기도하도록 감동 받았다고 보고하고 있다.

"따라서 우리는 왕이신 당신께 금이나 은도 아니요, 물질이나

---

17) W. C. Van Unnik, "A note on the Dance of Jesus in the 'Acts of John'," *VC* 18 [1964], 1-5쪽.
18) 적대자들을 요한의 전승이 가진 유대의 기원에 동조하지 않았던 이방 기독교인들로 규정한 J. Painter, "The 'Opponents' in 1 John," *NTS* 32 [1986], 48-71쪽과 적대자들을 고린도 교회의 성령 중심이고 은사 중심인 그리스도인으로 여긴 J. Blank, "Die Irrlehrer des ersten Johannesbriefes," *Kairos* 26 [1984], 166-193쪽의 연구를 참고하라.

재산도 아니요, 이 땅 위에서 멸망할 그 어떤 것도 아니라 오직 두 영혼을 구하나이다"(요한행전 22).

요한의 작별(the Metastasis)로 알려진 요한행전의 한 부분에서 사도는 마지막 지상의 예배 동안에 기도한다.

"하나님의 나라에서 나와 함께 있는 나의 형제들과 동료 종들, 공동 상속자들 그리고 동역자들이여 당신들은 주님을 알며, 그가 나를 통하여 당신들에게 허락하신 많은 큰 일들을 알고 있습니다…비록 그 일들이 이들 눈에 보이지 아니하며 이들 귀에 들리지 아니할지라도"(요한행전 106).

그 나라를 마지막으로 언급하고 있는 본문은 그 본문이 요한 학파의 비정통 진영 안에서 그 나라에 관한 사상이 견고하게 유지되고 있음을 증언하고 있기에 인용할 가치가 있다. 그러나 이 본문이 증거로서 갖는 가치는 제한적인데, 그 이유는 이 본문이 쥬노드와 캐스틀리가 요한행전에 3세기 또는 4세기에 첨가된 것으로 믿었던 것에 속하기 때문이다. 요한은 에베소에서 도미티아누스 황제 앞에 서서 그의 믿음을 설명하였다. 요한으로 하여금 답변을 재촉하는 질문이 황제로부터 나왔으니, 곧 "네가 내 나라(βασιλεία)가 견고하지 못하여 무너지게 되고, 다른 이 곧 예수라는 이가 나 대신 통치할 것(βασιλεύειν)이라고 예언한다는 요한이냐?"(요한행전 8)이다.

4. 요한 학파 안의 셋(Seth) 영지주의

'영지주의'라는 말은 요한일서에 기록된 대적자들에게 빈번하게 적용되었다.19) 브라운은 예를 들어 무리로부터 이탈한 요한의 그리스도인들이 "결국 영지주의 분파가 되었다"고 믿고 있다. 그 증거는 반대자들, 곧 이탈자들이 새롭게 등장하고 있던 영지주의에 이미 속하였다는 것을 보여준다. 대적자들의 신앙은 요한일서의 원자료로부터 재구성한 것이었는데, 그들은 예수를 하늘에서 오신 구속주로 보는 견해를 견지했으며, 그들만이 오직 죄가 없다는 견해와 물질 세계를 타락하고 구속받지 못한 것으로 보는 관점, 그리고 하나님과 함께하는 특별한 교제(κοινωνία)를 견지했는데 이들은 오직 자신들만이 그 자격이 있다고 생각하였다.20) 나그 하마디 문헌(the Nag Hammadi Library)과 국제 학자 연대의 협동 노력 덕택에 이레네우스, 에피파니우스, 유사 터툴리아누스 그리고 필라스트리우스의 글 안에서 따로따로 언급되던 것을 제외하고 이제까지 실종되었던 영지주의의 한 형태를 복구할 수 있게 되었으니, 그것이 셋 영지주의다.21)

---

19) R. Brown, "'Other Sheep not of this Fold': The Johannie Perspective on Christian Diversity in the Late First Century," *JBL* 97 [1978], 5-22쪽 참고.
20) 그 적대자들의 견해를 더 상세히 서술한 것으로는 Painter, 53-61쪽을 참고하라.
21) 나는 셋 영지주의(Sethian Gnosticism)의 문예사와 사회사를 재구성한 J. D. Turner, "Sethian Gnosticism: A Literary History," *Nag Hammadi, Gnosticism, and Early Christianity* [C. W. Hedrick과 R. Hodgson, Jr. 편집; Peabody, Mass.: Hendrickson, 1986], 55-86쪽의 도움을 받았다. E. Pagels, *The Johannie Gospel in Gnostic Exegesis: Heracleon's Commentary on John*, [SBLMS 17: Nashville: Abingdon, 1973]과 A. F. J. Klijn, *Seth in Jewish, Christian and Gnostic Literature*, [Leiden: Brill, 1977]은 이 논문의 일반 영역에서 기초 연구다.

나그 하마디 문헌에 들어 있는 글들 가운데 열 개가 셋 영지주의와 결부되어 있는데, 곧 세 개의 다른 판본(板本)으로 된 요한위서(the Apocryphon of John), 집정관의 본질(the Hypostasis of the Archons), 애굽인 복음서(the Gospel of the Egyptians), 아담 묵시록(the Apocalypse of Adam), 세 개의 셋 기념비(the Three Steles of Seth), 조스트리아노스(Zostrianos), 멜기세덱(Melchizedek), 노레아의 사상(The Thought of Norea), 알로게네스(Allogenes) 그리고 세 가지 모습을 가진 프로테노이아(The Trimorphic Protennoia)가 그것들이다.

다섯 가지 주제가 이 문헌의 중심을 이루고 있으며, 셋 영지주의의 전형으로 여겨질 수도 있다. 첫째는 소피아 곧 여인의 지혜의 인격과 임무에 관한 사려 깊은 사색, 둘째는 창조, 하와, 지식의 나무, 가인, 아벨 그리고 셋의 출생 및 홍수 기사를 특별히 강조하며 창세기 1-6장을 골라 읽는 것, 셋째는 세례의 이념, 넷째는 그리스도를 창세기 드라마에 나오는 셋과 같은 배우들과 동일시하는 것, 다섯째는 신화, 숫자 점술, 그리고 피타고라스와 플라톤의 형이상학에 대한 늘어나는 의존이다.

문예적, 사회적 역사 속에서 셋 영지주의는 하나의 비기독교적 세례파로서 시작했으나(주전 약 100년부터 주후 약 100년까지), 주로 셋이라는 인물과 그리스도라는 인물을 통합함으로써 초기 기독교 신앙의 많은 형태 가운데 하나로 점차 발전해 갔다(주후 약 100-125년). 이 시대부터 셋 사상은 당시에 등장하던 카톨릭 정통으로부터 점차 분리되었고, 주후 300년 이후에는 주로 후기 고전 시대의 영지주의 분파 안에서 살아남게 되었다. 그리하여 요한 학파의 형성기에(주후 50-125년) 사람들은 셋 사상을 요한 학파라 불렸던 회중들의 조직과 이념적 전승 안에서 하나의 생동하는 힘으로 생각할 수 있게 되었다.

요한 학파와 셋 사상의 공통된 역사를 재구성하는 것은 이 글의 범주를 벗어나는 것이나, 일부 내용은 손쉽게 재구성이 가능해 보인다. 이를 간략히 서술하는 것은 셋 영지주의자들이 그 나라에 매혹당한 것이 어떻게 요한의 복음서와 서신들에 의한 그 나라 개념의 기피를 촉진했겠는가에 대한 설명을 위해서 뿐만 아니라 셋 영지주의자들의 문헌과 삶 속에 나타난 그 나라를 재평가하는 대로 무대를 재구성하는 데 도움을 줄 것이다.

첫 번째 예로, 네 번째 복음서의 서문과 '세 가지 모습을 가진 프로테노이아'에 대한 쉥케의 연구가 있다.[22] 쉥케는 요한복음 1:1-18과 '세 가지 모습을 가진 프로테노이아'(XXII, 1:46, 5-50, 20)의 세 번째 담화에서 하나가 다른 하나에 문학적으로 의존하고 있다는 점까지는 아니더라도 적어도 요한 학파의 각 진영이 그 구원 드라마의 모습을 그려내기 위해 열띤 경쟁을 벌였을 지혜 전승들의 축적물과 관련하여 일련의 공유 개념들(예를 들어 말씀, 빛, 장막)이 있다는 점을 발견하였다.

두 번째로, 세베대 요한이 저자라고 강력히 주장되고 있는 세 판본(板本)으로 된 위서 또는 계시 담화, 곧 Codex II. 1, III. 1과 IV. 1이 나그 하마디 문헌 안에 존재한다. (네 번째 판본이 베롤린 영지주의 파피루스 2(Papyrus Berolinensis Gnosticus 2) 안에서 발견되고 있

---

22) G. Schenke, "Die Dreigestaltige Protennoia [Nag Hammadi: Codex XIII] herausgegeben und kommentiert," 박사 학위 논문 Rostock, 1977. James. M. Robinson, "Sethians and Johannie Thought: the Trimorphic Protennoia and the Prologue of the Gospel of John," *The Rediscovery of Gnosticism* [B. Layton 편집; Leiden: Brill, 1981], 2: 643-662쪽 참고.

다.) 컬페퍼와 쉬트렉커는 창시자의 모습이 고대 문헌 안에 현존하고 있는 것을 학파 전승의 존재에 대한 충분한 증거력을 가진 증거로 제시하였다. 그리하여 요한위서(the Apocryphon of John) 하나만으로도 셋 영지주의가 요한 학파의 삶 안에서 가지고 있었던 어떤 역할을 주장하는 것이 가능하였다.

세 번째로, 위에 열거한 많은 셋 영지주의의 주제들이 네 번째 복음서와 요한 서신 안에 대응점을 갖고 있다. 셋 영지주의가 말한 어머니 지혜, 아버지 하나님 그리고 아들 로고스의 삼위 일체(참고. 요한위서 II, 1:13, 3-14, 15), 또는 단순히 지혜가 어머니임과 동시에 아버지임(세 가지 모습을 가진 프로테노이아 XIII, 1:45, 1-5)은 하나님의 아버지임과 예수의 아들임이 어머니의 모습을 위한 여지를 전혀 남겨 놓고 있지 않은 네 번째 복음서와 요한일서의 이신형식(二神形式)을 설명할 수 있도록 돕는다(참고. 요 10:30; 요일 1:3, 8; 2:1, 22, 24; 3:23; 4:2, 9, 13). 셋 영지주의자들은 창세기 1-6장을 읽으면서 창세기 4:25-5:8이 셋 족속의 기원을 설명하고 있는 것으로 이해하였다(참고. 집정관의 본질 II, 4:91, 12-35). 즉 가인이 동생을 죽인 것이 하나님으로 하여금 아담에게 셋째 아들, 곧 셋을 주도록 감동시켰다는 것이다. 아마도 요한일서 3:12에서 가인을 공격하고 있는 것은 그 시대에 널리 퍼진 가인과 아벨 신화의 일부가 아니라면[23], 아담-가인-아벨-셋 기사에 대한 셋 영지주의의 주해를 반영하는 것이다.

셋 영지주의의 세례는 깨우침의 의식으로 여겨졌다. '생수'(참고. 요 4:7-15; 세 가지 모습을 가진 프로테노이아. XIII, 1:41, 23-25)는

---

23) R. Brown, *The Epistles of John* [AB 30; Garden City, New York: Doubleday 1982], 442-443쪽 참고.

신자들을 셋의 씨로 변화시켰고 다섯 개의 인(印)으로 불린 세례 의식은 비밀스러운 지식을 받은 자와 그 나라에 받아들여진 사람에게 구원을 가져다 줄 지식을 계시하였다. (참고. 애굽인의 복음서 III, 2: 66, 3; '세 가지 모습을 가진 프로테이노이아' XIII, 1:48, 15-50:12; 요 3:5; '세 가지 모습을 가진 프로테노이아' 안에서 그 나라를 말하고 있는 것은 하나의 추측이며, 그 본문 안에 있는 공란을 채우고 있다.) 만일 요한일서 2:20-21에 있는 '지식과 진리로 인도하는 거룩한 이에 의한 기름부음'이 그리스도인의 신앙으로 들어가는 의식이라면[24], 요한일서 2:20은 셋 영지주의자가 말하는 신자됨에 대항하는 정통파의 구체적인 대안이 될 수 있을 것이다.

마지막으로 요한 학파와 셋 영지주의 사이의 접촉점은 다음과 같다. 요한복음은 하늘에서 오신 구주 예수를 그려내는 것이 불완전함을 두 번이나 인정하고 있다. "예수께서 제자들 앞에서 이 책에 기록되지 아니한 다른 표적도 많이 행하셨다"(요 20:30; 참고. 21:25). 요한위서는 부활하신 예수께서 요한에게 하신 다음과 같은 말로 결론을 내리고 있다.

> 나는 완전한 시대로 갈 것이다. 나는 너를 위해 네 앞에서 모든 것을 완수하였으며, 나는 네가 기록하여 네 형제들에게 성령 안에서 비밀리에 전할 모든 것을 네게 말하였노라(요한위서 II, 1: 31, 25-30)

이 본문은 요한위서 안에 있는 보충계시를 옹호하고 있지만, 그

---

24) 위의 책, 341-348쪽.

것은 또 요한일서의 저자처럼 전승의 사슬은 오직 하나라고 주장하는 이들에게 대담한 도전을 하고 있는 것이다. 네 번째 복음서가 불완전하다는 비판에 직면했던 것과 같은 한도에서 요한위서는 정상적인 전승의 경로가 아니라 부활하신 주님의 특별한 간섭을 통해서 건네진 특별계시들로 빈틈을 채울 권리를 주장할 수 있었을 것이다.

5. 셋 영지주의 안에 나타난 하나님의 나라

셋 영지주의 본문들의 문예사를 탐구한 두 가지 연구가 셋 영지주의에서 그 나라의 의미가 무엇인지 드러내는 데 도움을 줄 것이다. 아담 묵시록의 첫 번째 예는 셋 영지주의 기록에서 그 나라는 구원을 나타내는 것이 아니라 구원을 방해하는 것을 나타내는 상징 또는 사상으로 변형되어 있다는 것을 보여준다. 이처럼 그 나라의 개념을 다시 새롭게 구성하는 것은 왜 요한복음과 요한 서신이 더 이상 그 개념을 적절한 개념으로 보고 있지 않은지 그 이유를 명백히 밝혀 주는 것이다.

아담 묵시록의 자료와 문예사에 관한 철저한 분석을 통해 헤드릭 (C. W. Hedrick)은 주후 100년을 자료 A와 자료 B가 현재의 기록 형태로 결합된 시점으로 제시하였다.[25] 헤드릭은 아담 묵시록이 비기독교 기록임을 설득력 있게 논증했지만, 다른 사람들은 그 기록 속에 그

---

[25] C. W. Hedrick, *The Apocalypse of Adam* [SBLDS 46; Chico, Calif.: Scholars Press, 1980], 214쪽.

리스도인의 손이 닿은 흔적이 있다는 점을 발견하였다.[26] 이처럼 기독교의 모습으로 변한 내용 중 하나는 열세 나라에 대해 길게 서술한 것인데, 이는 헤드릭의 계산에 의하면 자료 B 안에서 독립된 전승 단위로 존재하게 된 아담묵시록 V, 5:77, 26-82, 18이다.[27]

> 그때 천사들과 모든 세대의 권세들이 그 이름을 잘못 사용하며 물을 것이다. "그 잘못이 어디로부터 온 것이냐?" 또는 "그 허위의 말들, 곧 모든 권세들이 발견하지 못하였던 그것들이 어디에서 온 것이냐?" (이제) 첫 번째 나라가 (그에 관하여 말한다) 그가 (~로부터) 왔다. [왕이 없는 그 세대, 곧 셋 영지주의자들을 소개하는 나머지 열두 나라에 관한 서술이 뒤따라 이어진다.] 그러나 그 위에 군림하는 왕이 없는 그 세대는 하나님이 그를 모든 시대로부터 선택하였음을 말하고 있다(아담묵시록 V, 5:77, 18-29; 82, 19-22).

보통 셋 영지주의자들은 창세기 1-6장에 서술된 그들 최초의 역사가 그들에게 구원에 필요한 모든 것을 드러내 보이고 있다고 강력히 주장한다. 후대(後代)와 뒤이은 나라들 안에 나타나는 계시는 모두 기껏해야 이미 그들이 손안에 가지고 있는 것에 대한 불충분한 진술들일 뿐이다.[28] 이 글의 주제에서 열세 나라에 대한 서술은 한 무리를 지시하고 있는데, 이 무리를 위해 그 나라 개념이 예수의 가르침의

---

26) Turner, "Sethian Gnosticism," 75쪽.
27) Hedrick, *Apocalypse of Adam*, 118-119쪽. G. MacRae가 번역한 *Nag Hammadi Codices V, 2-5 and VI with Papyrus Berolinensis 8502, 1 and 4* [NHS11; D. Parrott 편집; Leiden: Brill, 1979], 181, 189쪽 참고.
28) Turner, "Sethian Gnosticism," 57-59쪽.

본질적 의미를 가지도록 사용되었던 것이다. 이 무리는 공관복음에 그려진 예수의 모습을 둘러싸고 조직된 교회들일 수 있으나, 또한 그 나라의 언어에 대한 더 충만한 호소를 포함하고 있던, 그들 시대의 요한 교회들을 구성할 수도 있다(참고. 요 3:3, 5). 셋 영지주의자들을 왕이 없는 세대로 묘사하고 있는 것을 열세 나라에 관한 구절들 (82:19 -83:6) 뒤에 오는 한 본문이 뒷받침해 주고 있다. 요한 학파의 양 진영 모두에 파멸을 가져올 다툼 안에서 셋 영지주의자들이라는 강력한 진영은 그 나라를 하나의 부정적 상징으로 변형시켰고, 결국 네 번째 복음서와 요한 서신들의 기록과 편집에 책임을 지고 있던 학파 내의 다른 진영은 그 나라의 사상을 거의 전부 빼버렸던 것이다.29)

요한위서(the Apocryphon of John)의 기독론 연구에서, 아라이 (S. Arai)는 원래 비기독교적인 셋 영지주의 글을 기독교적인 것으로 변형시키려는 의도로 첨가된 것들을 많이 제시하였다.30) 가장 명백한

---

29) 탁월하나 동의하지 않는 견해로 Hedrick, 199쪽을 보고, Parrott, 188쪽 참고. Apocalypse of Adam 안에 그 나라의 개념이 남아 있다는 것과 요한복음과 요한서신들 안에서 그것이 사실상 나타나지 않는 것 사이에 존재하는 연결의 개연성은 다른 두 가지 점들을 유념한다면 증가하게 된다. 첫째, Apocalypse of Adam에 따르면 셋 영지주의의 조명자 또는 구원자는 태어나지 않은 반면, 요한의 구주와 그의 추종자들은 새롭게 태어나야 했다(요 3:3-5; 요일 2:29; 3:9 참고). 둘째, 셋 영지주의가 말하는 구원자는 물세례를 옹호하지 않은 반면, 요한이 말하는 구주는 물세례를 옹호하였다(요 3:5). Hedrick, 201쪽 참고.

30) S. Arai, "Zur Christologie des Apokryphons des Johannes," *NTS* 15 [1969], 302-318쪽. 셋 영지주의자의 기독교화(Christicenization)가 요한의 이념 논쟁을 반영할 수 있다는 또 하나의 셋 영지주의자의 글에 대한 분석을 위해 C. W. Hedrick, "Christian Motifs in the Gospel of the Egyptians," *NovT* 23 [1981], 242-260쪽을 참고하라.

편집의 흔적은 부활하신 그리스도가 이제까지 알려지지 않은 진리를 요한에게 계시했다는 내용의 첨가이며, 일련의 민첩하고 공교한 삽입 역시 요한위서를 기독교적인 것이 되게 하는 데 기여하였다. 예를 들어, II, 1:6:23-7, 21a는 선(善)으로 기름부음을 받으신 그리스도의 모습을 II, 1:6, 10-9, 24에 집어넣었으며, 이것을 통해 그리스도를 아우토게네스와 동일시하게끔 만들었다.[31] 터너에 따르면 주후 100-125년 무렵의 셋 영지주의의 역사를 반영하고 있는 이들 변화들과 다른 변화들의 결과로 모든 셋 영지주의의 신화적, 천문학적 그리고 숫자 점술적 지식을 이제 새롭게 기독교적인 것이 되어 버린 요한위서 판본(板本) 안에서 기독교 구원 교리의 필수 요소들로 주장될 수 있게 되었다.

그리하여 셋 영지주의자들이 II, 1:11, 22-12, 33에서 우주에 관하여 설명하고 있는 것과 15:15-29에 있는 인간의 창조에 관한 기록에서, 우주의 다섯 번째 힘은 그 나라이며 그 나라의 임무는 피-영혼을 창조하는 것이다. 웰번[32]은 이들 본문의 배후에 있는 고대의 점성술과 우주론의 전통을 상세히 설명하였다. 그러한 신화 구조 안에 있는 그 나라가 네 번째 복음서와 요한 서신의 기록자들과 편집자들에 대한 연관성과 의미를 잃어버릴 것이라는 점을 상상하기란 어렵지 않다. 결국 예수라는 인물과 그 사명을 하늘에서 온 인물과 그 사명을 다룬 하나의 장편신화로 문헌들 안에 구체적으로 담아내지 않은 채, 하늘로부터 온 사람과 메시지로 서술할 수 있는 능력이 곧 그들의 주

---

31) Arai, "Christologie", 305쪽.
32) A. J. Welburn, "The Identity of the Archons in the 'Apocryphon of John,'" VC 32 [1978], 241-254쪽.

요 표준 척도 중 하나였다.[33]

6. 결론

요한 학파 내의 한쪽 진영(셋 영지주의자들)이 그 나라의 의미를 변형시켰기 때문에, 셋 영지주의 문헌 안에서 그 나라가 나타나는 다른 경우들을 분석한다면(예를 들어, 세 가지 모습을 가진 프로테노이아 XIII, 1:41, 44), 다른 한쪽 진영에게는 힘과 연관성을 잃어버렸던 한 상징을 더욱 잘 이해할 수 있을 것이다. 보통 네 번째 복음서와 요한 서신들 안에서 그 나라에 대한 언급이 희박하다는 점을 밝히고자 제시된 여러 신학적 설명들은 주해와 교의신학 모두가 예수의 중심 메시지로 간주하고 있는 중요한 주제가 이 곳에 사실상 나타나지 않는 이유를 적절히 해명하지 못하고 있다고 말할 수 있다.

네 번째 복음서와 요한 서신들이 그 나라의 언어에 대하여 보여주는 명백한 무관심을 설명하고 있는 것에 이 연구는 다른 이유를 덧붙이도록 제안한다. 요한 학파 내의 셋 영지주의는 구원을 신화적으

---

[33] C. Meeks, "Man from Heaven," 50쪽. 믹스 자신이 요한 안에 나타난 왕위의 주제를 조사한 *The Prophet-king. Moses Traditions and the Johannie Christology* [Leiden: Brill, 1967]은 예수의 선지자적 사명을 소개함으로써 요한 안에 나타난 왕위의 재정의에 관하여 말하고 있다. 만일 왕위가 다시 정의된다면 – 또 이 글이 논증하고 있는 대로, 단순히 네 번째 복음서와 요한 서신의 신학으로부터 후퇴하고 있는 것이 아니라면 – M. de Jonge, *Jesus: Stranger from Heaven and Son of God* [SBLDS 11; Missoula: Scholars Press, 1977], 51쪽을 되풀이하고 있는 것인데 왜 요한은 그의 재정의에서 선지자란 표현을 사용하지 않을까? 드 용에는 믹스처럼 왕위가 다른 방향으로 재정의되고 있음에도 불구하고, 요한 안에서 다시 정의되고 있다고 생각한다.

로 설명하기 위해 그 나라를 주장했으며, 이 때문에 요한 학파 내에서 더 이상 그대로 받아들일 수 없는 의미를 가진 상징이 되도록 그 나라 개념을 변형시켰다. 후대의 요한 학파 내의 정통에서는 다른 상징들(영생, 빛, 진리)이 구원을 상징하게 되었다. 비록 요한복음 3:3, 5과 18:36과 같이 그 나라에 관해 남은 부분들이 잊혀진 영예의 들판 위에 선 외로운 십자가들처럼 초대 교회사 안에서 결정적인 약속을 다시 기억하도록 했음에도 불구하고 말이다.

13장
바울 서신에 나타난 하나님의 나라

칼 폴 돈프리드(Karl Paul Donfried)[1]

바울이 쓴 책에 있는 그 나라와 하나님 나라의 진술을 다루는 것은 단순한 작업이 아니다. 그 이유는 예수의 전승을 바울이 특별히 사용하고 있을 뿐 아니라 일반적으로 바울이 예수와 맺고 있는 관계에 관하여 매우 심오하고 복잡한 논제들을 제기하기 때문이다. 이 더 큰 논제를 기억하는 것이 필요한 반면에, 방법론적으로 이 용어가 사용된 바울의 특정 구절들을 맨 먼저 다루고, 그 후에 막 제기된 더 큰 문제들로 돌아가는 것이 적절한 것이다.

바울은 7개 구절에서 나라/하나님의 나라라는 말을 사용하고 있다. 곧 데살로니가전서 2:10-12; 갈라디아서 5-21; 고린도전서 4:20; 고린도전서 6:9-10; 고린도전서 15:24; 고린도전서 15:50 그리고 로마서 14:17이다. 나는 엄밀한 의미에서 데살로니가후서를 바울의 저작으로 여기지 않지만,[2] 데살로니가전서 2:20-12과 연관하여 데살로

---
1) 스미스 칼리지 종교와 성경문학 교수.
2) K. P. Donfried, "The Cults of Thessalonica and the Thessalonian Correspondence," *NTS* 31 [1985], 335-356쪽.

니가후서 1:5을 간략히 검토할 것이며, 몇몇 다른 이차적인 바울의 구절들도 위에 언급한 몇몇 본문을 토론할 때 간략하게 다룰 것이다. 나는 여러 가지 이유 때문에 고리도전서 15:24부터 시작하려고 한다. 그것은 이 구절의 형식 구조가 바울 서신 안에서 그 나라를 언급하는 것들 가운데 독특하기 때문이고, 그럼에도 불구하고 바울이 말한 나라 구절들을 다룬 최근의 글들이 이 가장 중요한 진술들을 언급하고 있지 않기 때문이다.[3] 내가 제시하는 것처럼, 고린도전서 15:24은 그 나라를 현재와 미래로 규정한다. 이에 비추어 나는 로마서 14:17, 고린도전서 4:20-21 그리고 데살로니가전서 2:11-12이 사실은 그들이 첫 번째로 강조하는 것으로서 그 나라의 현재성을 이야기하고 있지 않은지, 또 고린도전서 15:50, 고린도전서 6:9-10 그리고 갈라디아서 5:21이 첫 번째로 강조하는 것으로서 아직 오고 있는, 미래의 사건으로서 그 나라를 이야기하고 있지 않은지에 관한 이론을 검토해 보고자 한다. 나는 또 각각의 문맥 속에서 각 구절의 형식과 기능을 간략하게 서술할 것이다.

1. 고린도전서 15:24

"그 후에는 나중이니 저가 모든 정사와 모든 권세와 능력을 멸

---

[3] 예를 들어, George Johnson, "Kingdom of God' Sayings in Paul's Letters," in: *From Jesus to Paul: studies in Honour of francis Wright Beare*, Peter Richardson 과 John C. Hurd 편집, [Waterloo: Wilfred Laurier University, 1984], 143-156쪽 과 G. Haufe, "Reich Gottes bei Paulus und in der Jesus Tradition", *NTS* 31 [1985], 467-472쪽.

하시고 나라를 아버지 하나님께 바칠 때라."

이것은 매혹적인 구절이면서도 바울 사상 안에 나타난 그 나라에 관한 이전의 논의에서 사실상 간과되었던 구절이다. 그 나라는 그리스도와 밀접하게 연결되어 있으며, 그리스도조차도 하나님께 복종하여 "하나님이 만유 안에 만유가 될"(15:28) 마지막 때에 그리스도가 하나님께 바칠 것이다. 만일 이것이 옳다면, 분명히 바울에게 그 나라라는 개념은 오직 미래의 개념은 아니다. 어떤 의미에서는 그 나라는 그리스도 안에 있는 이들에게 현재의 것이며, 그것은 마찬가지로 현존하는 현상이다.

콘첼만[4]은 고린도전서의 이 구절에서 묵시의 전승에 바울이 의존했다는 것, 특히 Eth. En. 91-93과 시빌라 신탁 4:47-91에 있는 "10주간의 묵시"에 의존했다는 것을 보여주고 있다. 이 전승의 영향을 받았음에도 불구하고 바울은 그것을 변형하여 메시아의 나라를 현재로 바꾸었다.

> "그리스도가 부활하셨으니, 그의 나라가 부활과 재림 이후의 구원 사역의 완성 사이의 시대를 채웠다. 그것은 눈에 보이는 평화의 나라가 아니다. 이 시대는 십자가에 의해 결정된다. 여기서 메시아의 나라라는 우주론적 묵시 개념들은 사라졌다. 그것은 기독론적으로는 그 권세들이 복종하는 때를 말하고 있고, 인간론적으로는 교회의 때, 그리스도의 죽음에 관하여 선포하는 때, 믿음의 때, 소망의 때를 말하고 있다."[5]

---

4) Hans Conzelmann, *A Commentary on the First Epistle to the Corinthians* [Hermeneia: Philadelphia: Fortress, 1975], 269-270쪽.
5) Conzelmann, 270쪽.

"메시아의 나라가 바울의 경우에는 미래에 존재하는 것은 아니다. 또 신자들의 현재 상태는 장차 올 것의 첫 번째 부분(ἀπαρχή)인 성령의 현존에 의해 결정되며, 새로운 피조물로 바뀌는 것에 의해 결정되며, 또 종말론적 존재에게 미리 주어지는 선물들인 믿음, 소망 그리고 사랑에 의해 결정된다"는 콘첼만의 강력한 주장은 매우 옳은 것이다.6)

바울의 종말론을 이렇게 이해하는 것은 리츠만7)과 슈바이처8)와 같은 학자들, 곧 고린도전서 15:24에서 바울이 예수의 재림과 함께 시작하고 사망의 궤멸과 함께 끝나는 '메시아적인 중간의 나라'를 말하고 있다고 논증하고 있는 학자들의 해석과는 눈에 띄게 다르다. 리츠만에 따르면, 바울은 '그리스도와 함께 다스린다'라는 말을 쓸 때와 데살로니가전서 4:17에서 그리스도와 함께 다스리는 이들로 죽은 자들을 언급할 때, 이 '메시아적인 중간의 나라'를 정확히 말하고 있는 것이다. 데살로니가전서 4:17이 이 의미를 갖고 있다는 것은 전혀 그럴듯하지 않다.9) 더욱 '함께 다스린다'는 말은 오직 고린도전서 4:8에만 쓰이고 있다. 정확한 문맥이 이해되어야 할 뿐 아니라, 고린도전서 15:24과 연결되어 있는 내용도 정확히 이해되어야 한다. 우리는 이

---

6) Conzelmann, 270쪽 각주 63. Ernst Käsemann(*Commentary on Romans* [Grand Rapids: Eerdmans, 1980], 377쪽)은 고전 15:24-25에서 도래할 하나님의 나라가 "이미 현존하고 있는 그리스도의 주 되심의 완성이며, 그리스도가 주가 되심과 함께 그 동이 텄다…만일 그리스도의 통치가 공동체 안에 보여지는 것이라면, 하나님의 나라가 현재 체험될 수 있다는 점에서 중요하다고 말했다.
7) Hans Lietzmann, *An die Korinther* I / II [HNT9: Tübingen: J. C. B. Mohr, 1959], 81쪽.
8) Albert Schweitzer, *The Mysticism of the Apostle Paul* [New York: Holt, 1931], 90쪽 이하.
9) Donfried, "Cults," 349-352쪽을 보라.

점을 간략히 살필 것이다.

고린도전서 15장에서 바울이 그 나라에 관하여 권면하고 있는 문맥은 명료하다.10) 고린도에는 그들의 종말론 시간표를 혼란스럽게 만들어 버린 몇 사람들이 있었다. 그들은 하나님이 주시는 종말론의 선물의 풍성함을 그리스도 안에서 그들이 현재에 받았다고 믿고 있다. 바울은 고린도전서 15:20-34에서 이들 고린도 사람들이 간과한 중요한 종말론적 예비가 있음을 제시하려고 한다. 그리하여 바울은 23-24절에서, "그러나 각각 자기 차례대로 되리니 먼저는 첫 열매인 그리스도요 다음에는 그리스도 강림하실 때에 그에게 붙은 자요 그 후에는 나중이니 저가 모든 정사와 모든 권세와 능력을 멸하시고 나라를 아버지 하나님께 바칠 때라"고 적고 있다. 그리스도께서 부활하셨음에도 불구하고, 그리스도 안에 있는 자들의 부활은 아직 미래의 것이다. 그 나라는 이미 현재임에도 불구하고, 그 최종 목적지는 "모든 정사와 모든 권세와 능력이" 멸망당할 미래에 도달할 것이다. 그 때까지 그 나라는 이 세상의 나라들과 투쟁하는 나라이며, 그리스도인의 표지는 십자가이지 왕위가 아니다.

바울이 고린도전서 15장에서 종말론의 시간표를 분명하게 설명하고 있는 내용은 그가 고린도전서 4:8-13에서 밝히고 있는 어떤 주장들에 연결된다. 여기서 우리는 고린도 사람들이 그리스도인의 삶에 대하여 잘못 이해하고 있었다는 것을 바울이 혹독한 어조로 부연하고 있음을 본다. "너희는 이미 배부르도다! 너희는 이미 부요하도다! 우리 없이 너희가 왕노릇 하였도다! 우리가 너희와 함께 왕노릇 하기 위

---

10) K. P. Donfried, *The Dynamic Word* [San Francisco : Harper & Row, 1981], 22-28쪽에 있는 논쟁을 보라.

하여 참으로 너희가 왕노릇 하기를 원하노라!"

그들은 그 나라에 관하여 종말론적 완성이 이루어진 것으로 이해하였다. 곧 그들은 이미 완전해졌으며, 그 나라가 종말에 완성될 때 다스리게 된다. 이 모든 것에 대하여 바울은 "아니오"라는 되울림을 말한다. 고린도전서에서 바울이 이 문제에 대하여 내놓은 포괄적 답변은 이차적인 바울의 글인 디모데후서 안에서 인용하고 있는 찬송11) (아마도 바울의 것?)12)과 유사하다. "우리가 주와 함께 죽었으면 또한 함께 살 것이요, 참으면 또한 함께 왕노릇 할 것이요"(2:11-12). 이렇게 바로잡고 있는 것이 고린도전서 15장에서 서술되고 있는 왜곡, 즉 몇몇 사람들이 "부활은 이미 지나갔다고 주장하여 진리로부터 벗어났다"(딤후 2:18)고 말하는 것과 매우 유사한 상황에 주어졌다는 사실은 중요한 것이다.

요약하건대, 고린도전서의 내용이 전하고 있는 것은 정확하게 이처럼 잘못 이해되고 있는 종말론의 시간표에 관한 더 광범위한 문제에 대한 것이다. 바울이 15장에서 그 나라에 관하여 충고하는 것을 필요하게 만든 것이 이 상황이다. 그것은 이미 현존하고 있는 것이나, 마지막 완성될 종말론의 의미로 보면 아직 오지 않은 것이다. 곧 그 종말의 때("그가 그 나라를 아버지 하나님께 바칠 때," 15:24)를 위해 예비된 것이다. 현재에는 그리스도 안에 있는 이들은 영광의 표지가 아닌 십자가의 표지 아래 살고 있다. 신자들은 그 나라를 위하여 인내

---

11) Martin Dibelius and Hans Conzelmann, *The Pastoral Epistles* [Hermeneia; Philadelphia: Fortress, 1972], 109쪽을 보라.
12) 이 문제에 관한 일반적인 논의는 C. K. Barrett, *The Pastoral Epistles*, [Oxford: Clarendon Press, 1963], 7-12쪽을 보라.

하도록 권면을 받고 있다.13) 정확히 이런 이유 때문에 바울은 고린도전서 4:10-12에서 그가 사도라는 존재로서 당하는 수욕(羞辱)을 개괄하고 있는 것이다.

2. 로마서 14:17

"하나님의 나라는 먹는 것과 마시는 것이 아니요 오직 성령 안에서 의와 평강과 희락이라."

로마 교회는 긴장에 직면하고 있었다.14) 강한 자들과 연약한 자들은 무엇이 그리스도인들에게 합당한 음식 규례인가에 대하여 상반된 태도를 갖고 있었다. "어떤 사람은 모든 것을 먹을 만한 믿음이 있고, 연약한 자는 채소를 먹느니라"(롬 14:2). 그 결과 분쟁이 일어났다. 바울은 그들에게 그 나라의 선물, 그리스도 안에 있는 생명의 선물이 의와 평강과 희락임을 다시 생각하게 한다. 이것이 그 나라의 중심에 자리잡고 있는 것이고, 먹는 것과 마시는 것은 결코 아니다. 로마 교회의 현재의 삶 안에서 일어난 분쟁이기에 바울이 그 나라가 갖고 있는 현재의 차원과 특징들을 강조한 것은 자연스럽다.

하우페는 여기와 고린도전서 4:20에 나오는 그 나라에 대한 언급을 부정적 강조로써 긍정적 진술을 강조하여 제시하는, 즉 하나의 "반

---

13) 여기서 우리가 앞에서 딤후 2:12, 곧 "우리가 참으면 또한 함께 왕노릇 할 것이요"를 말했던 것을 주목하라.
14) K. P. Donfried, *The Romans Debate* [Minneapolis: Augsburg, 1977], 120-148쪽을 보라.

대명제를 통하여 정의를 내리는 구절"로 규정한다.15) 두 개 모두 οὐ γὰρ…ἀλλά(진실로…이 아니라 도리어…) 구조를 사용하고 있다. 로마서 14:17은 평이한 ἐστιν이라는 말로 고린도전서 4:20의 ἐν을 대치하고 있다. 캐제만은 우리가 로마서 14:17에서 논쟁적인 선언을 다루고 있다고 제시하였다.16) 하우페17)는 이 견해에 맞서, 바울이 '대중의 인기를 끄는 교수 작업'에 의존하고 있다는 기초 위에 '교육적-교훈적 관심'이 중심이 되는 것으로 보고 싶어한다. 사실 이것이 옳다면, 왜 그가 그의 필요를 만족시키기 위해 그 형식을 바꿀 수 없었는지를 설명할 이유가 존재하지 않는다. 로마서 14장이 전반적으로 논쟁적 성격을 갖고 있음을 가정한다면, 캐제만의 해석이 선호되어야 할 것이다.

우리는 여기서 존슨이18) 의(義)를 일반적인 의미에서 해석하면서 바울의 기술적인 용법에 따라 해석하지 않은 것을 받아들일 타당한 이유를 알지 못한다. 다시 한 번 우리는 캐제만의 해석으로 기울어진다.19) 그는 바울이 음식이라는 문제에 관하여 로마에서 서로 다투고 있는 금욕주의의 입장과 자유주의의 입장 모두를 비판하고 있다고

---

15) Haufe, "Reich Gottes," 469쪽. 하우페는 이것이 엄밀한 의미에서 반대 명제를 내세워 정의를 내리는 형식이 아닌데, 그 이유는 그것이 그 나라에 대한 포괄적인 정의를 내리고 있는 것이 아니라, 상대적이며 바울 말하고 있는 특정 상황에 국한된 것이기 때문이라는 것을 지적하고 있다. 한스 콘첼만도 *1 Corinthians*, 93쪽에서 마카비전서 3:19에 있는 긴밀한 평행구절, 곧 "그 승리가… 존속하지 못하며"를 지적하며, 또 Epict., *Diss.* 2.1.4, etc.(Definitions: "그것이 존속하지 않도다")를 지적하였다.
16) Käsemann, *Commentary on Romans* [Grand Rapids: Eerdmans, 1980], 377쪽.
17) Haufe, "Reich Gottes", 469쪽.
18) Johnson, "Kingdom of God sayings", 152쪽.
19) Käsemann, *Commentary on Romans*, 377쪽.

말한다. 새로운 묶음의 그리스도인의 덕을 세우기보다 바울은 로마의 그리스도인들에게 그리스도인의 덕이 '종말론적 은혜의 나라 안에' 있음을 상기시킨다. "의(義)는 올바른 행위가 아니라 하나님의 능력이다. 평강은 모든 이에게 열려 있다. 희락은 열린 하늘 아래에 지금 존재하고 있다. 감정이 아닌 실재가 여기서 주의 자리에 오르신 하나님과 그리스도인의 연대의 표지들로 서술되고 있다."[20] 캐제만은 또 우리로 하여금 18절("이로써 그리스도를 섬기는 자는 하나님께 기뻐하심을 받으며 사람에게도 칭찬을 받느니라")이 그 앞 구절과 긴밀히 연결되어 있음을 바르게 상기시키고 있다. '그리스도를 섬기는 것'이 모든 것을 집약한다. 그것이 연합으로 분명히 나타난 하나님 나라의 본질이다.[21]

3. 고린도전서 4:20

"하나님의 나라는 말에(ἐν λόγῳ) 있지 아니하고 오직 능력에 (ἐν δυνάμει) 있음이라."

우리는 이미 로마서 14:17에 관한 우리의 토론과 관련하여 이 구절의 의미를 살펴볼 기회를 가진 바 있다. 그것은 이것이 하나님의 나라에 대한 완전한 정의를 내리려고 하는 것을 의미하는 것이 아니라,

---

20) Käsemann, *Commentary on Romans*, 377쪽, 아울러 C. E. B. Cranfield가 2권으로 써낸 *The Epistle to the Romans* [ICC; Edinburgh: T. & T. Clark, 1979], 2:717-719쪽을 주목하여 보라.
21) Käsemann, *Commentary on Romans*, 377쪽.

도리어 우리가 살펴볼 것처럼 고린도 회중들 안에 존재하고 있었던 어떤 오해 때문에 그 새로운 실재라는 한 가지 차원에 집중하고 있다는 이해에도 불구하고 하나의 '반대 명제를 통하여 정의를 내리는 구절'로 서술될 수 있다.

고린도 교회의 주된 문제는 그 구성원들이 거만하게 뽐내며 자랑하는 것이다. 그 이전에 그들이 어떻게 이미 그리스도로 충만해 있으며 그리스도와 함께 다스리고 있음을 주장하는지, 곧 바울의 경우 최종적 모습에서 미래를 위해 예비되어 있는 종말론적 존재 안에 그들이 이미 살고 있음을 주목한 바 있다. 바울은 곧 이루어질 그의 방문 동안에 그가 "이들 교만한 자들의 말을 알아볼 것이 아니라 그들의 능력을 알아볼 것"(고전 4:19)이라는 것을 지적한다. 그 뒤를 이어 곧바로 우리가 관심을 가지고 있는 말씀, 즉 "하나님의 나라는 말에 있지 아니하고 오직 능력 안에 있음이라"는 말이 이어진다.

능력(δύναμις)은 바울에 의해 다양한 방식으로 사용되고 있음에도 불구하고, 여기서 그는 그가 사도로서 전파했던 말씀에 동반된 능력 있는 일들을 언급하고 있는 것으로 보인다. 이것은 물론 고린도후서 12:12, 곧 "참 사도의 표지는 너희 가운데서 모든 참음과 표적과 기사와 능력 있는 말씀(δυνάμεσιν)으로 이루어진 것이라"는 말씀에서도 타당하다. 우리가 이해하고 있는 바를 빅터 퍼니쉬가 잘 말하고 있다. "반대하는 이들을 언급하지 않은 채 바울은 표적들과 기사들과 행사들과 능력이라는 어구를 그의 독자들이 자연스럽게 받아들일 방식으로 사용하고 있는 것이 틀림없다. 즉 어떤 종류의 이적들, 예를 들어 그가 그들에게 복음을 전했을 때 일어났던(행 18장이 침묵하고 있음에도 불구하고) 병고침의 이적들과 관련하여 사용하고 있음이 틀림없다."22) 이와 같은 의도가 또 예를 들면 고린도전서 2:4, 곧 "내 말(ὁ λόγος μου)과 내 전도함이 지혜의 권하는 말로 하지 아니하고 다만 성령의 나타남과 능력으로(δυνάμεως)하여"라는 구절과 로마서 15:18-19, 곧 "그리스도께서 이방인들을 순종케 하기 위하여 나로 말미암아 말과 일이며 표적과 기사의 능력이며(ἐν δυνάμει σημείων) 성령의 능력으로 행하신 것 외에는 내가 감히 말하지 아니하노라. 이 일로 인하여…내가 그리스도의 복음을 편만하게 전하였노라"는 구절, 그리고 데살로니가전서 1:5, 즉 "이는 우리 복음이 말로만(ἐν λόγῳ) 너희에게 이른 것이 아니라 오직 능력과(ἐν δυνάμει) 성령과 큰 확신으로 된 것이니"라는 구절에도 현존하고 있다. 정교한 수사와 매끈한 설교에 과도한 관심을 보이고 있었던 고린도인들을 다루려고 시도하면서, 바울은 이것들이 그 나라의 첫째 표지들이 아니며, 그 나라는 말로 곧 방금 논의되었던 의미에서 나타나는 것이 아니라 능력으로 나타나는 것임을 분명히 밝히고 있다. 하나님의 능력이 이 새로운 실재의 권위를 눈앞에 보여주는 이적을 동반한 복음에 의해 그의 나라 안에서 현시된 것처럼, 고린도 사람들도 그들이 뽐내며 자랑하는 것이 아니라 종말론적 선물로 주어진 사랑(ἀγάπη)의 능력으로 또 그 능력 아래에서 이루어지는 새롭게 구원받은 공동체의 삶이라는 실재 안에 나타난 복음의 변화시키는 능력을 목도해야만 한다.23)

만일 우리가 바울의 의도를 올바로 해석했다면, 이 주제와 동일한 주장을 하는 공관복음의 구절들이 많이 있음을 알 수 있을 것이다. 마

---

22) Victor Furnish, *II Corinthians* [AB 32A; Garden City: Doubleday, 1985], 556쪽.
23) 특히 고전 12장과 13장을 보라.

가복음 9:1을 어떻게 해석하든, "하나님의 나라가 능력으로(ἐν δυνάμει) 임하였다"는 것은 주목할 만한 가치가 있다. 바울이 강조하고 있는 것은 마태가 9:35에서 예수의 사역을 요약하고 있는 말씀, 곧 "예수께서 모든 성과 촌에 두루 다니사 저희 회당에서 가르치시며 천국 복음을 전파하시며 모든 병과 모든 약한 것을 고치시니라"는 것과 매우 유사할 것이다. 비슷한 강조가 Q구절인 마태복음 12:28//누가복음 11:20, 곧 "그러나 내가 하나님의 성령을 힘입어 귀신을 쫓아내는 것이면 하나님의 나라가 이미 너희에게 임하였느니라"는 말씀에서도 발견된다.

고린도전서 4:20에 따르면 하나님의 나라는 현재의 나라이며 고린도 교회의 삶의 정황을 제공해 준다. 이것을 강조하여 말할 때 우리가 위에서 말했던 것, 곧 그리스도 사건을 통하여 예견된 방식으로 일어난 하나님 나라의 현존은 이 나라의 종말론적 성격을 어떤 방식으로든 감소시키지 않는다.

4. 데살로니가전서 2:11-12

"너희도 아는 바와 같이 우리가 너희 각 사람에게 아비가 자기 자녀에게 하듯 권면하고 위로하고 경계하노니 이는 너희를 부르사 자기 나라[24]와 영광에 이르게 하시는 하나님께 합당히 행하게 하려 함이라."

---

24) 바울은 더 널리 쓰이고 있는 문구인 '하나님의 나라'를 쓰지 않고 있는데, 그 이유는 그가 방금 하나님을 언급했고, 명백히 (그 말의) 남용을 피하려고 했기 때문이다.

이 구절들은 바울의 첫 번째 데살로니가 방문 동안의 동기와 행위에 대한 바울의 변론에 뒤이어 등장한다. 10절은 1-8절에 나오는 많은 바울의 호소, 곧 데살로니가 사람들이 "너희 신자들에 대한 우리의 행위가 얼마나 거룩하고 의로우며 흠잡을 데가 없는 것인지" 정확히 알아야 하는데, 그 까닭은 바울과 그의 동역자들이 사람을 기쁘게 하는 데 관심을 가진 것이 아니라 하나님, 곧 그의 복음을 그들에게 믿고 맡기신 바로 그 하나님을 기쁘시게 하는 데 관심을 가지고 있었기 때문이라는 것을 요약하고 있다. 바울의 행위는 자신이 그들에게 설교했던 그 복음에서 연유한 것이었기에, 바울은 그들에게 자신이 그들 가운데 있었을 때 선포한 것, 곧 "너희를 부르사 자기 나라와 영광에 이르게 하시는 하나님께 합당히 행함"을 되새기게 하고 있다. 바울은 자신이 그들 가운데 있었을 때 설교했던 그 메시지의 핵심을 아주 최소한이라도 힘주어 부연하는 방식으로 그의 선포에 대한 그들의 긍정적 답변에 관하여 말하고 있다(2:13). 두 가지 점이 이런 되새겨 봄과 관련하여 더 강조되어야 할 필요가 있다. 첫째로, 'καλεῖν' 곧 '부르다'라는 말은 현재 시제다. 이것은 그들이 지금 참여하고 있고 미래에 완성될 그 사건의 현재의 본질과 계속될 본질을 강조하고 있다. 두 번째로, 정확히 해명하려면 우리는 우리 스스로 다시 한 번 바울이 자신이 데살로니가에 있는 동안 그 나라에 관한 이 메시지를 구두로 전했다는 것을 되새겨 볼 필요가 있다. 간략히 말해서, 우리는 이 용어가 그의 구두 설교에 뿌리를 두고 있었다는 증거를 갖고 있다.[25]

---

[25] 살전 2:12이 대감사절이라는 일반적 정황과 바울의 '변론'이라는 특별한 정황 안에서 발견되었기 때문에, 우리는 하우페(Reich Gottes, 468쪽)가 이 구절을 하나의 '위협 문구'로 규정하는 것을 받아들일 수 없다. 그것은 살전 2장에서 그런 식으로 기능하고 있지 않다.

바울이 원래 권면했던 내용의 요점은 이것이었다. 하나님이 데살로니가의 그리스도인들을 부르셨고 계속 부르고 계시기에 그들은 복음에 의해 계속 변화하는 삶을 살아야 할 것이라는 것이다. 5:5에서 바울은 그들에게 이미 "너희가 모두 빛의 아들이며 낮의 아들이라는 것"을 상기시키며, 그 결과가 "우리는 낮에 속하였으니, 근신하여 믿음과 사랑의 흉배를 붙이고 구원의 소망의 투구를 쓰는 것"(5:8)임을 되새기게 하고 있다. 밀접한 관련을 맺고 있는 이 세 단어로 된 문구 곧 "믿음, 사랑 그리고 소망"을 5:8[26)에서 반복함으로써, 바울은 명백히 그리스도인의 삶을 종말론적인 것으로 곧 이미 온 그러나 아직 오지 아니한 것으로 이해하고 있음을 보여준다. 벌써 지금 부분적이며 앞으로 일어날 일을 미리 말해 주려는 식으로, 그리스도와 그의 복음을 통해 하나님의 통치와 영광이[27) 이 잠깐뿐인 세상에 침투해 들어왔으며 그들 안에서 일하고 있다.[28) 그리하여 데살로니가의 그리스도인들은 "우상을 좇는 데서 돌이켜 살아 계시고 참되신 하나님을 섬기며 그의 아들이 하늘로부터 강림하심을 기다리게 되었다"(1:9-10).[29) 그리스도 안에서 그들 생명의 새로움은 이미 시작되었으며, 마지막 날에 완성될 것이다. 그 결과 "하나님은 우리 주 예수 그리스도를 통하여 우리가 구원을 얻도록 정하셨다"(5:9).

데살로니가전서 2:12에서 부사인 '합당히'($ἀξίως$)를 사용하고,

---

26) 살전 1:3을 주의해서 보라.
27) 예를 들어, 고후 3:18에서 '영광'($δόξα$)의 쓰임을 주목하라. 그것은 그리스도인의 공동체 안에 이미 현존하고 있는 그 무엇이다.
28) 살전 2:13을 주목하라.
29) 2차적인 바울서신인 골 1:13과 전반적으로 유사함을 주목하라. "그가 우리를 흑암의 권세에서 건져내서 그의 사랑의 아들의 나라로 옮기셨으니…." 우리는 이들 구절에 담긴 세례 정황을 아래에서 논의할 것이다.

바울의 글들에서 더 빈번히 쓰고 있는 것은 바울이 초기 기독교의 세례 전승에 의존하고 있음을 고려하게 하는 것이라고 봄이 타당하며, 그런 고려는 빌립보서 1:27, 에베소서 4:1 그리고 골로새서 1:10에서도 이 부사가 비슷하게 사용되고 있음을 주목할 때 한층 힘을 얻게 된다.[30] 하우페[31]는 이와 같은 세례 문맥이 고린도전서 4:20-21과 데살로니가전서 2:11-12에서 나타나는 그 나라에 대한 진술 뒤에 자리 잡고 있다고 주장했으며, 다만 이들 두 사례에서 바울이 대중의 인기를 끌던 철학 학파들의 형식이 끼친 영향 아래 새로운 방식으로 그것들을 발전시키고 있다는 점을 예외로 든다.

앞에서 지적한 것처럼, 비록 내가 데살로니가후서 1:5을 바울의 손에 의해 쓰여진 것으로 믿지 않는다 할지라도, 나는 데살로니가후서 1:5에 관해 간략히 언급하겠다. "이는 하나님의 공의로운 심판의 표요, 너희로 하여금 하나님의 나라에 합당한 자로 여기심을 얻게 하려 함이니 그 나라를 위하여 너희가 또한 고난을 받느니라." 이 기록의 저자는 그 회중을, 그들이 인내하고 있는 모든 '핍박과 환난 안에서' 믿음과 사랑과 공궤하며 부조함을 보여줌에 대하여 방금 칭찬하였다. 이런 곤고함의 시절에 그들이 보여준 견고함은 그들이 하나님의 나라에 합당하게 만들어질 것이라는 표지다. 데살로니가전서 2:12과 데살로니가후서 1:5[32] 사이에 말의 뉘앙스에 나타나는 변화와 데

---

30) Rudolf Schnackenburg, *Der Brief an die Epheser* [EKK; Neukirchen-Vluyn: Neukirchener, 1982], 164쪽. 또 아래 각주 60을 보라.
31) Haufe, "Reich Gottes," 469쪽.
32) 'εἰς τὸ περιπατεῖν ὑμᾶς ἀξίως τοῦ θεοῦ τοῦ καλοῦντος ὑμᾶς εἰς τὴν ἑαυτοῦ βασιλείαν καὶ δόξαν'과 'εἰς τὸ καταξιωθῆναι ὑμᾶς τῆς βασιλείας τοῦ θεοῦ, ὑπὲρ ἧς καὶ πάσχετε'의 차이는 매우 실제적이다. "이는 너희를 부르사 자기 나라와 영광에 이르게 하시는 하나님께 합당히 행하게 하려 (함이니라)"와 "하나님의

살로니가후서 1:5-12의 강력하게 묵시적인 언어를 감안한다면, 데살로니가후서의 저자의 경우 하나님의 나라를 이해하는 데 종말론적 이동이 일어났다는 것은 명백하다. 그것은 이제 엄격히 하나의 미래의 현상이며, 볼프강 트릴링이 "그 엄격한 미래성은 문제의 여지가 없다"33)라고 말한 것은 수긍되어야 한다. 우리는 이제 그 나라를 주로 미래의 일로 보고 있는 바울의 글로 고개를 돌린다.

5. 고린도전서 15:50

"형제들아 내가 이것을 말하노니 혈과 육은 하나님의 나라를 유업으로 받을 수 없고 또한 썩은 것은 썩지 아니한 것을 유업으로 받지 못하느니라."

부활이 미래에 육신에 일어날 일로서 이미 이루어진 영적인 어떤 것에 반대되는 것임을 보여주려고 하면서, 바울은 미래에 일어날 몸의 변화가 하나님의 나라에 들어가는 것보다 먼저 일어나야 함을 보여주려고 한다.34) 42절 이하에서 바울은 "씨 뿌려진 것은 썩고, 다시 살아난 것은 썩지 아니하며…육의 몸으로 심어지고 영의 몸으로 다시 사나니…먼저는 영이 있는 자가 아니라 육이 있는 자요 그 다음이 영이 있는 자니라"고 주장한다. 그리고 그는 정확히 50절에서 '육과

나라에 합당한 자로 여기심을 얻게 하려 함이니 그 나라를 위하여 너희가 또한 고난을 받느니라."

33) Wolfgang Trilling, *Der Zweite Brief an die Thessalonicher* [EKK: Neukirchen-Vluyn: Neukirchner, 1980], 50쪽.
34) Donfried, *Dynamic Word*, 22-28쪽.

혈', 곧 육의 사람들은 미래에 나라를 유업으로 상속할 수 없다는 이 점을 강조하고 있다. 이 육의 몸이 마지막 날에 변형될 때만 비로소 그 나라에 들어갈 수 있다. 그리하여 현재의 인간 존재의 성격을 규정 짓는 것은 육의 몸이며, 미래에 완성될 나라에서 생명의 성격을 규정 짓는 것은 변형된 영적 몸이다.

여기 고린도전서 15:50에 나오는 "하나님의 나라를 상속하다" (βασιλείαν θεοῦ κληρονομῆσαι)라는 문구는 사실상 고린도전서 6:9-10과, 갈라디아서 5:21에서 발견되는 "(…하는 이들은) 하나님의 나라를 상속하지 못할 것이다"(βασιλείαν θεοῦ οὐ κληρονομήσουσιν)와 같은 말이다. 이 표현이 바울 이전의 것이며[35] 초대 교회의 세례적-훈계적 정황으로부터 유래한 것이라는 점은 매우 개연성이 있다. 고린도전서 6:9-10과 갈라디아서 5:21에서 그것은 사람이 틀림없이 그 나라로부터 배척당할 부정적 상태의 목록과 연결되어 있다.[36] 이들 마지막 두 개의 진술과 관련하여 하우페가 사용하고 있는 '위협 문구'라는 범주는 더 정확하다. 그러나 고린도전서 15:50의 '말의 정황'[37] 이 원래 같음에도 불구하고 그 의도는 매우 다르며, 따라서 고린도전서 15:50은 하나의 '위협 문구'로 기능할 수 없다.[38] 고린도에서 종말론의 시간표를 잘못 이해하고 있음을 감안한다면, 바울은 이 전통적 문구를 훈계의 도구로 채용한 것이며, 가까이 있는 오해에 그것을 적

---

[35] 나라를 말하고 있는 구절 중 오직 이 세 구절에서만 나라(βασιλεία) 앞에서 관사가 탈락되어 있음을 주목하라. 바울의 글에서 나라를 언급하고 있는 다른 구절들에서는 발견되지 않는 현상이다.
[36] 이차적인 바울서신인 엡 5:5에서 이 구절이 변형된 형태를 갖고 있음을 주목하라.
[37] Haufe, "Reich Gottes," 469쪽.
[38] Haufe, "Reich Gottes," 468-469쪽에서 인정하고 있는 것이다.

용한 것이다.39)

그런 새로운 위협에 맞서서 바울은 원래 세례 시의 권면으로부터 유래했을 법한 이 널리 퍼진 전승을 변형시켜야 했다.40)

6. 고린도전서 6:9-10

"불의한 자가 하나님의 나라를 유업으로 받지 못할 줄을 알지 못하느냐 미혹을 받지 말라 음란한 자나 우상 숭배하는 자나 간음하는 자나 탐색하는 자나 남색하는 자나 도적이나 탐람하는 자나 술 취하는 자나 후욕하는 자나 토색하는 자들은 하나님의 나라를 유업으로 받지 못하리라(θεοῦ βασιλείαν οὐ κληρονομήσουσιν)."

고린도전서 15:50에 관한 우리의 논의에서 이미 분명하게 밝혀진 것처럼, 이 구절들은 11절과 더불어 바울이 세례에 그 뿌리를 두고서 그 나라의 요구 사항을 부정적으로 규정한 세례 이후의 악의 목록과 결부된 바울의 이전의 전승으로부터 인용했을 공산이 크다.41) 한

---

39) 고전 15:50과 요 3:3-5(또 마 18:3) 사이에는 유사성이 있으며, 고린도 회중의 구성원들이 현재 이루어진 종말론적 완성이라는 의미에서 요한과 같은 전승을 잘못 이해하고 있었다는 것은 충분히 가능하다.
40) 아래의 우리의 토론과 함께 C. H. Dodd, *Historical Tradition in the Fourth Gospel* [Cambridge: University Press, 1963], 358-359쪽 및 R. E. Brown, *The Gospel According to John*(I-XII) [AB 29; Garden City: Doubleday, 1966], 143-144쪽에 실린 논의를 보라.
41) 이 전승을 완전히 분석한 것을 보려면, Ferdinand Hahn, "Taufe und Rechtfertigung" in *Rechtfertigung: Festschrift für Ernst Käsemann* [J. Friedrich, W. Pöhlmann, P. Stuhlmacher 편집; Tübingen: J. C. B. Mohr, 1976], 104-109쪽과 Udo

(Hahn)은 여기 사용된 '하나님의 나라'라는 말이 초기의 전승에서 유래했는데, 그 이유는 현재의 그 나라를 말하고 있는 구절들(고전 4:20; 롬 14:17)만이 진정한 바울의 용례이기 때문이라고 강력하게 내세우고 있다.42) 바울의 신학과 어떤 긴장을 드러내고 있는 이 전승을 사용함으로써,43) 바울은 어떤 유형의 행위들이 심지어 세례를 받고 의롭게 된 이들에게도 미래에 그 나라를 상속하는 것을 무효로 만들 것임을 분명히 밝히고 있다. 이런 행위들은 마술이 아니며, 그것들 자체의 그 어느 것도 또 그것들 스스로 아무 것도 보장하지 않는다. 그 하나님의 나라라는 문구가 원래 묵시적 본질을 갖고 있음이 명백함에도 불구하고,44) 이 본문에서 '하나님의 나라'라는 문구는 훈계의 문맥 안에 자리잡고 있다.45) 콘첼만46)이 올바르게 인식한 것처럼, 이것은 바울 사상에 나타나는 직설법과 명령법의 관계에 관한 모든 문제를 제기하고 있다. 정확히 바울에게는 의롭게 됨이 단순히 과거 시점의 일이 아니라 지금도 계속되고 있는 일이기 때문에,47) 그는 그리스도 안에 있는 이는 이제 회중들 사이에 성령을 통하여 세례 시에 주어졌고 계속하여 성령 안에서 주어지고 있는 은사에 합당한 삶을 살아야 한다는 것을 분명히 한다. 그가 이 전승을 인용하고 있는 의도는 특히

Schnelle, *Gerechtigkeit und Christusgegenwart* [Göttingen: Vandenhoeck & Ruprecht, 1983], 37-44쪽을 보라.
42) 이와 같은 말은 주의를 필요로 하는데, 그 이유는 바울이 많은 경우에 전승들을 사용하려고 하며, 그것들을 그의 신학적, 윤리적 목적을 표현하는 데 쓰고 있기 때문이다. Hahn, "Taufe," 105쪽 주 41.
43) Hahn, "Taufe," 104쪽을 보라.
44) Conzelmann, *1 Corinthians*, 106쪽을 보라.
45) Schnelle, *Gerechtigkeit*, 38쪽.
46) Conzelmann, *1 Corinthians*, 107쪽.
47) Hahn, "Taufe," 117-124쪽; Donfried, *Dynamic Word*, 50-64쪽을 보라.

18절, 곧 "음행을 피하라"는 말씀 안에서 분명하게 드러난다. 음행48)에 동참하는 자들은 미래의 그 나라로부터 쫓겨날 것이다.49)

이 바울 이전의 전승은 마가복음 1:15에서 예수에게 적용된 말씀, 곧 "때가 찼고 하나님의 나라가 가까웠으니 회개하고 복음을 믿으라"는 말씀과 맥을 같이 한다. 또 M전승과 매우 유사한 것으로 보이는데, 특히 마태복음 25:34, 곧 "그때에 임금이 그 오른편에 있는 자들에게 이르시되, '내 아버지께 복 받을 자들이여, 나아와 창세로부터 너희를 위하여 예비된 나라를 상속하라(κληρονομήσατε)'"는 말씀 안에서 분명하고 정확하게 표현된 것으로 보인다. 고린도전서 6:10과 같은 동사를 갖고 있다는 점뿐만 아니라, 그런 유업 상속이 어떤 유형의 윤리적 행위에 따라 이루어진다는 점도 같다. 그러나 우리가 이들 평행 구절들을 더 심도 깊게 논의하기 전에 먼저 갈라디아서 5:21에서 말하고 있는 그 나라를 살펴보고 이 논제로 돌아오는 것이 좋을 것이다.

7. 갈라디아서 5:21

"전에 너희에게 경계한 것같이 경계하노니 이런 일을 하는 자들은 하나님의 나라를 유업으로 받지 못할 것이요(βασιλείαν θεοῦ

---

48) 아마도 신전 매음을 말하고 있는 것 같다. 다른 관점을 살펴보려면 Jerome Murphy-O'Conner, "The Corinth that Saint Paul Saw," *BA* 47 [1984], 147-159쪽을 보라.
49) 여기서 쉬넬레와 달리(각주 42를 보라), 우리는 고전 6:9로 시작하고 있는 단락을 다른 사람과 법률 소송에 휘말려 있는 그리스도인의 문제를 회고하고 있다기보다 매음의 문제를 언급하고 있는 것으로 본다.

οὐ κληρονομήσουσιν)."

이 구절의 첫 부분, 즉 나머지 부분에 대하여 '인용 관용구'의 역할을 하고 있는 부분은 바울의 그 나라에 대한 권면이 새로운 것이 아니라, 그가 이 회중과 더불어 나누었던 말 안에 포함되었던 것이며, 또 데살로니가전서 2:12에서 병행을 이루고 있는 사실임을 보여주고 있다.50) 현재의 형식과 이전의 구두 형식에서, 하나님 나라에 대한 진술과 좀더 광범위한 문맥 모두 초기 기독교에서 세례 시에 주었던 가르침을 포함하고 있는 하나의 전승에서 유래한 것으로 보인다.51) 이것이 바울의 신학과 빚고 있는 긴장은 몇 가지 점에서 볼 수 있는데, 갈라디아서의 다른 곳에서 이 용어를 사용하는 것과 긴장 관계에 있는 '상속하다'(κληρονομεῖν)를 사용하고 있는 데서 가장 명백하게 볼 수 있다.52)

몇몇 갈라디아의 그리스도인들이 바울이 쓴 '자유'라는 말을 오해했을 강한 가능성을 감안한다면,53) 바울은 이 전승 자료를 하나의 훈계 문맥 안에서 갈라디아의 그리스도인들에게 어떤 유형의 행위, 곧 '육의 일들'이 이제 그리스도 안에 있는 이들에게 합당하지 아니할 뿐 아니라 그 일들을 하는 자들은 하나님의 나라를 유업으로 받지 못한다는 것을 경고하기 위해 사용하고 있다. 논쟁의 여지없이 그 나라가 갖고 있는 묵시의 차원은 이 구절에서 강조되고 있다. 우리가 이전

---

50) 이것에 관한 더 심도 깊은 논의는 Hans Dieter Betz, *Galatians* [Hermeneia: Philadelphia: Fortress, 1979], 248쪽을 보라.
51) Betz, *Galatians*, 284쪽.
52) 갈 3:18, 29; 4:1, 7, 30.
53) 갈 5:13을 주목하라.

에 주목했던 것처럼 M 안에 이런 나라라는 말의 사용과 병행을 이루는 구절들이 있으며, 우리는 이제 이것을 살펴볼 것이다.

고린도전서 6:9-10과 갈라디아서 5:21에서 발견되는 "하나님의 나라를 상속한다"는 관용어구는[54] M전승[55]에 독특한 구절인 마태복음 25:34에서 매우 놀라운 병행구절을 발견한다. 마태복음 25:34이 그 나라에 들어갈 사람들을 긍정적으로 언급하고 있음에도 불구하고, 그 반대가 실질적으로 바뀐 형태임에도 불구하고 마태복음 25:41에서 발견된다. 명백히 어떤 이가 영원한 불에 던져질 것이라면, 그는 그 나라를 상속하지 못할 것이다. 또 하나님의 나라에 들어가지 못함에 관한 공관복음의 진술들(막 10:15과 병행구절들인 마 5:20; 7:21; 18:3)은 이 전승에 연결되어 있다[56]. 하우페[57]는 70인경에서 '들어가다'(εἰσέρχομαι)와 '상속하다'(κληρονομεῖν)가 실제로 서로 바꾸어 사용될 수 있음을 적절하게 보여주었다.[58] 이것 역시 널리 퍼져 있는 초기 기독교의 전승을 지적하고 있다. '그 나라를 상속하는 것'에 관한 이 말이 Q 안에서 부정적 형태로도 또 긍정적 형태로도 발견되지 않는다는 사실은 이 자료가 처음에는 신앙 고백을 가리키는 데 쓰였던 초기 기독교의 세례 시 훈계의 전승을 우리가 다루고 있다는 것을 다시 한 번 보여준다. 따라서 예수께서 그 날에 관하여 선포하신 것을 세례 시 또 세례 이후의 교육과 다른 훈계의 필요성을 충족시키기 위

---

54) 변형된 형태로는 또 고전 15:50.
55) 똑같지는 않으나 비슷하게 '상속하다'를 사용하고 있는 마 5:5과 19:29을 주목하라.
56) 이와 관련하여 우리가 요 3:5에 관하여 이전에 토론한 내용을 주목하라.
57) Haufe, "Reich Gottes," 470쪽.
58) 신 4:1; 6:18; 16:20.

해 변형시키는 것을 필요로 한 것은 바로 초기 기독교 공동체의 요구였다. 그것은 예수가 원래 선포했던 메시지를 더 이상 볼 수 없다는 것이 아니라, 그 메시지가 새로운 상황 안에서 채택되어 확장되고 응용되었다는 것을 말하는 것이다.

8. 결론

어떤 임시적인 결론들이 도출될 수 있을까? 우리가 요약한 것을 세 부분으로 나누려고 시도해 보자. 곧 바울이 나라라는 말을 사용하고 있는 것, 사도행전에서 바울이 선포한 것을 누가가 서술하고 있는 것 그리고 바울이 그 나라라는 말을 쓰고 있는 것과 예수와 공관복음의 전승이 그것을 사용하고 있는 것의 관계다.

1. 바울이 나라라는 말을 사용하고 있는 것과 관련하여, 하나님의 나라가 미래에 완성될 것이나 그것은 이미 그리스도의 부활과 통치를 통해 현재 미래를 내다보는 실재로 성취되었다고 바울이 이해하고 있다는 결론이 가능하다. 그 나라가 가지고 있는 "이미 – 그러나 아직 이루어지지 않은(already – not yet)" 본질은 특별히 고린도전서 15:50에서 명백하게 드러난다. 더 나아가 우리는 로마서 14:17, 고린도전서 4:20-21 그리고 데살로니가전서 2:12이 그 나라의 현존을 강조하고 있으며, 고린도전서 15:50, 고린도전서 6:9 그리고 갈라디아서 5:21이 그 나라의 미래성을 강조했음을 발견하였다.

그 나라의 현존을 강조하고 있는 전자의 본문들과 관련하여 우리는 그것들이, 비록 로마서 14:17과 고린도전서 4:20-21이 그들이 갖고 있는 '실로 …이 아니라 도리어(οὐ γάρ…ἀλλά)'라는 하나의 '반대 명제를 제시함으로써 정의를 내리는 문구'의 구조적 특징으로 대중의 인기를 끄는 철학 학파들의 영향을 통해 더 진전된 발전을 제시하고 있을지라도, 세례의 정황으로부터 유래했다는 것을 주목한 바 있다. 그 나라의 묵시적 성질을 강조하고 있는 본문들, 곧 고린도전서 15:50, 고린도전서 6:9, 그리고 갈라디아서 5:21 역시 그것들이 모두 '상속하다'(κληρονομεῖν)라는 동사를 사용하고 있는 특정 전승에 의해 특징지어짐에도 불구하고, 세례의 정황으로부터 유래한 것이다. 여기에서 우리는 Q가 아닌, M과 다른 공관복음 전승들과 맺고 있는 주목할 만한 관계를 본 바 있다.

이 모든 본문들이 예외일 수도 있는 고린도전서 15:50과 더불어 세례의 정황으로부터 유래했기 때문에[59] 그들의 차이, 특별히 한쪽에 있는 '실로…이 아니라 도리어'(οὐ γάρ…ἀλλά)구조와 다른 한쪽에 있는 것으로서 βασιλεία 앞에 관사가 빠져 있는 κληρονομεῖν 구조의 차이를 어떻게 서술할 수 있을까? 아마도 로마서 14:17, 고린도전서 4:20-21 그리고 데살로니가전서 2:12은 그들의 현재 문맥에 비추어 더 복음 선포적인 전승으로부터 변경된 것이며, 고린도전서 15:50, 고린도전서 6:9 그리고 갈라디아서 5:21은 원래 특정한, 아마도 세례 이후의 윤리교육을 위해 의도된 한 전승으로부터 유래한 것이라고 주

---

[59] '세례의 정황'은 문헌에서 널리 사용되고 있음에도 불구하고 다소 모호한 용어다. 그런 정황은 직설법의 요소와 명령법의 요소를 포함하고 있을 수 있다. 아마도 전자를 '세례의'(곧 복음 선포적인) 것으로, 또 후자를 '세례 이후의'(곧 훈계적인) 것으로 말해야 할 것이다. 전자가 후자의 요구를 충족시키기 위해 쉽게 변형될 수 있다는 사실을 간과해서는 안 되는데, 정확히 이런 일이 일어나기 때문에 개개의 원래 삶이 정황을 분리시키려고 시도하는 것이 더욱 중요해진다.

장할 수도 있다.

2. 사도행전에 우리의 주의를 돌릴 때, 우리는 사도행전 14:22, 19:8, 20:25 그리고 28:23, 31에서 누가가 바울을 하나님의 나라를 설교하고 있는 것으로 쓰고 있음을 본다. 첫 번째 진술에서는 분명히 그 나라를 미래의 일로 언급하고 있는 반면("하나님의 나라에 들어가려면 많은 환난을 겪어야 할 것이다"), 다른 세 구절들은 미래의 일로 진술하는 것을 배제하지 않는 반면, 특정한 시간을 지향하고 있는 것이 아니며 그 나라의 현재적 본질을 강조하고 있다고 봄이 타당할 것이다.[60] 바울에 대한 누가의 신학적 견해를 형성할 때 누가의 신학적 견해를 부인하길 원하지 않는 반면, 우리는 위르겐 롤로프[61]의 견해, 예를 들어 그가 사도행전에 있는 그 나라에 관한 진술을 단지 누가가 예수의 가르침을 요약하고 있는 방식으로 이해하는 것에 동의하지 못한다. 바울이 이 용어를 그가 글로 쓴 편지뿐만 아니라 말로 한 설교와 교훈에서도 사용했다는 사실은 현재도 유지되고 있다. 사람들은 롤로프가 명백히 한 것처럼 그런 용어의 모든 용례를 누가의 손에 돌리기 전에 조금 더 주의해야 한다. 사도행전에 있는 또 다른 구절인 사도행전 17:6-7은 우리가 바울에 관하여 토론한 것과 바울이 사용하고 있는 나라라는 말에 비추어 간략하게 검토될 필요가 있다. 그 장면은 데살로니가이며 바울과 그를 따르는 자들을 참소한 이들이 그 성의 관원들 앞에서 "천하를 어지럽게 하던 이 사람들이 여기도 이르매, 야손이 그들을 받아 들였도다. 이 사람들이 다 가이사의 명을 거역하

---

[60] 예를 들어 F. F. Bruce, *The Acts of the Apostles* [Grand Rapids: Eerdmands, 1960], 480쪽도 마찬가지다.

[61] Jürgen Roloff, *Die Apostelgeschichte* [NTD; Göttingen: Vandenhoeck & Ruprecht, 1981], 283쪽.

여 가로되 다른 임금 곧 예수라 하는 이가 있도다"라고 주장한다. 바울이 데살로니가 사람들에게 그 성에 머무르는 동안 그 나라에 관하여 말했던 데살로니가전서 2:12의 진술은, 바울이 사용한 왕/나라라는 말뿐 아니라 이 언어가 그와 그의 동역자들이 데살로니가에서 촉발시켰던 강한 적대감의 촉매 역할을 했다고 봄이 타당하다는 사실과 관련하여, 우리가 사도행전 17장의 설명이 갖고 있는 상대적 정확성을 이해하도록 도와야 한다.62)

3. 마침내 우리는 우리의 연구를 통해 바울이 하나님의 나라에 관해 선포한 것과 예수와 공관복음의 전승이 선포하고 있는 것 사이의 관계를 우리가 이해하도록 돕는 데 어떤 뒷받침이 이루어질 수 있을지에 대한 질문에 이른다. 그들 사이에는 분명한 접촉점이 있으며, 가장 명백한 것은 바울과 예수가 모두 하나님의 나라라는 문구를 사용했다는 점이다. 이것 이외에 몇 가지 더 실질적인 관계가 아울러 존재하고 있다. 우리는 바울이 하나님의 나라에 관하여 말하고 있는 것을 현재와 미래로 나눈 바 있다. 이것은 공관복음의 전승과 잘 조화를 이룬다. 그 나라라는 묵시적 관념은 다양한 개별 전승뿐 아니라, 삼중 전승(막 14:25과 병행구절)과 Q(마 6:10//눅 11:2)에서도 발견된다. 그 나라가 가지고 있는 현재라는 본질은 특히 Q전승(마 12:28//눅 11:20)에서 명백하게 나타난다. 더욱 고린도전서 4:20에서 '능력 안에'(ἐν δυνάμει)라고 말하고 있는 것은 삼중 전승(막 9:1과 병행구절)으로부터 영향을 받은 것이 당연하며, 이것은 예수께서 베푸신 가르침과 병고침의 사역에 관하여 마태복음 9:35에 표현된 주제와 무관하

---

62) 이 주장의 더 완전한 토론을 살펴보려면, K. P. Donfried의 "Cults," 342-348쪽을 보라.

지 않다. 우리는 또 M전승과 그 전승이 사용하고 있는 '상속하다'(κληρονομεῖν)(예를 들어, 마 25:34과 5:19)에 대한 특정 관계를 보았다. 이 동사는 '들어가다'(εἰσέρχομαι)와 거의 같은 뜻으로 M전승(5:20)뿐 아니라 삼중 전승(막 10:14과 병행구절; 막 10:15과 병행구절; 막 10:23-25과 병행구절) 및 마가의 전승(9:47)에서도 마찬가지로 쓰였다는 것이 나타난다.

대부분의 경우에 이런 관찰 내용들은 F. 나이링크[63]가 도출한 결론과 일치하고 있다. 우리는 그가 "바울서신 안에는 예수의 말씀을 의식적으로 사용한 흔적이 없다. (복음서가 말하고 있는 것과 형식과 내용이 유사하다는 기초 위에) 예수의 말을 간접적으로 말하고 있을 수 있다는 것 역시 중대한 차이점을 보여주고 있으며, 공관복음 안에 보존되었던 형식으로 복음서의 말을 직접 사용하고 있다는 것도 입증될 수 없는 것이다"[64]라고 말할 때 전적으로 동감을 표하고 싶다. 또 나이링크가 "바울이 Q전승 또는 Q 이전의 전승 모음을 알고 있었다는 것은 분명하게 증명될 수 없다"[65]고 말하는 것에 동감할 수 있다. 그 이유는 그 가능성을 가지고 있는 간접적 언급들이 극히 적고 익명성을 가지고 있다는 점이 바울이 그것들을 예수의 말씀으로 특히 말하고 있는지 매우 의심스럽게 만들고 있기 때문이다.

아울러 니콜라우스 발터의 통찰력 있는 연구[66]도 언급되어야만

---

63) F. Neirynck, "Paul and the Sayings of Jesus," 루뱅 성경학 대회(Colloquium Biblicum Lovaniense, 1984)에서 배포되고, 그 모임의 논의 내용이 미리 출판되었다. [루뱅 신학 소책자 총서(Bibliotheca Ephemeridum Theologicarum Lovaniensium)].
64) Neirynck, "Paul", 31쪽.
65) Neirynck, "Paul", 31쪽.
66) Nikolaus Walter, "Paulus und die urchristliche Tradition," NTS 31 [1985], 498-

한다. 일반적으로 그는 나이링크의 결론, 곧 바울은 예수의 말씀을 인용한 것이 아니라 예수 전승에 익숙해 있다는 결론에 동의하고 있다. 발터는 아직도 남아 있는 바울 서신 안에서 예수 전승이 주로 교훈의 문맥에서 사용되었으나,[67] 또한 바울이 그의 사도직을 변호하는 부분에서도 사용하고 있음을[68] 보여주었다. 발터는 고린도전서 4:11-13과 9:14을 인용하고 있는데, 우리는 데살로니가전서 2:1-12을 보태고 싶다. 더 나아가 바울은 예수 전승을 인용할 때 항상 전승 그대로 인용하지 않고, 커다란 자유를 갖고 전승을 사용했는 바, 곧 그가 전승을 언급할 수 있었으나 그것에 결코 얽매이지는 않았다(예를 들어, 고전 9:1-18).

예수-바울 논쟁은 굉장히 복잡한 것이며, 여기서 검토될 수 없다.[69] 그러나 우리의 연구는 바울이 공관복음 전승 안에 반영된 예수의 가르침에 의존하고 있으며, 특히 하나님의 나라라는 개념에 관한 전승에 의존하고 있음을 보여주고 있다. 따라서 우리는 예수의 가르침을 말하고 있는 것이 희소하다는 윌슨의 견해에 동의하고자 하

522쪽.
[67] 다음과 같은 발터(Walter)의 말("Paulus," 515쪽)은 훈계의 문맥을 매우 넓게 해석하고 있는 것으로 보인다: "바울이 아마 그도 알았을 예수 전승의 존립 기초로부터 적극적으로 '조심스레' 잘라낸 부분은 대부분 하나의 방식 아니면 다른 방식으로 그의 선포와 신학의 기초를 세우는 것 및 근본 지식 또는 그가 사도로서 가지고 있는 실존과 관련을 맺고 있다(그러나 중심적인 기독론적-구원론적 진술과는 관련을 맺고 있지 않다)."
[68] Walter, "Paulus," 508-513쪽.
[69] 윌슨(S. G. Wilson)의 유용한 검토인 "From Jesus to Paul: The Contours and Consequences of a Debate," in: *From Jesus to Paul: Studies in Honour of Francis Wright Beare* [Peter Richardson과 John C. Hurd 편집; Waterloo: Wilfrid Laurier University, 1984], 1-21쪽을 보라.

나,70) 우리는 그가 그런 가르침에 관하여 제시한 짧은 목록에 하나님의 나라를 말하고 있는 것을 첨가하려고 한다. 더 나아가 우리는 바울이 하나님의 나라라는 문구를 사용하고 있는 것이, 예수와 바울 사이에 존재하는 근본적인 통일성과 연속성이 예수와 바울에게 공통된 몇몇 중심 주제 안에서 발견될 수 있다는 점을 보여주고 싶어하는 학자들을 뒷받침해 주고 있다는 점을 주장하고 싶다.71) 몇몇 학자들은 우리가 이 문맥 안의 하나님의 나라 진술들을 인용하는 데 대하여 그 진술들이 짧고 단편적인 성질을 갖고 있다는 이유로 반대할 수도 있다. 이에 대하여 우리는 니콜라우스 발터가 내린 유익한 결론으로 요약하여 답변하고자 한다. "그러나 당연히 무익하지 않은 전승의 결합이 매우 간접적으로 또는 (렌즈의 시야에 비친 영상들을 써서 말하기 위해) 방사된 빛을 묶거나, 굴절시키거나, 반사시키거나, 또는 부분적으로는 방사된 빛을 손실시킴으로써, 또 다른 면에서는 외부에서 유래한 것들로 풍부하게 함을 통해 실행될 때 바울의 복음이 예수가 전한 말씀과 실질적인 일치점을 갖고 있다는 그 이해는 또한 존속할 수 있는 것이다. 이러한 전승의 연속성은 예를 들면 유대-헬라 전승등의 비 예수 전승과 같은 외부 자료에 의해 전승의 일부가 사라진다거나 꾸며지는 경우에도 성립하는 것이다."72)

---

70) S. G. Wilson, "From Jesus to Paul," 7쪽.
71) 예를 들어, 종말론(eschatology). Wilson, "From Jesus to Paul," 10쪽과 거기에 인용된 문헌을 보라.
72) Walter, "Paulus," 518쪽.

14장
초기 교부 문헌에 나타난 하나님의 나라[1]

에버릿 퍼거슨(Everett Ferguson)[2]

하나님의 나라가 미래인가 현재인가 하는 질문은 알버트 슈바이처 이래 예수가 선포한 내용에 관한 토론을 지배하였다.[3] 나라라는 용어에 관한 초기 교부들의 용례를 다루는 것은 신약 성경 안에서 '나라'가 갖고 있는 의미에 관한 토론이라는 더 넓은 관점에서 시작되어야 한다. 시간성의 문제는 항상 신약 성경의 자료에 적용하는 가장 유익한 범주가 아닐 수 있음에도 불구하고, 초기 기독교의 발전에서 중요한 관심사였던 것으로 보인다. 하나님의 나라에 관한 2세기의 자료들 대부분은 시간성의 윤곽에 따라 분류될 수 있다. 주요 개요를 다음

---

1) 이 글은 1979년 옥스퍼드에서 열린 제8차 교부학에 관한 국제회의에서 발표한 논문을 다시 고쳐 쓴 것이다. 당시 논문 중 이 글에 실린 부분은 'Studia Patristica XVIII (E. A. Livingstone 편집), E. Ferguson, "The Terminology of the Kingdom in the Second Century," Copyright 1982, Pergamon Press'의 허락하에 다시 출판되었다.
2) 에이블린 기독교 대학교 성경학 교수.
3) 연구와 몇몇 주요한 해석 역사는 브루스 쉴튼(Bruce Chilton)이 편집한 The Kingdom of God [Issues in Religion and Theology 5; Philadelphia: Fortress, 1984]에서 발견할 수 있다.

과 같이 그려 볼 수 있다.
- I. 현재로서의 나라 - 실현된 종말론
  - A. 내적인 것 - 신자들 안에 있는 나라
  - B. 구원론적인 것/교회론적인 것 - 구원을 의미하는 것으로서 또는 교회 안에서 실현된 그 나라
- II. 미래로서의 나라 - 지속되고 있는 종말론
  - A. 천년왕국 - 종말 이전에 존재하는 세상으로서의 나라
  - B. 하늘나라 - 앞으로 올 세상으로서의 나라
- III. 현재와 미래를 함께 갖고 있는 나라 - 시작된 종말론 실현되고 있는 과정에 있는 나라 - 완성으로 가고 있는 현재의 나라
- IV. 상징적인 나라 - 문학적 상징으로서의 나라

이들 관점들은 서로 배척하고 있지 않다. 이들 각각의 의미를 가지고 있는 나라의 몇몇 예는 2세기 기독교 문헌에서 발견될 수도 있으나, 그 대부분의 구절은 지속되고 있는 종말론적 언급을 대변하는 것으로 나타난다.

성경에 사용되고 있는 나라의 기본적 의미는 왕의 직분, 곧 '통치'였다. 이것으로부터 이차적 의미를 가진 영역, 곧 근대적 의미의 왕국이 등장하였다.4) 이차적 의미는 명백히 초기 교부 문헌의 대부분

---

4) K. L. Schmidt, "βασιλεύς," *TDNT* [G. Kittel 편집; Grand Rapids: Eerdmans, 1964], 1:549-593쪽; B. Klappert, "King, Kingdom", *NIDNTT* [Colin Brown 편집; Grand Rapids: Zondervan, 1976], 2:372-390쪽.

G. W. H. Lampe는 "Some notes on the significance of Basileia Tou Theou, Basileia Christou in the Greek Fathers," *JTS* 49 [1948], 60쪽에서 나라라는 말이

을 점유하고 있으나, 그것이 독점적이며 배타적인 의미는 아니다. 이렇게 왕권이라는 동적 의미에서 나라라는 정적 의미로 강조점이 이동하고 있는 것은 역동적인 성경 개념들로부터 희랍과 로마 사상의 정적인 개념들로 생각이 움직이고 있음을 보여준다. 그런 관점에서 미래와 하늘에 대한 교부의 견해는 신약 본문을 해석하면서 슈바이처가 옹호했던 지속되고 있는 종말론과는 다른 것이었다.

1. 성경을 인용하는 것들과 간접적으로 언급하고 있는 것들

초기 교부 문헌에서 나라라는 단어가 나타나는 많은 경우는 성경을 인용하는 것과 간접적으로 언급하고 있는 것에서 발견된다. 이것들은 지면이 한정된 이유 때문에 부록에 실린 인용 모음에서 대부분 제외되었다. 그러나 몇몇 자료들은 이들 인용들이 저자들의 관심사에 주고 있는 통찰 때문에 순서대로 실었다.

저자들은 자신이 놓인 특별한 상황 때문에 특정 구절을 사용하는 경우가 종종 있다. 리용의 주교인 이레네우스(약 180-200년)는 영지

덜 '역동적인' 의미를 지니고 있으며 하나님의 역사가 인간 역사 안으로 급작스레 침투해 들어가는 것을 제시하지 않는다는 점에서 교부들의 용례가 공관복음과 다르다고 말하면서 일반화를 하고 있는데, 이 일반화는 2세기까지는 유효하게 여겨졌다. 이 일반화에 대한 예외들은 아래의 논의에서 살펴볼 것이다. 정경 이후의 문헌에서 하나님의 나라를 다루고 있는 것들이 성경을 다루고 있는 것만큼 많지는 않으나, 주(註)에서 인용된 저작들 이외에 A. Robertson, *Regnum Dei*, [London, 1901]; Robert Murray, *Symbols of Church and Kingdom* [London: Cambridge Univ. Press, 1975]; 그리고 John. E. Groh, "The Kingdom of God in the History of Christianity: A Bibliographical Survey," *Church History* 43 [1974], 257-267쪽 등도 참고할 수 있다.

주의를 논박하기 위해 고린도전서 15:50을 자세히 다루었다.[5] "육과 혈은 하나님의 나라를 상속하지 못하리라"는 바울의 진술은 육과 영을 나누고 그 결과로 영의 구원을 주장하고 육의 부활을 부인하는 영지주의적 이분주의와 잘 일치하고 있다. 이레네우스는 '육과 혈'을 육, 곧 하나님의 영이 없는 육의 죄로 가득한 행위들을 언급하고 있는 것으로 해석하였다.

이레네우스가 그 나라를 종말론적으로 이해하고 있는 것은 그가 특히 마태복음 25:34을 좋아하는 데서 나타난다.[6] 마찬가지로 다른 저자들도 그들이 선호하는 본문을 통해 그들의 관점을 보여주고 있다. 이레네우스의 종말론적 이해는 다니엘 2장과 7장에 의해 강화되었는데, 다니엘 7:27은 유대교에 맞서 논쟁을 벌인 순교자 저스틴(약 150-160년)에게도 중요하였다. 다니엘 7:27은 사무엘하 7:12-16, 시편 132:12, 베드로후서 1:11 등에 의해 지지되고 있으며, 순교자 저스틴에게 그리스도의 나라를 이스라엘이라는 잠깐 지속되는 나라와 대조하기 위하여 '영원한 나라'라는 조합 문구를 제공해 주었다.[7] 다른 그리스도인들처럼 저스틴 역시 시편 45편이 예수를 기름부으신 왕으로 높이는 데 유용하다는 것을 발견하였다.[8] 신약으로부터는 마태복음 8:11 이하를 어느 정도 빈번하게 인용하고 있다.[9] 알렉산드리아의 클레멘트(약 190-200년)는 마태복음 11:12(눅 16:16)을 매우 빈번히 인용하면서, 그 나라에 들어가기 위해 활용해야 할 인간의 노력을 강

---

5) *Against Heresies* 5.9-14. 1.30.13 참고.
6) *Against Heresies* 4.18.6; 28.2; 40.2; 5.27.1.
7) *Dialogue* 31; 79.2; 118:2; 68.5; 76.1. 그리고 65를 보라
8) *Dialogue* 56; 63; 86.
9) *Dialogue* 76.4; 120.5 이하; 140.2

조하고 있다.10) 클레멘트의 저작 여부가 의심스러운 「인식」은 마태복음 6:33에 대한 특별한 관심을 통해 그들의 도덕적 관심을 보여주고 있다.11)

실제로 2세기의 주목을 모은 성경 문구들은 "하나님의 나라를 상속하다"(고전 6:9; 갈 5:21; 참고. 엡 5:5; 마 25:34; 약 2:5)와 특히 예수의 "하늘(하나님) 나라에 들어감"(마태복음과 누가복음에서 자주 나타나는)이었으며, 이들 문구는 너무 자주 등장하고 있어서 그 보기를 인용할 수 없을 정도다. 양자는 같은 방식으로, 곧 종말론적으로 (하나님의 나라를) 이해하였다.

2. 그리스도인들의 용어 사용에 영향을 주는 요인들

1) 유대인과 벌인 논쟁

유대교에 맞서서 벌인 논쟁은 그리스도인들로 하여금 그 나라가 유대인들로부터 빼앗은 바 되었으며, 나아가 예수를 따른 자들이 그 나라의 참 상속자임을 강력히 주장할 필요가 있게 만들었다. (55, 62, 64, 75번; 마 8:11 이하는 여기서 중요하다.) 그리하여 저스틴은 그 영원한 나라가 예수께 속한 것임을 선언하고 있고[49번; 46/48번과 터툴리안의 "마르키온 반박"(*Against Marcion*) 4.33 참고], 이레네우스는 그 영원한 나라를 그리스도가 소유하고 있음을 강조한다(65, 69,

---

10) *Miscellanies* 4.2; 5.2; *Who is the rich man that is saved* 21; 31.
11) Appendix 109번; *Recognitions* 2.21; 46; 3.20; 37; 41.

2번). 물론 2세기의 유대인이나 그리스도인 모두 그 나라에 관한 주장을 '정치적으로' 표현하도록 허락되지는 않았다.

2) 정치 상황

'나라'는 때때로 2세기 기독교 문헌에서 인간의 역사 안에 존재하는 세속 국가들에 적용되는 중립적 용어로 등장하고 있다(11, 20, 57, 58번; 참고. 56번). 더 중요한 것은 하나님의 나라와 의식적으로 연관을 지어, 때로는 대조하여 로마 제국을 나타내는 말로 그 용어를 사용했다는 것이다. 폴리갑의 순교(155년?)는 결론에서 신중하게 통치 황제의 햇수를 그리스도의 영원한 통치로 대치하는 시대 표기 형식을 사용하고 있다(27번; 참고. 24, 25번). 변증가들은 특히 '나라'를 나타내는 성경의 말이 제국(45, 58번) 또는 어떤 왕권(68번)에도 보통 쓰이는 단어임을 알고 있었다. 그들은 지상의 통치의 근원이 하나님임을 강조했고(58번; 참고. 11번과 황제와 대조되는 왕으로서 하나님을 나타낸 저스틴의 *II Apology* 2.19), 심지어 기독교의 근원과 성장 및 로마 제국의 발전 사이에 평행관계가 이루어질 수 있음을 강조하였다(59번). 더 전형적으로, 그리스도인들은 지상의 인간 왕국들과 하늘의 하나님의 나라를 대조하였다(45, 106번; 참고. 요 18:36). 헤게시푸스(Hegesippus)는 하나님의 나라가 하늘의 나라이며 천사의 나라이며 또 전적으로 미래의 나라였기에 로마에 전혀 위협이 되지 않았다는 말로 하나님의 나라에 대한 2세기의 이해를 특징적으로 요약하였다(61번).

3) 영지주의에 맞선 지속적 논쟁

영지주의자들은 구원의 복이 현재 실현되었으며, 죽을 때 영혼이 즉각 하늘나라로 들어간다고 생각하였다. 따라서 그들은 안에 있는 나라를 강조하였다(113, 114번).12) 영지주의자들과 교회 안에 있는 그들의 반대자 사이에 벌어진 논쟁은 도마복음 22장(112번)과 제2클레멘트 12장(16번)에서 발견되는 예수께 적용된 말씀의 상반된 해석에서 살펴볼 수 있다.13) 제2클레멘트 12장의 말씀은 이것이다. "그 둘이 하나가 되어야 할 때마다, 또 안쪽으로서 바깥쪽이 되어야 할 때마다, 또 여성과 함께한 남성이 되어야 할 때마다 남성도 아니며 여성도 아니다." 도마복음은 그 말씀의 해석을 내놓지 않고 있으나, 이 말씀을 분명하게 그 나라에 들어가기 위한 조건으로 표현하고 있다. 그 말

---

12) 도마복음 3; 113 참고. 나그 하마디(Nag Hammadi)에서 나온 몇 구절들에서는 그 나라가 종말이 없는 하늘나라로 나타나고 있다. 예를 들어, *Tripartite Tractate* [I, 5] 96, 17-37; 101, 29-102, 22; 131, 35-132, 20; *Eugnostos* [V, 1] 8, 19-23; [III, 3] 81, 13-16; [III, 3] 85, 15-17; 85, 21-86, 2.

13) 그 인용이 *Gospel of the Egyptians*에서 유래했다는 것은 알렉산드리아의 클레멘트가 쓴 *Miscellanies* 3.13.92; 6.45와 9.36에서 추론할 수 있다. 비슷한 진술이 *Martyrdom of Peter with Simon* 9, 94에서도 발견된다. 제2클레멘트 12장에 있는 구절은, 제2클레멘트 12장에서 반영지주의적 논증을 살피고 있는 K. P. Donfried, *The Setting of Second Clement in Early Christianity* [Leiden: Brill, 1974], 73-77, 152-154쪽과 제2클레멘트 12장이 역시 또 *Gospel of the Egyptians*와 도마복음 22장에서 독립적으로 증언되고 있는 말씀의 가장 초기의 형식을 보존하고 있다고 결론지은 T. Baarda의 *Early Transmission of words of Jesus* [Amsterdam: VU Uitgeverij, 1983], 261-288쪽에서 논의되고 있다. 도마복음에 나타난 그 나라에 관해서는 L. Cerfaux, "Les paraboles du royaume dans l'Evangile de Thomas," *Muséon* 70 [1957], 307-327쪽; D. Mueller, "Kingdom of Heaven or Kingdom of God?" *VC* 27 [1973], 266-276쪽; B. F. Miller, "Study of the Theme of 'Kingdom'; the Gospel According to Thomas: Logion 18," *Nov T* 9 [1967], 52-60쪽을 보라.

씀을 안에 있는 그 나라를 말하고 있는 것으로 해석하는 것은 이 로기온의 다른 형태를 사용했던 나세네스(Naassenes)[Ophites]에서도 뚜렷이 나타나고 있다. 히폴리투스(Hippolytus)는 나세네스 가운데 있는 이 말씀을 인용하면서 다른 두 말씀 사이에 집어 넣었는데, 두 말씀은 분명하게 그 나라를 사람 안에 있는, 곧 사람 안에서 발견되기를 기다리며 감추어져 있는 하나의 보물로 해석하고 있다(113, 114번). 제2클레멘트는 예수가 말씀하신 것으로 되어 있는 그 로기온을 그 나라가 올 때에 관한 질문의 문맥 안에 위치시키고 있다. 이 책의 저자는 이 말씀의 몇몇 부분에 지속적으로 도덕적 해석을 부여하고 있다. 이 도덕적 해석과 그 나라가 임할 때에 대한 종말론적 이해는 12세기 '정통'의 특징들이었으며, 영지주의자들의 이해와 뚜렷한 대조를 보이는 것이었다.[14]

3. 하나님의 나라에 관한 해석들

1) 사도적 교부들

초기의 몇몇 비정경적 기록들은 시작된 종말론의 윤곽을 따라 해석될 수도 있는 현재와 미래의 이중성을 보존하고 있는 것처럼 보인다. 바나바서신 8:5 이하(7번)는 십자가로부터 유래한 그리스도의 통

---

[14] 제2클레멘트는 또 고전 2:9, 곧 도마복음 17장에 예수의 말씀으로 등장하고 있는 진술에 종말론적 해석을 부여하였다(15번). 이것은 제2클레멘트에 나타나고 있는 나라의 일반적인 종말론적 사용과 궤를 같이 하고 있는 것이다(12-17).

치를 언급하면서, "그의 나라에서는 우리가 구원받은 악하고 거친 날들이 있을 것이다"라고 말하고 있다. 비슷하게 4장(5번)도 현재로 이해될 수 있다. 그러나 '두 길들'(8번)에 기초한, 마지막에 있는 부분은 종말론적 어조로 이야기하고 있으며, 7장(6번)에 있는 언급은 명백히 미래다.

2세기 초 안디옥의 주교였던 이그나티우스는 미래의 나라와 더불어(18, 21번), 그리스도가 오실 때 파괴된 옛 악의 나라를 선포함으로써(19번) 현재의 역동적인 나라를 암시하고 있다. 그는 요한처럼 그 나라와 영생을 결부시키고 있는 것으로 보인다(19번).

2세기 전반에 로마의 선지자였던 헤르마스는 명백히 그 나라를 미래의 나라로 보았으며(32, 34번), 그 나라에 들어가기 위해 필요한 윤리적 행동을 강조하고 있다(30, 31, 33, 35번). 그가 그 나라를 현재의 나라로 제시하지 않음에도 불구하고, 그와 같은 시대에 살았던 어떤 이들보다도 그의 사상이 교회와 나라를 더욱 가까이 하게 만들었다.[15] 헤르마스는 "하나님의 나라에 들어간다"는 문구를 매우 좋아했으며, 또 요한복음 3:5의 말씀이나 그 구절의 배후에 있는 몇몇 말을 아주 좋아했고, 그 나라에 들어가는 것을 세례 및 하나님의 아들의 이름을 얻는 것과 결합시켰다(30, 32번). 교회와 그 나라는 밀접하게 연결되어 있는데, 그 이유는 그리스도를 통해 사람이 그 나라에 들어가고, 그리스도는 교회가 서 있는 반석이시며(30번), 따라서 교회에 들어가는 것은 그 나라에 들어가는 것이요 교회에 들어가지 못함은 그 나라에서 쫓겨나는 것이기 때문이다.

---

15) Robert Frick, *Die Geschichte des Reich-Gottes-Gedankens in der alten Kirche bis zu Origenes und Augustin* [Giessen, 1928], 32쪽.

다른 초기의 비정경적 기록들도 압도적으로 그 나라를 미래로 이해하고 있다.16) 디다케(시리아에서 유래했으며, 아마도 약 100년경의 기록)는 교회가 그 (종말론적) 나라 안으로 들어가 하나가 되기를 염원하는 두 개의 기도를 포함하고 있다(2, 3번). 다가올 은혜와 이 세상의 종언을 간구하는 것은(3번) 그 나라가 임하기를 간구하는 것과 마찬가지다.17) 주기도문에 찬양이 부가되었음을 입증하는 최초의 증거를 제공하고 있는 이 기록(1번. 참고. 3번)이 "그 나라가 당신의 것입니다"를 포함하지 않고 있는 것이 중요한가?

로마의 클레멘트(약 96년경)는 공관복음에 기록된 대로 예수가 부활 이후에 사도들에게 도래한 나라에 관하여 선포한 것을 단지 급박한 느낌과 임박한 의미를 제외하고서 전달하였다(9번). 하나님의 나라(9번)와 그리스도의 나라(10번)는 초기 기독교 기록들에 널리 쓰여 있는 대로 같은 것으로 나타난다.18)

2세기 초에 히에라폴리스의 파피아스는 지상의 천년왕국에 대한 희망을 피력하였다(36번).

2) 변증가들

2세기 변증가들은 이교도들에게 써보낸 글에서 나라라는 용어를 자주 사용하지 않았다.19) '디오그네투스에게 보내는 편지'는 그의 아

---

16) 위의 책, 27쪽 이하.
17) 위의 책, 47쪽.
18) Schmidt, 581쪽; H. M. Herrick, *The Kingdom of God in the Writings of the Fathers* [Chicago: University Press, 1903], 10, 105쪽.
19) Frick, 35쪽 이하.

들을 왕으로 보내신 하나님을 말하고 있으나(41번), 그의 나라는 하늘에 자리잡고 있으며(43번), 따라서 그리스도인들이 하나님의 능력을 통해 들어가는 그 나라는 비록 모호하긴 해도 대개 마찬가지로 하늘에 있는 것으로 이해될 수 있다. 변증가들이 언급하고 있는 다른 내용(44, 58번)이나 변증적 관심에 의해 영향을 받은 글들 역시 그 나라가 미래라는 이해를 따르고 있다.

변증가들 가운데 순교자 저스틴(2세기 중엽)은 나라라는 말을 가장 빈번하게 사용하고 있으나(45-55), 이들 용례가 나타나는 대부분의 경우는 유대인들과 그리스도인들의 논쟁을 기록한 '트리포와 나눈 대화'에 실려 있다. 저스틴은 자주 '영원한 나라'에 관하여 말하고 있음에도 불구하고, 그도 역시 중간에 천년왕국이 있을 것임을 믿었다.[20] 그의 나라라는 말은 종말론을 강조하고 있다.[21]

3) 이레네우스

이레네우스는 2세기의 그 어떤 저자들보다도 그 나라에 관하여 가장 풍부하고 명백하게 표현된 교리를 가지고 있는 사람이다. 그에게 '나라'는 일상적인 방식으로 존재하는 하늘과 같은 것이었으며(66, 70, 73, 78, 82, 83번), 그가 늘 사용했던 말은 '하늘나라'이지(63, 71, 76, 77, 80, 85번), '하나님의 나라'가 아니었다(그러나 66, 76, 84번을

---

20) *Dialogue*, 80쪽, '나라'라는 말을 사용하고 있지 않다.
21) Herrick, 21쪽. L. W. Barnard는 "Justin Martyr's Eschatology," 19 [1965], 87쪽에서 저스틴이 신약의 종말론이 '이미'와 '아직 아님'(the 'already' and 'not yet')을 보존하고 있다고 말한다. 나는 이 말에 일반적인 평가로서 동의를 표하고 싶지만, 그것은 그의 나라의 용어에 관한 한 진실이 아니다.

참고하라). 이레네우스 역시 그 나라에 합당한 자들이 하늘에 있는 그들의 처소에 들어가기 전 그리스도께서 재림하실 때 지상의 천년왕국이 있을 것임을 믿었다(79, 86-92번). 이레네우스는 그 천년왕국을 의로운 자들이 하나님의 영광에 참여하는 데 익숙해질 때로 제시함으로써 그의 모든 신학에 이 천년왕국을 통합시켰다(87, 90번).

이레네우스의 용례가 천년왕국이든('이 땅의 나라') 아니면 하늘의 나라이든 주로 종말론적이긴 하지만 예외는 있다. 결국 하나님은 종말이 없는 나라를 소유하고 계시며, 존재하는 모든 것에 대한 왕의 직임을 그리스도에게 위탁하셨다(65번). 따라서 하늘나라는 전적으로 미래가 아니며 의롭게 죽는 이는 즉시 그 나라에 들어가는 것이다(73번). 이런 생각은 이레네우스가 그 나라와 하늘을 같은 것으로 여기고 있는 결과일 수도 있다. 죽음이 그 왕의 직임을 적절히 가질 수 없다는 것을 심지어 모세의 법조차도 나타내고 있다는 진술 안에 왕의 직임의 의미가 보존되어 있다(74번). 이레네우스가 사용한 대부분의 예가 사람들로 하여금 미래의 그 나라에 관하여 생각하게 만들 수 있었을 몇몇 구절들의 문맥은 적어도 그 나라를 현재의 나라로 이해할 수 있는 가능성을 암시하고 있다.[22] 이들 구절에서 그 나라는 어떤 의미에서는 구원받은 상태다.[23]

---

22) Giorgio Jossa, *Regno di Dio e Chiesa. Ricerche sulla Concezione escatologica ed ecclesiologica dell' Adversus haereses di Ireneo di Lione*" [Naples, 1970], 246-248쪽은 이레네우스 안에서 순수하게 미래인 하나님의 나라를 발견하고 있다.
23) Herrick, 22쪽 이하. 그러나 이레네우스가 말한 그 '지상의 나라'는 헤릭이 주장한 대로 천년왕국이지 교회가 아니다.

4) 논문록들

시어(詩語)는 대개 모호한데, 전통적으로 2세기 초에 지어진 것으로 시대가 매겨진 '솔로몬의 송가'[24]도 그 특징을 공유하고 있다. 그 송가는 셈어의 의미인 '왕의 직임'을 보존하고 있다(38, 40번). 한 구절에서 그 나라는 교회와 같은 것일 수도 있다(39번).

묵시적인 요한행전(111번)은 '그 나라 안에서 공동 상속자들과 동역자들'에 관하여 말하고 있다. 그 의미가 복음 사역인지 아니면 하늘을 뜻하는 것인지는 분명하지 않다.[25]

클레멘트 위서(僞書)는 '두 나라들'이라는 놀랍고도 분명한 표현을 사용하고 있는데, 곧 지상의 왕들의 나라와 하늘나라, 마귀의 나라와 하나님의 나라, 현재의 나라와 미래의 나라가 그것이다(106, 107번). '왕의 직임'이라는 사상이 현재인 구절들이 있음에도 불구하고, 압도적인 용례는 미래다(108, 109번).[26] 유대 기독교적인 '야고보에게

---

[24] 3세기로 그 저작 시기를 매기는 견해는 Han J. W. Drijvers, "Facts and problems in Early Syriac-Speaking Christianity," *The Second Century* 2 [1982], 166-169쪽.

[25] 78장은 '그 자신의 안식과 삶의 갱신'에 해당하는 다른 용어로 '그의 나라'를 담고 있다. 나라와 안식을 결부시키고 있는 것은 주목받아야 한다. 12번, 86번 그리고 영지주의에서는 *Tripartite Tractate* [I, 5] 101, 29-102, 22와 *Second Apocalypse of James* [V, 4] 56, 2-5 참고.

[26] Herrick, 31-34쪽은 *Homilies*에서는 그 나라가 항상 종말론적인 반면, *Recognitions*에서는 의인들이 지금 하나님의 나라 안에 있는지에 관하여 이리저리 요동하고 있다는 결론을 내리고 있다. 내가 받은 인상으로는 사람들은 「설교」에서는 '왕의 직임' 사상을 보게 되며, 「인식」에서는 미래와 관련된 '나라'의 의미를 더 많이 보게 된다. 이 문헌 안에 있는, 지금은 지극히 판명하기 어려울 정도로 연대가 다른 여러 층들 때문에 이 질문에 대해 추적해도 별 소득을 얻지 못하고 있다.

보내는 서신'은 삶의 폭풍을 뚫고 그 나라로 백성들을 싣고 가는 하나의 배로서 교회라는 아름다운 그림을 담고 있다(110번).

'섹스투스의 글월들'(105번)은 "현자가 하나님의 나라에 참여한다"는 것을 강조하기 위해 현자가 참된 왕이라는 스토아 철학의 원리에 접근하고 있다. 그 철학적 배경은 이 진술 안에 나타난 그 나라가 현재의 나라이며 내적인 나라임을 나타내고 있다. 이 은유적이며 철학적인 의미는 상징적이나 성경의 이미지 또는 영지주의의 용법과는 다르다.

5) 알렉산드리아의 클레멘트(2세기 후반)

희랍 사상의 영향을 심히 받은 저자에게는, 클레멘트가 나라를 사용하는 것이 종말론적 의미로 국한되고 있으며, 그 나라에 들어간다는 성경의 개념에 의존하고 있다는 것은 주목할 만한 것이다.27) 클레멘트에게 나라는 주로 성경의 언어였으며, 그가 취하여 사용했던 성경의 용례 부분은 미래이며 하늘의 나라라는 관점이었다(93-95, 97-98, 101-104번). 클레멘트는 도덕적 삶에 관심이 많았으며, 그 나라를 상속하는 것 또는 그 나라에 들어가는 것과 현재의 도덕적 행위 및 영적 자질 사이의 관련성을 강조하였다(93, 95-102번). 클레멘트가 '하나님을 만나는 것'과 그 나라에 들어가는 것을 동일시하고 있는 것(102번)은 도마복음 27장에도 병행구절을 가지고 있다. 한 곳에서 클레멘트는 교회를 그 나라와 동일시하지 않은 채 양자를 연관시키고 있다. 즉 지상의 교회는 하늘에 있는 교회의 복사물이다(96번).28)

---

27) Frick, 92쪽. 그는 클레멘트의 나라 사상에 동조를 표하며 그것을 다루고 있다.

6) 오리게네스(185-254)

오리게네스는 그리스도인들이 사용하는 '나라'의 의미를 마음 안에 하나님의 통치가 이루어지는 내적 의미로 변화시킨 인물이다.[29] 그는 그 나라에 관한 '영지주의적' 차원인, 영혼 내부에서 이루어지는 하나님의 내적 통치를 그의 전 사상에 통합시켰다(115번). 오리게네스는 그 나라에 해당하는 말로 미래의 언어를 자주 사용했으나, 그 나라의 종말론적 성격은 또한 임박한 나라라는 성격을 위한 여지도 부여하였다. 누가복음 17:21과 고린도전서 15:24은 그가 선호한 구절이었다. 가장 심오한 의미에서 오리게네스가 하나님의 나라에 관하여 말하고자 했던 것은 영들의 세계 안에서 이루어지는 성령의 통치였다. 이 통치는 그 발전의 처음과 끝뿐만 아니라, 처음부터 끝까지 계속된다. 피조물들은 급작스레 침투하는 완성을 기다리는 것이 아니라, 안에서 자라고 있는 그 나라의 내적 진전으로서 완성을 기다리고 있다.[30]

오리게네스의 주기도 해석은 후대의 교부들이 영혼 안에서 이루어지는 하나님의 통치를 강조하는 길을 준비하였다.[31] 켈수스가 복음서에 있는 그 나라를 언급하고 있는 것이 대답을 필요로 하지 않는다

---

28) Herrick, 26쪽.
29) Lampe, 58-73쪽과 각주 30을 보라.
30) Frick, 95-103쪽. Walter Nigg, *Das ewige Reich* [Zürich, 1954], 61-77쪽은 묵시를 대신할 새로운 신학을 건설하는 데 오리게네스의 중요성을 주목하고 있다.
31) Herrick, 26쪽. 사실 터툴리아누스는 이미 "당신의 나라가 임하시며"(thy kingdom come)의 종말론적 해석과 "그 나라가 우리 안에 임한다"(come in us)는 내적 해석을 결합하였다 – *On Lord's Prayer 5*. 그러나 터툴리아누스가 그 나라를 언급하고 있는 것은 대개가 종말론적이며 오리게네스의 경우는 그렇지는 않다.

면, 이런 그 나라의 이해는 오리게네스로 하여금 그의 변증서인 '켈수스 반박'(116번)에서 다른 변증가들보다도 그 나라에 대하여 더 솔직하게 말하도록 만들었다.

그 나라의 내재화를 함께 말하고 있는 것은 일반적인 종말론으로부터 개인적 종말론으로 그 강조점이 변한 것이었으며, 또 영지주의 안에서도 분명히 나타나는 것이었다. 오리게네스는 그 나라의 현재와 미래의 모습, 동태적 양상과 정태적 양상의 통합 명제에 도달했으나, 그는 예수와 초대교회의 사상 세계와 전혀 다른 철학과 세계관의 구조 안에서 그 같은 일을 하였다.

4. 요약과 평가

영지주의자들과 별도로(112-114번), 그 나라를 내적이며 현재 소유하고 있는 것으로 해석하는 것은 오리게네스 이전에는 나타나지 않는다(105, 115번). 그 나라를 현재의 구원 또는 교회와 연관시키는 몇몇 구절들이 초기의 비정경적 기독교 문헌에 존재하고 있다(7, 19, 30, 32, 39, 82, 84번). 왕의 직임이 예수에게 속한다는 강조는 이 견해를 지지하는 것으로 이해될 수도 있다(49, 65, 69, 72번). 시작된 종말론은 같은 작가 안에서 현재이자 미래인 것처럼 보이는 그 나라를 설명하기 위해 요구될 수도 있으며(5-8, 18-21, 65-66번), 때때로 상징적 의미로 나타나는 경우조차 인용할 수도 있다(105, 41번).

그렇지 않은 경우에, 2세기의 기독교 문헌에 나타나는 '나라'의 압도적인 용례는 종말론적이다. 람페(G. W. H. Rampe)는 교부문헌 안에서 '하나님의 나라'라는 문구에 주어진 다양한 의미가 큼에도 불구하고, 무엇보다도 가장 일반적인 것은 현재의 영적 실재로서 그 나라라는 사상이라고 말하고 있다.32) 이 말은 전체 교부문헌을 놓고 보면 진실일 수도 있으나, 이 의미가 거의 나타나지 않은 2세기의 경우에는 명백히 잘못된 것이다. 2세기의 저자들에게 그 나라는 거의 공통적으로 미래이자(2, 3, 9, 10, 12, 15, 78, 106, 109번 등등), 하늘에 있는 나라이며(29, 58, 63, 67, 71, 77, 95, 106번 등등), 또 영원한 나라다(26, 44, 47, 48, 51, 52, 53, 70, 106번 등등). 2세기에 살았던 몇몇 작가들, 곧 케린투스(37번), 파피아스(36), 저스틴(「대화」 80), 이레네우스(79, 86-92번) 그리고 다른 몇몇 사람들의 경우에 미래의 그 나라는 지상의 나라요 천년왕국이었다. 몬타누스 운동은 그 특징 가운데 하나로서 그 나라의 임박한 출현을 고대하였다.33)

종말론적 전망의 결과물은 하늘나라에 들어가는 데 필요한 행위를 강조하는 것이었으며(13-15, 18, 21, 31, 33-35, 44, 63, 85, 98-100, 107번), 그런 행위에 대한 보상으로서 그 나라를 강조하는 것이었다(8, 12, 80, 103, 109번). 그 나라와 도덕적 행위 사이의 이 매우 강력한 상호 연관은 '하나님의 통치'라는 의미의 반영으로 보여질 수 있다. 그 나라에 합당한 행위를 요구했던 예수의 선포를 설명하는 복음서의 설명에 나타난 이 측면을 강조하고 있는 것은 2세기의 특징이었다. 그럼에도 불구하고, 몇몇 작가들은 그들의 독자들로 하여금 그 나라

---

32) Lampe, 62쪽. 내가 그 분류와 특히 그것을 설명하기 위해 선택된 진술들이 만족스럽지 못함을 발견함에도 불구하고, 그 논문은 *Patristic Greek Lexicon* [Oxford: Clarendon, 1962], 289-292쪽에 나오는 항목 목록과 유사하다
33) Nigg, 47쪽 이하는 일반적으로 초기 작가들에 대하여 서술하고 있으며, 78쪽 이하는 몬타누스 사상에 대하여 쓰고 있다.

가 하나님의 선물이요 하나님의 행위이며, 그 나라에 들어가는 것은 은혜로 말미암아 이루어진다는 것을 되새기게 한다(24, 26, 42, 43, 66, 71, 95번).

유대인들과의 토론 때문에 하나님의 왕의 직임이 현재 실행되고 있는 영역으로서 유대교를 대체하는 것으로 교회를 강조하는 것을 선호하게 하였다. 그리스도의 나라를(또는 그리스도께서 그 나라를 소유하고 있음을) 언급하고 있는 내용은 주로 반 유대 문맥에서 나타난다. 다른 한편으로는 유대인들이 더 이상 한 왕국을 갖고 있지 못했으며, 그리스도인들이 제국 안에서 안전하지 못한 정치 상황에 있었기 때문에 유대인들과 벌인 토론 역시 관심을 그 나라가 하늘에 있는 나라라는 성질에 돌릴 수 있었을 것이다.

2세기의 그리스도인들의 사상에 영향을 미친 다른 주 요인들, 곧 로마라는 '나라'에서 비롯된 외부의 어려움과 영지주의와 벌인 내부의 투쟁은 명백히 그 나라를 종말론적으로 해석하는 것을 선호하게 하였다. 로마 제국으로 말미암아 겪은 교회의 고난은 교회에 그 나라 사상의 중요성을 축소시킬 이유를 제공했으며, 특히 그 나라가 현재 분명하게 나타난다는 어떤 말도 감축시켰다. 그리하여 정치 정황 안에서 그리스도인들은 그리스도의 나라가 피안의 나라이며 하늘에 있는 나라임을 강조하게 되었다(45, 61번).

영지주의와 벌인 논쟁 역시 교회 안에서 그 나라의 종말론적 본질에 초점을 맞추도록 선택하게 한 주요 요인이었다. 영지주의자들은 그 나라에 대한 신약의 가르침에 담긴 현재의 측면을 강조하고자 하였다. 급진적으로 실현된 종말론은 이미 신약에서 만나게 된다(고전 15장; 딤후 2:18). 2세기의 영지주의자들은 그 나라를 내면화하는 쪽 안에서 '하나님의 나라'라는 문구에 주어진 다양한 의미가 큼에도 불구하고, 무엇보다도 가장 일반적인 것은 현재의 영적 실재로서 그 나라라는 사상이라고 말하고 있다.32) 이 말은 전체 교부문헌을 놓고 보면 진실일 수도 있으나, 이 의미가 거의 나타나지 않은 2세기의 경우에는 명백히 잘못된 것이다. 2세기의 저자들에게 그 나라는 거의 공통적으로 미래이자(2, 3, 9, 10, 12, 15, 78, 106, 109번 등등), 하늘에 있는 나라이며(29, 58, 63, 67, 71, 77, 95, 106번 등등), 또 영원한 나라다(26, 44, 47, 48, 51, 52, 53, 70, 106번 등등). 2세기에 살았던 몇몇 작가들, 곧 케린투스(37번), 파피아스(36), 저스틴(「대화」 80), 이레네우스(79, 86-92번) 그리고 다른 몇몇 사람들의 경우에 미래의 그 나라는 지상의 나라요 천년왕국이었다. 몬타누스 운동은 그 특징 가운데 하나로서 그 나라의 임박한 출현을 고대하였다.33)

종말론적 전망의 결과물은 하늘나라에 들어가는 데 필요한 행위를 강조하는 것이었으며(13-15, 18, 21, 31, 33-35, 44, 63, 85, 98-100, 107번), 그런 행위에 대한 보상으로서 그 나라를 강조하는 것이었다(8, 12, 80, 103, 109번). 그 나라와 도덕적 행위 사이의 이 매우 강력한 상호 연관은 '하나님의 통치'라는 의미의 반영으로 보여질 수 있다. 그 나라에 합당한 행위를 요구했던 예수의 선포를 설명하는 복음서의 설명에 나타난 이 측면을 강조하고 있는 것은 2세기의 특징이었다. 그럼에도 불구하고, 몇몇 작가들은 그들의 독자들로 하여금 그 나라

---

32) Lampe, 62쪽. 내가 그 분류와 특히 그것을 설명하기 위해 선택된 진술들이 만족스럽지 못함을 발견함에도 불구하고, 그 논문은 *Patristic Greek Lexicon* [Oxford: Clarendon, 1962], 289-292쪽에 나오는 항목 목록과 유사하다
33) Nigg, 47쪽 이하는 일반적으로 초기 작가들에 대하여 서술하고 있으며, 78쪽 이하는 몬타누스 사상에 대하여 쓰고 있다.

가 하나님의 선물이요 하나님의 행위이며, 그 나라에 들어가는 것은 은혜로 말미암아 이루어진다는 것을 되새기게 한다(24, 26, 42, 43, 66, 71, 95번).

유대인들과의 토론 때문에 하나님의 왕의 직임이 현재 실행되고 있는 영역으로서 유대교를 대체하는 것으로 교회를 강조하는 것을 선호하게 하였다. 그리스도의 나라를(또는 그리스도께서 그 나라를 소유하고 있음을) 언급하고 있는 내용은 주로 반 유대 문맥에서 나타난다. 다른 한편으로는 유대인들이 더 이상 한 왕국을 갖고 있지 못했으며, 그리스도인들이 제국 안에서 안전하지 못한 정치 상황에 있었기 때문에 유대인들과 벌인 토론 역시 관심을 그 나라가 하늘에 있는 나라라는 성질에 돌릴 수 있었을 것이다.

2세기의 그리스도인들의 사상에 영향을 미친 다른 주 요인들, 곧 로마라는 '나라'에서 비롯된 외부의 어려움과 영지주의와 벌인 내부의 투쟁은 명백히 그 나라를 종말론적으로 해석하는 것을 선호하게 하였다. 로마 제국으로 말미암아 겪은 교회의 고난은 교회에 그 나라 사상의 중요성을 축소시킬 이유를 제공했으며, 특히 그 나라가 현재 분명하게 나타난다는 어떤 말도 감축시켰다. 그리하여 정치 정황 안에서 그리스도인들은 그리스도의 나라가 피안의 나라이며 하늘에 있는 나라임을 강조하게 되었다(45, 61번).

영지주의와 벌인 논쟁 역시 교회 안에서 그 나라의 종말론적 본질에 초점을 맞추도록 선택하게 한 주요 요인이었다. 영지주의자들은 그 나라에 대한 신약의 가르침에 담긴 현재의 측면을 강조하고자 하였다. 급진적으로 실현된 종말론은 이미 신약에서 만나게 된다(고전 15장; 딤후 2:18). 2세기의 영지주의자들은 그 나라를 내면화하는 쪽으로 더 나아간 것처럼 보인다. 신약 저자들이 과도하게 실현될 종말론에 맞서기 위해 묵시 사상에 다가갔던 것처럼(참고. 살후 2장), 2세기의 교회 역시 미래의 종말론을 강조하였다.

나라라는 용어는 2세기에는 더 이상 신약 안에서 만큼 많은 짐을 실을 수 없었다. 물론 역사와 인간은 거의 말쑥한 기차 객실에 머무르고 있지 않다. 같은 방식으로 그 대안들은 2세기에 절대적이 아니라 넓은 윤곽만이 분명한 것처럼 보인다. '정통' 교회는 그 나라에 관하여 신약성경이 선포한 것의 미래적 측면을 취했으며, '영지주의자'들은 그 현재적 측면을 취하였다.

부록

2세기에 나타난 나라에 관한 말들[1]

1. 주기도에서 인용된 "당신의 나라가 임하시며"(디다케 8:2).
2. "당신의 교회가 땅 끝에서도 당신 나라로 모이게 하옵소서"(디다케 9:4).
3. "주여, 당신의 교회를 기억하사 모든 악으로부터 구하시고, 당신의 사랑 안에서 완전케 하시며, 교회를 위해 예비된 당신의 나라에 들어가도록 그 교회가 거룩히 구별될 때에 사방에서 그 교회를 모으소서. 권세와 영광이 영원히 당신의 것이옵나이다. 은혜가 임하게 하시고 이 세상이 끝나게 하소서"(디다케 10:5 이하).
4. "'나는 위대한 왕이로다' 라고 주님이 말씀하시도다"(말 1:11, 14을 인용하고 있는 디다케 14:3).
5. "우리로 하여금 택함을 받은 자라고 하여 편안히 쉬게 마옵시고, 우리의 죄 안에서 잠들게 마옵소서. 악한 통치자가 우리 위에 군림하여 권세를 부리며 우리를 주의 나라로부터 몰아내지 못하도록 하기 위함이니이다"(바나바서신 4:13).

---

[1] 이 구절들을 모으는 데 헤릭의 목록, 109쪽 이하에서 큰 도움을 받았으나, 그의 목록은 더 이상 충분하지 않다.

6. "'비록 그럴지라도', 그가 가라사대 '나를 보고 내 나라를 만지고자 원하는 이들은 환난과 고초를 통해 나를 얻어야 할지니라'"(바나바서신 7:11).

7. "어찌하여 양털이 나무 위에 놓였느뇨? 그것은 예수의 나라가 나무 위에 있음이요, 그를 앙망하는 자는 영원히 살 것이기 때문이라.2) 어찌하여 양털과 우슬초가 함께 있느뇨? 그 이유는 그의 나라에 우리가 구원받은 악하고 거친 날들이 있기 때문이라"(바나바서신 8:5 이하).

8. "이 일들을 행하는 이는 하나님의 나라에서 영화롭게 될 것이요, 다른 일들을 선택한 이는 그가 한 일과 더불어 멸망하리라"(바나바서신 21:1).

9. "사도들은 성령의 보호하심 안에서 하나님의 나라가 곧 올 것이라는 복음을 전파하며 앞으로 나아갔다"(제1클레멘트 42:3).

10. "하나님의 은혜를 따라 사랑 안에서 완전해진 이들은 그리스도의 나라가 보상으로 임할 때에 명백히 드러나게 될 경건한 이들 가운데 처소를 가진다"(제1클레멘트 50:3).

11. "주여, 당신께서 통치자들과 관원들에게 왕의 직임의 권위를 주셨나이다"(제1클레멘트 61:1).

12. "그리스도의 약속은 위대하고 경이로우며 장차 올 그 나라의 안식이요 영생의 안식이로다"(제2클레멘트 5:5).

13. "만일 우리가 우리의 세례를 순전하고 흠이 없게 보전하지 못하면, 무슨 확신으로 우리가 하나님의 왕궁에 들어갈 것인가?"(제2

---

2) 시 96:10을 변형시켜 있는 것에 기초한 것이다. Justin, *Dialogue* 73:1; *I Apology* 41.4 참고.

클레멘트 6:9).

14. "우리가 모두 하나님의 나라에 들어가도록 서로 사랑하자"(제2클레멘트 9:6).

15. "만일 우리가 하나님 앞에서 의를 행하면, 우리는 그의 나라에 들어갈 것이며, '귀로도 듣지 못하고 눈으로도 보지 못하였으며 사람의 중심에 들어온 적도 없는' 그 약속된 것들을 받으리라"(제2클레멘트 11:7).

16. "이제 우리는 하나님의 나라를 시간 시간마다 사랑과 의 안에서 기다리자. 하나님이 나타나실 그 날을 우리가 모르기 때문이다. 주께서는 언제 그의 나라가 임할지 질문 받으셨을 때 말씀하시기를, '둘이 하나가 될 때마다, 또 바깥이 안처럼 될 때마다, 또 남자가 여자와 함께 있을 때마다 남자도 여자도 아니다'라고 하셨기 때문이다. 우리가 진리를 서로 말하며 한 영혼이 신실하게 두 몸들 안에 있을 수 있을 때 '둘이 하나이다'. 안과 같은 바깥은 이것을 의미하는 바, 그가 안을 영혼으로 부르시고 바깥을 몸으로 부르시는 것이다. 우리 몸이 나타나는 방식대로, 당신의 영혼도 선한 행위 안에서 똑같이 그처럼 명백히 드러나게 할지어다. 또 '남자가 여자와 함께 있을 때마다, 남자도 여자도 아니다'는 이것을 의미하는 바, 형제가 자매를 볼 때 그는 그 자매가 여성임에 관하여 아무 것도 생각하지 않으며, 자매도 그 형제가 남성임에 대하여 아무 것도 생각하지 않는다. '너희가 이 일들을 행할 때' 그가 말씀하시기를, '내 아버지의 나라가 임할 것이다'"(제2클레멘트 12).

17. "불신자들이 예수 안에 있는 세상의 왕궁을 볼 때 깜짝 놀랄 것이

다"(제2클레멘트 17:5).

18. "가정을 부패하게 만드는 이는 '하나님의 나라를 상속하지 못하리라'"(이그나티우스가 에베소인들에게 보내는 서신 16:1). [참고. 고전 6:9 이하; 엡 5:5].

19. "옛 나라는 멸망당하였나니 하나님이 영원한 생명을 새롭게 하시려고 인간으로 나타나셨기 때문이라"(이그나티우스가 에베소인들에게 보내는 서신 19:3).

20. "이 시대의 나라들은 나에게 아무 유익이 없느니라. 지상 끝까지 다스리느니 그리스도 안에서 죽는 것이 더 낫다"(이그나티우스가 로마인들에게 보내는 서신 6:1).

21. "'속지 말지어다,' 나의 형제들아, 만일 누가 분열을 꾀하는 자들을 따르게 되면, '그는 하나님의 나라를 상속하지 못하리라'"(이그나티우스가 빌라델비아인들에게 보내는 서신 3:3).

22. "하나님의 나라가 그들의 것이니라"[마 5:10(눅 6:20)을 인용하고 있는 구절](폴리갑이 빌립보인들에게 보내는 서신 2:3).

23. "하나님의 나라를 상속하지 못하리라"(폴리갑이 빌라델비아인들에게 보내는 서신 5:3, 갈 5:17-21을 언급하고 있음).

24. "내가 어찌 나를 구원해 주신 나의 왕을 모독할 수 있으리요?"(폴리갑의 순교에 관한 서머나인들의 서신 9:3).

25. "우리는 순교자들이 그들의 왕과 선생께 바친 비범한 사랑 때문에 그들을 주의 제자이며 주를 본받은 자로 참되게 사랑한다"(폴리갑의 순교에 관한 서머나인들의 서신 17:3).

26. "우리 모두를 그의 은혜와 은사로 그의 영원한 나라로 인도하실 수 있는 그에게"(폴리갑의 순교에 관한 서머나인들의 서신 20:2).

27. "우리 주 예수 그리스도께서 영원히 다스리고 계셨을 때"(폴리갑의 순교에 관한 서머나인들의 서신 20:2).

28. "그의 발걸음 안에서 우리도 예수 그리스도의 나라 안에서 발견되기를 기원합니다"(폴리갑의 순교에 관한 서머나인들의 서신 22:1=에필로그 1).

29. "주 예수 그리스도께서 나를 그가 택하신 자들과 더불어 그의 하늘나라 안에 모으시도록 하기 위하여"(폴리갑의 순교에 관한 서머나인들의 서신 22:3, = 에필로그 5).

30. "'무엇이 반석이며 문입니까?' 그가 '이 반석과 문은 하나님의 아들이다'라고 말하였다. '주여, 그 반석은 오래되었으나 그 문은 새 것임은 어찌된 것입니까?' 내가 말하였다…'하나님의 아들은 모든 그의 피조물보다도 오래되었다…따라서 그 반석은 오래되었다…그가 마지막 날의 완성 시에 분명히 나타나셨기에 그 문은 새로우며, 따라서 구원을 받을 이들은 그 문을 통하여 하나님의 나라에 들어가도록 허락되었다…그가 그의 거룩한 이름을 취하지 않으면 아무도 하나님의 나라에 들어가지 못할 것이다…사람은, 그가 사랑하는 그(하나님)의 아들의 이름을 통하지 않고서는 하나님의 나라에 들어갈 수 없다…누구든지 그의 이름을 받지 않으면 하나님의 나라에 들어가지 못한다.' 내가 '그 탑은 무엇입니까?'라고 물었을 때, 그는 '이 탑은 교회다'라고 말하였다. '이 처녀들은 무엇입니까?' '이들은 거룩한 영들이며, 사람들이 그 거룩한 영들을 입지 않으면 그 어떤 방법으로도 하나님의 나라에서 발견될 수 없다. 왜냐하면 네가 단지 그 이름만을 받고, 그들로부터(거룩한 영들의) 옷을 얻지 못하면, 너에게 아무 유익이 없을

것이기 때문이다'라고 그가 말했다."(헤르마스 모사본(Hermas Similitude), 9.12.3,4,5,8; 13.1,2).

31. "이 이름들(믿음, 절제, 능력, 오래 참음, 기타)과 하나님의 아들의 이름을 가진 자는 하나님의 나라에 들어갈 수 있을 것이다… 이 이름들(불신앙, 순결하지 못함, 불순종, 기타)을 가진 하나님의 종은 하나님의 나라를 볼지라도 그 곳에 들어가지는 못하리라"(헤르마스 모사본 9.15.2,3).

32. "그가 말하되 '그들이 살아남게 될 수도 있는 그 물을 통해 그들이 올라가야 할 필요가 있었으니, 그 이유는 만일 그들이 이전의 삶의 필멸성(the mortality)을 제거하지 않으면 다른 어떤 방법으로도 하나님의 나라에 들어갈 수 없었기 때문이다. 그리하여 역시 잠에 빠진 자들도 하나님의 아들의 인(the seal)을 받고 하나님의 나라에 들어갔다. 왜냐하면 사람이 하나님의 아들의 이름을 갖기 전에는 그는 죽기 때문이다. 그러나 그 인을 받으면 그는 필멸성을 제거하고 생명을 받게 된다. 따라서 그 인이 그 물이다. 그들이 물 안으로 들어가 죽게 되면 올라가 살게 된다. 따라서 이 인이 그들에게 선포되었으며 그들이 하나님의 나라에 들어가기 위해 그것을 이용하였다'"(헤르마스 모사본 9.16.2-4).

33. "부자들은 하나님의 종들을 믿기가 어려우니, 그 까닭은 그 부자들이 그 하나님의 종들로부터 무엇인가 요구받을까 두려워하기 때문이다. 이런 자들은 하나님의 나라에 들어가기도 힘들기 때문이다"(헤르마스 모사본 9.20.2,3).

34. "그때 그런 사람들은 의심할 여지없이 하나님의 나라에 살 것이니, 그들이 행위로 하나님의 계명을 더럽히지 아니하고 그들이

사는 날 내내 의로움 안에 거하였기 때문이다"(헤르마스 모사본 9.29.2).

35. "이 세상과 헛된 그들의 재산은 그들로부터 잘라내어져야 하며, 그런 연후에 그들이 하나님의 나라에 합당한 자가 될 것이다. 왜냐하면 그들이 하나님의 나라에 들어가는 것이 필요하기 때문이다…따라서 이런 종류 중 어느 하나도 멸망하지 않을 것이다"(헤르마스 모사본 9.31.2).

36. "(파피아스는) 죽은 자들의 부활 이후에 천년 왕국이 있을 것이며, 그때 그리스도의 나라가 이 땅 위에 실체로 서게 될 것이라고 말하고 있다"(유세비우스, 「교회사」 3.39.12).

37. "케린투스는 … 부활 뒤에 그리스도의 왕궁이 지상 위에 설 것임을 말하고 있다"(유세비우스, 「교회사」 로마의 가이우스 3.28.2).

38. "그의 나라가 견고하기 때문이다"(솔로몬의 송가 18:3).

39. "또 만물의 기초가 당신의 반석입니다. 그 위에 당신이 당신의 나라를 세우셨으며, 그 곳이 거룩한 이들의 거소가 되었습니다"(솔로몬의 송가 22:12).

40. "또 그것과 함께, 그 나라와 하나님의 돌보심의 표지가 있었다"(솔로몬의 송가 23:12).

41. "한 왕이 한 아들을 보내실 때, 그는 그 아들을 왕으로, 하나님으로 보내셨다"(디오그네투스 7:4).

42. "우리가 우리 힘으로 하나님의 나라에 들어갈 수 없다고 솔직하게 말했을 때, 우리는 하나님의 능력을 통해 들어갈 수 있게 되었다"(디오그네투스 9.1).

43. "인간에게 하나님은 그의 독생자를 보내셨으며, 그들에게 그는

하늘에 있는 나라를 약속하신 바, 그를 사랑했던 그들에게 그 나라를 주실 것이다"(디오그네투스 10:2).

44. "이것이 장차 임할 생명 안에서 그리스도를 통하여 약속된 그 영원한 나라로 여행하는 그들을 인도할 진리의 길이다"(아리스티데스,「변증」16)(희랍어본만 남아 있고 시리아어본은 분실되었기 때문에 원본이 아닐 가능성이 크다).

45. "우리가 한 나라를 고대하고 있다는 말을 들었을 때, 우리가 하나님과 함께 있는 그 사람에 관하여 말할 때, 당신은 한 사람을 말하고 있음을 이해해야 할 것이다"(저스틴,「제1변증」11).

46. "'각하, 이들과 이런 기록된 것들이 우리로 하여금 인자로서 옛적으로부터 영원한 나라를 받으신 그분을 기다리도록 강권하고 있습니다'라고 트리포가 말하였다"(저스틴,「대화」32)(31장에서 인용된 단 7장; 참고. 76장과 79장).

47. "그리스도는 처음에 고통당하셔야 한 뒤, 하늘에 돌아가셔서 영광과 함께 다시 오신 다음 영원한 나라를 소유하실 것으로 설교되고 있다"(「대화」34)(참고.「선집」(selection) 108).

48. "트리포가 대답하기를…. '모든 나라가 그리스도께 복종할 때 그리스도께서 영광 중에 다시 오시어 모든 족속들 가운데 그 영원한 나라를 받으실 것은 당신이 말씀하신 책들에 충분히 나타나 있습니다'"(「대화」39).

49. "영원한 나라는 예수다"(「대화」46).

50. 예수께서 말씀하시되, "천국이 가까이 왔으니"(「대화」51; 참고. 시편. 클레멘트,「설교」I.6;「인식」I.6).

51. "우리가 그의 계명들을 지키면, 그가 영원한 나라를 주시겠다고

약속하셨다"(「대화」 116).

52. "그가 모든 사람을 죽은 자들 가운데서 일으키시되, 그 중 어떤 이는 썩지 않고 죽지 않으며 영원하고 멸망하지 않을 나라 안에서 슬픔이 없게 하실 것이나, 다른 이들은 영원한 불의 형벌로 내치실 것이다"(「대화」 116).

53. "장차 임할 영원한 나라에 합당한 이들"(「대화」 120).

54. "모든 권세와 나라가 그의 이름을 두려워하였다"(「대화」 121; 131도 마찬가지).

55. "그들이 그들 자신과 너희를 속여 이르기를, 비록 죄인이거나 믿음이 없는 자이거나 하나님께 불순종한 자일지라도 육을 따라 아브라함으로부터 나와 퍼질 자손들에게 영원한 나라가 주어질 것이라고 말한다"(「대화」 140).

56. "제우스의 형제들, 곧 그와 함께 그 나라를 공유했던 이들…크로노스는 그의 나라로부터 추방되었다…역시 또, 어떻게 그 자신이 더 이상 다스리지 않고 있는 이가 나라를 줄 수 있겠느뇨?"(타티아누스, 「연설」(oration) 9).

57. 시간의 순서를 따른 시기, 곧 사시(four times)가 존재하는 지상의 나라들(「연설」 39).

58. "당신 자신을 살핌으로써 당신 역시 하늘나라를 소유할 수 있기 바랍니다. 만물이 그 나라를 위로부터 받으신 당신께 복종하기 때문입니다"(아테나고라스, 「호소」(plea) 18)(그는 '나라'를, 1.3; 6.3; 37.1(두 번)에서, 로마 황제의 왕위를 나타내기 위해 사용하고 있다).

59. "만일 당신이 제국과 함께 성장하였으며 아우구스투스와 더불어

시작된 그 철학을 보호한다면…우리의 교리는 영원히 그 시초에서 제국과 더불어 번영하였다"(유세비우스의 「교회사」에 실린 멜리토, 「변증」 4.26.7, 8).

60. "또 내가 당신께 기도하오니, 나로 하여금 잠시 내 노래를 쉬게 하소서. 만나를 주신 거룩한 이시오 위대한 나라의 왕이시여"(시빌라3) 신탁 2:347)(재림과 심판을 묘사하는 문맥 안에서).

61. "(예수의 혈육이며 동생인 유다의 자손들이)(관원들로부터) 그리스도와 그의 나라, 그의 본질, 기원 그리고 그것이 나타날 때에 관하여 질문 받았을 때, 그들은 그것이 세상에 속한 것도 아니며 지상의 나라도 아니요, 하늘에 있는 천사들의 나라라고 설명했으며, 그 나라는 이 세상 끝날에 나타나되, 그 때에 그(그리스도)가 산 자와 죽은 자를 심판하려고 영광 중에 오실 것이라는 것을 설명하였다"(유세비우스의 「교회사」에 실린 「헤게시푸스」 3.20.4).

62. "이스라엘에게 주었던 예루살렘 나라를 내가 내 백성들에게 줄 것이라고 말하라…그 나라가 너희를 위해 이미 예비되었으니, 보라!(제4에스라서 2:10-13).

63. "앞에 있는 길은 사람을 하나님과 연합케 하여 천국으로 인도하는 것이다"(이레네우스, 「사도들이 설교한 증거」 1).

64. "'우리 주 예수 그리스도와 그 백성들과 이방인들을 부르심과 그 나라에 관하여' 기록된 많은 예언들"(「사도들이 설교한 증거」 28).

65. "그리스도에게 하나님이 '존재하는 모든 것을 다스릴 왕의 직임

---

3) 역자주: 시빌라는 고대 희랍인이나 로마인들이 미래의 일을 예언하는 여선지자로 여겼던 사람이다.

을 맡기셨다'"(「사도들이 설교한 증거」 46).

67. "창 49:10 이하, '그를 위하여 하늘에 왕의 직임이 예비된 자…그가 모든 족속들의 소망이니…우리는 그가 그 나라를 다시 세울 것으로 고대하기 때문이다'"(「사도들이 설교한 증거」 57).

68. "헤롯은 그리스도에 의하여 왕위로부터 축출될 것을 두려워하여 놀라며 공포에 사로잡혔다"(「사도들이 설교한 증거」 74).

69. "유대인들은 영원하신 왕을 부인하고 잠깐 존재할 뿐인 가이사를 왕으로 인정하였다"(「사도들이 설교한 증거」 95). (영원한 왕이신 그리스도에 관하여 47; 52; 56; 58; 61; 64; 84를 참고하라.)

70. "하나님이 '영원히 나라를 소유하신다'"(이레네우스, 「이단반박」 2.28.3).

71. "'사람들을 새롭게 하시며, 복음으로 만물을 그 자신 안에 모으시고, 사람들을 일으키사 그 날개 위에 태우고 그 천국으로 인도하시겠다는' 언약"(「이단반박」 3.11.8).

72. "그리스도께서 '그의 아버지로부터 이스라엘 안에 있는 영원한 나라를 받으셨다'"(「이단반박」 3.12.13).

73. "(마 2장에 기록된 의로운 이들의 학살을 언급하면서) 그가 갑자기 다윗의 집에 속한 그 아이들을 제거하였으니, 그 때에 태어났던 것이 그 아이들의 행복한 분깃이었는 바, 곧 그가 그들을 그의 나라로 미리 보낸 것일 수도 있는 것이다"(「이단반박」 3.16.4).

74. "모세의 법은 '실로 그가 왕이 아니라 강도일 뿐임을 보여주고 있는 사망의 나라를 제거하였다'"(「이단반박」 3.18.7).

75. "여고니야와 그의 자손들은 '그 나라로부터 배척당하였다'"(「이단반박」 3.21.9〈두 번〉).

76. "아브라함에게 약속하셨던 그 이외에 다른 신이라는 사상을 만든 이들은 하나님의 나라 바깥에 있다…하나님, 곧 예수 그리스도를 통하여 아브라함을 천국으로 인도하신 분을 거역하고 모독하면서"(「이단반박」 4.8.1).
77. "하나님이 천국에서 아버지로 나타나실 것이기 때문이다"(「이단반박」 4.20.5; 참고 5.23.2).
78. "아브라함은 미래의 일들을 마치 이미 일어난 일인 것처럼 믿었으니 하나님의 약속 때문이었다. 또 같은 방식으로 우리도 하나님의 약속 때문에 믿음을 통하여 그런 유업 상속을 보고 있다"(「이단반박」 4.21.1).
79. "그가 다시 오실 때에 우선 모든 (의로운) 이들을 잠든 가운데서 깨우사 그들을 일으키실 것인즉, 심판에 처할 나머지와 같이 하실 것이니, 그들(의로운 이들)에게 그의 나라에서 처소를 주실 것이다"(「이단반박」 4.22.2).
80. "그를 믿는 이들은…하늘나라를 받을 것이다"(「이단반박」 4.24.2).
81. "씨 뿌리는 이들과 거두는 자들이 그리스도의 나라에서 함께 기뻐하며 즐기도록…"(「이단반박」 4.25.3)
82. "솔로몬이 '그리스도의 나라를 미리 보여주었다.' '우리는 더 이상 죄 용서를 받지 못하고 그의 나라로부터 배척당하지 않도록 두려워해야 한다'"('어떤 장로'를 인용하고 있는 「이단반박」 4.27.1,2).
83. "그의 나라에 존재하는 아름다움과 영광"(「이단반박」 4.23.11).
84. "너무나 크셔서 말로 표현할 수 없는 아버지와, 그의 나라와 또 그의 섭리에 대하여 그들은 알지 못한다"(「이단반박」 4.34.3).

85. "그때, 이 세상에서 몇몇 사람들이 빛으로 나아가며, 또 믿음으로 하나님과 연합하였는 바…이런 연고로 그가 오른편에 있는 이들이 천국으로 부르심을 받는다고 말한다"(「이단반박」 5.38.1).
86. "의로운 이들을 위하여 그 나라의 때, 곧 안식이며 거룩히 구별된 일곱 번째 날을 허락하는 것과, 아브라함에게 약속된 유업(그 나라)을 회복시키는 것"(「이단반박」 5.39.4. 4.16.1에 실린 비슷한 진술을 분명히 하고 있는 말이다. 또 5.33.2 참고).
87. "그들은 썩지 않으며 멸망당하지 않음의 시작인 (지상의) 나라를 알지 못하는 바, 그 나라를 통해 합당히 여김을 받을 자들이 점차 신의 본질에 참여하는 데 익숙하게 된다"(「이단반박」 5.32.1).
88. "따라서 의심의 여지없이 예언된 복이 그 나라의 때에 속하는 바, 그 때는 의인들이 죽은 자들 가운데서 일어나자마자 다스릴 권세를 얻을 것이다"(「이단반박」 5.33.3).
89. "구약의 약속은 '하나님 자신이 친히 수종들겠다고 약속하신 의인들의 나라에서 벌어질 잔치'를 가리킨다"(「이단반박」 5.34.3).
90. "의인들이 지상에서 통치할 것이며…또 아버지 하나님의 영광에 참여하는 데 익숙해질 것이며, 그 나라에서 거룩한 천사들과 연합하며 교제함을 즐길 것이다"(「이단반박」 5.35.3에서 '그 나라의 때'로 불리고 있는 것).
91. "그 나라의 때에 지상에 있는 의인들은 사망을 잊어버릴 것이기 때문이다"(「이단반박」 5.36.2).
92. "요한은 의인들의 첫 번째 부활과 지상의 나라를 상속함을 미리 보았으니…주께서 또 이 일들을 가르치셨으니, 그 때에 그가 그 나라에서 그의 제자들과 더불어 뒤섞인 잔을 새롭게 할 것을 약

속하셨기 때문이다…의인들이 부활할 때에 그의 아들의 나라를 위하여 같은 아버지 하나님이 그 약속을 완성하신다"(「이단반박」 5.36.3).

93. "그가 그의 상속자가 됨에 합당한 자로 여겨지면, 그의 사랑하는 독생자와 더불어 아버지의 나라를 함께 차지하게 될 것이다"(알렉산드리아의 클레멘트, 「권면」, 9).

94. "또 그들이 그들의 주의 나라에서 영원히 열락할 것이로다. 아멘"(「권면」 10).

95. "그의 피와 말씀으로 그가 피흘림이 없는 평화의 무리를 모으셨으며 그들에게 천국을 주셨도다…둘(행위와 은혜)이 모두 그리스도의 친구가 그 나라에 합당하게 되며 합당히 여김을 받는 데 필요하다"(「권면」 11).

96. "이 음식(의, 평안, 기쁨)을 먹는 자는 하나님의 나라를 소유할 것이며, 그의 시선을 여기서 사랑하는 회중, 곧 하늘의 교회에 고정시키는 것이다"(알렉산드리아의 클레멘트, 「교사」 2.1).

97. "재산은 적절히 다스려지지 아니하면 악의 견고한 요새요, 많은 이들이 천국에 이르지 못할 것에 관하여 시선을 던지는 것이다"(「교사」 2.3; 참고 3.7).

98. "이 재산(말씀이라는 참된 부)을 가진 이는 하나님의 나라를 상속할 것이다"(「교사」 3.7).

99. "만일 우리가 하나님의 나라에 부르심을 받았으면 그 나라에 합당하게 행할지니, 곧 하나님과 우리 이웃을 사랑하는 것이다…그 나라가 가치 있는 것으로 증명될 때, 우리는 선량하고 닫힌 입으로 영혼의 사랑을 드러내며, 그것으로 온유한 태도가 표현된다"

(「교사」 3.11).

100. "그 나라의 상속자가 된 선량한 사람"(알렉산드리아의 클레멘트, 「논문집」 2.19).

101. "이 사람이 주에 의해 복 받은 자이며, 심령이 가난한 자라 불린 자이며, 천국에 적합한 상속자다"(알렉산드리아의 클레멘트, 「누가 구원받은 부자인가?」 16).

102. "마음이 순결하게 되면 너는 하나님을 볼 것이로되, 그것이 '천국에 들어간다'는 말을 달리 표현한 것이다"(「누가 구원받은 부자인가?」 19).

103. "천국은 (사도들의) 보상이다"(「누가 구원받은 부자인가?」 21).

104. "여기서 네가 천국을 살 수 있는 위기와 고난을 피하지 말라…이 나라를 하나님이 너에게 주실 것이다"(「누가 구원받은 부자인가?」 32).

105. "지혜로운 자(현자)는 하나님의 나라를 공유한다"(섹스투스의 글월들 311). (현자가 왕의 직임을 소유하고 있다는 스토아 철학의 원리에 기초한 알렉산드리아의 클레멘트, 「논문집」 2.4 참고).

106. "하나님이 두 나라를 지명하셨고 두 시대를 세우셨으니, 현재의 세계는 악한 이들에게 주어질 것을 결심하셨으나…그가 선한 이들을 위해 장차 올 시대, 곧 위대하고 영원할 시대를 보존하겠다고 약속하셨다…두 나라가 세워졌으니, 한 나라는 천국이라 불리는 나라요 다른 한 나라는 땅 위에서 지금 왕노릇 하는 자들의 나라다"(시편, 클레멘트, 「설교」 20.2).

107. "하나님이 두 나라를 조직하시고 각 사람에게 그가 그 자신을

수종들도록 내어줄 그 나라의 분깃이 될 능력을 주셨도다"(시편. 클레멘트, 「인식」 5.9; 8,10-12를 보고, 1.24를 참고하라).

108. "그가 두 번 오실 것이 미리 말해진 바이니, 곧 한 번은 수치와 욕됨을 당하시면서 그가 이루셨고, 다른 한 번은 그가 장차 이루실 것으로 고대하는 것으로 영광 중에 이루어질 것인 바, 그 때에 그를 믿으며 그가 명한 모든 것을 지켜 행한 이들에게 그가 그 나라를 주실 것이다. 또 그가 이런 일들에 관하여 분명하게 사람들을 가르치실 때 더하여 또 말씀하시기를, 곧 '삼중의 복된 이름으로 물로써 세례 받지 아니하면…그는 죄의 구속을 받을 수 없을 뿐 아니라 천국에 들어갈 수 없다'고 하셨다"(「인식」 1.69). (참고. 두 번의 〈예수께서〉 오심에 관하여 1.49 및 세례에 관하여 6.9; 「설교」 11.26; 13.21).

109. "모든 것 가운데 첫째 되는 의무는 하나님의 의와 그의 나라를 간구하는 것이다. 그의 의는 우리가 바르게 행하도록 가르침을 받은 것이요, 그의 나라는 수고와 오래 참음에 대한 보상으로 알고 있는 것인 바, 그 나라 안에서 실로 선한 이들에게 영원한 좋은 것들이 주어진다"(「설교」 2.20).

110. "교회가 행하는 모든 일은 맹렬한 폭풍을 뚫고서 많은 곳으로부터 와서 선한 나라의 도성에 거하기 원하는 이들을 싣고 가는 커다란 배와 같은 것이니"(시편, 클레멘트, 「야고보에게 보내는 서신」 14).

112. "예수께서 젖을 물고 있는 아이들을 보셨다. 그가 제자들에게 이르시되, '이 젖을 물고 있는 어린아이들이 천국에 들어가는 이들과 같은 이들이다'라고 하셨다. 그들이 그에게 '그러면 우리도

어린이들처럼 그 나라에 들어가겠습니까?'라고 물으니, 예수께서 그들에게 '너희가 둘을 하나로 만들 때, 또 안쪽을 바깥쪽처럼 만들 때, 위쪽을 아래쪽처럼 만들 때, 또 너희가 남자와 여자가 하나가 되어 똑같이 되게 할 때, 그리하여 남자가 남자가 아니요 여자가 아닐 때, 또 네가 한 눈 대신에 눈들을 만들며, 한 손 대신에 한 손을 만들며, 한 발 대신에 한 발을 만들고, 또 하나의 모형 대신에 하나의 모형을 만들 때, 그러면 너희가 들어갈 것이다'라고 대답하셨다"(도마복음 22).4)

113. "나세네(the Naassene)가 말하되, 사람의 안에서 찾아야 할 하늘나라가 행복한 본성이다"(히폴리투스,「모든 이단을 반박함」 5.2).

114. "(나세네가 가나의 이적이) 천국을 드러낸 것이라고 말하였다. 이것이 우리 안에 보물로서, 세 말의 반죽 안에 감추어진 누룩으로서 놓여 있는 하늘나라다"(「모든 이단을 반박함」 5.3; 5.4도 참고하라).

115. "하나님의 나라가 오기를 간구하는 이는 하나님의 나라가 싹이 나고 열매를 맺으며 그 안에서 완전케 되기를 선한 이성으로 기도하고 있는 것이라는 점은 명백하다. 하나님을 그의 왕으로 모시고 하나님이 주신 신령한 법에 순종하는 모든 성인들의 경우에는, 말하자면 잘 정돈된 도성 안에 사는 것처럼 그 자신 안에 사는 것이다. 아버지와 완전케 된 영혼 안에서 그 아버지와 더불어 다스리시는 그리스도가 그와 함께 계신다…그러나 모든 죄

---

4) 도마복음에 있는 그 나라에 대한 다른 언급들은 로기온 3, 20, 27, 46, 49, 54, 76, 82, 96-99, 107, 109, 113, 114번을 포함하고 있다. 각주 10과 11을 보라.

인은 '이 세상 군주'의 독재 아래 있다…우리가 쉬임 없이 제시한 것처럼 우리 안에 있는 하나님의 나라는…할 때에(고전 15:28) 정점에 이를 것이다…하나님의 나라는 악의 나라와 공존할 수 없다. 따라서 만일 하나님의 통치 아래 있는 것이 우리의 뜻이라면, 어떤 식으로든 죄가 우리의 죽을 몸 안에서 다스리지 못하게 할지어다"(오리게네스, 「기도에 관하여」 25).

116. "그러나 우리는 우리가 계속 말하며 그에 관하여 쓰고 있는 하나님 나라의 본질을 이해하기 원할 뿐만 아니라 우리 스스로 오직 하나님의 통치 아래 있는 자들 가운데 있기 원하는 바, 그런즉 하나님의 나라가 우리 것이 될 것이다"(오리게네스, 「켈수스 반박」 8.11).

하나님의 나라 - 20세기의 주요 해석

2011년 10월 13일 2쇄발행

편집자 | 웬델 윌리스
옮긴이 | 박규태, 안재형
감　수 | 정　훈　택
펴낸이 | 박　영　호
펴낸곳 | 도서출판 솔로몬
주소 | 서울 동작구 사당3동 207-3 신주빌딩 1층
전화 | 599-1482
팩스 | 592-2104
직영서점 : 596-5225
등록일자 | 1990년 7월 31일
등록번호 | 제16-24호
ISBN 89-8255-352-5
• 잘못된 책은 바꾸어 드립니다.　㊛